Navid Kermani
Morgen ist da

Navid Kermani

Morgen ist da

Reden

C.H.BECK

© Verlag C.H.Beck oHG, München 2019
www.chbeck.de
Satz: Fotosatz Amann, Memmingen
Druck und Bindung: GGP Media GmbH, Pößneck
Umschlaggestaltung: Rothfos & Gabler, Hamburg
Umschlagabbildung: Bühne des Hamburger Thalia Theaters,
Foto: © Martin Kunze
Gedruckt auf säurefreiem, alterungsbeständigem Papier
(hergestellt aus chlorfrei gebleichtem Zellstoff)
Printed in Germany
ISBN 978 3 406 73942 2

⌒myclimate
klimaneutral produziert
www.chbeck.de/nachhaltig

www.navidkermani.de

Inhalt

Vorwort

Unter allen Formen der öffentlichen Kommunikation scheint mir das Verlesen einer Rede die seltsamste zu sein. Wer ohne Manuskript spricht, sei es von einem Pult aus oder als Teilnehmer eines Podiums, der verfertigt seine Gedanken bei aller Vorbereitung oder Routine doch während des Redens. Er kann auf das Unverständnis, den Zuspruch, die Überraschung, die Langeweile, den Unmut reagieren, die er an den Gesichtern der Zuhörer abliest oder als Zwischenrufe, Applaus, Husten vernimmt. Er kann selbst jenen etwas nachrufen, die vorzeitig den Saal verlassen, und das macht die Rede in vielen Fällen erst recht lebendig, zumal wenn aus dem Protest ein, und sei es hitziger, Dialog wird.

Bei einer gewöhnlichen Lesung wiederum gehört es zur Verabredung, daß das Vorgetragene sich nicht unmittelbar an die Zuhörer richtet. Deshalb ist sie den meisten Schriftstellern das angenehmere, ihrer Arbeitsweise eher entsprechende Format. Dem Duktus nach ist die Lesung geschriebenes Wort, und noch in der Modulation spricht der Vorlesende keinen bestimmten Adressaten an. Daher sieht er auch selten auf, um seine Zuhörer anzublicken, also mit ihnen in Verbindung zu treten. Ich selbst jedenfalls neige bei Lesungen instinktiv dazu, mich auf das Buch zu konzentrieren, das vor mir auf dem Tisch liegt, und alles auszublenden, was von außen auf mich einströmt. Schon das Klicken einer Kamera, das mich bei den einleitenden Worten oder dem anschließenden Gespräch mit dem Moderator nicht stören würde, kann so sehr irritieren, daß ich die Lesung unterbreche, um darum zu bitten, daß nicht photographiert wird. Das wirkt dann affektiert, das weiß ich selbst, ist jedoch für die Zuhörer immer noch besser, als wenn ich mich über jedes Klicken ärgere und also abgelenkt bin.

Eine geschriebene Rede ist schon im Wortsinn ein Paradox, in der

Sache erst recht: Der Redner wendet sich an eine konkrete Zuhörerschaft, die er in der Anrede und im Gestus direkt anspricht. Aber was er scheinbar spontan sagt, hat er sich Wort für Wort vorher überlegt. In gewisser Weise imitiert er den Akt der Rede. Gewiß, der Redner kann vom Manuskript abweichen, wenn ihm ein neuer Gedanke kommt; er kann auf Zuhörer reagieren, die dazwischenrufen oder applaudieren. Aber dann fährt er in der Regel doch fort wie geplant und verliest seinen längst fertigen Text, selbst wenn er merkt, daß andere Worte passender wären. Wird die Diskrepanz zwischen den niedergeschriebenen und den tatsächlichen Gedanken zu groß, kann der Redner das Manuskript auch ganz beiseite legen. Allerdings wird er die Improvisation, da sie neue Unwägbarkeiten mit sich bringt, kaum beabsichtigt haben, als er die Rede verfaßte. Nein, die Absicht beim Verfassen einer Rede ist es, sich so gut in eine Situation hineinzuversetzen, die erst noch bevorsteht, daß man in jedem Augenblick genau das vorträgt, was man auch wird sagen wollen – nur präziser, schöner und tiefgründiger, als es spontan je möglich sein würde. Denn ein Manuskript abzulesen ist mitnichten nur ein Mangel, wie es Rednern gelegentlich vorgehalten wird; die vorherige Verschriftlichung und damit Literarisierung kann auch eine Qualität und bei vielen Anlässen oder für manche rhetorische Talente sogar geboten sein. Die sogenannte freie Rede ist nicht zwingend freier. Soll sie kunstvoll, überzeugend und einprägsam sein, folgt sie schon aus Gründen der Memorierbarkeit rhetorischen, homiletischen Regeln und Topoi, also wörtlich «Gemeinplätzen». Die aufgeschriebene Rede, weil sie komplexere Satzstrukturen und Motivketten erlaubt, erweitert damit im besten Falle auch den Geist. Es ist wunderbar, wenn, sagen wir, im Parlament ohne Manuskript gesprochen wird, und gern nehmen die Zuhörer dafür manche Ungenauigkeit, sprachliche Ungeschicklichkeit oder Polemik in Kauf, die sich im Eifer ergeben. Aber genauso ist es notwendig, daß, sagen wir, in einer Rede über Auschwitz kein Wort unbedacht fällt. Genau genommen handelt es sich um zwei verschiedene Gattungen und versammelt der vorliegende Band keine Reden, sondern Texte, die öffentlich vorgetragen worden sind.

Auch wer einen Roman oder Essay schreibt, stellt die Reaktionen seiner Leser in Rechnung. Er hofft die Erwartungen zu kennen, die er bricht, erfüllt oder mißachtet. Das ist beim Verfassen einer Rede nicht anders: Der Redner nimmt bereits am Schreibtisch den Beifall, die Irritation, die enttäuschte Erwartung und selbst den Protest, die er für einzelne Stellen mutmaßt, in den Gedankengang auf. Der Unterschied zum Buch oder Aufsatz freilich ist: Wer eine Rede verfaßt, hat den Vor- oder Nachteil, daß er die Reaktionen live miterleben wird. Er schaut diejenigen an, an die er sich wendet, und merkt in der Regel sofort, wenn sie den Faden verlieren, erzürnen, begeistert sind oder die Augen verdrehen. Wenn es ganz schlimm kommt, wird er den Wunsch verspüren, sich in Luft aufzulösen – was einem Redner leider noch nie vergönnt war. Die Spannung und auch Anspannung, die ich zu Beginn jeder Rede spüre, rühren eben aus der Unsicherheit, ob die Zuhörer den Gedanken, die bereits feststehen, tatsächlich folgen werden – und daß ich auch dann fortfahren muß, wenn sie sich im übertragenen oder wörtlichen Sinne abwenden.

Als ich etwa 2015 ans Pult der Paulskirche trat, um mich für den Friedenspreis des Deutschen Buchhandels zu bedanken, kannten nur einige wenige Freunde, mit denen ich das Manuskript vorab besprochen hatte, das Ende der Rede – also daß ich die Zuhörer auffordern würde aufzustehen, um für Pater Jacques Mourad, Pater Paolo dall'Oglio und die übrigen Geiseln im Irak und in Syrien zu beten oder mit den Wünschen bei ihnen zu sein. So malte ich mir, während ich zu sprechen anfing, in allen Farben die Peinlichkeit aus, daß die Zuhörer trotz meiner Bitte einfach sitzen bleiben würden. Zusätzlich nervös war ich, weil mein Manuskript etwa doppelt so lang war als für die Feststunde und die Sendezeit vorgesehen, und schon mein Laudator unerbittlich überzogen hatte. Ich stellte mir tatsächlich vor, daß zum Schluß meiner Rede kaum noch jemand da sein würde, der aufstehen könnte, und auch das Fernsehen längst abgeschaltet hätte. Erst als ich die Aufmerksamkeit in den Gesichtern der Zuhörer las und als Stille zwischen den Sätzen vernahm, verloren sich die Ängste und gelang es mir, mich auf Pater Jacques Mourad, auf Pater Paolo und die übrigen Geiseln zu besinnen, mit denen ich den eigentlichen, meinen inneren Dialog führte, während ich sprach. Die Kraft, die Liebe und der Mut der Verzweiflung, die die Rede ausgestrahlt haben mag, kamen nicht von mir, sie kamen – so empfand ich es, und das trug mich bis zum Ende und brachte mich dazu, die Erwartungen der Veranstalter, die mögliche Ermüdung der Zuhörer und das Fernsehprogramm zu ignorieren – Kraft, Liebe und Mut kamen von den Gefangenen in Syrien und dem Irak.

Das ist nun ein weiteres Paradox, wenn man eine Rede vorträgt, die längst aufgeschrieben ist: So unmittelbar der Redner die Reaktionen erfährt, wird er doch um so überzeugender, je gleichgültiger ihm die Zuhörer werden und je weniger er sich um ihre Erwartungen schert. Daß ein Mensch andere Menschen um so eher erreicht, je näher er bei sich selbst ist, je mehr also die Aussage einem inneren Anliegen entspricht – «hier stehe ich und kann nicht anders» –, habe ich als Zuhörer wie auch als Redner oft erlebt. Das Gegenteil erlebt man gerade an Festtagen oder bei repräsentativen Anlässen häufig – wenn der Redner nicht für sich selbst spricht, sondern als Vertreter einer Nation, einer Religion, eines Konzerns, einer Stadt oder einer Trauergemeinde. Literatur entsteht niemals in Stellvertretung, sie ist maximal individualistisch, ansonsten ist sie nicht. Sie kann gemeinschaftlichen Nöten, Sehnsüchten und Forderungen nur dadurch Ausdruck verleihen, daß sie die denkbar eigensten, von der einzelnen Lebenserfahrung, Persönlichkeit und Situationen geprägten, dadurch unverwechselbaren Worte findet. Je weniger literarisch aber eine Rede wird, je mehr äußere Erfordernisse hineinwirken, Berater, Interessenvertreter, politische Zwänge, kommerzielle Erwartungen, pietätsvolle oder diplomatische Rücksichten, zwischen denen es einen Ausgleich zu finden gilt, desto größer ist die Gefahr von Sprechblasen, Denkschablonen, Allerweltswahrheiten, denen niemand widerspricht und die sofort vergessen sind. Die höchste Kunst der öffentlichen Rede wäre es, im Namen von vielen zu sprechen, aber so, wie es nur ein einzelner Mensch sagen kann, literarisch zu sein und zugleich repräsentativ. Selbstverständlich war mir diese paradoxe Anforderung nicht, und das merkt man vor allem meinen älteren Reden an, von denen deshalb nur wenige in diese Sammlung aufgenommen sind. Das Selbstbewußtsein, auch im Vortrag bei meiner eigenen Sprache zu bleiben mit ihren rhythmischen Eigenheiten und verwinkelten Sätzen, mußte ich mir ebenso aneignen wie die Chuzpe, in einer Festversammlung etwas Unpassendes zu äußern, etwas Ungehöriges, allzu Pathetisches, Weitschweifiges, Privates und sei es eine Banalität, wenn sie mir in dem Augenblick nun einmal wichtig ist.

Daß ich manche Aussagen, so überzeugt ich von ihnen seinerzeit war, im nachhinein anders treffen würde und mich immer wieder mal auch schlicht geirrt habe, liegt in der Natur der Sache. Mehr als ein Buch und selbst ein Zeitungsartikel ist eine Rede für einen genau bestimmten Zeitpunkt, einen konkreten Ort und eine klar umrissene Zuhörerschaft verfaßt. Später, anderswo und für eine unbestimmte Leserschaft stellt sich die Welt notwendig anders dar. In einem Essay, einem Roman oder einer wissenschaftlichen Studie ist es außerdem zulässig, nachträglich Revisionen vorzunehmen. Am Pult jedoch gilt das gesprochene Wort. Lediglich bei den Reden, die nicht öffentlich aufgezeichnet worden sind, habe ich mir die Freiheit genommen, kleinere sprachliche Retuschen vorzunehmen; ansonsten muß ich die eigenen Irrtümer und Unzulänglichkeiten aushalten, die mir verständlicherweise selbst am unangenehmsten sind. Die Hoffnung auf den Reformprozeß, die 1999 die iranischen Schriftsteller beflügelte, hat sich längst zerschlagen. Die Frage, ob Lehrerinnen in der Schule ein Kopftuch tragen dürfen, würde ich heute vermutlich nicht mehr in einem einzigen Satz abhandeln können wie 2003. Die jüdische und muslimische Tradition gemeinsam zu erforschen, wie ich es 2005 einforderte, ist inzwischen zu einer gängigen Praxis geworden, wenn auch vorläufig nur an akademischen Institutionen, während der kulturelle Austausch heute eher noch strikter Israel von seiner arabischen und islamischen Nachbarschaft trennt. Die Koranaktion, über die ich 2013 in meiner Laudatio auf Angelika Neuwirth noch spöttelte, erwies sich später als Brutstätte für Dschihadisten. In der Bundestagsrede 2014 hätte ich auf den Unterschied zwischen Flüchtlingen im Sinne der Genfer Konvention und den vergleichsweise wenigen politisch Verfolgten hinweisen sollen, auf die speziell der Paragraph 16 des Grundgesetzes gemünzt ist. Auch wäre mir mancher Widerspruch erspart geblieben, hätte ich mit einem Beispiel klarer gemacht, was genau gemeint war, als ich kritisierte, daß mit der Reform des Paragraphen das Asyl «als ein Grundrecht praktisch abgeschafft» worden sei (wohlgemerkt nicht das Asyl selbst, wie mir in den Mund gelegt wurde). Denn in der Sache hatte ich leider recht: Einem Menschenrechtsaktivisten, dem in seinem Land Verhaftung, Folter oder Hinrichtung drohen, sind mit der Drittstaatenregelung strenggenommen alle legalen Möglichkeiten verwehrt worden, in Deutschland Asyl zu beantragen – es sei denn, er spränge mit dem Fallschirm über Deutschland ab. Als im darauffolgenden Jahr Hunderttausende Flüchtlinge in Deutschland Schutz suchten, handelte es sich nur zu einem geringen Teil um politisch Verfolgte im Sinne des Paragraphen 16, und selbst wenn, hätten sie kein Grundrecht in Anspruch genommen. So oder so lag ihre Aufnahme im Ermessen der Bundesregierung, und es ist bis heute umstritten, ob eine so weitreichende Entscheidung ohne Zustimmung des Bundestags getroffen werden durfte.

Und so weiter: In der Friedenspreisrede hätte ich, wie in vielen vorherigen und späteren Veröffentlichungen, noch expliziter die iranische Politik in Syrien und den schiitischen Extremismus anprangern müssen, damit meine Kritik am Wahhabismus nicht als schiitisch diskreditiert werden konnte. Der konservative französische Präsidentschaftskandidat François Fillon, den ich am 4. Dezember 2016 für die ehrliche Beseeltheit lobte, mit der er seine – aus meiner Sicht weitgehend falschen – Überzeugungen vertrat, wurde nur Tage später der illegalen Beschäftigung von Familienmitgliedern auf Staatskosten überführt, die er auch noch dreist leugnete. In der Grabrede für meinen Vater, eilig und noch im ersten Schock geschrieben, weil das Begräbnis nur wenige Tage nach dem Tod stattfand, habe ich mich selbst wahrscheinlich ein paar Mal zu häufig erwähnt. In der Rede über Karl Schlamminger, der in der Nacht nach dem Begräbnis meines Vaters starb, hätte ich so viel mehr sagen müssen, um seiner Arbeit, seinem Wesen, seiner Familie und Liebe gerecht zu werden. Ja, diesen unbefriedigenden Eindruck hatte ich nach allen Trauerreden, vielleicht ist er dem Genre inhärent und weist, ins Positive gewendet, auf das Unendliche eines jeden Menschen hin: Viel mehr wäre zu sagen gewesen. So setzt sich die Liste der Fehler und möglichen Verbesserungen fort, und die Frage, die sich mir bei der Vorbereitung dieses Buches gestellt hat, war nicht, welche

Irrtümer ich korrigiere, sondern ob eine Rede als Ganze, mitsamt ihren Ungenauigkeiten, Mängeln oder Verständnisschwierigkeiten für eine allgemeine Leserschaft (der beispielsweise die Historie des 1. FC Köln nicht so geläufig ist wie den Gästen einer vereinsinternen Jubiläumsgala), bedeutend genug erscheint, noch einmal abgedruckt zu werden (wobei der Fan, der ich bin, den 1. FC Köln an sich schon für bedeutend genug hält). Wahrlich nicht für alle Reden gilt das, die ich gehalten habe oder abbrechen mußte, um zu improvisieren. Aber zu den Manuskripten, die im vorliegenden Buch versammelt sind, würde ich dann doch stehen.

Laudatio auf den iranischen Schriftstellerverband bei der Verleihung des Sonderpreises zum Erich-Maria-Remarque-Friedenspreis

Osnabrück, Rathaus, 3. Juli 1999

Herr Bundestagspräsident, Herr Oberbürgermeister, liebe Frau Sari, lieber Herr Golschiri, meine Damen und Herren,

vor über dreißig Jahren trafen sich in Teheran die bedeutendsten Schriftsteller und Schriftstellerinnen des Landes, um den iranischen Schriftstellerverband zu gründen. Sie beschlossen, einen Antrag auf Zulassung zu stellen und ihr Anliegen dem zuständigen Beamten im Kulturministerium vorzutragen. Der Beamte sagte zu, das Anliegen zu prüfen. Aber er meldete sich nicht mehr. Nach ihm kamen noch viele andere Beamte. Irgendwann trugen sie keine Krawatten mehr, sondern Bärte. Aber niemals sagten sie, zu welchem Ergebnis sie gelangt sind.

Seit dem ersten Versuch der iranischen Schriftsteller, einen unabhängigen Verband zu gründen, hat Iran eine Revolution erlebt, einen acht Jahre währenden Krieg, Zehntausende von Hinrichtungen, die Rückkehr von Hunderttausenden von Iranern aus dem Exil, die Auswanderung von Millionen Iranern, gleichzeitig die Aufnahme von mindestens drei Millionen Flüchtlingen aus anderen Nationen, eine beispiellose Wirtschaftskrise, interne Machtkämpfe, politische Morde, den Terrorismus des Staates und der bewaffneten Opposition, die nicht enden wollende Verfolgung jener, die anders denken als die Herrschenden, und immer wieder Hoffnungen, die sich als trügerisch erwiesen. Es war eine Zeit, die nicht hätte bewegter sein können, in der kein Stein auf dem anderen geblieben ist, aber noch immer, über dreißig Jahre später, ist der Schriftstellerverband dabei, sich zu gründen. Das ist eine Kontinuität, über die sich vielleicht schmunzeln ließe, wenn sie nicht die ganze Enttäuschung einer Zeitenwende in sich trüge.

Gewiß, es gab Phasen, vor allem unmittelbar vor und unmittelbar nach der Revolution von 1979, als die Schriftsteller relativ unbehelligt zusammenkommen und Erklärungen verfassen konnten, aber sie sind kurz im Vergleich zu der langen Zeit im Untergrund, als sie sich nur in Privatwohnungen trafen, den Jahren, in denen sie niemals sicher sein konnten, ob bei der nächsten Versammlung noch alle Freunde in Freiheit, am Leben oder im Land sein würden. So ließe sich die Geschichte des iranischen Schriftstellerverbandes als eine Geschichte der Unterdrückung erzählen, als eine Geschichte der Bedrohungen, eine Geschichte der Getöteten, Verhafteten, Gefolterten, Zensierten, Geflohenen. Man kann aber auch eine Geschichte des Widerstands erzählen, eine Geschichte der Geduld, des Trotzes, der Selbstbehauptung und der Kraft der Literatur. Wenn nach dreißig Jahren immer noch – oder wieder – ein Gründungskomitee des Schriftstellerverbandes existiert, ist das schließlich nicht nur ein Hinweis auf die Widrigkeiten, denen Schriftsteller in Iran ausgesetzt sind. Es ist auch ein Hinweis auf ihre Beharrlichkeit.

Daß Diktaturen es Schriftstellern verwehren, sich zu einem unabhängigen Verband zusammenzuschließen, versteht sich beinah von selbst. Daß die Schriftsteller jedoch über einen so langen Zeitraum hinweg an ihrem Vorhaben festhalten, daß sie unter den denkbar schwierigsten Bedingungen auf der einen und zentralen Forderung aller Schriftsteller dieser Welt bestanden haben – der Forderung, daß das Wort frei sei –, ist keineswegs selbstverständlich. Davon ist zu künden, weil es zeigt, wozu Literatur fähig ist. Ich sage nicht: wozu Menschen, ich sage nicht: wozu Widerstandskämpfer, Freiheitsliebende, Intellektuelle fähig sind. Ich sage: wozu Literatur fähig ist, denn sie ist es, die am Anfang steht und am Ende stehen soll. «Wir sind Schriftsteller», lautet der erste Satz jener Protesterklärung vom Herbst 1994, in der 134 iranische Autoren die Abschaffung der Zensur und die Zulassung des Schriftstellerverbandes verlangen. «Wir sind Schriftsteller.» Das klingt wie eine banale Feststellung, aber tatsächlich war es ein Manifest und eine brisante Forderung. In einem durch die Revolution ideologisierten Land, wo noch jede Quizsendung im Fernsehen die rechte Gesinnung probt und jedes Buch einer Gesinnungsprüfung unterworfen wird, ist es ein mühsamer und sehr politischer Kampf, dem Privaten, der Kunst, dem Unpolitischen Räume zurückzuerobern und darauf zu bestehen: «Wir sind nichts anderes als Schriftsteller.»

Und da ist noch etwas anderes, weshalb ich von der Macht der Literatur gesprochen habe: Schriftsteller mögen noch so kluge und mutige Stellungnahmen zur politischen Situation in ihrem Land abgeben, aber würden sie keine großartigen Romane, Gedichte, Erzählungen, Theaterstücke schreiben – wer würde sie hören? Es ist die Dichtung, die ihren Kampf um die Meinungsfreiheit zu einem Existenzkampf macht, weil es ein Kampf um ihre Existenz als Dichter ist. Und es ist ihr literarisches Werk, das ihren Widerworten jene Autorität verleiht, die selbst von den Mächtigsten nicht ignoriert werden kann. Nur so ist der Aufwand erklärbar, den zwei Sicherheitsapparate – der Sicherheitsapparat der Monarchie und der Sicherheitsapparat der Islamischen Republik – betrieben haben, um diesen doch recht kleinen Kern von hundert oder zweihundert Literaten zum Schweigen zu bringen. Nur so sind die Sonderabteilungen der verschiedenen Geheimdienste, die konzertierten Verhaftungen, die wütenden Gerichtsurteile, die generalstabsmäßigen Kampagnen in den staatlichen Medien zu verstehen, denen der Schriftstellerverband seit seinen Anfängen ausgesetzt war.

Wie gesagt, die Anfänge reichen über dreißig Jahre zurück, bis in das Jahr 1967. Auch ohne eine offizielle Genehmigung zu haben, mieteten die Schriftsteller damals ein Büro an, um sich regelmäßig zu literarischen Zirkeln, Lesungen und Diskussionen zu treffen. Aber schon bald begannen die ersten Verhaftungen. Gholamhossein Saedi, Abbas Milani, der diesjährige Friedenspreisträger Huschang Golschiri und der ebenfalls anwesende Ali Aschraf Darwischian gehören zu denjenigen, die Ende der sechziger, Anfang der siebziger Jahre für ihre Forderung nach Meinungsfreiheit verhaftet und zum Teil gefoltert wurden. Manchen von Ihnen werden die Namen, die ich erwähne, wenig sagen, aber wer die zeitgenössische persische Literatur kennt, der weiß, daß praktisch alle bedeutenden Schriftsteller der Gegenwart sich in diesem Verband engagiert, für diesen Verband gekämpft haben, ob Ahmad

Schamlu oder Simin Daneschwar, Mahmoud Doulatabadi oder Simin Behbahani und ebenso der diesjährige Träger des Erich-Maria-Remarque-Friedenspreises, Huschang Golschiri.

1977 lockerte das Regime die Zügel, um den Aufstand zu verhindern, der sich anbahnte. Die Schriftsteller nahmen ihre öffentlichen Aktivitäten von neuem auf. Im gleichen Jahr kam es zu den wohl denkwürdigsten Tagen in der Geschichte des Schriftstellerverbandes und vielleicht auch in der Geschichte des deutschen Goethe-Instituts. Zehn Herbstnächte lang kamen etwa sechzig der bedeutendsten iranischen Schriftsteller und Schriftstellerinnen im Garten des Teheraner Goethe-Instituts zusammen, um ihre Texte zu lesen, Reden zu halten und über Literatur und Politik zu diskutieren. Nacht für Nacht strömten Tausende Iraner zu den Dichterlesungen. Es hat etwas Magisches mit diesen zehn Nächten. Es war kalt, und oft regnete es in Strömen. Aber die Menschen harrten unter Regenschirmen und Planen über Stunden hinweg aus, um neue Poesie und avantgardistische Prosa zu hören. Spricht man mit Iranern, die an diesen zehn Nächten teilgenommen haben, gleich ob als Vortragende oder als Besucher, wird man augenblicklich ein Leuchten in den Augen wahrnehmen, und man wird Adjektive hören, die man gewöhnlich aus Liebeserzählungen kennt. Es muß tatsächlich ein großer Moment gewesen sein, ja ein Moment der erfüllten Liebe, als die Schriftsteller ungehindert ihre Leser treffen konnten. Es gab nicht viele solche Momente in der Geschichte der modernen iranischen Literatur.

Die Revolution von 1979 brachte den Dichtern zunächst die erhoffte Freiheit. Einige – unter ihnen Simin Daneschwar, Ahmad Schamlu und Huschang Golschiri – beschlossen, Revolutionsführer Ajatollah Chomeini aufzusuchen, um die Ideen und Forderungen des Schriftstellerverbandes vorzutragen. Es muß eine sehr enttäuschende Begegnung gewesen sein. Chomeini war mißmutig und verstand nicht, was die Dichter von ihm wollten; vielleicht wollte er es auch nicht verstehen. Spätestens, als die Schriftsteller sich bereits nach einigen Minuten vor der Tür wiederfanden, wußten sie, daß dieser Führer eine andere Revolution im Sinne hatte als sie. 1980, nur ein Jahr nach dem Sturz des Schahs, setzten die altbekannten Angriffe auf die Literatur wieder ein, diesmal nicht mehr im Namen der Nation und des Monarchen, sondern im Namen der Religion und des Revolutionsführers, der rief: «Brecht ihre Federn!» Der Dichter Said Soltanpur wurde verhaftet und hingerichtet. Viele andere mußten ihre Lehrstühle aufgeben oder wurden mit einem Publikationsverbot belegt.

Es sollte über zehn Jahre dauern, bis der Schriftstellerverband wieder seine regelmäßigen Sitzungen aufnahm. Eine halbe Generation von Dichtern war ausgewandert oder gestorben, eine weitere Generation neu auf die literarische Bühne getreten, unter ihnen die anwesenden Abbas Maroufi, Amir Hossein Tscheheltan sowie Fereschteh Sari, die heute den Preis im Namen des Schriftstellerverbandes entgegennehmen wird. Im Frühjahr 1994 veröffentlichten die Schriftsteller erstmals wieder eine Erklärung, um gegen die Verhaftung ihres Kollegen Said Sirdschani zu protestieren, der einige Monate später in seiner Zelle sterben sollte, angeblich an Herzversagen. Im Oktober desselben Jahres gingen die Schriftsteller noch einen Schritt weiter und verfaßten den «Text der 134», der die Abschaffung der Zensur, die Einhaltung der Menschenrechte und die Zulassung des Schriftstellerverbandes verlangte. Die Erklärung sorgte weltweit für Aufsehen. Ich war zu der Zeit in Iran und erinnere mich, wie mich der Kulturredakteur einer deutschen Tageszeitung anrief. Am meisten habe ihn erstaunt, sagte der Redakteur, daß es in Iran überhaupt 134 oppositionelle Schriftsteller gibt.

So war die Wahrnehmung zu jener Zeit in Deutschland: Iran galt als Gottesstaat mit gleichgeschalteten, fanatischen Massen. Diese Wahrnehmung hat sich mittlerweile grundlegend verändert. Die westliche Öffentlichkeit hat von einer kreativen Kunstszene, von bedeutenden Filmemachern, von mutigen Intellektuellen erfahren. Sie hat zur Kenntnis genommen, daß sich die iranische Bevölkerung in ihrer Mehrheit Demokratie, Freiheit und die außenpolitische Öffnung wünscht; man mag sich in der Beurteilung der Erfolgsaussichten nicht einig sein, aber man staunt über die gesellschaftliche Bewegung, die das herrschende System erschüttert. An dieser veränderten Wahrnehmung des Auslands waren die Schriftsteller mit ihrem «Text der 134», aber auch mit ihren Interviews, ihren Erklärungen, ihren Artikeln in der internationalen Presse, die seitdem erschienen sind, maßgeblich beteiligt.

Wenn heute von der iranischen Reformbewegung gesprochen wird, wirkt es oft so, als habe sie vor zwei Jahren mit der überraschenden Wahl Mohammad Chatamis zum Präsidenten begonnen. Dabei hat sich diese Bewegung schon lange vorher in der Gesellschaft, in den Schulen und Universitäten, in den Theologischen Hochschulen, unter den Frauen und Intellektuellen formiert; der haushohe Sieg Chatamis gegen den erklärten Willen des Revolutionsführers und trotz der Propagandamaschinerie des Staates ist die Folge dieser breiten gesellschaftlichen Bewegung gewesen, nicht ihr Anfang. Die Unzufriedenheit innerhalb der Bevölkerung war schon zuvor mit Händen zu greifen, es war zu ersten Aufständen gekommen, und unabhängige Zeitschriften wie *Kiyan*, *Gardun* oder *Adineh* hatten die Forderungen umrissen, um die heute in Iran offen gestritten wird.

Die Schriftsteller waren und sind nur ein Teil dieser breiten Bewegung und keineswegs die einzigen, die Opfer gebracht haben; kritische Theologen, Studentenvertreter, Angehörige religiöser Minderheiten wurden in den letzten Jahren kaum weniger brutal verfolgt, mag man deren Schicksale im Westen auch oft nur am Rande wahrgenommen haben. So ist es heute eher den Geistlichen und religiösen Intellektuellen überlassen, sich mit der Ideologie der Islamischen Republik auseinanderzusetzen und jene Diskussionen über Säkularismus, Menschenrechte und Demokratie in Gang zu setzen, vor denen sich die Hüter der islamistischen Ordnung am meisten fürchten. Es kann nicht die Aufgabe der Schriftsteller sein, Theorien zu entwickeln oder zu verwerfen. Aber die Schriftsteller sind es, die dem Verlangen nach Freiheit eine Stimme verleihen, die in der Welt gehört wird, weil sie jene Sprache sprechen, die in allen Kulturen verstanden wird, die Sprache der Bilder, Rhythmen und Geschichten, des Staunens, der Zwischentöne und Vieldeutigkeiten, die Sprache der Poesie. Es ist ihre Aufgabe, die Furcht der Menschen so genau zu beschreiben, daß sie erfahrbar wird, und ihrer Hoffnung einen so verheißungsvollen Ausdruck zu geben, daß alle Menschen an ihr teilhaben.

Eben weil sie spürte, daß der Boden unter ihren Füßen zittert, holte die herrschende Elite noch einmal zum Schlag aus. Schon bald nach dem «Text der 134» begann eine neue Welle der Repression. Der Übersetzer Ahmad Miralai wurde ermordet, ebenso der Publizist Ghaffar Hosseini. Beide hatten die Erklärung unterschrieben. Andere wurden vom Geheimdienst gezwungen, ihre Unterschriften zurückzunehmen, oder flohen ins Ausland. Umgebracht wurden auch der Verleger Ebrahim Zalzadeh und der Universitätsprofessor Ahmad Tafazzoli. Der Mordanschlag auf über zwanzig Schriftsteller, die sich auf der Reise nach Armenien befanden, die Schließung kritischer Zeitschriften, die Verurteilung Abbas Maroufis zu Peitschenhieben und Gefängnis, die Verschleppung Faradsch Sarkuhis – der Terror, zu dem die Herrschenden Zuflucht nahmen, entsprang ihrer Angst, nicht ihrer Stärke. Das Beispiel Sowjetunion, das Beispiel Ceauşescu und die Wahrheitskommission in Südafrika vor Augen, versuchten sie das Streben nach Freiheit zu unterbinden, bevor es übermächtig würde, und insbesondere die Schriftsteller durch nackten Terror einzuschüchtern.

Im vergangenen Herbst kam es zu einer neuerlichen Mordserie. Neben den Oppositionspolitikern Dariusch und Parwaneh Foruhar waren es wieder zwei Mitglieder des Schriftstellerverbandes, Mohammad Mochtari und Mohammad Puyandeh, die ihr zum Opfer fielen. Das Schicksal von zwei weiteren Intellektuellen, Piruz Dawani und Madschid Scharif – der eine seit Sommer letzten Jahres vermißt, der andere tot aufgefunden –, ist bis heute nicht geklärt. Aber dann trat ein, was die Mörder und ihre Auftraggeber am wenigstens erwartet hätten: Anstatt sich verängstigt und resigniert zurückzuziehen, wehrten sich die Menschen. Zehntausende kamen zu den Begräbnissen der ermordeten Intellektuellen. Die Studenten demonstrierten, Zeitungen verlangten in dicken Lettern die Aufklärung der Morde, die Schriftsteller wandten sich an die nationale und internationale Öffentlichkeit, Politiker erklärten sich solidarisch mit den Bedrohten. Der öffentliche Druck zwang den Geheimdienst zu einer Erklärung, die beispiellos in der iranischen Geschichte ist: Der Geheimdienst gab zu, die Morde begangen zu haben. Das Geständnis löste ein politisches Erdbeben aus, in dessen Folge die ersten Kommunalwahlen der iranischen Geschichte stattfanden und eine iranische Regierung erstmals die Gründung des Schriftstellerverbandes ausdrücklich befürwortete.

Man sollte diese Regierung daran messen, ob sie ihr Wort hält, denn noch ist der Verband, der heute mit dem Sonderpreis zum Erich-Maria-Remarque-Friedenspreis ausgezeichnet wird, nicht gegründet. Er ist noch immer, wie seit über dreißig Jahren, in der Gründung begriffen. Legt man die aktuellen Nachrichten zugrunde, kann es noch lange Zeit dauern, bis in Iran unabhängige Parteien, Verbände, Institutionen und eben auch ein Schriftstellerverband existieren werden und die Gewalt endgültig kein Mittel der politischen Auseinandersetzung mehr ist. Aber am Ende – mag es noch weitere dreißig Jahre dauern –, am Ende werden die Schwerter, die heute noch gezückt sind und morgen wieder morden können, am Ende werden sie schmelzen in der glühenden Geduld auch jener Menschen, die an die Literatur glauben, an die Bilder, Rhythmen und Geschichten, an das Staunen, die Zwischentöne und die Vieldeutigkeiten des Lebens.

Ich danke Ihnen, ich danke allen Mitgliedern des iranischen Schriftstellerverbandes, auch und besonders den ermordeten Ahmad Miralai, Ghaffar Hosseini, Mohammad Mochtari und Mohammad Puyandeh.

Zum Tod der ungeborenen Sofía

Berlin, Kirche St. Thomas von Aquin, 27. April 2003

Liebe Maria, lieber Gereon, lieber Felix, liebe Freunde,

Sofía Charlotte Hamm war ein ruhiges Kind, ruhiger als ihr Bruder Felix. Offenbar fühlte sie sich wohl in der liebenden Fürsorge, die sie durch die Stimmen und Hände ihrer Eltern umgab. In Aufregung geriet sie nur, wenn ihr Bruder Felix zu ihr sprach. Dann reckte und streckte sie sich und schlug freudig mit den Beinen. Etwas Besonderes verband die beiden. Sie sah ihm auch sehr ähnlich. Sie hatte dieselbe Nase, den schmalen Mund, dieselben dunklen, vollen Locken, mit denen Felix die Eltern bei seiner Geburt überrascht hatte, und sie hatte die gleichen feinen, langgestreckten Lippen wie Felix. Wäre sie eine Frau geworden, hätten diese Lippen gewiß die Männer um den Verstand gebracht. Aber Sofía ist keine Frau geworden, sondern ein Engel geblieben. Am 11. März ist sie gestorben. Das war drei Wochen vor dem Termin, den die Ärzte für ihre Geburt vorausgesagt hatten. Es gibt keinen Grund: Sofía war gesund, 49 Zentimeter groß und damit um einen Zentimeter kleiner als der neugeborene Felix. Schlank war sie, ein halbes Kilo leichter als ihr Bruder, dabei scheint mir ihr Gesicht etwas breiter gewesen zu sein als das ihres Bruders, richtige Pausbäckchen hatte sie, die zu einem spitzen Kinn zusammenliefen. Wie ihre Mutter war Sofía ein sehr schönes Mädchen.

Wir wissen nicht, warum Sofía gestorben ist, bevor sie geboren wurde. Die Medizin kann die Frage nur mit Statistiken beantworten, aber ihre Zahlen verdecken nur unsere Ratlosigkeit. Nur eines ahnen wir: *warum* wir es nicht erklären können. Sofía lebte, sie hatte Augen, Ohren, eine kleine Nase, sie konnte mit ihren Fingern tasten, mir ihrer Zunge schmecken und durch ihre Bewegungen kundtun, wenn ihr etwas behagte oder mißfiel. Ihr Herz klopfte. Sie nahm unsere Welt wahr, sie reagierte auf die Zeichen, durch die ihre Eltern oder ihr Bruder mit ihr sprachen. Zugleich aber gehörte sie noch einer anderen Welt an, in der die Logik unseres Verstehens nicht gilt, einer jenseitigen Welt.

Wodurch ist das Diesseits gekennzeichnet? Dadurch, daß alles darin prinzipiell erklärbar ist. Wir können verstehen, warum ein Kind heranwächst und ein Greis stirbt, wir kennen die organischen Gesetzmäßigkeiten, nach denen eine Pflanze wächst und eine Blume verwelkt. Alles, was *wird*, hat einen Grund. Nicht erklären kann unser Verstand, warum etwas *ist*. Denn um etwas zu sein, muß es zunächst nichts sein. Über das Nichtsein aber wissen wir nichts, wir wissen nicht einmal, ob wir es uns als ein Nichts oder ein Anderssein vorzustellen haben. Und was wäre das – ein Nichts? Wir wissen, wie ein Mensch *geboren wird*, aber wir wissen nicht, wie es ist, *nicht geboren zu sein*. Wir wissen, *warum jemand stirbt*, aber wir wissen nicht, *was der Tod ist*. Wenn das Diesseits dadurch gekennzeichnet ist, daß alles darin prinzipiell erklärbar wäre, dann definiert sich das Jenseits durch seine prinzipielle Unerklärlichkeit. Und Sofía gehörte noch zum Jenseits unserer Welt. Sie hatte unsere Welt zwar betreten, aber die Tür noch nicht hinter sich abgeschlossen. Weil sie zwischen beiden Welten lebte, war sie ein Engel. Und weil sie ein Engel war, gilt für sie keiner der Gründe, nach denen wir Menschen handeln. Wir können sie spüren, manchmal sogar sehen. Ich weiß ganz sicher, daß sie hier ist, unter uns – aber wir können uns ihre Anwesenheit sowenig wie ihr Verschwinden erklären.

Wohl alle Kulturen kennen Engel: Sie sind jene Wesen, die das Jenseits verlassen können, ohne es zu verlieren, und sich im Diesseits bewegen können, ohne ihm anzugehören. Engel verkörpern die Möglichkeit eines Dazwischen. Mit dem einen Flügel berühren sie den Himmel, mit dem anderen Flügel streifen sie unsere Seelen. Und Engel sind rein, alle Kulturen sagen das, sie tun niemandem Übel, sie sind im emphatischen Sinne gut. Deshalb sagen die meisten Religionen, daß Kinder direkt ins Paradies ziehen. Auch wer anders als ich an Engel nicht glaubt, mag sie als Metapher für eine moralische und ästhetische Reinheit akzeptieren. Um nichts anderes geht es schließlich, wenn wir von Engeln sprechen oder von Gott: in Gleichnissen auszudrücken, was die Sprache nicht sagen kann, einen Ausdruck zu finden für das, was allein diesseitig nicht zu erklären wäre, die ersten und die letzten Dinge, die manche von uns fühlen, aber keiner von uns weiß.

Während ihrer ersten Schwangerschaft malte Maria eine Serie von roten Bildern, die etwas wie einen explodierenden, energiegeladenen Ball zu zeigen schienen. Das war, wie sich herausstellte, eine ziemlich prägnante Vorstellung von Felix. Während ihrer zweiten Schwangerschaft, ihrer Schwangerschaft mit Sofía, malte Maria ebenfalls eine Serie von roten Bildern. Diesmal jedoch zeigten sie etwas wie einen Frauenkörper, der anmutig auf schmalen Füßen stand. Das Merkwürdige an dieser geometrischen Figur waren die Bögen, die sich im oberen Drittel ausbreiteten, mal weiter, mal schmaler. Vielleicht war es doch keine Frau, sondern ein Vogel. Jetzt wissen wir, daß es sich bei den Bögen tatsächlich um Flügel handelt, die geschwungen werden. Und zugleich ist es eine Frau, ein Mädchen, ein kleines Kind. Ohne es zu wissen, hatte Maria die Umrisse eines Engels gemalt. Es war das Bild von Sofía im Himmel.

Wie auf den Einladungen zu dieser Andacht zu erkennen ist, handelt es sich bei der Zeichnung Sofías nicht gerade um ein Porträt. Es ist eine geometrische Figur, es sind Konturen, es ist wie die Schraffur eines Schattens. Wahrscheinlich muß das so sein, wahrscheinlich kann man von Engeln nur die Schatten zeichnen. Das ist nicht wenig. Es ist mehr, als von Gott zu malen wäre, dem absolut Anderen. Engel sind anders als Menschen, aber sie sind auch Menschen, sie haben menschliche Züge, sie können empfinden und sich freuen, sie kümmern sich und leiden mit, wie kein Gott es könnte. Anders als von Gott können wir von den Engeln immerhin die Schatten aufzeichnen, denn sie fallen auf unsere Welt; wir haben eine Ahnung, wie sie aussehen, wir können es uns vorstellen – abbilden können wir es nicht. «Einen Engel erkennt man erst, wenn er vorübergegangen ist», heißt es im Judentum.

Alle Engelsbilder der Kunstgeschichte und der Kulturindustrie lehren, daß unweigerlich lügt, wer Engeln ein zu genaues Aussehen gibt. Der Schatten zeigt nicht, wie Engel aussehen. Aber er zeigt, daß es sie gibt. Und so ist es auch mit Sofía. Wir konnten einiges über sie erfahren, aber es ist nichts Genaues. Wir wissen nicht, wie sie geworden wäre, hätte sie fortgefahren zu leben. Aber wir spüren, wie groß der Verlust ist, daß wir sie nicht näher kennenlernen durften. Wir haben eine Ahnung von ihr bekommen. Das ist nicht wenig, es ist viel mehr, als wir von anderen Engeln je erfahren werden. Und zugleich ist es wenig; gerade weil wir etwas von ihrem Wesen, ihrer Schönheit ahnen konnten, ist es schrecklich wenig.

Ich stehe nicht hier, um zu trösten. Das kann ich nicht. Der Tod eines Kindes ist der nackte Schrecken – wenn auch wahrscheinlich nur für uns, nicht für Sofía, die geblieben ist, wohin sie ohnehin zurückgekehrt wäre, im Paradies oder im Nichtsein oder im Paradies, das das Nichts vielleicht ist. Aber für die Überlebenden ist der Tod der Schrecken, für die Eltern, den Bruder. Und für viele andere ist Sofías Tod ein Verlust, den sie niemals ermessen können, für die Freunde, denen sie nicht begegnen, und für die Männer, die sie nicht begehren wird, für die Kollegen, mit denen sie nicht arbeiten, und für die Nachbarn, neben denen sie nicht wohnen wird, für die Menschen, die sie nicht lieben, und für die Kinder, deren Mutter sie nicht sein wird. Es gibt keine frommen Worte oder philosophischen Gedanken, die Sofías vorzeitigem Tod Sinn verleihen; ich kenne sie jedenfalls nicht. Alles, was ich tun kann, was wir tun können, ist es, den Schmerz mit Maria, Gereon und Felix zu teilen im Wissen, daß der Schmerz nicht weniger werden wird deswegen.

Ich kann nicht trösten, aber ich weiß, daß es Trost geben kann. Trost ist die Liebe, die wir geben und empfangen. Der Verlust eines geliebten Menschen schärft den Blick für das Geschenk, das uns bereits zuteil geworden ist. Auch das lindert nicht den Schmerz, aber es hilft, ihn zu ertragen. Und Trost liegt auch in zwei Dingen, die sich zu widersprechen scheinen und dennoch gleichzeitig sein können: im Vergessen und im Erinnern. Indem wir uns erinnern, lebt Sofía weiter. Indem die Zeit uns hilft, unsere Not zu vergessen, können wir weiterleben. Deshalb sind wir heute hier: um mit Maria, Gereon und Felix an das Mädchen zu erinnern, das wir nicht kennenlernen durften, und um das Leben zu beginnen, das weitergeht. Erlaubt mir, den deutschen Dichter zu zitieren, Rainer Maria Rilke, der am meisten von Engeln verstand.

Preise dem Engel die Welt, nicht die unsägliche, *ihm*
kannst du nicht großtun mit herrlich Erfühltem; im Weltall,
wo er fühlender fühlt, bist du ein Neuling. Drum zeig
ihm das Einfache, das, von Geschlecht zu Geschlechtern gestaltet,
als ein Unsriges lebt, neben der Hand und im Blick.
Sag ihm die Dinge. Er wird staunender stehn; wie du standest
bei dem Seiler in Rom, oder beim Töpfer am Nil.
Zeig ihm, wie glücklich ein Ding sein kann, wie schuldlos und unser,
wie selbst das klagende Leid rein zur Gestalt sich entschließt,
dient als ein Ding, oder stirbt in ein Ding –, und jenseits
selig der Geige entgeht. – Und diese, von Hingang
lebenden Dinge verstehn, daß du sie rühmst; vergänglich,
traun sie ein Rettendes uns, den Vergänglichsten, zu.
Wollen, wir sollen sie ganz im unsichtbarn Herzen verwandeln
in – o unendlich – in uns! Wer wir am Ende auch seien.

Auch im Namen von Maria, Gereon und Felix möchte ich Ihnen und
Euch allen danken, daß Ihr gekommen seid und den Schmerz, die Liebe
und die Erinnerung mit ihnen teilt. So viele Menschen haben den dreien
in den letzten Wochen beigestanden und sie mit Güte reich beschenkt,
daß ich um Verständnis bitten muß, nicht jeden einzelnen von Ihnen und
von Euch persönlich anzusprechen. In unser aller Namen danken möchte
ich an dieser Stelle nur Felix, der Maria wahrscheinlich das Leben gerettet hat, als sie zu verbluten drohte. Allein hat Felix die Wohnung verlassen und bei den Nachbarn geklingelt, obwohl die Klingel so hoch war,
daß er mit aller Kraft springen mußte, um sie zu erreichen. Zu danken
haben wir auch Marias und Gereons Nachbarn Rob Groth, der dafür
sorgte, daß Maria nur Minuten später und gerade noch rechtzeitig medi-
zinisch versorgt wurde. Danken soll ich im Namen von Maria, Gereon
und Felix auch den Kindern Naomi und David, die sich entschlossen um
Felix gekümmert haben, als seine Mutter sich nicht um ihn kümmern
konnte, weil sie ohne Bewußtsein war. Gedankt sei außerdem Selina, die
sich beinah so sehr wie Felix auf Sofía gefreut und Maria während der
Schwangerschaft immer auf den Bauch geküßt hatte, sowie ihrer Mutter
Melanie Müller von Hindenburg. In den Tagen nach dem Tod seiner
Schwester, als Felix bei ihr wohnte, war Selina ihm selbst eine Schwester.

Nicht im Namen von, sondern bei Maria, Gereon und Felix bedanken möchte ich mich für die Liebe und Kraft, mit der sie Sofía auf ihrem kurzen Besuch auf Erden begleitet und behütet haben. Ihre Liebe und Kraft wird uns ein Beispiel sein in eigenen schweren Stunden.

Ich sagte, wir können von Engeln nur die Schatten sehen. Ich hätte sagen sollen: wir gewöhnlichen Menschen können nur die Schatten sehen. Maria, Gereon, Felix haben einen Tag und eine Nacht mit Sofía verbracht. Als Felix seine Schwester erblickte, fragte er, wo denn die Flügel seien. Die bringen ihr die anderen Engel mit, wenn sie Sofía abholen, erklärte ihm Gereon. Felix wollte das ganz genau wissen: Werden die Flügel angeklebt oder angeschraubt? Sie wachsen einfach, wenn man mit den Engeln mitgeht, wußte Gereon. Nun ist sie mitgegangen, und bestimmt sind ihr längst jene Flügel gewachsen, die Maria unbewußt gezeichnet hatte. Zurückgeblieben in der Urne, die Isabel Hamm geschaffen hat, ist die Asche – nicht Sofías Asche, wie ich von Felix gelernt habe, sondern die Asche der Kerzen, welche die Engel bei sich hatten, als sie Sofía mit in den Himmel nahmen.

Ich sagte, wir gewöhnlichen Menschen können von Engeln nur die Schatten sehen. Aber es gibt eine Photographie von Sofía, auf der zu sehen ist, wie sie eingehüllt in eine Decke zu schlafen scheint, die Hände ruhig auf der Brust. Seit Maria es mir geschickt hat, hole ich das Bild immer wieder hervor, um es zu betrachten. Der Frieden, der in ihren Gesichtszügen liegt, ist nicht von irdischer Natur. Für mich ist es ein Photo aus dem Himmel, und wenn es nicht lügt, dann hat sie es gut dort.

Die Andacht hat mit einem Lied begonnen, das die Engel anrief. Sie geht mit einem Lied zu Ende, das Sofía immer gehört hat, als sie in Marias Bauch lag. Es heißt «4 Sophia» und stammt von der Band *The Durutti Column*. Nun ist es nicht mehr nur das Lied «für», sondern für immer auch das Lied von Sofía, das Lied, in dem uns das Mädchen begegnet, das wir nicht getroffen haben.

Zum Dank für den Jahrespreis
der Helga und Edzard Reuter-Stiftung

Berlin, Liebermannhaus, 23. Januar 2004

Verehrte Stifter, lieber Wolf Lepenies, meine Damen und Herren,

über zwei Thesen möchte ich im Folgenden sprechen:
- Warum der Westen seine Leitkultur missionarisch ausbreiten sollte.
- Warum Deutschland seinen Lehrerinnen erlauben sollte, das Kopftuch zu tragen.

Für sich betrachtet zeugt weder die erste noch die zweite These von Originalität. Ungewöhnlich aber könnte sein, sowohl die eine als auch die andere These zu vertreten. Denn wer auf dem ultimativen Anspruch der westlichen Werte beharrt, sieht in der Regel eben jenen Anspruch herausgefordert durch das Tuch auf dem Kopf einer muslimischen Lehrerin. Und umgekehrt treten die Befürworter des Kopftuchs nicht eben als Missionare europäischer Wertvorstellungen auf. Angesichts der klaren Verteilung der Debattenlager könnte mein Vorhaben geradezu als ein Beitrag zur Völkerverständigung zwischen Leitkulturalisten und Multikulturalisten durchgehen. Doch damit des intellektuellen Spagats, mit dem ich mich der Auszeichnung für Integration würdig zu erweisen hoffe, nicht genug: Ich möchte die beiden scheinbar gegenläufigen Thesen vertreten, indem ich mein Metier vorübergehend verlasse, um mit zwei Dingen zu beginnen, die mindestens einem der beiden Stifter vertraut sein dürften: Geld und Limousinen. Letztere kommen allerdings nicht aus Stuttgart-Zuffenhausen, um es gleich zu sagen, sondern aus Sochaux in Frankreich. Aber der Reihe nach und damit zum Erstgenannten: zum Geld, genau gesagt zum Preisgeld, das ich erhalte.

Ohne Sie mit Zahlen zu belästigen, so viel darf ich verraten: Für meine Verhältnisse handelt es sich um viel Geld. In Stuttgart-Zuffenhausen mag das anders sein. Aber bei uns in Köln-Eigelstein würde man sagen: «Dat izzene lecker Sümmsche.» Noch in der Minute, in der ich die Nachricht erhalten habe, auf so ehrenvolle Weise ausgezeichnet worden zu sein, habe ich mich deshalb gefragt: Was mache ich mit dem Geld? Mir fehlt doch gar nichts. Eine Wohnung in der schönsten Stadt Deutschlands habe ich, eine ausgezeichnete Stereoanlage ebenso. Ich kann mir Karten fürs Müngersdorfer Stadion leisten, um den 1. FC Köln tapfer verlieren zu sehen, und für den Abend in der Stammkneipe reicht es auch. Größere Anschaffungen stehen nicht an – und damit komme ich zum zweiten Gegenstand, von dem mindestens einer der beiden Stifter viel versteht. Ich fahre bereits das schönste Auto der Welt: einen Peugeot 605, Baujahr 1990. Das Jahr der Einheit. Das Jahr, in dem der Westen sich weit nach Osten ausgebreitet hat. Ich fand das immer gut, von vornherein. Ich saß vor dem Fernseher meiner Studentenwohnung und dachte: Wunderbar. Weg mit den Greisen! Nieder mit den Statuen! Runter mit den Uniformen! Stoppt die Paraden! Malt den Diktatoren Schnurrbärte aufs Plakat! Her mit den Bildern von ihren vergoldeten Toiletten!

Das ist ein Impuls, den ich mir bis heute bewahrt habe: die Freude darüber, daß die Vergangenheit beendet ist, wie schlecht die Zukunft auch sein mag. Auch als zuletzt jener Diktator, dem man keinen Schnurrbart anmalen mußte, weil er wie alle Mitglieder seiner Partei bereits einen trug, plötzlich mit einem Vollbart auftrat, empfand ich weder Mitleid noch Nostalgie. Natürlich gibt es immer Dinge zu bemäkeln. Natürlich hatte Oskar Lafontaine recht und verlief der Einigungsprozeß desaströs. Natürlich haben die Vereinigten Staaten bei ihrem Einmarsch im Irak falsch gemacht, was falsch zu machen war: Jeder, der als unabhängiger Beobachter im Irak war, schüttelt den Kopf über das offenkundige Mißmanagement der Besatzung. Natürlich gibt es bessere Autos als einen Peugeot 605, Jahrgang 1990, bei dem ich vor jeder längeren Fahrt das Kühlwasser nachfüllen muß. Jeder, der im Sommer die Klimaanlage in meinem Wagen anstellt, schüttelt den Kopf über die französische Technik. Es gibt immer etwas Besseres. Saddam Hussein wäre besser von seinem eigenen Volk gestürzt worden. Ein Peugeot 607 ist noch schöner als ein 605er, zumal er serienmäßig über ein Navigationssystem verfügen dürfte, wie es nicht einmal den Amerikanern im Irak zur Verfügung zu stehen scheint – aber einen 607 zu kaufen, dafür reicht nicht einmal das Preisgeld der Helga und Edzard Reuter-Stiftung.

Ich überlegte also: Was tue ich mit dem Geld? Und entschied: Ich kaufe ein altes Haus in Isfahan. Meine Familie stammt aus Isfahan, und wenn es Sie bis jetzt gestört hat, daß ich immerfort vom Geld rede, kann ich mich gut kulturalistisch verteidigen: Die Isfahanis gelten als die Schwaben Irans. Nun gut, nicht alle Schwaben sind so, verehrte Stifter. Aber alle Isfahanis. Ausnahmslos alle. Das sagen jedenfalls alle anderen Iraner über uns. Wir sind nach allgemeinem Dafürhalten extrem geizig, denken immer nur ans Geld und hauen jeden anderen Iraner übers Ohr, mit Vorliebe die türkischen Iraner, die Aserbaidschaner also. Meine Frau ist eine solche Türkin mit iranischem Paß. Ich kann vor solchen Doppelidentitäten nur warnen. Da besuche ich die Familie meiner Frau in Teheran, und meinen Sie, ich würde ein Wort verstehen? Die sprechen dort alle türkisch. Mitten in Teheran. Abgründe der Reformunfähigkeit tun sich auf. Eine erschreckende Parallelgesellschaft, vollständig integrationsresistent. Kompromißlose Dialogverweigerung. Schickt mir Claudia Roth, und ich zeige ihr die Grenzen der Integrierbarkeit auf. Mit den Türken ist schon keine Familie zu machen, wie ich erfahren mußte – wie dann erst eine politische Union?

Die Isfahanis würden die Türken aber ohnehin nicht in die EU aufnehmen – zu teuer. Mit Isfahan hätte es allerdings auch keine deutsche Einheit gegeben – ebenfalls zu teuer. Dann müßten Sie immer noch Egon Krenz ertragen. Seien Sie also froh, daß Deutschland von keinem Isfahani regiert wird – obwohl, andererseits, in Anbetracht der Verschuldung mag ein isfahanischer Bundeskanzler durchaus eine Verlockung sein. Aber ich mach's nicht, ich sag es gleich, denn sonst müßte ich wieder von Köln nach Berlin ziehen. Das habe ich schon mal getan, aber nach drei Jahren hatte ich von der Grunewalder Idylle genug. Bei uns im Eigelstein lacht mich wenigstens niemand aus, wenn ich mein täglich Kühlwasser in den Peugeot schütte. Das machen dort alle so, schließlich lebe ich im Türkenviertel, und wenn ich meine Nachbarn sehe, muß ich konstatieren: definitiv inkompatibel mit der EU. Die sind der Tod für jeden TÜV. Sogar meinen Peugeot hat der türkische Mechaniker von gegenüber an den deutschen Prüfern vorbeigeschmuggelt – da kann man sich denken, was die Türken mit den Brüsseler Verordnungen zur Streichholzschachtelfülle oder Butterdosengröße anstellen. Dann schon eher die isfahanischen Sparfüchse.

Aber zum EU-Beitritt der Türkei wollte ich mich gar nicht äußern. Das überlasse ich den Türkei-Experten, die unter deutschen Historikern und CDU-Abgeordneten zur Zeit wie Wasser aus meinem Kühler schießen. Ich möchte auch kein Plädoyer abgeben zur Aufnahme Isfahans in die Europäische Union. Nein, zur Völkerverständigung wollte ich mich äußern, schließlich bin ich dafür ausgezeichnet worden. Und zwar ist das so: Da ich zur Verständigung zwischen Kölnern und Berlinern nichts beitragen konnte, beschloß ich, in Isfahan ein Haus zu kaufen, auf daß mir die Verständigung zwischen Deutschen und Iranern besser gelänge.

Es gibt in Isfahan tausendsechshundert denkmalgeschützte Wohnhäuser aus der Zeit der Safawiden und Kadscharen. Jedes von ihnen ist ein Palast, ein Museum, ein Triumph des Individualismus. Jedes ist anders, und jedes scheint vollkommen in seiner architektonischen Harmonie. Die Miniaturen, Stuckarbeiten, Iwane, Kuppeln und Deckengewölbe, die Glas- und Spiegelarbeiten, die Einlegearbeiten und Wandgemälde, die in diesen jahrhundertealten, Touristen fast nicht zugänglichen Häusern zu finden sind, rauben einem den Atem – vor Schönheit, vor Staunen, wieviel Mühe sich Menschen einst gemacht haben, um die Sinne täglich zu liebkosen, und vor Scham, weil man unweigerlich an die Einfallslosigkeit heutiger iranischer Gebrauchsarchitektur denkt. Und jedes dieser Häuser hat einen großen Innenhof, mit Blumenbeeten, mit Rosensträuchern, mit Grantapfelbäumen. Es sind Häuser, in denen sich die Sehnsucht der Menschen nach dem Paradies ausdrückt – es sind 1600 kleine Gärten Eden.

Leider ist die Wohnwelt, von der ich spreche, zum größten Teil Vergangenheit. Im zwanzigsten Jahrhundert haben die meisten Isfahanis das Bewußtsein vom Wert ihrer ästhetischen und architektonischen Tradition verloren. Gewiß, die großen Denkmäler und Moscheen der Stadt wurden gepflegt, schon um Touristen anzulocken. Aber im Alltag verliert Isfahan sein Gesicht: mit jeder Schneise, die zum Bau einer Hauptstraße durch die gewachsenen Wohnviertel geschlagen wird; mit jeder Holztür, die man gegen ein Eisentor austauscht; mit jedem alten Haus, das einem Appartementblock weicht. Ökonomisch sind die alten Häuser fast wertlos; viel zu wenig Wohnraum auf zuviel Platz. Wertvoll sind die Grundstücke. Die meisten Eigentümer empfinden es daher als Fluch, wenn der Staat ihr Haus zum Denkmal erklärt, denn dann dürfen sie es nicht einfach durch einen Neubau ersetzen. Aber selbst wo der Staat beschließt, das Haus zu schützen, lassen sich Wege finden, es niederzureißen: Man läßt es leerstehen, man läßt im Winter den Gartenschlauch tagelang ins Haus laufen, man läßt dem Beamten ein paar tausend Euro vom Gewinn – und schon hat Isfahan ein weiteres Stück seiner Vergangenheit vernichtet.

Aber es sind nicht nur ökonomische Gründe. Wer es sich leisten kann, will heute modern wohnen – und modern, das heißt in der Regel in einem Appartement, mit Wohnküche und Aufzug, mit Parkettboden und Gardinen, Klimaanlage und Etagenheizung. Es sind alte Leute, Greise, die nicht mehr anders als unter Kuppeln leben möchten, wo die Kuppeln doch die Klimaanlage überflüssig machen. Wehmütig sprechen sie von den Abenden der Großfamilie unter dem Granatapfelbaum; sie verstehen nicht, wie ihre Kinder oder vielleicht sogar sie selbst – als sie jung waren und noch Toren – freiwillig auf den Duft der Rosen und das Plätschern des Wassers verzichten konnten. Die alten Leute, die Greise, die ihr Leben lang vielleicht nie aus Isfahan herausgekommen sind, wissen um den Wert und die Lebensqualität der alten Wohnhäuser. Man braucht Isfahan also nie verlassen zu haben, um das Bewußtsein zu haben. Oder man muß um die Welt gereist sein, um das Bewußtsein zu erlangen: Architekten, die im Ausland studiert haben, Isfahanis, die von Reisen die Sanierung europäischer Altstädte kennen, Iraner, die im Westen leben. Hier und da kauft einer von ihnen ein altes Haus, renoviert es, vielleicht um selbst darin zu wohnen, vielleicht um sein Büro dort zu haben, vielleicht um ein Restaurant oder ein Café zu eröffnen. Hier und da fliegt einer aus Köln nach Isfahan, um von seinem Preisgeld eines dieser Häuser vor der Abrißbirne oder dem Gartenschlauch zu retten.

Im November war ich eine Woche in Isfahan. Eine Woche lang hörte ich immerfort, wie unpraktisch diese alten Häuser seien. Es brauchte eine Weile, bis ich den Makler davon überzeugen konnte, daß ich ein altes Haus nicht etwa kaufen wollte, um es abreißen und einen Appartementblock an seine Stelle setzen zu lassen.

– Sie wollen darin leben?, fragte der Makler.

– Ja, antwortete ich.

– Ach.

– Ist das so ungewöhnlich?

– Nein, nein. Aber das Haus steht unter Denkmalschutz, das können Sie nicht einfach abreißen.

– Eben deswegen möchte ich es kaufen.

– Aber dann können Sie es nicht weiterverkaufen.

– Ich möchte es ja auch nicht weiterkaufen, sondern es renovieren und meine Wasserpfeife im Garten rauchen.

– Wasserpfeife? Sie rauchen Wasserpfeife?

– Ja, Wasserpfeife.

– Der Makler schaut mich schweigend an.

– Na ja, sagt er schließlich, es finden sich immer Wege, so ein Haus abzureißen.

– Ich möchte es nicht abreißen, sondern renovieren.

– Ach so.

Ich blicke den Makler an und weiß genau, was er denkt: Die spinnen, die Westler. Er findet mich sympathisch, er will mir weiterhelfen, er beginnt nachzudenken.

– Ich habe da ein wirklich todschickes Haus an der Hand, genau das, was Sie suchen: Sie können morgen einziehen. Und alt ist es auch, praktisch aus der Steinzeit.

– Wie alt denn?

– Dreißig, vierzig Jahre, mindestens.

– Nein, ich meine wirklich alt.

– Richtig alt?

– Ja, aus Lehm, und mit einem Brunnen und einem Granatapfelbaum im Innenhof.

– Sie haben vielleicht Ideen. Möchten Sie eine Winston?

– Nein danke, ich rauche Wasserpfeife.

Ein paar Minuten später erklärt der Makler seinem Kollegen, wonach ich suche:

– Ja, eines von diesen alten Häusern.

– Wieso das denn? Will er es abreißen lassen?

– Nein, der Herr ist aus dem Westen.

– Ach so. Aus dem Westen.

Stimmt! Ich komme aus dem Westen. Es ist ein westliches Bewußtsein, mit dem ich durch Isfahan streife. Ein westliches Bewußtsein haben die Freunde in Isfahan, die mich anstifteten, ein altes Haus zu kaufen. Sie alle sind weitgereist und wünschen sich, daß Leute wie ich, die von auswärts kommen, ihre Ideen in die Stadt tragen. Und sie wissen: Hätte ich ein Haus in Isfahan, würden unsere Freunde aus dem Westen es nutzen, sie würden die Stadt besuchen, eine Zeitlang dort leben und ihre westliche Kultur gerade dadurch verbreiten, daß sie die Größe der lokalen Kultur entdecken. Das ist gut für die Stadt, sagen sie. Wenn die Westler sich für die alten Häuser begeistern, werden auch immer mehr Isfahanis beginnen, sich für die Häuser zu interessieren.

Das Haus, das ich kaufen wollte, sollte unbedingt in Dscholfa sein. Dscholfa ist das armenische Viertel Isfahans, das Christenviertel. Ich dachte immer, wenn ich schon ein Haus in Isfahan kaufe, dann dort – nicht nur, weil es ein besonders ruhiges und schönes Viertel ist oder weil es sich dort freier leben läßt als in den übrigen Vierteln der Stadt. Die Freunde aus dem Westen, die mich in Isfahan besuchen würden, würden in der Nachbarschaft von dreizehn Kirchen wohnen. Sie würden auf die Straße treten und Armenisch hören. Ohne daß ich noch Worte verlieren müßte, würden sie den größten der vielen Reichtümer Isfahans erkennen: Die Vielfalt, die diese Stadt bietet, den Reichtum des Individualismus, die Partikularität nicht bloß der Architektur, sondern wichtiger noch der Weltanschauungen und Lebensentwürfe. Fünf Religionen und vier Sprachen beherbergt Isfahan: neben den Muslimen die Christen in Dscholfa, die Juden mit ihren zwanzig Synagogen allein im Stadtteil Dschubareh, die Zoroastrier und die Bahai; außer dem Neupersischen das Armenische, das alte Persisch der Juden und das noch ältere Persisch der Zoroastrier. Man muß nichts idealisieren, auch Isfahan hat Massaker und Vertreibungen erlebt, und nach der Islamischen Revolution ist die Situation insbesondere für die Bahai unerträglich geworden. Aber wenn man alten Reiseberichten glaubt und mit Menschen von heute spricht, hat sich Isfahan von anderen iranischen Städten auch dadurch unterschieden, daß es Vielfalt für selbstverständlich hielt – so wie das kölsche Versprechen, daß jeder Jeck anders ist, von den Kölnern vielfach verraten worden ist und doch das Lebensgefühl der Stadt bis heute ausmacht.

Das Zusammenleben von Menschen unterschiedlicher Religionen, Ethnien und Sprachen besteht in Isfahan bis zum heutigen Tag fort – ja, es ist noch immer selbstverständlich. Zu selbstverständlich, wie mir gelegentlich scheint, so selbstverständlich wie die alten Häuser, um deren Erhalt sich nur wenige Menschen kümmern. Meinen Cousinen fällt kaum auf, wie besonders diese Vielfalt ist; sie haben immer schon ihre jüdischen oder christlichen Freundinnen gehabt. Ich bin es, dem es auffällt. Und natürlich fällt es mir aus keinem anderen Grund auf als dem, daß ich aus dem Westen komme. Gewiß ist die Toleranz dem Westen nicht in die Wiege gelegt gewesen. Aber nun, da der Westen seine ursprüngliche kulturelle und religiöse Vielfalt bereits weitgehend vernichtet hat, ist die Toleranz – bei allen gravierenden Mängeln – hier doch eher verwirklicht als irgendwo anders auf der Welt. Als Muslim genieße ich in Köln Freiheiten, die einem Christen in Isfahan verwehrt sind – angefangen von der Freiheit der Kleidung bis zur Freiheit, Staatsoberhaupt zu werden oder auch nur Bürgermeister. Ich wünsche mir, daß sich diese westliche Freiheit überall in der islamischen Welt durchsetzt. Die meisten Iraner wünschen sich das.

Ich wünsche mir, daß sich mein westliches Bewußtsein ausbreitet und Isfahan seine religiöse und ethnische Vielfalt nicht bekämpft und auch nicht nur duldet, sondern die Partikularität bejaht, sie feiert, sie schützt. Demokratie, Gewaltenteilung, die weltanschauliche Neutralität des Staates, Toleranz, Menschenrechte und die Gleichberechtigung der Geschlechter sind Prinzipien, die sich in den letzten Jahrhunderten im Westen herausgebildet haben, aber universelle Geltung haben. Der Westen muß diese Werte in keinem Dialog der Kulturen aufgeben oder sie relativieren. Im Gegenteil: Er sollte für sie einstehen und sie missionarisch vertreten. Eine so verstandene Leitkultur zu expandieren ist besser, als wenn sich die Kulturen autochthon verstümmeln. Deshalb ist die Vorstellung der amerikanischen Neo-Konservativen, dem Relativismus abzuschwören, von doppelten Standards abzulassen, Demokratie notfalls auch mit Zwangsmaßnahmen durchzusetzen, im Kern richtig, wie der Jubel der Menschen in Kabul über die Befreiung von den Taliban gezeigt hat oder genauso die Freude der Iraker über die gestürzte Statue Saddam Husseins. Falsch, ja verhängnisvoll sind die Mittel. Europa sollte eine eigene Vision entwickeln, wie auch in anderen Städten die Tyrannenstatuen stürzen, ohne daß deren Staaten in Chaos und Krieg versinken.

Was immer Ihnen westliche Experten und muslimische Fundamentalisten wortgleich einreden wollen: Die Anziehungskraft von Demokratie, Rechtsstaatlichkeit und Meinungsfreiheit ist auch in der islamischen Welt um ein Vielfaches größer als die Anziehungskraft der Terroristen. Das Entscheidende dabei ist: Diese Anziehungskraft beruht nicht auf dem Wunsch nach Verwestlichung, sondern auf dem Wunsch nach Selbstbestimmung. Demokratie mag als Staatsmodell aus dem Westen stammen, aber es hat zum Ergebnis die Autonomie einer Gesellschaft. Für den Westen kann dies durchaus zum Dilemma werden, wie die Vereinigten Staaten gegenwärtig im Irak erfahren; ein wirklich freier Irak würde seine Ölpolitik bestimmt nicht von amerikanischen «Beratern» diktieren lassen. Aber genau in diesem Dilemma liegt auch das Erfolgsgeheimnis der westlichen Leitkultur: Indem sich ihre Werte und Artikulationen von einer spezifischen Religion abgelöst haben, sind sie offen genug, um in andere Kulturen der Welt übersetzt zu werden, ja mit diesen Kulturen zu kongruieren, ihren westlichen Ursprung hinter sich zu lassen. Wer heute in Isfahan für religiöse Toleranz streitet, orientiert sich am westlichen Modell und deckt dabei doch ein Stück der Vergangenheit Isfahans auf. «Die lobenswerteste ihrer Eigenschaften», schrieb der Franzose Jean Chardin im siebzehnten Jahrhundert über die Isfahanis, «ist ihre Güte Fremden gegenüber; der Empfang und der Schutz, den sie ihnen gewähren, ihre umfassende Gastfreundschaft und ihre Toleranz in bezug auf die Religion.» Das Staunen über die Glaubensvielfalt der Stadt, ihren «besondern Freisinn in Religionssachen», wie Goethe im *West-östlichen Divan* schrieb, findet sich in zahlreichen Reiseberichten jener Zeit. Es ist wie mit dem alten Haus in Isfahan: Diejenigen, die sich heute um den Erhalt der traditionellen Architektur bemühen, sind keine Traditionalisten – es sind jene, die wie ich durch den Westen und seine Kultur geprägt worden sind.

Die westliche Leitkultur, für die es zu streiten und zu werben gälte, hat ihr Spezifikum darin, daß sie – anders als die Religionen mit ihrem notwendigen Anspruch auf Allgemeingültigkeit – auf der Partikularität beruht. Damit erlaubt Europa gerade auch die Partikularität der Religionen. Europa und der Westen insgesamt haben als vielleicht wichtigste Errungenschaft ein Staatsmodell entwickelt, das die unterschiedlichen Religionen und Weltanschauungen nicht nur duldet, sondern radikal gleich behandelt, in ihrer Akzeptanz wie in ihrer Beschränkung – gleich behandeln sollte, jedenfalls. Die gegenwärtige Überlegenheit und der Leitanspruch westlicher Kultur würden sich darin erweisen, daß sie Muslimen jene Freiheit gewährt, die Christen in islamischen Ländern oft nicht haben. Ich denke, damit habe ich für heute genug gesagt zu der zweiten These, die ich eingangs annonciert hatte: Warum Deutschland, sofern es nicht generell religiöse Symbole aus den Schulen verbannt, seinen Lehrerinnen erlauben sollte, das Kopftuch zu tragen.

Ich danke für den Jahrespreis der Helga und Edzard Reuter-Stiftung und Ihnen, meine Damen und Herren, für die Aufmerksamkeit.

Auf der Konferenz «Dialog mit der islamischen Welt»

Berlin, Auswärtiges Amt, 15. März 2005

Herr Minister, Exzellenzen, meine Damen und Herren,

ein Kollege, der heute als Redakteur einer bekannten deutschen Tageszeitung arbeitet, berichtete, wie er einst Judaistik studieren wollte. Weil sich Hauptstränge beider Traditionen durch den gleichen, arabisch geprägten Kulturraum ziehen, hielt er es für sinnvoll, im Nebenfach Islamwissenschaft zu belegen. In der Studienberatung kündigte er sein Vorhaben an. «Sie wollen beides studieren?», fragte die verdutzte Dozentin. «Also, da müssen Sie sich schon entscheiden, ob sie für die Araber sind oder für die Juden.» Die Dozentin war jung, das Beispiel nicht typisch, und doch erzählt es viel darüber, wie Europa die heutigen Grenzlinien, die es im 20. Jahrhundert maßgeblich selbst gezogen hat, auf die Geschichte des Orients projiziert.

An vielen großen Universitäten gibt es Seminare für Islamwissenschaft, für Judaistik und für den christlichen Orient. Eine Verbindung zwischen diesen Seminaren gibt es so gut wie nicht. Nur wenige Studenten der Islamwissenschaft nehmen die relevanten Werke nichtmuslimischer Autoren wahr, die zur gleichen Zeit, in der gleichen Stadt, ja, in der gleichen Gasse entstanden sein könnten wie das Traktat oder das Gedicht, über das sie sich beugen. Von der großartigen Poesie jüdischer Araber etwa hören Studenten der Orientalistik kaum mehr, als daß sie existiert, dabei ist sie oft genug nicht spezifisch jüdisch in ihren Motiven und Gedanken, sondern so säkular wie ein Großteil der klassischen arabischen Dichtung. Judeo-arabische Dichter standen in derselben Tradition, hatten dieselben Vorbilder, richten sich nach denselben Genres, nehmen denselben religiösen und sozialen Hintergrund auf wie ihre muslimischen Kollegen. Dennoch habe ich in meinem Studium der

Orientalistik kaum je von ihnen gehört. In der Judaistik sieht es kaum besser aus: Nur wenige Studenten lernen die arabische Sprache, obwohl doch wesentliche Werke der jüdischen Philosophie, Poesie oder Mystik von Autoren verfaßt worden sind, die Arabisch sprachen, Arabisch schrieben und sich an eine arabischsprachige Öffentlichkeit wandten.

Die Literaturen, die Künste und die religiösen Traditionen des arabisch geprägten Kulturraums sind historisch so eng miteinander verflochten – oft bis zur Ununterscheidbarkeit –, daß sie nur im Zusammenhang studiert und dargestellt werden können. So setzt sich die islamische Theologie zu einem beträchtlichen Teil aus Antworten auf Fragen zusammen, die vom Judentum und vom Christentum an sie herangetragen worden sind – an den Höfen und in den Gelehrtenstuben von Bagdad oder Córdoba. Ohne diese Fragen bleiben die Antworten unverständlich. Nicht viel anders steht es mit dem Judentum: Nicht nur das christliche Europa, auch die Philosophen unter den rabbinischen Gelehrten wie der in Ägypten geborene Saadiya ha-Gaon, Abraham ibn Daud aus Toledo oder Moses Maimonides empfingen das antike Erbe zum großen Teil in seiner Prägung durch die arabisch-islamische Kultur. Ohne Kenntnis dieser Kultur läßt sich nicht verstehen, wie das Judentum nicht nur auf den Islam, sondern später der Islam auch auf das Judentum zurückgewirkt hat, in der Theologie und deutlicher noch in der Mystik sowie in der Literatur. In der arabisch-islamischen Kulturgeschichte spielten dabei orientalische Christen als Übersetzer und Bearbeiter griechischer Texte eine entscheidende Rolle. Der Prozeß wechselseitiger Beeinflussungen verlief selten konfliktfrei – auch nicht im heute gerne verklärten Andalusien der Mauren. Muslime, Juden, Christen und Agnostiker, Araber, Perser, Türken und andere Völker verfolgten und unterdrückten einander und grenzten sich gegeneinander ab – blieben aber in der entscheidenden Phase ihrer Kulturentwicklung im arabisch geprägten Raum eng aufeinander bezogen.

Als das Judentum und der Islam sich herausbildeten – für das Christentum gilt das gleiche –, waren deren Identitäten kaum so eindeutig festgelegt, wie es uns heute erscheint. Das «Wir» etwa in der arabischen Philosophie oder der arabischen Dichtung ist oft genug kein «Wir Muslime» oder «Wir Juden»; es ist ein «Wir Philosophen», dem das «Ihr» etwa der Mystik oder der Rechtswissenschaft entgegengesetzt wird, seien diese islamisch oder jüdisch. Averroës und Maimonides wurden im nicht-arabischen Teil Europas nachträglich als Muslim und Jude unterschieden; im arabischen Kulturraum galten beide eher als zwei Vertreter der andalusischen Philosophie. Genauso wie Maimonides sich auf die Werke muslimischer Autoren bezog, hatte er selbst wiederum muslimische Leser, darunter Dozenten, die einem jüdischen Publikum die Philosophie Maimonides' erklärten. Ein muslimischer Philosoph wie al-Farabi hat, ohne daß es weiter bemerkenswert gefunden worden wäre, im zehnten Jahrhundert einen großen Teil seiner Ausbildung bei dem nestorianischen Lehrer Ibn Yunus erlangt, der wiederum christliche und muslimische Lehrer gehabt hatte. Dieser und unzählige andere Fälle von Interaktionen waren möglich und selbstverständlich, weil sich die jüdische, christliche und muslimische Intelligenz des arabisch geprägten Kulturraums mit denselben Grundfragen beschäftigte, ohne notwendig dieselben Antworten zu geben oder die sozialen und rechtlichen Unterschiede zwischen den Gruppen aufzuheben. Von manchen religionsphilosophischen Texten läßt sich bis heute nicht einmal mit Bestimmtheit sagen, ob der Verfasser Muslim oder Jude gewesen ist. Ein Studium der arabischsprachigen Philosophie, Dichtung, Wissenschaft oder Mystik aus einem ausschließlich judaistischen beziehungsweise islamwissenschaftlichen Blickwinkel führt automatisch zu einem Übergewicht religiös-konfessioneller Momente in der Deutung, damit zu einer Beschränkung der Sinnebenen: So werden Texte, Autoren und historische Entwicklungen, die sich ursprünglich längst nicht so eindeutig auf eine religiöse Identität bezogen, nachträglich auf ihre Konfession hin gelesen.

In verblüffender Analogie zu heutigen islamistischen Auffassungen nahm die Orientalistik des 19. und frühen 20. Jahrhunderts einen «Urzustand» des Islams an und stellte an die Geschichte und die Kultur muslimischer Gesellschaften vorrangig die Frage, inwiefern sie frühislamischen Normen entsprachen oder von ihnen abgewichen waren. Nicht religiös geprägte Dichtungen, Werke der Philosophie und historische Ereignisse wurden so fast automatisch als heterodox gedeutet, anstatt in jener Autonomie wahrgenommen zu werden, die etwa Shakespeare, dem Zweiten Weltkrieg oder der Phänomenologie des Geistes zukäme, die eine religiöse Dimension wohl haben, jedoch unmöglich auf diese zu reduzieren sind.

Auch wenn dieser vorrangig auf die Religion gerichtete, essentialistische Blick von einer zunehmend sozialwissenschaftlich orientierten Islamwissenschaft längst in Frage gestellt worden ist, prägt er immer noch die öffentliche Wahrnehmung des Islams. Der Islamwissenschaftler Aziz al-Azmeh sieht hier «fast eine Art Komplizenschaft zwischen westlichen Kommentatoren und islamistischen Ideologen», da auf beiden Seiten die Urbegründung jedes Phänomens in der islamischen Welt in den religiösen Quellentexten angesiedelt werde. Eine Betrachtung von solcher Normativität würde sich in bezug auf die Geschichte und Gegenwart der «christlichen Welt» von selbst diskreditieren. Die säkulare Wahrnehmung des Westens nimmt den Orient aus, der so exemplarisch zum Ort der Religion wird, wo sämtliche kulturellen und politischen Entwicklungen und Ereignisse ursächlich mit dem Glauben erklärt werden müssen.

Das ist mehr als nur ein bedauerlicher, aber mit Blick auf die spärlichen Studentenzahlen nicht weiter folgenreicher Aspekt des deutschen und europäischen Bildungswesens, ausgereift in hundertjähriger Verhärtung, ein wissenschaftlicher Skandal, der die historische Verfälschung stets neu reproduziert. Nicht nur hat eine breite westliche Öffentlichkeit die skizzierte Wahrnehmung übernommen und noch überzeichnet. Das viel größere Problem ist, daß auch die jüdischen und arabisch-muslimischen Gesellschaften selbst die westliche Teilung, wie sie in den Fächern Islamwissenschaft, Judaistik und Wissenschaft des christlichen Orients zum Ausdruck kommt, längst verinnerlicht haben, mit katastrophalen politischen Auswirkungen. In den vergangenen Jahrzehnten sind die Traditionen im Nahen Osten nachträglich nationalisiert und konfessionalisiert worden: In einem einst gemeinsamen, wie gesagt keineswegs gewaltfreien oder gar egalitären, aber intellektuell offenen Raum, wurden Mauern hochgezogen mit Fenstern aus Milchglas. So verloren die jüdische Philosophie, Mystik und Literatur, damit sie einer national-jüdischen Geschichte einverleibt werden konnten, im

Verlaufe der Moderne ihren arabischen Kontext; in vielen israelischen Philosophiegeschichten finden sich nur beiläufige Hinweise, daß etwa Maimonides Arabisch sprach, sich stets auf seine muslimischen Mitphilosophen bezog und innerhalb einer interreligiösen philosophischen Debatte agierte. Umgekehrt wurde die arabische Kulturgeschichte nachträglich «islamisiert», also um ihre multi-religiöse Dimension gebracht. Während das Judentum also seine tiefe Verwurzelung im arabischen Kulturraum negiert, verdrängt die arabische Welt, daß sie eben keineswegs bloß durch den Islam bestimmt ist, sondern ihre kulturelle Blüte auch jüdischen und christlichen Dichtern, Gelehrten, Künstlern und Musikern verdankt. Und zwar nicht etwa nur im Mittelalter: In einer Stadt wie Bagdad, dem alten Kulturzentrum der arabischen Welt, waren Juden noch in den vierziger Jahren des zwanzigsten Jahrhunderts die größte Bevölkerungsgruppe. Überdurchschnittlich viele von ihnen gehörten der intellektuellen Elite an, sie prägten die Renaissance der arabischen Literatur in der Moderne, ja, nicht wenige von ihnen gehörten zu den führenden Kräften des arabischen Nationalismus.

Die Gründe dafür, daß all dies im öffentlichen Bewußtsein fast vollständig vergessen ist, sind offenkundig: der politische Konflikt um Israel und Palästina, der arabische Nationalismus und später Islamismus auf der einen, der Zionismus auf der anderen Seite. Damit der Andere zum Feind werden konnte, mußte er zunächst als der Andere konstruiert werden. Im Zuge des islamischen Fundamentalismus bedroht dieser Prozeß zunehmend auch das Selbstverständnis der arabischen Christen, die angesichts einer als feindselig erlebten Umgebung die eigene Identität immer häufiger in Abgrenzung von ihren muslimischen Nachbarn bestimmen. Ein ursprünglich politisch-territorialer Konflikt nimmt, indem er von den Beteiligten zunehmend religiös artikuliert wird, mythische Formen an, er wird zu einer Erbfeindschaft zwischen Völkern, die vor ein, zwei Jahrhunderten nicht einmal eindeutig voneinander unterschieden waren. Der angeblich uralte Konflikt fordert ethnische Loyalitäten ein, die selbst ein Produkt der Moderne sind. Am beklemmendsten deutlich wird der Zwang, sich zwischen einer jüdischen und einer arabischen Identität zu entscheiden, am Beispiel der orientalischen Juden, wie es Samirs Film *Forget Bagh-*

dad oder die Arbeiten der Israelis Amnon Raz-Krokotzkin oder Ella Shohat reflektieren.

Der europäische Kulturaustausch mit dem Nahen Osten reproduziert die politischen Verwerfungen, statt zu ihrer Überwindung beizutragen. Indem er den künstlerischen Dialog entweder mit Israel oder der islamischen Welt führt, wird das Judentum ein weiteres Mal aus seinem aktuellen geographischen und kulturellen Kontext gerissen – und dem Westen zugeordnet. Auch deshalb erscheint Israel heute wie eine westliche Kolonie im Nahen Osten. Das spielt dem israelischen wie dem arabischen Ressentiment in die Hände – der Aussicht auf eine friedliche Koexistenz von Muslimen, Christen und Juden dient es nicht. Dauerhafter Frieden wird im Nahen Osten aber erst dann möglich sein, wenn Israel nicht mehr wie ein westlich-koloniales Implantat in der arabischen Welt wirkt und umgekehrt die arabische Welt die staatliche Präsenz der Juden in der Region nicht nur aus Einsicht in die eigene Schwäche hinnimmt, sondern sie ein für allemal bejaht – auch in erneuerter Erinnerung an die eigene jüdische Tradition.

Daß der Nahe Osten eine gemeinsame, multireligiöse, eines Tages vielleicht sogar transstaatliche Einheit bilden könnte, taucht speziell in den deutschen Mustern eines Kulturdialogs so gut wie nicht auf. Wenn überhaupt, versteht Deutschland sich als «Moderator» der beiden verfeindeten Parteien. Aber indem es Juden und Araber nicht nur politisch, sondern auch kulturell als starre Entitäten behandelt, festigt Deutschland eine Frontstellung, zu deren Herausbildung es entscheidend beigetragen hat – durch den Antisemitismus und später den Holocaust, der die Gründung des Staates Israel und die Vertreibung hunderttausender Palästinenser zur Folge hatte. Und zugleich formuliert sich in Deutschland und Europa das Ressentiment gegen Juden oder Muslime am liebsten, indem es sich mit deren annoncierten «Feinden» solidarisiert. Der Antisemitismus führt stets das Leid im Munde, das Israel den Palästinensern antue, und so gut wie alle radikalen Islamkritiker des Westens betonen ihre besondere Verantwortung für Israel. Auf diese Weise lassen sich in Europa wie in den USA sowohl die Verantwortung für Israel wie die Verbundenheit mit den arabischen Staaten zu eigenen politischen Zwecken instrumentalisieren.

Seit dem Scheitern der Friedensverhandlungen von Camp David und Taba ist der politische Konflikt immer weiter eskaliert. Währenddessen aber – weitgehend unbemerkt von der europäischen Öffentlichkeit – artikuliert sich sowohl in der muslimischen Welt wie im Judentum und unter den orientalischen Christen immer deutlicher ein Gegendenken in der Literatur, der Kunst, der Musik und nicht zuletzt in der Geschichtsschreibung, das nationale, religiöse Barrieren zu überwinden und die gemeinsame Kultur und ihre Vergangenheit wieder gemeinsam zu denken versucht. Voraussetzung hierfür ist, die Vergangenheit aus dem fundamentalistischen Zangengriff von eigenen, aber auch westlichen Ideologen zu befreien und in der Religion, den Geisteswissenschaften und der Kunst eine neue, säkulare Hermeneutik zu entwickkeln. Innerhalb der Theologie ist es ein Denken, das auf der Religion beharrt und sie gerade deshalb vor der politisch-nationalistischen Vereinnahmung schützen möchte. Es findet innerhalb des Judentums und des Islams statt, hat aber im Nahen Osten keine Räume, um sich ineinander zu verschränken: es gibt keine Seminare, an denen die Thora und der Koran, Midrasch und Tafsir von jüdischen und muslimischen Gelehrten gemeinsam gelesen werden, keine Akademie, an der jüdische, christliche und islamische Linien der nahöstlichen Kunst und Kultur sich zu einem Strang verbinden würden, und sogar der arabisch-hebräische Literaturaustausch ist auf ein Minimum reduziert.

Was es vereinzelt noch gibt, sind Dialoge, aber Dialoge setzen voneinander unterschiedene Subjekte voraus, die sich verständigen sollen. Daß Juden, Muslime und Christen im Nahen Osten ihre Kulturen als ein gemeinsames Erbe verstehen und studieren, statt den jeweils ihnen zugehörig scheinenden Teil zu okkupieren, bleibt so eine Utopie. Festivals, die arabischer und israelischer Kunst und Kultur ein gemeinsames Forum bieten, Universitäten und Akademien, an denen Koran und Bibel, Midrasch und Tafsir, Kabbala und Sufismus gemeinsam gelehrt und damit in jenen Zusammenhang gebracht werden, in dem sie entstanden sind, sind heute wohl nur im Exil denkbar, ausgerechnet im Westen, der jene Unmöglichkeit mitverursacht hat. Deshalb haben wir am Wissenschaftskolleg zu Berlin im Jahr 2000 zusammen mit Almut Bruckstein ein Projekt zur jüdischen und islamischen Hermeneutik begonnen und haben Wolf Lepenies und ich 2003 ein Manifest veröffentlicht für die Gründung einer jüdisch-islamischen Akademie in Berlin.

Es genügt nicht, die neokonservativen Zukunftsvisionen Amerikas – die Vision eines Neuen Europas und eines amerikanisierten Nahen Ostens – bloß abzulehnen, wie es im Verlaufe der Debatte um den Irakkrieg geschehen ist. Es geht um eine eigene kulturelle Vision für die Beziehungen Europas zum Nahen Osten, die gerade nicht auf der Dichotomie beruht. Deutschland und Europa würden dadurch ihre historische Verantwortung für den gesamten Nahen Osten, nicht nur für Israel, unterstreichen. Die Literaturen, die performativen und bildenden Künste aus dem Nahen Osten sollten der europäischen Kunst nicht entgegengesetzt, sondern als ein Bestandteil der Kultur verstanden und aufgeführt werden, die den Nahen Osten und Europa gemeinsam historisch prägt. Das Wort vom Dialog würde sich schon deshalb erübrigen, weil «man selbst» immer auch zu «denen» gehört.

Die Bedeutung des jüdisch-muslimischen Erbes für Europa intellektuell und künstlerisch zu unterstreichen, ist gerade mit Blick auf die aktuellen Diskussionen um die europäische Identität von Bedeutung. Europa ist ein säkulares Projekt, das sich nicht zuletzt in seinen selbstverschuldeten historischen Katastrophen zu seiner jetzigen Gestalt und Anziehungskraft herausgeschält hat. So blutig diese Erfahrungen waren, so wertvoll ist der Humanismus, der dem europäischen Projekt zugrunde liegt. Er ist so wertvoll, daß man alle Menschen gleich welcher Herkunft dazu aufrufen möchte, Europa gegen seine selbsternannten Bewahrer zu verteidigen. Denn diese machen Europa zu einer geschlossenen Gemeinschaft, fast zu einer Rasse, und stellen damit das Vorhaben der europäischen Aufklärung auf den Kopf, das seine Spezifität gerade dadurch gewinnt, daß es eine weltliche, prinzipiell allen Bürgern offene Willensgemeinschaft darstellt. Europa hat Zukunft nur in der religiösen, nationalen, sprachlichen Vielfalt. Das bedeutet mit Blick auf seine Geschichte und Gegenwart auch, daß Europa nur Zukunft haben wird mit dem Judentum und dem Islam.

Ich danke Ihnen für Ihre Aufmerksamkeit.

Zum 50. Jahrestag der Wiedereröffnung des Burgtheaters

Wien, Burgtheater, 14. Oktober 2005

Lieber Herr Bachler, meine Damen und Herren,

auf meinem Laptop habe ich einen Routenplaner. Sie wissen schon, das sind diese Computerprogramme, die die beste Strecke für eine Autofahrt ermitteln. Um zu ermessen, was in den letzten fünfzig Jahren mit Europa geschehen ist, brauche ich nicht mehr als meinen Routenplaner. Ich tippe erst Nordkap ein, im Norden Norwegens, danach Tarifa, die südlichste Stadt Spaniens. Dann klicke ich auf *enter*. Die gelbe Batterieanzeige flackert – das macht sie sonst nie. Der Laptop knistert vor Anstrengung, er ächzt vor Empörung – aber er erfüllt seine Pflicht. Sobald der Routenplaner eine Teilstrecke ermittelt hat, wedelt eine schwarzweiße Fahne auf dem Bildschirm, wie ich sie von den Rennen der Formel 1 her kenne. Nach fünfzehn oder zwanzig Sekunden verkündet der Laptop fähnchenwedelnd das Ergebnis: Am Nordkap fahre ich 700 Meter auf einer örtlichen Straße, halte mich zweimal links und gelange nach 280 Metern auf die E 69. Nach weiteren 5930,20 Kilometern biege ich von der spanischen N 5 links ab auf die CN 340, die nach 400 Metern übergeht in die Avenida Mirador de los Ríos. Nach 600 Metern fahre ich in Tarifa ein. Mein Laptop veranschlagt eine Reisedauer von 7 Tagen, 3 Stunden und 57 Minuten. Eine Grenzkontrolle vermerkt mein Laptop nicht. Ich gehe die Route genau durch: fünf Grenzübertritte, aber keine einzige Wartezeit für eine Grenzkontrolle. Das heißt, ich könnte Europa in 5931 Kilometern durchqueren, ohne meinen Ausweis mitnehmen zu müssen. An Stockholm käme ich vorbei, an Kopenhagen, an Hamburg, Brüssel, Paris, Madrid – an welche Deklarationen, Verträge, Gipfeltreffen Sie auch immer denken möchten, nichts faßt die unglaubliche Erfolgsgeschichte Europas besser zusammen als dies: Stockholm, Kopenhagen, Hamburg, Brüssel, Paris, Madrid – und kein Paß. Als dieses Theater vor fünfzig Jahren wiedereröffnet wurde, hätte wohl kaum einer der Anwesenden für möglich gehalten, was uns allen heute selbstverständlich geworden ist: ein Europa ohne Grenzen.

Heinrich Mann hat einmal behauptet, das Gemeinschaftsgefühl der Europäer sei eine Erfindung der Dichter. Damit mag er übertrieben haben, und dennoch ist auffällig, wie entschieden sich während der vergangenen zweihundert Jahre gerade die Literaten für Europa ausgesprochen haben. Den Politikern waren sie Jahrzehnte voraus, wenn nicht ein ganzes Jahrhundert. Als Victor Hugo 1851 vor der französischen Nationalversammlung für eine Union der demokratisch verfaßten europäischen Länder warb, fand sich nicht ein einziger Abgeordneter, der ihn ernstgenommen hätte. Hugos Rede ging im Protest und Hohngelächter seiner Kollegen unter. Nicht besser erging es Arnold Ruge mit seiner Vision eines vereinten Europas, die er am 22. Juli 1848 in der Frankfurter Paulskirche vor der Deutschen Nationalversammlung vorstellte.

Auch als vor fünfzig Jahren das Burgtheater wiedereröffnet wurde, hatte Europa noch längst nicht die europäischen Nationalismen entschärft, wie sich in der Aufregung um das Eröffnungsprogramm zeigte: Damals zwang der öffentliche Druck die Direktion, das bereits angekündigte Programm zu ändern und das österreichische Nationaltheater gefälligst mit einem österreichischen Stück zu eröffnen. Zum fünfzigsten Jahrestag der Wiedereröffnung hat die heutige Direktion des Burgtheaters nun mich – der vielleicht Iraner oder Kölner, aber mit Sicherheit kein Österreicher ist – eingeladen, über Europa zu sprechen. Ich müsse Österreich nicht einmal erwähnen, wurde mir gesagt, um nicht zu sagen: nahegelegt. Ich gestehe: Der Gedanke hinter dieser Entscheidung leuchtet mir ein. Und er gefällt mir. Es spricht für ein Land, wenn es sich nicht selbst feiern muß und sich auch nicht so wichtig nimmt, daß es sich ständig nur selbst anklagt. So möchte ich also zu Ihnen über Europa sprechen und über die Literatur. Nur den Gefallen, Österreich nicht zu erwähnen, kann ich Ihnen nicht tun, meine Damen und Herren. Denn ich denke bei dem Thema, das mir gestellt worden ist, zuerst an die Schriftsteller, die vor fünfzig Jahren mit Sicherheit dort unten im Parkett gesessen hätten, hätten sie überlebt. Sie gehörten zu den bedeutendsten, entschiedensten Europäern, die Österreich hervorgebracht hat. Ich denke zum Beispiel an den Juden Stefan Zweig.

Noch 1932 schrieb Zweig in einem Aufsatz, daß Europa «endlich wieder einen der Höhepunkte europäischer Humanität» erreicht habe. Mit einer Geschwindigkeit, die erstaunlich kontrastiere mit der Umständlichkeit und Langsamkeit der Postwagen und Segelschiffe, tauschten die geistigen Menschen aller Nationen ihre Erkenntnisse und dichterischen Werke aus,

> und das Problem, daß sie verschiedenen Nationen angehören, der eine ein Holländer, der andere ein Deutscher, der dritte ein Italiener, der vierte ein Franzose und der fünfte ein portugiesischer Jude ist, kommt nicht mehr in Betracht gegenüber dem beglückenden Gefühl, daß sie alle Deputierte sind im unsichtbaren Parlament Europas, daß sie gemeinsam ein Erbe zu verwalten haben, daß alle neuen Entdeckungen, alle alten Errungenschaften des Geistes ihnen gemeinsam zugehören.

1932 hat Zweig diese Sätze geschrieben, wohlgemerkt. Er übersah die Stärke der nationalistischen Gegenkräfte keineswegs, «die Macht der kleinen, kurzdenkenden Interessen, die den großen notwendigen Ideen entgegenwirken, die Gewalt des Egoismus gegen den verbrüdernden Geist», wie er es nannte. Niemals sei «die Absonderung von Staat zu Staat in Europa größer, vehementer, bewußter, organisierter als heute». Und dennoch spürte Zweig, daß Europa nach einer langen Epoche der Brutalität und Entfremdung zum ersten Mal wieder fühle, «an einem Gemeinsamen» zu arbeiten, einer wahrhaft europäischen Literatur, einem Bewußtsein der Zusammengehörigkeit, das die Verschiedenheit der Sprachen, Kulturen und religiösen Traditionen als Reichtum begreift.

Ich glaube, wir spüren heute alle und überall das elektrische Knistern, das durch die Reibung der Gegensätze entstanden ist, bis in unsere Nerven hinein, wir spüren alle, daß eine der beiden Tendenzen für die nächsten Jahre endgültig die Oberhand gewinnen muß. Welche wird siegen? Wird Europa seine Selbstzerstörung fortsetzen, oder wird es eins werden?

Zweig machte sich keine Illusionen, wie es 1932 um das Kräfteverhältnis zwischen den nationalen Partikularinteressen und der übernationalen europäischen Idee stand, zwischen dem Ressentiment und der Vision einer sprachlichen und kulturellen Vielfalt innerhalb eines gemeinsamen politischen Gebildes:

> Man verzeihe mir, wenn ich nicht, wie viele es vielleicht wünschen, sage: die Vernunft wird siegen und baldigst die Oberhand behalten, morgen, übermorgen werden wir ein vereintes Europa sehen, in dem es keinen Krieg mehr gibt, keine Binnenpolitik und keinen zerstörenden Völkerhaß.

Der «Irrwitz des Kriegs und der Aberwitz des Nachkriegs» hatten seiner Generation, ihrem geprüften und enttäuschten Geschlecht, alle kindergläubige Hoffnungskraft zunichte gemacht. Seit einem Vierteljahrhundert habe er im Politischen immer nur Geschehnisse gesehen, die *gegen* die Vernunft gerichtet gewesen waren. Zweigs Glaube an Europa erwuchs nicht aus der Analyse der politischen Gegenwart, sondern aus der Verzweiflung über sie. Sein Plädoyer für Europa war 1932 nicht realistisch, sondern messianisch. Zweig glaubte, wie er selbst schrieb, «an Europa wie an ein Evangelium». Er rechnete damit, noch Jahre und Jahrzehnte auf das geeinte Europa zu warten, so lange, daß seine Generation es womöglich überhaupt nicht mehr erlebe. Eine wahrhafte Überzeugung aber bedürfe nicht der Bestätigung durch die Wirklichkeit, um sich richtig und wahr zu wissen.

> Und so kann es auch heute schon niemandem verwehrt sein, sich selbst einen Heimatbrief als Europäer zu schreiben, sich Bürger dieses noch nicht vorhandenen Staates Europa zu nennen und, trotz den heute noch bestehenden Grenzen, unsere vielfältige Welt von innen her brüderlich als eine Einheit zu empfinden.

1934 mußte Stefan Zweig aus Österreich fliehen. Am 23. Februar 1942 brachte er sich im brasilianischen Petrópolis um, in der Nähe von Rio de Janeiro. Heute ist Europa eine Realität. So utopisch Zweig sich selbst vorkam, hat er doch recht behalten, hat er gesiegt über jene, die ihn in den Tod zwangen, und auch jene überlebt, die vor fünfzig Jahren in dieses Theater kamen, um die Wiedergeburt Österreichs zu feiern statt das Ende des nationalistischen Wahns. Stefan Zweig hat gesiegt, und mit ihm Heine, Nietzsche, Benjamin, die Brüder Mann, Hesse, Hofmannsthal, Tucholsky, Döblin, um nur einige der deutschsprachigen Schriftsteller anzuführen, die für ihren Einsatz für Europa von ihrer eigenen Zeit bestenfalls verlacht, fast immer vertrieben und schlimmstenfalls umgebracht worden sind.

Die Freiheit und Freizügigkeit, an der wir heute teilhaben, ist nicht selbstverständlich, weder mit Blick auf die europäische Geschichte noch mit Blick auf unsere gegenwärtige Welt. Ich ärgere mich, wenn Europa auf Agrarsubventionen, Freihandelszonen und eine überbordende Bürokratie reduziert wird. Es macht mir Angst, wenn immer häufiger abfällig oder routiniert über das europäische Projekt gesprochen wird und immer mehr Parteien der politischen Mitte Wahlkampf führen mit europaskeptischen Tönen. Ich begreife nicht, wie leichtfertig in Frankreich und Holland die europäische Verfassung verspielt worden ist. Wir reisen ohne Paß zwischen Ländern, die sich vor einigen Jahrzehnten noch bis aufs Blut bekämpft haben. Seit sechzig Jahren herrscht jedenfalls in Mittel- und Westeuropa Frieden. Mir ist bewußt, wie brüchig dieser Frieden an manchen Stellen ist. Das Jahr 2005 hat nicht nur den 50. Jahrestag der Wiedereröffnung des Burgtheaters im Kalender, sondern auch den zehnten Jahrestag des Massakers in Srebrenica. 500 Kilometer südöstlich von diesem Theater sind damals innerhalb weniger Tage achttausend Muslime massakriert worden. Die Soldaten der Europäischen Union haben tatenlos zugesehen. Es waren die Vereinigten Staaten, die den Muslimen auf dem Balkan beigesprungen sind. Ich traue diesem Europa nicht. Aber um so notwendiger ist es nach Srebrenica, an Europa zu arbeiten.

Ich sage Srebrenica, um deutlich zu machen, daß ich Europa nicht verklären möchte. Ich könnte auch auf die wachsende Armut verweisen, auf immer noch grassierende Ressentiments, auf die Unfähigkeit Europas, die drängenden Probleme der Welt anzugehen oder sie auch nur angemessen wahrzunehmen. Ich könnte so vieles nennen, was mich an Europa verbittert. Dennoch wüßte ich kein Land und keinen Kontinent, der mir heute besser vorkäme als Europa, gerechter, toleranter, sicherer. Wir leben in Staaten, in denen wir wählen können – in meinem Fall zwischen Schröder und Merkel, mein Gott, ja, keiner von beiden ist der Inbegriff der europäischen Aufklärung, aber es ist eine Wahl. Als ich mich kürzlich am Telefon über meine künftige Bundeskanzlerin echauffierte, sagte mir mein Cousin in Iran: Hör mal, wir nehmen deine Merkel, schick sie uns rüber, und den Schröder gleich mit. Dafür bekommt ihr unsere Herrschaften. Oder nehmen Sie nur ein einziges Wort: Rechtsstaatlichkeit. Ich kann zu einem Gericht gehen, eine Klage vorbringen und auf einen fairen Prozeß hoffen, gleich, ob ich der Sohn des Bundeskanzlers oder ein Arbeitsloser bin. Sie können mir viel darüber sagen, daß der Arbeitslose sich keinen guten Anwalt leisten kann und ähnliches mehr. Aber sagen Sie einmal einem Arbeitslosen in Ghana, in Bolivien, in Syrien oder China, er möge einen Antrag auf kostenlose Rechtsbeihilfe stellen. Er wird sie nicht verstehen, egal wie gut der Übersetzer ist. Er wird nicht verstehen, was für uns selbstverständlich ist. Nicht einmal in den Vereinigten Staaten könnte ich mehr sagen, daß ich sicher wäre vor Situationen, in denen ich alle Rechte verliere. Hunderte, wenn nicht Tausende junger Iraner oder Araber sind nach dem 11. September 2001 festgenommen und an einen unbekannten Ort verschleppt worden, ohne Anklage, ohne Kontakt zu Anwälten oder ihrer Familie, für Monate oder sogar Jahre. Von einem solchen Rechtsalltag ist Europa auch nach allen neuen Sicherheitsgesetzen weit entfernt.

Ich erhielt vor einiger Zeit einen Brief vom deutschen Verfassungsschutz. Darin wurde ich davon in Kenntnis gesetzt, daß ich im Rahmen der Rasterfahndung zur Ermittlung islamistischer Terroristen überprüft worden sei. Inzwischen sei die Überprüfung beendet und die Datei gelöscht worden. Meine Freunde fanden es rassistisch, daß ich allein wegen meiner Herkunft und meines Alters überwacht worden bin. Ich jedoch dachte: Einen Geheimdienst, der einem Bürger höflich mitteilt, daß er ihn überwacht hat – wo gibt es das schon? Wahrscheinlich sollte ich mich aufregen über die anti-muslimischen Wahlplakate der FPÖ, die ich heute in Wien überall großflächig gesehen habe – aber niemand regt sich öffentlich darüber auf, daß das Burgtheater einen Muslim als Festredner für sein Jubiläum einlädt. Eine nationale Institution in Teheran würde heute keinen Angehörigen der christlichen oder jüdischen Minderheit als Festredner sprechen lassen. Auch Stefan Zweig wäre 1932, als er seinen Aufsatz über Europa schrieb, kaum als Festredner in das Burgtheater eingeladen worden.

Wie für so viele jüdische Intellektuelle seiner Zeit war Europa für Zweig mehr als nur ein Projekt oder eine großartige Idee. Es war eine Lebensnotwendigkeit. Als Jude fand er keinen Platz in den europäischen Nationalismen. Aufgehen konnte er nur in einer transnationalen Humanität, die durch Werte geeint ist, durch einen Prozeß der Säkularisation, nicht durch eine Ethnie, Sprache oder Religion. Auch heute findet man den größten Enthusiasmus *für* Europa dort, wo die Existenz *in* Europa nicht als selbstverständlich empfunden wird, in Osteuropa, auf dem Balkan oder in der Türkei, unter Juden oder Muslimen. Wer wissen will, wieviel dieses überbürokratisierte, apathische, satte, unbewegliche, entscheidungsschwache Gebilde namens Europäische Union wert ist, muß dorthin fahren, wo es aufhört.

Ich habe das getan, um diese Rede über Europa zu schreiben. Ich bin zu denen gegangen, die alles aufgegeben haben, nur um nach Europa zu gelangen: zu den Flüchtlingen an den Toren der Europäischen Union. Heute Morgen bin ich aus Marokko zurückgekehrt. Ich möchte Ihnen von dieser Reise erzählen und auch von den Büchern, die ich im Gepäck hatte. Neben Stefan Zweig war ein weiterer Autor aus Österreich dabei, der die Wiedereröffnung des Burgtheaters nicht mehr erlebt hat: Joseph Roth. Es gibt ein frühes Buch von Roth, das bis heute gültig Europa zwischen den beiden Weltkriegen beschreibt, eine Welt, die aus den Fugen geraten ist, so daß ihre Bewohner sich unversehens an immer neuen Orten finden, immer wieder neu flüchten, sich in immer neuen Konstellationen wiederfinden. Ich meine seinen Roman *Hotel Savoy* aus dem Jahr 1929. Die prunkvolle Fassade des Hotels, das dem Roman seinen Namen gegeben hat, zeugt noch von der Vorkriegsepoche. Im Inneren beherbergt es eine bunte Schar aufgelöster Existenzen, die sich im Provisorischen eingerichtet haben: Millionäre, Bankrotteure, Devisenschieber und Tänzerinnen. «Ich komme um zehn Uhr vormittags im Hotel Savoy an», beginnt der Ich-Erzähler Gabriel Dan seinen Bericht:

> Ich war entschlossen, ein paar Tage oder eine Woche auszuruhen. In dieser Stadt leben meine Verwandten – meine Eltern waren russische Juden. Ich möchte Geldmittel bekommen, um meinen Weg nach dem Westen fortzu-setzen. Ich kehre aus dreijähriger Kriegsgefangenschaft zurück, habe in einem sibirischen Lager gelebt und bin durch russische Dörfer und Städte gewandert, als Arbeiter, Taglöhner, Nachtwächter, Kofferträger und Bäk-kergehilfe. Ich trage eine russische Bluse, die mir jemand geschenkt hat, eine kurze Hose, die ich von einem verstorbenen Kameraden geerbt habe, und Stiefel, immer noch brauchbare, an deren Herkunft ich mich nicht mehr erinnere. Zum ersten Mal nach fünf Jahren stehe ich wieder an den Toren Europas.

Das Hotel Savoy gehört keiner fernen Epoche an. Es liegt heute in Tan-ger, 30 Kilometer südlich von Tarifa. Es heißt nicht Hotel Savoy, son-dern Pension de la Paix, Pension Andalus, Pension Fuentes, Pension Sevilla, Pension Hoffnung. Die Hotel Savoys, die dort dutzendfach in der Altstadt zu besichtigen sind, haben keine schöne Fassade mehr. Früher war das anders, früher, als Paul Bowles noch in Tanger lebte. Die Fassade des Hotels Mauritania etwa, in dem Bowles seinen Freund Mohammed Choukry besuchte, ist zwar an manchen Stellen bis auf den Beton abgeblättert – aber der noch immer vorhandene Stuck muß einmal frisch verputzt gewesen sein. Das Treppenhaus ist seit Jahrzehn-ten nicht mehr renoviert worden, aber man kann sich vorstellen, wie der abgewetzte Teppich, der über dem Holz liegt, rot leuchtete, als Paul Bowles ihn noch täglich betrat. An der Rezeption bittet die Direktion des Hotels noch auf den gleichen silbernen Schildern und in bestem Französisch die Kunden, ihre Abreise am Vortag bekanntzugeben. Wie gern würden die heutigen Gäste das Hotel Mauritania verlassen. «Man kann aber doch nur – ich meine unsereins – im Hotel wohnen», sagt einer der Gäste im *Hotel Savoy*.

In seinen Romanen schrieb Bowles über westliche Menschen, die ihrer Zivilisation müde geworden sind und vor ihrem Leben ohne Inhalt nach Afrika fliehen. Heute wird das Hotel Mauritania genauso wie alle anderen Pensionen in der Altstadt von Menschen bewohnt, die jubeln würden über ein westliches Leben ohne Inhalt – wenn es nur ein Leben wäre. Sie lungern in den Teehäusern herum, in ihren Zimmern, am Hafen – und warten. Vor dem Hotel Sevilla komme ich mit sechs Gästen ins Gespräch, kaum zwanzig Jahre alt der jüngste, vielleicht vierzig der älteste. Sie stammen aus unterschiedlichen Gegenden Marokkos, aus Dörfern, Kleinstädten, aus der Metropole Casablanca. Drei oder vier von ihnen haben studiert oder eine Ausbildung, einer ist Ingenieur, der andere Automechaniker. Die restlichen haben nichts vorzuweisen als ihren Eifer. Einen Unterschied macht das nicht. In Marokko werden sie ohnehin keine Arbeit finden. Was sie in Europa wollen, frage ich in die Runde. Arbeit, natürlich, ein normales Leben, mehr nicht. Daß man ein bißchen Sicherheit hat, nicht jeden Tag von neuem kämpfen muß ums Überleben, eine Chance bekommt, eine Familie zu gründen, oder die Freundin wenigstens mal ausführen könne. Auto und Urlaub gehören nicht zu dem normalen Leben, von dem sie träumen; wichtiger ist ihnen, daß das Geld reichen wird, um der Familie von Zeit zu Zeit etwas zu überweisen. Demokratie? Sie kichern. Demokratie? O ja, das wäre eine feine Sache. Vorerst wären sie schon mit einer Krankenversicherung zufrieden.

Wie sie rüberkommen wollten, frage ich. Mit dem Schlauchboot, antworten sie, das sei im Augenblick die einzige Chance. Einer kramt einen Zettel aus der hinteren Hosentasche: eine französische Arbeitsbescheinigung. 700 Euro hat er dafür bezahlt, 700 Euro, aber als er mit dem Zettel beim französischen Konsulat vorsprach, hätten die Beamten die Fälschung nach wenigen Minuten bemerkt. Jetzt kratzt er das Geld zusammen für eine Fahrt mit dem Schlauchboot. Keine faulen Kompromisse mehr, sagt er.

Ob einer von ihnen bereits versucht habe, mit dem Boot nach Europa zu kommen, frage ich. Zweimal war ich schon drüben, sagt der erste und schaut in die Runde. Dreimal, sagt der nächste, einmal, viermal, und so weiter. Irgendwo setzen sie nachts über, werden von der spanischen Polizei auf hoher See oder am Strand geschnappt und nach Marokko zurückgebracht.

Viele werden sich an die Bilder der maroden Flüchtlingsfrachter erinnern, an die 911 Passagiere, die am 17. Februar 2001 am südfranzösischen Strand Boulouris gelandet sind, oder das Totenschiff, das im Oktober 2003 von den italienischen Behörden an die Küste Lampedusas gezogen wurde: Alle Passagiere waren verdurstet. Wir haben vielleicht das Werbeplakat von Benetton vor Augen, das heillos überfüllte Schiff vor Bari, von dem junge Albaner ins Meer springen, um sich ans Ufer zu retten. Kaum bekannt ist, daß inzwischen über achtzig Prozent der Flüchtlinge mit kleinen Schlauchbooten nach Europa übersetzen. Wenn ihre Leichen an die europäischen Küsten gespült werden, ist das höchstens eine Meldung für die Lokalpresse des Küstenorts. Geht man davon aus, daß nur jede dritte Leiche gefunden und registriert wird, sind allein im Umkreis der Meerenge von Gibraltar in den letzten fünfzehn Jahren dreizehn- bis fünfzehntausend Flüchtlinge gestorben. Ja, sie haben richtig gehört: dreizehn- bis fünfzehntausend Tote allein vor Gibraltar. Die Meerenge ist damit das größte Massengrab Europas.

Weil die Kontrollen in der Meerenge immer schärfer werden, weichen die Boote auf Routen aus, die noch gefährlicher sind, vor allem wenn sie westlich auf den offenen Atlantik führen. Aus den zwölf Kilometern, die Spanien und Marokko an der schmalsten Stelle trennen, wird oft eine Odyssee von mehreren hundert Kilometern. Längst durchkreuzen die Boote auch die anderen Meerengen, die zwischen Afrika und Europa liegen, mögen sie für ein Schlauchboot alles andere als eng sein: zwischen Marokko und den Kanarischen Inseln oder zwischen Libyen und Lampedusa. Fünfzigtausend Boat People werden jährlich im Mittelmeer auf See oder direkt nach ihrer Landung in Europa aufgegriffen.

Die Marokkaner kennen die Gefahren der Überfahrt genau, schließlich haben sie bereits auf den Booten gesessen. Sie wissen, wie gering die Chancen sind, den spanischen Behörden zu entkommen, selbst wenn sie Europa erreicht haben sollten. Wer in Südspanien Urlaub macht, der hat vielleicht die Männer, Frauen und Kinder gesehen, die mit ihrem Schlauchboot an irgendeinem Strand anlegen und an den sonnenbadenden Touristen vorbei in die Büsche sprinten, um nicht der Polizei in die Hände zu fallen. Weil ihre Herkunft offensichtlich ist, würden sie sofort wieder nach Marokko ausgewiesen werden. Die schwarzafrikanischen Flüchtlinge hingegen sinken erleichtert neben den Touristen nieder und warten, bis die Polizei sie aufgreift. Sie haben ihre Ausweispapiere vernichtet, und solange die Behörden nicht ermitteln können, aus welchem Land sie stammen, werden sie in der Regel nicht abgeschoben. Wohin auch? Die Polizei bringt sie in ein Lager, und von dort schlagen sie sich meistens durch in eine der europäischen Großstädte, wo ihnen Bekannte weiterhelfen oder der Vertreter einer Schlepperorganisation sie erwartet. Für die marokkanischen Flüchtlinge hingegen, die keine Chance auf Duldung haben, besteht die Aufgabe nicht bloß darin, das spanische Ufer zu erreichen. Es muß ihnen auch unbemerkt gelingen. Über die Radar- und Nachtsichtgeräte und Patrouillen der Guardia Civil sind die Gäste des Hotels Sevilla bestens informiert. Dennoch warten sie nur auf die Gelegenheit, von der spanischen Küste aus wieder ins Landesinnere zu sprinten, auf gutes Wetter und einen freien Platz im Boot eines Bekannten. Und wenn sie umkommen?

«Dann ist es eben so», sagt einer.

«Wir sind keine Selbstmörder», ergänzt der zweite. «Es gibt Leute, die setzen im Herbst oder im Winter über. Das ist Selbstmord. Wir versuchen, die Dinge realistisch zu sehen. Wir kennen das Risiko genau. Wenn wir ins Boot steigen, muß die Chance, daß wir durchkommen, groß genug sein im Verhältnis zu dem Risiko.»

«Aber den Tod kalkuliert ihr schon ein?», frage ich.

«Gut, wir kalkulieren den Tod mit ein, aber der ist auch nicht schlimmer als das Leben hier.»

Die übrigen Männer nicken. Wir schweigen eine Weile. Aus dem offenen Fenster der Rezeption höre ich, daß ein Tor gefallen ist, Champions League, Real Madrid gegen Olympiakos Piräus. Alle Männer schauen durchs Fenster oder die Tür, um die Zeitlupe zu sehen. Als sie sich wieder zu mir umdrehen, sagt einer der Männer grinsend: «Das sind eben *amaliyyāt istischhādiyya*, was wir tun, Selbstmordattentate. Die Europäer denken doch, daß alle Araber Selbstmordattentäter sind.

Ja, sie haben recht, wir alle hier sind Selbstmordattentäter. Das Paradies, für das wir unser Leben lassen, heißt Schengen.»

Vor einigen Jahren ergab eine repräsentative Umfrage unter marokkanischen Oberschülern, daß achtzig Prozent der Jugendlichen nach Europa auswandern möchten. Überall wird gefragt: Warum hassen sie uns? Ich glaube, jeder, der einmal ein arabisches Land besucht hat, kann darüber nur lächeln. Achtzig Prozent der marokkanischen Jugendlichen wollen nach Europa. Für eine Kultur, die mit dem Westen im Krieg sein soll, sind achtzig Prozent ein bißchen viel. Falls sie Europa hassen sollten, dann nicht wegen seiner Werte und Errungenschaften, wegen Demokratie und Rechtsstaatlichkeit, sondern weil dieses Europa sie einfach nicht haben will. Es läßt diese jungen Menschen lieber jede Sommernacht im Mittelmeer ersaufen, als ihnen Zutritt zu gewähren zum Paradies, das Schengen heißt.

Joseph Roth hat 1929 seine eigene Zukunft vorausgesehen im *Hotel Savoy*, doch endete er nicht wie der Ich-Erzähler Gabriel Dan. Er, der in seinen Büchern immer wieder auf die biblischen Geschichten von Flucht und Vertreibung rekurriert hatte, mußte 1933 selbst nach Frankreich emigrieren. In Paris lebte er in Hotelzimmern, arbeitete noch an einigen Exilzeitschriften mit, wurde zum Alkoholiker. Am 27. Mai 1939 starb er an den Folgen seiner Trunksucht in dem Pariser Armenhospital Necker. Auch manche der Gäste im Hotel Sevilla kommen ohne Drogen nicht mehr aus. Bei ihnen ist es zumeist Haschisch. Einer der Männer sagt selbst, daß er in Tanger verblödet, sich nicht immer neu motivieren könne, nichts lerne, den ganzen Tag im Teehaus sitze und Fernsehen schaue, um sich abends zu bekiffen. Ihr Leben verrinnt genauso wie das Geld, das sie sich für die Flucht nach Europa erspart und geborgt haben. Viele von ihnen werden in der Gosse enden. Viele sind schon in der Gosse. Manche Kinder waren nie woanders. Überall in Hafennähe sieht man sie auf den Plätzen, die zum Meer herausgehen. Sie betteln oder spielen Fußball, sie beobachten die Schiffe oder halten sich eine Tüte Klebstoff vor die Nase. Jede Nacht versuchen sie aufs neue, in das Hafengelände zu schleichen, über den Zaun zu springen, sich ein Loch zu graben oder von außen herum auf eine Mole zu schwimmen. Haben sie es in den Hafen geschafft, verstecken sie sich meist unter einem der Lastwagen und hoffen, am nächsten Tag unbemerkt mit auf eines der Fährschiffe zu fahren. Nach Europa sind es nur 35 Minuten.

In meinem Hotel, das über dem Hafen lag, hörte ich jede Nacht die Hunde der marokkanischen Grenzpolizei, die den Kindern auflauern. Immer wieder schaffen es einzelne Kinder dennoch auf die Schiffe, so hört man. Manche sollen sich auch einfach von außen an den Schiffen festhalten, im Wasser. Ich habe keine Ahnung, wie das gehen soll, aber zuzutrauen ist es diesen Kindern. Demnächst stattet die Europäische Union Marokko mit Sensoren aus, die den Herzschlag oder die Körperwärme registrieren. Dann werden die Kinder schon aufhören müssen zu atmen, um es nach Europa zu schaffen. Wahrscheinlich würden sie auch das auf sich nehmen.

Zwar versucht Europa mit immer mehr Soldaten, immer neuer Technik und noch mehr Geld, Flüchtlinge noch in Nordafrika oder spätestens auf dem Mittelmeer abzufangen. Aber Europa hat ein Problem. Es ist formell den Menschenrechten verpflichtet. Alle Staaten der Europäischen Union haben die Genfer Flüchtlingskonvention unterschrieben. Um den gegenwärtigen, offenen Bruch des Völkerrechts zu verdecken, will Europa die Diktaturen Nordafrikas oder Osteuropas kurzerhand zu sicheren Drittstaaten erklären, in die ein Flüchtling ohne weitere Prüfung abgeschoben werden kann. Diese Diktaturen werden für ihre Kooperation von Europa entlohnt. Nicht nur erhalten sie Wirtschaftshilfe und politische Unterstützung. Europa sorgt inzwischen auch für die Lager, in die die Flüchtlinge gepfercht werden, unter Bedingungen, die für Lager in einer Diktatur eben charakteristisch sind: Zweihundert Personen in einem Raum, Männer, Frauen, Kinder. Menschenrechtsgruppen berichten von Mißhandlungen, Vergewaltigungen, Hunger, am schlimmsten in den libyschen Lagern. Europa schickt Matratzen für diese Lager, Wolldecken, Nachtsichtgeräte, Unterwasserkameras und Busse für den Abtransport. Sogar tausend Leichensäcke für die Flüchtlinge erhielt die libysche Regierung vergangenes Jahr aus Italien. Europas Innenminister interessiert heute nur, wie sie die letzten Mäuselöcher in den Toren Europas schließen können. Was hinter den Toren Europas geschieht, interessiert sie nicht. Interessiert es uns? Die Regierung, die die Metapher vom vollen Boot auf die heillos überladenen Flüchtlingsschiffe im Mittelmeer bezöge statt auf die eigenen Wohlstandsgesellschaften, wäre rasch abgewählt.

An klaren Tagen konnte ich von meinem Hotel aus Europa erkennen. Ich verstand es nicht. Wie viele seiner klügsten Geister hat Europa verloren, weil sie vor verschlossenen Grenzen standen, weil sie keine gültigen Ausweispapiere vorzuweisen hatten, kein Visum, keine Devisen. Wieviel Europäer haben nur deshalb überlebt, weil sie vor sechzig Jahren von Tarifa nach Tanger übersetzen durften. Jeden Tag spielen sich an Europas Grenzen und den gegenüberliegenden Küsten die gleichen dramatischen Szenen ab wie vor sechzig Jahren: klapprige Boote, die an einer abgelegenen Stelle ins Meer stechen, beladen mit jungen Männern, Familien, schwangeren Frauen, Kindern. Boote, die kentern, Flüchtlinge, die auf hoher See treiben, bis sie verdursten oder erfrieren. Jeden Tag bringen sich an den Toren Europas Menschen um, weil ihre Fluchthelfer sie im Stich gelassen haben, weil sie ohne Ausweispapiere aufgegriffen oder ihre gefälschten Visa entdeckt werden. Wir kennen all das. Die europäische Literatur hat solche Szenen vielfach beschrieben. Fast alle Motive in Joseph Roths *Hotel Savoy* finden sich heute in den Pensionen von Tanger wieder, die Suche nach Gelegenheitsjobs, das Warten auf einen Transfer, die Hoffnung auf Ausweispapiere, die Scham zu verelenden, das Verpfänden noch der letzten Habseligkeiten, die Versuchung, seine Seele oder seinen Körper zu verkaufen, der Tod im Hotelbett, weil die Medikamente unbezahlbar waren. Durch die Literatur, die Kunst, den Film haben wir Anteil an unzähligen europäischen Flüchtlingsschicksalen genommen. Weshalb fallen reflexartig Schimpfwörter, wenn sie uns heute aus der anderen Perspektive begegnen: Illegale, Kriminelle, Menschenhändler, Wirtschaftsasyl, Schleppermafias, das Boot ist voll?

Ich weiß schon, man wird sagen, man dürfe nicht vergleichen. Ich vergleiche nicht die Ursachen. Ich vergleiche die Folgen. Ein Flüchtling, der ertrinkt, ist ein Flüchtling, der ertrinkt. Er muß nicht wegen seiner Rasse oder seiner politischen Gesinnung verfolgt worden sein, um Gründe genug gehabt zu haben, sein Leben zu riskieren, nur um nach Europa zu entkommen. Wer hungrig ist und ein Stück Brot will, ist kein Schmarotzer und schon gar nicht kriminell. Er klagt sein Menschenrecht auf Leben ein. Er gibt dem einfachsten, unmittelbaren Impuls eines jeden Menschen nach. Wir verhindern jeden Tag, daß Menschen überleben. Wir geben dem einfachsten, menschlichen Impuls nicht nach, dem die Hand zu reichen, der um sein Leben ringt, sondern meinen statt dessen, uns selbst schützen zu müssen – schützen vor denen, die bei uns Schutz suchen. Wir haben dafür gesorgt, daß das Recht auf Asyl lebensgefährlich geworden ist. Wir lassen Menschen zweihundert Kilometer mit einem Schlauchboot hin und her durch das Mittelmeer kreuzen, nur damit sie das Wort ‹Asyl› aussprechen dürfen. Wir geben jedes Jahr Milliarden aus, um die abzuwehren, die bei uns Zuflucht suchen. Daß die Entschlossenheit im Kampf gegen die illegale Einwanderung, die die Europäische Union von den Maghreb-Staaten einfordert, darin sich zeigt, daß die Flüchtlinge geprügelt, ausgeraubt und vergewaltigt werden, weiß in Tanger jedes Kind und in Marokko jede Organisation, die sich für die Flüchtlinge einsetzt. Auch die europäischen Innenminister wissen es.

Der deutsche Innenminister Otto Schily sagt, daß man Afrikas Probleme in Afrika lösen muß. Das klingt vernünftig. Viel wäre allerdings schon gewonnen, wenn Europa wenigstens jene Probleme Afrikas zu lösen begänne, deren Ursachen in Europa selbst liegen. Das beginnt bei den Subventionen der Europäischen Union, die die Baumwoll- oder die Zuckerindustrie in Afrika zerstören, betrifft die Zölle, mit denen wir afrikanische Erzeugnisse vom Markt ausschließen, und hört bei der Unterstützung speziell der nordafrikanischen Diktaturen noch lange nicht auf. Ich gebe Ihnen ein Beispiel, was es heute heißt, wenn Europa – um Afrikas Probleme in Afrika zu lösen – den Ursachen der Flucht nachgeht: Im Niger und anderen angrenzenden Staaten – sofern man im Einzelfall von Staaten noch sprechen kann – schwärmen seit 2003 sogenannte Fact-Finding-Missions aus. Ihr explizites Ziel ist es, die Ursachen von Flucht und Migration zu erkunden und Vorschläge zu unterbreiten, wie die ‹irreguläre Wanderungsbewegung› eingedämmt werden kann. Der zunehmende Hunger, der wohl an erster Stelle für die ‹irreguläre Wanderungsbewegung› verantwortlich sein dürfte, kann den europäischen Experten nicht entgangen sein. Doch in ihren Analysen findet sich dazu kein Wort. Auch den westlichen Medien war die Hungersnot nur wenige Schlagzeilen wert. Aber stellen wir uns vor, wieviel Aufmerksamkeit Medien und Politik dem Niger widmeten, nähme sich ein Mensch aus Niger ein Beispiel an den arabischen Extremisten und sprengte sich am Wiener Hauptbahnhof in die Luft. Etwas läuft grundlegend falsch, wenn Gesellschaften in Not im Westen erst wahrgenommen werden, nachdem sie Terroristen hervorgebracht haben. Ohne den 11. September 2001 würden die Afghanen immer noch unter dem Joch der Taliban leben, das ihnen die pakistanischen, saudischen und amerikanischen Geheimdienste in einem Joint Venture der schmutzigsten Art beschert hatten.

Unsere Wahrnehmung, die Wahrnehmung der Medien, der Politiker, der Kultur, ist so sehr aus den Fugen geraten wie die Welt, über die Joseph Roth schrieb. Drei Milliarden Arme – das ist mindestens die Hälfte der Menschheit – kommen zusammen auf ein geringeres Einkommen als die vierhundert reichsten Familien der Erde. 6000 Kinder unter fünf Jahren sterben jeden Tag in Hütten und Slums, in den Dörfern und Städten der Dritten Welt, 6000 Kinder hinterlassen jeden Tag verzweifelte Mütter und Väter. 25 000 Erwachsene sterben jeden Tag an Hunger, Durst, Entbehrung und Erschöpfung. Welche Polit-Talkshow diskutiert die Marshall-Pläne, die ihren Massentod verhindern könnten, ab wie vielen toten Schwarzafrikanern strahlt das Fernsehen eine Sondersendung aus? Nach Prognosen der Vereinten Nationen werden bis 2025 zwei Drittel des afrikanischen Ackerlandes verschwunden sein, wenn die derzeitige Verwüstung sich fortsetzt. Weltweit werden dann allein aus diesem Grund 135 Millionen Menschen auf der Suche nach neuen Lebensgrundlagen sein. Angesichts dieser Aussichten ist es so zynisch wie unrealistisch, sich auf den Standpunkt zurückzuziehen, daß Afrikas Probleme in Afrika gelöst werden müßten. Afrikas Probleme werden in zunehmendem Maße Europas Probleme sein. Europa wird sie sich auch durch noch so gut gesicherte Grenzen nicht vom Leibe halten können.

Europäische Flüchtlingspolitik beschränkt sich heute weitgehend darauf, zu verhindern, daß Flüchtlinge Europa erreichen. Sie ist ein selbstverständlicher Bestandteil der Sicherheitspolitik geworden, geprägt vom

Feindbild der organisierten Kriminalität und des Terrorismus. Die Mittel gegen die Flüchtlinge sind dieselben wie die Mittel gegen Kriminelle und Terroristen: U-Boote, Geheimdienste, Nachtsichtgeräte, Unterwasserkameras, militärische Stützpunkte, Lager, Verhöre, Isolationshaft, Sperranlagen, Stacheldraht, Tränengas, Gummigeschosse, die Beugung der Gesetze bis zu ihrer Unkenntlichkeit, die Aushöhlung des Rechtsstaates, das sogenannte Outsourcen von Folter. Die italienische Luftwaffe hat vor einem Jahr fünf amerikanische Pretador-Drohnen zum Preis von 48 Millionen Dollar gekauft, um sie – so die offizielle Begründung – gegen den Terrorismus *und* gegen die irreguläre Migration einzusetzen. Das unbemannte Flugzeug kann auch Raketen abfeuern. Bekanntgeworden sind die Pretador-Drohnen, weil die Vereinigten Staaten damit al-Qaida jagen. Flüchtlingsschutz bedeutet in Europa nicht mehr den Schutz *von*, sondern den Schutz *vor* Flüchtlingen.

Im Sommer durfte ich während der Salzburger Festspiele den südafrikanischen Schriftsteller J.M. Coetzee kennenlernen. Wir waren gemeinsam auf einem Symposion, auf dem wir über das Motto der diesjährigen Schauspielsaison nachdachten: «Wir, die Barbaren». Coetzee machte in einer kurzen, klaren Ansprache den gewollten Widerspruch deutlich, der in diesem Titel liegt. Wir können keine Barbaren sein. Nimmt man das Wort Barbaren wörtlich, können per Definition immer nur die anderen Barbaren sein, denn Barbar ist bekanntlich derjenige, dessen Sprache man nicht versteht. Für die Griechen waren alle, die nicht Griechisch sprachen, Barbaren. Für die Araber waren die marokkanischen Ureinwohner Barbaren, deshalb haben sie sie so genannt: Berber. Für das allgemeine Bewußtsein ist der Barbar der andere. Ich glaube, die Aufgabe von Literatur, von Kunst überhaupt ist es, genau diese Definition des anderen umzukehren und immer wieder neu das Barbarische in uns selbst zu entdecken – das zu verstehen, was in uns fremd ist: «Wir, die Barbaren». Daran möchte ich erinnern, weil die künstlerische und literarische Darstellung des Fremden als Barbaren – nicht zuletzt in Gestalt des Muslims – seit den Tagen des Kolonialismus niemals so häufig war wie in der europäischen Literatur der letzten Jahre. Wir fürchten uns vor den schwarzen oder arabischen Menschen, die über Zäune und auf Booten in Europa eindringen. Die Fernsehbilder zeigen sie als anonyme Massen. Die politische Sprache macht sie zu einer Plage. Unsere Aufgabe ist es, sie als Menschen wiederzuerkennen.

Es ist kein Zufall, daß gerade ein weißer Autor aus Südafrika uns diese Aufgabe vor Augen geführt hat, nicht bloß in seiner Ansprache in Salzburg, sondern schon vor vielen Jahren. Ich meine Coetzees frühen Roman *Warten auf die Barbaren*. Darin erzählt er von einem Magistrat, der die Amtsgeschäfte einer winzigen Garnisonsstadt im Grenzdistrikt eines nicht näher definierten Reiches führt. Von der vermeintlichen Bedrohung durch die «Barbaren», einen benachbarten Nomadenstamm, läßt er sich nicht beirren. Dann jedoch konstruiert eine Spezialeinheit der Staatspolizei, die aus der Hauptstadt eingetroffen ist, den Nachweis für einen angeblich bevorstehenden Angriff der Barbaren. Und so verteidigt sich das Reich mit einem Krieg, einem Präventivschlag, wie es heute heißen würde. Viele Nomaden werden getötet, andere festgenommen und in Lagern mißhandelt. Der Magistrat liest ein schwer mißhandeltes Nomadenmädchen auf: «Sag mir, warum du hier bist?», fragt er sie. «Weil ich sonst nirgends hin kann», antwortet das Mädchen. Der Magistrat nimmt das Mädchen zu sich, lebt mit ihm, um es nach vielen Mißverständnissen allmählich zu verstehen. Sie hört auf, eine Barbarin zu sein: «Vielleicht ist sie normaler, als ich glauben möchte, und es gelingt ihr irgendwie, mich auch normal zu finden.» Schließlich bringt der Magistrat das Mädchen zurück zu seinem Volk. Als er von den «Barbaren» zurückkehrt, wird er als Kollaborateur und Staatsverräter verhaftet, gefoltert und öffentlich gedemütigt, zum «Barbaren» gemacht.

Niemand ist gern brutal. Kein Staat brüstet sich damit, es zu sein. Brutalität ist immer notwendig. Die Voraussetzung für die Unmenschlichkeit ist es, den anderen nicht als Menschen wahrzunehmen. Die einzige, immer wieder neu erfundene Möglichkeit, offenes Unrecht zu legitimieren, besteht darin, sich auf das Recht auf Verteidigung zu berufen. Den Aggressor möchte ich sehen, der sich nicht zu schützen behauptet. «Unter uns gesagt, können Sie mir erklären, warum die Barbaren unzufrieden sind? Was wollen sie von uns?», fragt der Kommandeur an einer Stelle ehrlich interessiert den Magistrat. Warum hassen sie uns?

Ich hatte Coetzees Roman in der Tasche, als ich die spanische Enklave Ceuta an der marokkanischen Küste besuchte, «diesen entlegensten Vorposten unseres lichten Reichs», wie es bei Coetzee über die Grenzsiedlung des Magistrats heißt. In der Nacht zuvor hatten Hunderte Schwarzafrikaner versucht, mit selbstgebauten Leitern die Grenzabsperrungen zu überwinden. Ein paar Flüchtlinge hatten es geschafft, fünf waren gestorben, darunter ein Säugling, Dutzende Flüchtlinge blieben schwer verletzt auf der einen oder anderen Seite der Grenze liegen. Die Afrikaner behaupteten übereinstimmend, daß einer der Toten von einem spanischen Grenzsoldaten gezielt erschossen worden sei. In *Warten auf die Barbaren* heißt es:

Seit aus der Hauptstadt die Nachricht gekommen ist, daß die Sicherheit des Reiches um jeden Preis garantiert würde und alles dafür Erforderliche getan werde, sind wir in eine Ära der Überfälle und der bewaffneten Wachsamkeit zurückversetzt worden. Uns bleibt nichts übrig, als unsere Schwerter bereitzuhalten, auf der Hut zu sein und abzuwarten.

Kurz vor Ceuta sehe ich am Wegrand marokkanische Soldaten und zwischen ihnen eine Gruppe von vielleicht zwanzig, fünfundzwanzig Schwarzafrikanern, die dicht zusammengedrängt auf dem Boden sitzen. Sie frieren. Es herrscht dichter Nebel, und die meisten tragen nicht mehr als eine kurze Hose und ein T-Shirt. Der Kommandant der Soldaten ist freundlich, sagt aber, er dürfe mir keine Auskunft geben, und ich dürfe auch nicht mit den Festgenommenen reden. Immerhin erlaubt er mir, ihnen Zigaretten zu spendieren. Dabei komme ich doch kurz mit ihnen ins Gespräch. Mehr als «danke» ist es aber kaum, was sie zu sagen haben. Mehr als daß ich verspreche, über ihr Schicksal zu schreiben, ist es kaum, was ich sagen kann. Was sollen wir schon sagen? Jeder der Anwesenden weiß, was nun geschieht. Die Schwarzen werden für ein paar Tage interniert und dann an der Grenze zu Algerien ausgesetzt, mitten in der Wüste, dreißig Kilometer vom nächsten Ort. Sie werden wiederkommen. Die Schwarzen wissen es, die Soldaten wissen es, sogar der Taxifahrer weiß es, mit dem ich auf der Weiterfahrt über die «armen Hunde» spreche. Sie werden wiederkommen. Auch Europa sollte es wissen: Sie werden wiederkommen. Selbst wenn der Stacheldraht noch so sehr in die Höhe gezogen wird: Sie werden wiederkommen. Selbst wenn Europa auf sie schießt: Sie werden wiederkommen.

Die Grenzanlagen um Ceuta erinnern jetzt schon an die frühere innerdeutsche Grenze: Zwei Stacheldrahtzäune, drei und sechs Meter hoch, dazwischen eine Straße, auf der die Jeeps der Guardia Civil patrouillieren, Wachtürme natürlich, Videokameras, Nachtsichtgeräte. 150 Millionen Euro hat der jüngste Ausbau der Zäune gekostet. Die Schwarzen wissen genau, daß sie nicht unbemerkt über die Grenzen kommen. Sie versuchen, die Grenzzäune mit so vielen Menschen gleichzeitig zu stürmen, daß sie jede Grenzpolizei überfordern. Wenn fünfhundert Leute mit selbstgebauten Leitern auf den Grenzzaun losstürmen, kommen fünfzig durch – das ist das Kalkül. Ein paar sterben jedesmal, bei jedem dieser Überfälle, die übrigen werden in die Wüste zwischen Marokko und Algerien deportiert, um noch auf dem Absatz umzukehren und wieder an die Tore Europas zu klopfen, oder besser gesagt: zu versuchen, die Tore einzurennen.

Die wenigsten Europäer wußten bis vor zwei Wochen – bis die Bilder des Flüchtlingsdramas es dank der Toten sogar in unsere Nachrichten geschafft haben – überhaupt etwas von der Existenz der beiden spanischen Enklaven Ceuta und Melilla. In Ländern wie Niger, Nigeria oder der Elfenbeinküste kennt wahrscheinlich jedes Kind Ceuta und Melilla. Ich weiß es nicht. Ich weiß nur, daß man in Coetzees Roman *Warten auf die Barbaren* die Grenzposten Europas erschreckend gut beschrieben sieht, die leeren, sauberen Straßen, die Ordnung, die Langeweile. Wer das Blut an den Stacheldrahtzäunen gesehen hat, wird lebenslang daran zweifeln, ob wirklich die anderen die Barbaren sind.

In Tanger habe ich mit vielen Schwarzen gesprochen. Man trifft sie nicht mehr in den Hotels und kaum noch in den Gassen. Seit die Europäische Union die Zusammenarbeit mit Marokko intensiviert hat, geht die Polizei gegen die illegalen Einwanderer vor. Wer ohne Papiere aufgegriffen wird, den deportieren die Behörden in die Wüste. Zum Glück sind sie noch nicht besonders konsequent. Oft schauen die Polizisten weg, wenn sie einen Schwarzen sehen. Die Flüchtlinge vor den Toren Europas sind zu einer Karte geworden, die die Marokkaner in den Verhandlungen mit der Europäischen Union einbringen. Aus marokkanischer Sicht ist das verständlich, denn die Schwarzafrikaner im Land wollen zwar nach Europa, bevölkern aber nun schon seit langem viele Dörfer und Städte Marokkos, wo bereits jetzt offiziell zwanzig Prozent der Bevölkerung unterhalb dessen leben, was in der Sprache der Vereinten Nationen «absolute Armutsgrenze» genannt wird. Man male sich die schwarzen Flüchtlinge in deutschen oder österreichischen Dörfern aus, wenn dort eine vergleichbare Armut herrschte. Damit er für Europa den Kampf gegen die illegale Einwanderung führt, verlangt der marokkanische Staat Gegenleistungen. So werden die Schwarzen mal geduldet, mal drangsaliert, je nachdem, wie die Verhandlungen stehen.

Immerhin konnte Europa durchsetzen, daß die Pensionen in Tanger so gut wie keine Schwarzafrikaner mehr aufnehmen. Sie leben jetzt vor allem in Lagern außerhalb der Stadt und vor den spanischen Enklaven, im Wald, ohne jede Versorgung, ohne sanitäre Einrichtungen, unter Zelten aus Plastikfolie oder unter freiem Himmel. Aus Angst vor den Weißen lassen sie oft nicht einmal die «Ärzte ohne Grenzen» ins Lager. Viele andere Schwarze sind in den Vorstädten von Tanger oder in Privathäusern der Altstadt untergetaucht, in Zimmern, in denen sie zu viert, zu acht, zu zwanzigst hocken, soweit ich gesehen habe ohne Strom, mit Löchern im Boden statt Toiletten. Sie versuchen, so selten wie möglich auf die Straße zu gehen, vor allem nicht bei Tageslicht, um nicht einem Polizisten zu begegnen. Ich war in einem Zimmer, das nicht größer als zwei mal vier Meter war, ohne Strom, ohne Fenster. Drei Menschen wohnten darin. Jeden Tag zahlten sie sechzig Dirham, umgerechnet etwa sechzig Euro. Das ist ein Quadratmeterpreis von über zwanzig Euro im Monat.

Ich saß bei Osman, Stephen, Osahan und Caesar aus dem Zimmer oben drüber, ihre Freunde waren auch zu Besuch. Osman zündete eine Kerze an und zeigte mir das Heft, in dem er die Stationen seiner Odyssee aufgeschrieben hatte, vor allem die Wochen in der Wüste, nachdem die Marokkaner ihn deportiert hatten. Jeder von ihnen war mindestens einmal in die Wüste deportiert worden. Ich kann mir das gar nicht vorstellen, wie man dort ausgesetzt wird, obwohl meine Gastgeber viel darüber sprachen. Es klang fast so, als gehöre es nun einmal zu ihrem

Beruf, von Zeit zu Zeit auf einem Lkw in die Wüste gefahren und mitten im Nirgendwo von der Ladefläche getrieben zu werden. Die meisten lebten schon zwei, drei Jahre in Marokko. Als sie noch in den Pensionen wohnten, sei es erträglicher gewesen, sagen sie. Jetzt warten sie tagaus, tagein auf ihren Decken, hören afrikanische Musik aus einem Kassettenrecorder, sofern sie Batterien haben, und schauen ins Dunkel. Ab und zu zünden sie eine Kerze an. Keiner der europäischen Touristen, die jeden Tag allein oder in Gruppen an dem Haus von Osman, Stephen, Osahan und Caesar vorbeikommen, dürfte ahnen, daß hinter der Lehmmauer im ersten Stock Beckett gespielt wird, allerdings als Aufführung ohne Pause, ohne Ende und ohne Licht: *Warten auf Godot*. Niemand dürfte geahnt haben: Godot, das sind wir selbst.

Es gibt gelegentlich Aufführungen von *Warten auf Godot*, die in einem realistischen Bühnenbild spielen. Soweit ich solche Inszenierungen gesehen habe, haben sie mich nie befriedigt. Für mich gehörten Becketts Stücke immer einem Zwischenreich an, einem Reich zwischen Himmel und Erde. In Tanger entdeckte ich, daß *Warten auf Godot* auch sehr gut in der Hölle spielen kann. Nur leider können wir es nicht sehen. Die Bühne hat kein Licht.

Wir nennen Osman, Stephen, Osahan und Caesar «Wirtschaftsflüchtlinge», als ginge es ihnen um Gewinn, nicht ums Überleben. Niemand, der genügend Geld hat, setzt sich in ein Schlauchboot oder versteckt sich in einem Kühlwagen. Wer Geld hat und kommt, um es zu mehren, kauft sich gefälschte Ausweispapiere, ein Visum oder läßt sich mit Hilfe einer Schlepperorganisation bei einer Zwischenlandung aus dem Flughafen von Frankfurt oder Paris schleusen. Die Zahl solcher «Wirtschaftsflüchtlinge», die sich die Eintrittskarte nach Europa auf dem Schwarzmarkt kaufen können, ist überschaubar. Unüberschaubar ist die Zahl derer, die barfuß, durchnäßt, unterkühlt, ausgehungert und halb verdurstet nachts an die Tore Europas klopfen. Gegen sie richtet sich der Krieg, den Europa führt, wenn es vom «Mittelmeerprozeß» spricht. «Mittelmeerprozeß», das klingt wie ein EU-Programm zur Rettung von Straßencafés oder zum Austausch mediterraner Kochrezepte. Faktisch bedeutet Mittelmeerprozeß nichts anderes als die vertiefte Zusammenarbeit mit Diktatoren, um Europa vor Flüchtlingen und Terroristen zu schützen, wie man in den Strategiepapieren der EU-Think Tanks nachlesen kann, Flüchtlingen und Terroristen in einem europäischen Atemzug. Seit der «Erklärung von Barcelona» aus dem Jahr 1995 kündigt die Europäische Union an, im Mittelmeerraum eine «Zone der Freiheit und Stabilität» zu errichten, indem sie «die Beachtung der demokratischen Prinzipien und der Menschenrechte» fördere. Tatsächlich aber unterstützt Europa kontinuierlich die Despoten südlich des Mittelmeers, von Marokko über Algerien, Tunesien, Ägypten und neuerdings sogar Libyen. «Den Flüchtlingsschutz auch außerhalb Europas stärken», heißt es in der Sprache der europäischen Innenminister, wenn sie möglichst viele Transitstaaten zu «geeigneten Erstasylstaaten» erklären. Ich hatte Orwells Roman *1984* nicht im Gepäck, aber in dem Material, das ich zur Vorbereitung meiner Reise studierte, habe ich ihn oft zitiert gefunden. «Migrationsfilter» ist auch so ein Wort aus der Humanitätsabteilung der Europäischen Union. Oder «Begrüßungszentren»: Der deutsche Innenminister spricht von «Begrüßungszentren», wo er Auffanglager der Europäischen Union auf afrikanischem Boden meint. Und als im Herbst 1997 große Schiffe mit jeweils mehreren hundert kurdischen Asylsuchenden an der Küste Kalabriens strandeten, hatte der ehemalige deutsche Innenminister Manfred Kanther nichts Besseres zu tun, als den Begriff der «kriminell organisierten illegalen Wanderungsbewegungen» zu prägen, die bereits am «Ausgangsherd» zu stoppen seien. Wer von Menschen wie von einer Seuche spricht, hat Europa verraten, indem er es zu schützen vorgibt. Wer verkündet, daß das Boot voll sei, aber nicht die Flüchtlingsschiffe im Mittelmeer meint, sondern unsere europäischen Wohlstandsgesellschaften, hat sich von eben jener Tradition verabschiedet, auf die sich das Abendland gründet: auf die Tradition der Bibel.

Dostojewski hatte ich nicht mit auf die Reise genommen. Ich hatte mir nicht vorgestellt, daß ich ihn brauche. Aber Dostojewski braucht man immer. Zwischen Libyen und Niger rollen täglich Einwanderer gen Süden. Der Grund ist das Abkommen des Regimes Gaddafis mit Italien zur Verhinderung illegaler Einwanderung über das Mittelmeer. Zwölf Tage und Nächte dauert die Fahrt, auf der die Menschen auf der Ladefläche abhängig sind von einem 20-Liter-Wasserkanister. Bei Al

Gatrun im Süden Libyens endet die asphaltierte Straße. Von dort sind es noch 1490 Kilometer bis Agadez, wo eine Flotte von Bussen und Sattelschleppern die Ausgewiesenen zurück in ihre Heimatländer bringt, 1490 Kilometer Hitze und Angst, Durst und Rückenschmerzen, Hunger und Resignation, Schmutz und Scham. Jeden Tag rollen diese Lastwagen mit den Flüchtlingen auf der Ladefläche, finanziert mit europäischem Geld. Bereits in den ersten Monaten nach der Unterzeichnung des libysch-italienischen Vertrags am 25. August 2004 wurden 106 Tote registriert. Niemand weiß, wie viele Körper im Sand tatsächlich entlang der Strecke begraben liegen, Flüchtlinge, die aus Erschöpfung starben, durch Unfälle oder ausgeraubt in den Dünen zurückgelassen von den Schleppern, die sie im Auftrag der libyschen Behörden nach Hause zurückbringen sollten. Im Januar dieses Jahres wurde ein Mädchen aus Ghana vor den Augen ihrer Mitreisenden von einer Meute wilder Hunde zerrissen. Vielleicht erinnern Sie sich an die Stelle aus Dostojewskis *Die Brüder Karamasow*, wo ein General ein Mädchen zu Tode hetzen läßt und dessen fromme Mutter ihm später verzeiht. Iwan Karamasow lehnt diese Vergebung ab: «Ich will nicht die Harmonie, aus Liebe zur Menschheit will ich sie nicht», empört er sich.

Sie ist nicht eine Träne auch nur jenes einen, einzigen gepeinigten Kindchens wert, das sich mit den kleinen Fäusten an die Brust schlug und in seinem stinkenden Abtritt unter seinen ungesühnten Tränen zum «lieben Gott» flehte!

Ein sozialdemokratischer Innenminister Hollands, Aad Kosto, sprach angesichts von Pfarrern, die Flüchtlingen Kirchenasyl gewähren, wörtlich von einem «Exzeß der Nächstenliebe». Ich weiß, es ist nicht üblich, die Bibel im Theater zu zitieren. Dennoch möchte ich eine letzte Geschichte erzählen, und zwar von einem, der die Nächstenliebe bis zum Exzeß betrieben hat, einem wahrhaften Extremisten: Jesus von Nazareth. Wir haben vergessen, daß Vertreibung und Flucht zu den identitätsstiftenden Motiven von Judentum, Christentum und Islam gehören. Die islamische Zeitrechnung beginnt mit der Flucht Mohammeds aus Mekka. Nach der Scharia, der religiösen Ordnung des frühen Islams, ist das Asyl eine feste Institution. Die islamischen Rechtsgelehrten legten bereits im achten, neunten Jahrhundert den Mindeststandard genau fest, mit dem jedem Menschen, der mittellos in eine Stadt kommt, Aufnahme gewährt werden muß. Auch in der Bibel wird von Anfang an geflüchtet. Adam und Eva fliehen aus dem Paradies. Kain flüchtet vor der Rache, Abraham und Sara flüchten vor dem Hunger nach Ägypten. Abrahams Zweitfrau Hagar flüchtet, weil sie diskriminiert wird, in die Wüste. Jakob flüchtet aus Angst vor Esau, Josef aus Angst vor seinen Brüdern. Moses ist ein politischer Flüchtling, David ebenso. Auch Elia flieht. Josef und Maria fliehen mit dem Jesuskind, um es vor dem Tod zu bewahren. Man stelle sich vor, sie würden heute einem europäischen Grenzpolizisten erzählen, daß sie durch einen Traum vor einem drohenden Blutbad gewarnt worden seien. Europas Innenminister könnten beruhigt sein. Kein Grenzpolizist würde einen «Exzeß der Nächstenliebe» wagen. Er wäre sofort seinen Job los.

Aber die Geschichte, an die ich erinnern wollte, ist eine andere. Sie handelt von der Kanaaniterin, die Jesus bittet, ihrem Kind zu helfen (Mt. 15,21–28). Jesus weigert sich, weil sich seine Mission auf die Angehörigen des Hauses Israel beschränkt. Er bestreitet nicht, daß die Frau dabei leer ausgeht, aber er kann daran nichts ändern. Er könne ihrem Kind leider nicht helfen, sagt er. Die Frau hört nicht auf, Jesus um Hilfe anzuflehen, doch Jesus antwortet stets mit dem Verweis auf «das eigene Volk zuerst». Schließlich aber setzt sich die Frau durch, weil sie nicht das ganze Brot will, sondern nur die Krümel. Jesus ist tief beeindruckt von ihrem Glauben: «Dir geschehe, was du willst.» Und es geschah eine zweite Speisung, doch dieses Mal nicht für Israel, sondern für alle Völker.

Europa ist ein wunderbares Land für Europäer. So schwer seine sozialen und politischen Probleme wiegen – niemals in der Geschichte dieses Kontinents ging es friedlicher und toleranter zu. Das ist viel, und wir vergessen das zu oft. Aber es ist nicht genug. Erst wenn Europa menschlich ist zu denen, die nicht zu Europa gehören, wird es zum «übernationalen Reich des Humanismus», an das Stefan Zweig glaubte wie an ein Evangelium. Der europäischen Idee im emphatischen Sinne, der Idee einer säkularen, transnationalen, multireligiösen und multiethnischen Willensgemeinschaft, wie sie aus der Aufklärung und der Französischen Revolution erwachsen ist, ist die Universalität wesenseigen. Sie läßt sich nicht relativieren und kennt keine festgefügten geographischen Grenzen. Sie kann nicht einfach in Tarifa oder Ceuta, an den Grenzen Polens oder Bulgariens aufhören. Überaus deutlich spricht Goethe von der Notwendigkeit, das Schicksal aller Nationen als sein eigenes zu empfinden. Nicht umsonst macht es Immanuel Kant nicht unter dem ewigen Frieden, einer *Welt*föderation republikanisch verfaßter Länder. Natürlich ist das eine Utopie, und keiner wußte das besser als Kant, dieser nüchternste unter allen europäischen Philosophen. Aber in dem Augenblick, in dem Europa aufhört, diese Utopie vor Augen zu haben, sich auf diese Utopie hinzubewegen, hört es als Idee auf zu existieren. Ein Europa, das sich verschließt, ist kein Europa mehr, jedenfalls nicht das Europa von Utopisten wie Goethe oder Kant, Zweig oder Roth, deren frühe Hoffnung auf die Vereinten Nationen oder ein Europa ohne Grenzen sich als realistischer erwiesen hat als die realpolitische Beschränktheit ihrer Zeitgenossen. Die Universalität der europäischen Idee zu verteidigen heißt aber nicht nur, Freizügigkeit und Menschlichkeit zu sichern. An der Universalität der europäischen Ideen festzuhalten heißt eben auch, sich für ihre Ausbreitung einzusetzen.

Wir schmunzeln heute, wenn wir von der Posse um die Wiedereröffnung des Burgtheaters vor fünfzig Jahren lesen, dem Beharren empörter Bürger auf einem rein österreichischen Theater. Wenn das Burgtheater den hundertsten Jahrestag seiner Wiedereröffnung feiert, wird man schmunzeln über die Posse, die sich Österreich um die Aufnahmeverhandlung der Europäischen Union mit der Türkei leistet, das Beharren empörter Regierungsvertreter auf einem rein christlichen Europa. Ich muß daran glauben, daß es so sein wird, denn wäre es anders, würde Ihre Regierung sich durchsetzen, hätte ich, hätten Menschen wie ich keinen Platz in Europa. Auch für mich ist Europa also eine Utopie, zumal angesichts der Entwicklungen in diesem Jahr, der gescheiterten Verfassung, des Vormarsches nationaler Gesinnungen und Regierungen in vielen Ländern Europas. Und doch bin ich mir sicher, daß wir siegen werden, so wie Stefan Zweig und die übrigen Schriftsteller gesiegt haben, von denen ich sprach.

Brust an Brust in einem entscheidenden Ringkampf stehen jetzt die beiden Anschauungen, Nationalismus und Übernationalismus, gegeneinander, es gibt kein Zurückweichen mehr vor dem Problem, und die allernächste Zeit muß schon offenbar machen, ob die Staaten Europas auf ihrer gegenwärtigen wirtschaftlichen und politischen Befeindung beharren oder diesen kraftverschwendenden Konflikt durch eine völlige Vereinigung, durch eine überstaatliche Organisation endgültig lösen wollen.

Ich muß Ihnen noch verraten, was mein Routenplaner sagt, wenn ich Tarifa und Tanger eingebe. Ich hätte nicht gedacht, daß er die Strecke überhaupt akzeptiert. Das Gegenteil war der Fall. Das Ergebnis lag nach zwei Sekunden vor. Ich zitiere meinen Laptop wörtlich: Abfahrt Tarifa auf der Avenida de las Fuerzas Armadas. Nach 0,7 km: Rechts abbiegen (Süd) auf Calle Alcalde Juan. Nach 1,0 km: Rechts halten (Südwest) auf örtlicher Straße. Nach 31,3 km: Ankunft in Tanger. Der Routenplaner stellt es also als die einfachste Sache der Welt dar, von Europa nach Afrika zu gelangen. Weder durch Schengen noch durch das Meer läßt er sich beirren: In Tarifa rechts halten auf örtlicher Straße, geradeaus, nach 31,3 km Ankunft in Tanger. Vielleicht sollten wir dem Routenplaner folgen.

Ich gratuliere dem Burgtheater zum 50. Jahrestag seiner Wiedereröffnung und Ihnen allen zu dieser Bühne, um die Europa Sie beneidet. Vielen Dank für Ihre Aufmerksamkeit.

Zum Dank für den Hessischen Kulturpreis

Wiesbaden, Kurhaus, 23. November 2009

Herr Ministerpräsident, Eminenz, Herr Professor Korn,
Herr Professor Steinacker, verehrtes Kuratorium,
meine Damen und Herren,

die Auseinandersetzung um den diesjährigen Hessischen Kulturpreis, so ist wiederholt geschrieben worden, habe offenbart, wie tief die Gräben zwischen den Religionen seien, wie mühsam der Dialog. Ich teile diese Einschätzung nicht und sehe ihr eine falsche Erwartung zugrunde liegen. Eine multikulturelle, multireligiöse Gesellschaft wird niemals eine konfliktfreie Gesellschaft sein. Entscheidend ist vielmehr, ob sie ihre Konflikte auf friedliche und konstruktive Weise austrägt. Und das war der Konflikt, der hinter uns liegt: Er war bei aller Schärfe im Ton friedlich, und er war konstruktiv.

Der Konflikt hat gezeigt, wie Angehörige verschiedener Religionen sich streiten, aber auch, wie sie sich verständigen und Respekt voreinander wieder finden können, ohne die eigenen Grundüberzeugungen aufzuweichen. Er hat vorgeführt, wie eine politische Entscheidung aufgrund einer öffentlichen und parlamentarischen Debatte korrigiert werden kann. Und er hat gelehrt, daß die Frontlinien in unserer Gesellschaft nicht entlang konfessioneller, politischer oder ethnischer Linien verlaufen. Die Unterstützung praktisch der gesamten veröffentlichten Meinung für den Angehörigen einer Minderheit ist in Zeiten, da weltweit Mehrheiten immer häufiger ihren Leitanspruch und ihre kollektive Identität herausstellen, alles andere als selbstverständlich. Sie wäre auch in diesem Land vor zehn oder zwanzig Jahren kaum denkbar gewesen. Auf ganz unerwartete Weise fühlte ich mich in meinem Eindruck bestätigt, daß Deutschland in den letzten Jahren weltoffener und kulturell vielfältiger geworden ist.

Deshalb möchte ich mich heute auch bei denen bedanken, die dafür verantwortlich sind, daß ich den Hessischen Kulturpreis tatsächlich entgegennehmen darf: Das ist die deutsche Öffentlichkeit, das sind die Journalisten, die Wissenschaftler, Schriftsteller und Intellektuellen, die sich in Artikeln zu Wort gemeldet haben, das sind Politiker gerade auch aus der Partei des Herrn Ministerpräsidenten, das ist die Opposition im hessischen Landtag. Besonders bewegt hat mich, wie solidarisch viele Christen und Vertreter der Kirchen auf die Vorwürfe gegen mich reagierten, in Briefen, in Stellungnahmen und sogar in Predigten. Das war eine sehr schöne, beinah zärtliche Erfahrung. Ganz neu war sie für mich nicht. Von der Toleranz, die sich im Christentum herausgebildet hat, haben meine Familie und ich nicht gelesen, sondern wir haben sie konkret erlebt, seit meine Eltern vor über fünfzig Jahren nach Deutschland eingewandert sind, in dem christlichen Krankenhaus, in dem mein Vater arbeitete, im christlichen Behindertenheim, in dem meine Cousine untergebracht war, in den christlichen Kindergärten, die wir Söhne besuchten, in der christlichen Familie, in die ein Bruder heiratete, bis hin zur christlichen Schule, die meine Tochter besuchte, und der christlichen Gemeinde in unserem Viertel in Köln – eine Toleranz, welche die Islamische Republik Iran, der ich als Bürger ebenfalls angehöre, Andersgläubigen und Andersdenkenden zumal in diesen Wochen versagt.

Zu den Vorgängen um die zwischenzeitliche Aberkennung des Hessischen Kulturpreises und hier vor allem zum Verhalten der Hessischen Staatskanzlei habe ich mich seinerzeit deutlich genug geäußert. Selbstverständlich freue ich mich über die versöhnlichen Worte des Herrn Ministerpräsidenten sowie der anderen Preisträger, mehr noch: achte ich die Großmut und die Souveränität hoch, die sich darin ausdrücken. Weil es kaum je einen Streit gibt, bei dem Schuld und Verantwortung nur auf einer Seite liegen, möchte ich heute darüber sprechen, inwiefern ich selbst zu dem Konflikt beigetragen haben mag. Daß ich an dem Text über die Kreuzigungsdarstellung von Guido Reni nichts zurückzunehmen, nichts zu relativieren und nichts zu entschuldigen habe, wird niemanden im Saal überraschen. Gleichwohl habe ich versucht zu verstehen, wie ausgerechnet diese Bildbetrachtung von wenigen, allerdings höchst ehrenwerten Lesern als Angriff oder Provokation mißverstanden werden konnte. Und ja, heute würde ich sagen, daß ich nicht wachsam, nicht überlegt genug reagiert habe, als ich gefragt wurde, ob ich den diesjährigen Hessischen Kulturpreis annehmen würde.

Um es gleich zu Beginn angesprochen zu haben: Es ist kein Fehler, einen Preis vom amtierenden Hessischen Ministerpräsidenten anzunehmen, wie manche mir sagten. Herr Ministerpräsident, Sie wissen – und es wäre heuchlerisch, es an dieser Stelle zu verschweigen –, wie kritisch ich manche Aspekte Ihres politischen Handelns in der Vergangenheit beurteilt habe. Es geht nicht darum, daß die Jugendkriminalität oder Probleme der Integration nicht im Wahlkampf thematisiert werden dürfen. Natürlich darf man es und soll man es. Nicht zuletzt in Ihrer Partei, Herr Ministerpräsident, sind in den letzten Jahren eine Reihe von Politikern hervorgetreten, die sich in ebenso deutlicher wie verantwortlicher Weise zu diesen Themen äußern. Sie selbst haben in Hessen eine Reihe von Maßnahmen zur Integration eingeleitet, die ich bei allen Vorbehalten im einzelnen sehr wohl zu würdigen weiß. Hingegen trägt es weder zur Lösung der unleugbar existierenden Probleme bei, noch ist es Ausdruck politischer Verantwortung, in fatal zuspitzenden Äußerungen, im Zusammenspiel mit der Boulevardpresse und mit degoutanten Plakaten an ausländerfeindliche Instinkte zu appellieren, die natürlich in Deutschland wie in jedem anderen Land vorhanden sind.

Allein, sollte ich deshalb von Ihnen, Herr Ministerpräsident, keinen Preis entgegennehmen wollen? Nein, ich bin im Gegenteil ja froh über die Einladung und schätze die Gelegenheit wert, auf diesem Podium und im persönlichen Gespräch zu erklären, warum Sie wie kein anderer Politiker einer großen Gruppe von Menschen das Gefühl gegeben haben, nicht zu diesem Land zu gehören, Menschen wie mir, deren Eltern nach Deutschland eingewandert, in vielen Fällen geholt worden sind. Es ist immer bequemer, sich mit denen zu unterhalten, die der gleichen Meinung sind. Notwendiger ist das Gespräch und sei es der Streit zwischen denen in unserer Gesellschaft, die unterschiedlicher Meinung sind.

Es ist auch wahrlich kein Fehler, wie andere meinten, einen Preis gemeinsam mit Professor Salomon Korn anzunehmen. Daß Sie sich, Herr Professor Korn, als Intellektueller und als Vorstand der Geschwister Korn und Gerstenmann-Stiftung für die Verständigung in Europa und im Nahen Osten einsetzen, kann ohnehin nicht ernsthaft bestritten werden. Allerdings repräsentieren Sie als Vizepräsident auch den Zentralrat der Juden in Deutschland. Und bei allem Respekt vor dieser Institution teile ich die Kritik des ursprünglich nominierten Preisträgers, Professor Fuat Sezgin, an der Stellungnahme des Zentralrats zum Krieg im Gaza-Streifen, genauso wie mich andere Stellungnahmen des Zentralrats zum Nahostkonflikt in ihrer Einseitigkeit befremdet haben. Wir müssen uns gemeinsam gegen jeden zur Wehr setzen, der das Existenzrecht Israels bestreitet. Aber auch die Palästinenser haben ein Existenzrecht, und ich wünschte mir, daß der Zentralrat der Juden in Deutschland deutlichere Worte fände, wenn eine israelische Regierung wie die gegenwärtige alles tut, um einen lebensfähigen palästinensischen Staat zu verhindern. Doch gerade weil ich an dieser Stelle die Institution kritisiere, die Sie, Herr Professor Korn, vertreten, möchte und muß ich doch mit Ihnen reden – erst recht, da ich weiterhin daran glaube, daß es Juden und Muslimen in Europa gelingen kann und gelingen muß, gemeinsam für einen gerechten Frieden im Nahen Osten einzutreten, über dessen Grundlagen wir uns ohnehin einig sein dürften.

Nein, die Schwierigkeit, die mir erst im Laufe der Debatte ausreichend bewußt wurde, liegt woanders. Die übrigen Preisträger sind Vertreter ihrer Religionen, sie repräsentieren jeweils eine große Gruppe von Menschen in diesem Land. Mein Auftrag als Schriftsteller – und genauso als Wissenschaftler – ist es hingegen gerade, mich kollektiven Zugehörigkeiten zu entziehen, sie in Frage zu stellen, sie zu verwerfen. Literatur will die Wirklichkeit nicht auf einen Punkt bringen, sie formuliert keine Lehrmeinungen, gibt keine Stellungnahmen ab, stellt keine Thesen auf. Sie versucht die Wirklichkeit in ihrer Ambivalenz zu beschreiben und sperrt sich damit, muß sich sperren gegen jedes politisch, national oder religiös kollektivierende Attribut. Ihr Zeugnis ist notwendig individuell, genauso wie ihre Adressaten notwendig Individuen sind, gerade auch dort, wo Schriftsteller oder überhaupt Künstler sich mit dem Absoluten beschäftigen. Denn natürlich gibt es religiöse Kunst, religiöse Dichtung. Speziell die deutsche Literatur hat sich bis weit ins zwanzigste Jahrhundert durch ihre metaphysischen, häufig genug spezifisch christlichen oder jüdischen Bezüge von anderen europäischen Literaturen unterschieden, von Andreas Gryphius bis Georg Büchner, von Franz Kafka bis Paul Celan.

Gleichwohl ist Literatur niemals ein repräsentativer Ausdruck einer bestimmten Glaubensgemeinschaft, sondern notwendig Zeugnis eines Einzelnen, der sich im Glauben oder Unglauben, im Zweifel oder in der Erkenntnis mit religiösen Erfahrungen, Texten und Traditionen auseinandersetzt – selten zur Zufriedenheit derjenigen, die qua Ausbildung und Amt diese Religion vertreten. Die drei Christus-Hymnen Hölderlins oder Jean Pauls «Rede des toten Christus vom Weltgebäude herab, daß kein Gott sei», um zwei meiner eigenen Heiligen anzuführen, sind Dichtungen, die von theologischen Fragestellungen durchdrungen sind und zugleich keinem tradierten Bild von Jesus entsprechen, ja sogar unter theologischen Gesichtspunkten höchst problematisch erscheinen. Sie sind Dichtungen gerade insofern, als sie sich nicht mit einer bestimmten Lehre, einer bestimmten Gemeinschaft identifizieren lassen. Ich hingegen bin für den diesjährigen Hessischen Kulturpreis nicht allein für meine Bücher nominiert worden, sondern als Repräsentant einer Religion. Daß daran etwas nicht stimmt, hätte ich früher erkennen müssen.

Die Grundlage für die Nominierung, das ist mir bewußt, bildeten weniger meine literarischen als meine religionswissenschaftlichen und essayistischen Bücher. Entzündet hat sich der Konflikt jedoch an einem dezidiert literarischen Text. Das ist kein Zufall. Schon das Verhältnis von philologischer Erforschung einer religiösen Tradition, wie ich sie betreibe, und deren theologischer Deutung beziehungsweise gesellschaftlicher Repräsentanz ist spannungsreich genug. Literatur aber sollte niemals etwas vertreten – strenggenommen vertritt sie nicht einmal den Autor selbst.

Zwar meine ich nach wie vor, daß der inkriminierte Text sich seiner positiv oder negativ aufgefaßten Dogmatisierung durch eine ganze Serie von Signalen entzieht – bis hin zur Autorenzeile, in der von einem Schriftsteller die Rede ist und sonst nichts. Nach meiner Nominierung als Vertreter des Islams mußte ich gleichwohl zur Kenntnis nehmen, daß man, ohne die literarische Struktur zu berücksichtigen, einzelne Sätze herausnahm und sie isoliert betrachtet in eine theologische Aussage umdeutete. Auch manche, die mich verteidigten, sahen in meiner Bildbetrachtung ein islamisches Dialogangebot an das Christentum, setzten also ebenfalls voraus, daß sich ein Autor im Namen eines Kollektivs an ein anderes Kollektiv gewandt hätte. Ich selbst fing plötzlich an, den Text als eine Art Glaubensbekenntnis zu behandeln, das nur grotesk fehlgedeutet worden sei, und in Agenturmeldungen, gleich zu welchem Thema ich mich äußere, ist von mir seither oft als dem muslimischen Schriftsteller die Rede. Beinah könnte man darüber lachen: Ausgerechnet ich bin in die Identitätsfalle getappt, die ich zuvor in meinen Essays beschrieben hatte. Ja, ich bin Muslim, und ja, ich bin Schriftsteller. Aber ich bin kein muslimischer Schriftsteller. Die einzige Gemeinschaft, der ich als Schriftsteller angehören möchte und vom heutigen Abend an hoffentlich wieder ausschließlich angehören werde, ist weder Nation noch Konfession. Es ist eine Literatur. Ich bin ein deutscher Schriftsteller.

Freilich läßt sich fragen, ob der kulturelle Beitrag der Religionen, der mit dem Hessischen Kulturpreis 2009 gewürdigt werden sollte, nicht eher in den Werken von Künstlern zu suchen wäre statt in den religiösen Institutionen, die die Künste fördern oder anregen. Das Kuratorium hat diese Frage dahingehend beantwortet, daß es in drei von vier Fällen Vertreter von Institutionen nominiert hat. Indem ich meinerseits die Nominierung akzeptierte, trug ich diese Entscheidung mit – und trage damit meinen Teil der Verantwortung, daß von der Preisverleihung ein Signal der Verständigung und der Versöhnung ausgeht. Deshalb nehme ich heute abend den Preis an und nutze das Preisgeld, um eine Geste zu erwidern, die mich und die wohl alle Muslime in Köln vor zweieinhalb Jahren auf ganz besondere Weise berührte und beschämte.

Vielleicht erinnern Sie sich: Gerade als bundesweit der Kulturkampf gegen den Bau einer repräsentativen Moschee in Köln ausgerufen worden war, stand in den Zeitungen – meistens in der Rubrik Verschiedenes – eine kleine Meldung, wonach eine Kölner Kirchengemeinde sonntags in der Kollekte Geld für den Bau der Moschee gesammelt habe.

Vermutlich war ich nicht der einzige Leser, der sich beim Frühstück die Augen rieb: Eine katholische Gemeinde toleriert nicht nur die Muslime, die eine Moschee errichten wollen, sie bietet nicht nur das Gespräch an, nein, Gläubige sammeln in ihrem Gottesdienst Geld, damit Andersgläubige ihren eigenen Gottesdienst abhalten können. Diese Gläubigen gehören der Gemeinde St. Theodor in Köln-Vingst an, einem der sozialen Brennpunkte der Stadt, wo drei Viertel der Kinder Eltern haben, die nicht aus Deutschland stammen. Ihr Pfarrer heißt Franz Meurer und lebt den interreligiösen Dialog tagtäglich. Dieser Dialog besteht in einem Stadtteil wie Vingst nicht darin, theologische Meinungen auszutauschen oder sich gegenseitig zu versichern, wie friedlich die eigene Religion sei; der Dialog besteht in der Hilfe von Menschen, gleich welcher Religion sie angehören, für Menschen, gleich welcher Religion sie angehören. Mit dem Preisgeld möchte ich die großartigen sozialen Projekte der Gemeinde St. Theodor unterstützen. Von Pfarrer Meurer und seinen christlichen und nicht-christlichen Mitstreitern ist zu lernen, wie das Zusammenleben von Menschen unterschiedlicher Herkunft und Religion auch unter sozial schwierigen Bedingungen gelingen kann. Und sie erinnern uns daran, worin der wichtigste Gottesdienst in allen drei Buchreligionen besteht: Im Dienst am Nächsten. «Hätte Gott es gewollt, Er hätte euch zu einer einzigen Gemeinde gemacht. Doch wollt Er euch prüfen in dem, was Er jedem von euch gab. Wetteifert darum in den guten Taten.» Koran, Sure 5, Vers 48.

Ich danke dem Land Hessen für die Auszeichnung mit seinem Kulturpreis und Ihnen, meine Damen und Herren, für Ihre Aufmerksamkeit.

Allianz-Lecture über Europa

Berlin, Deutsches Theater, 23. Oktober 2011

Meine Damen und Herren,

daß Europa sich in einer Krise befindet, der schwersten Krise seit dem Zweiten Weltkrieg, ist allerorten zu hören. Das Merkwürdige ist nur: So viele, so prominente Fürsprecher wie in diesen Tagen hatte Europa schon lange nicht mehr. Man hätte erwarten können, daß die Europaskepsis innerhalb der Bevölkerung angesichts der immensen Finanztransaktionen, des Kurssturzes an den Börsen, des Verfalls des Euro erst recht auf die Politik und die Medien übergreift. Aber selbst Politiker und Kommentatoren, die sich in europapolitischen Debatten der letzten Jahre durch Geschäftsmäßigkeit, ja, das ostentative Voranstellen nationaler Interessen hervortaten, entdecken Europa als ihr politisches Lebensthema und warnen in selten emotionalen Worten vor einem Scheitern der Europäischen Union. Fast scheint es, als habe der Weltgeist, der schon bei Hegel ein Europäer war, wieder eine seiner Listen angewandt: die Europäische Union in eine Schuldenkrise gestürzt, damit sich gerade noch rechtzeitig der Ruf nach mehr Europa Gehör verschafft. Wirtschaftsregierung, einheitliche Finanztransaktionssteuer, der Eingriff in nationale Haushalte, Angleichung des Steuerrechts – plötzlich scheint möglich und geboten, was vor ein, zwei Jahren noch die Forderung einzelner Europa-Enthusiasten war.

Jemand wie ich, für dessen politische Sozialisation das europäische Projekt konstitutiv war, ist im Grunde ja erfreut über die plötzliche Bereitschaft, sich von nationalstaatlichen Denkmustern jedenfalls wirtschaftspolitisch zu befreien. Und doch wirken die Bekenntnisse zu Europa merkwürdig hohl: Europa ja – aber warum eigentlich? Jedenfalls gelingt es kaum, bei der Bevölkerung eine neue Begeisterung für das europäische Projekt zu wecken, neues Vertrauen, überhaupt nur Verständnis. Im Gegenteil: diametral entgegengesetzt zum Verlauf der veröffentlichten Meinung wächst in Meinungsumfragen die Skepsis gegenüber Europa. Damit vergrößert sich auch der politische Raum, den dezidiert nationalistische Akteure besetzen können, sei es in der Politik, sei es in den Medien, aber immer mit dem Gestus des Tabubruchs, mit dem jedweder Populismus auftritt: Man wird doch wohl noch sagen oder wenigstens nur fragen dürfen: Europa ja – aber warum eigentlich?

Das Argument, die Europäische Union habe verfeindete Völker zusammengeführt und dem Kontinent einen kaum für möglich gehaltenen Frieden beschert, ist zu einer Phrase geworden, die in keiner europapolitischen Rede fehlt. Das Argument ist ja nicht falsch, nur hat es sechsundsechzig Jahre nach Ende des Zweiten Weltkriegs seine Wirkung eingebüßt. Niemand glaubt im Ernst, daß die Länder der Europäischen Union sich wieder bekriegen würden, sollte der politische Verbund auseinanderbrechen. Was also bleibt, um von Europa zu überzeugen? Studiert man die Reden, die bei der letzten europapolitischen Debatte im Bundestag gehalten wurden, so bleibt als Argument für Europa vor allem der wirtschaftliche und strategische Vorteil eines gemeinsamen Marktes. «Scheitert der Euro, scheitert Europa», hat es die Bundeskanzlerin auf eine einprägsame Formel gebracht.

Ist das so? Ist der Euro wirklich das Fundament, auf dem Europa steht? War da nicht mehr? Und könnte es nicht sein, daß genau diese Verlagerung, ja Reduzierung des europäischen Projekts auf die Ökonomie, die uns in der Schuldenapologetik dieser Tage täglich begegnet, nicht selbst die Ursache oder ein gewichtiger Grund für die Krise ist, für den Mangel an demokratischer Partizipation, an Überzeugungskraft, an Legitimation? Es mag sein, daß Aktien und Exporte einbrächen ohne die gemeinsame Währung. Aber glauben wir deshalb an Europa, weil uns der wirtschaftliche Nutzen überzeugt? Nein, der Euro ist nicht Ziel, Grund und Motor der zweihundertjährigen europäischen Einigung, die im Kern ein politisches, in ihrem Ursprung ein geschichtsphilosophisches Projekt ist. Auch die Gründerväter der Europäischen Union, man lese nur die frühesten Visionen eines Jean Monnet, eines Robert Schuman, auch die Gründerväter hatten mehr als nur Kohle und Stahl im Blick. Die Montanunion war das Mittel, um die verfeindeten Völker zusammenzubringen. Sie war nicht der Zweck. Ihr Endziel ging nicht bloß über eine wirtschaftliche Union, sondern über Europa hinaus. Monnet strebte nach eigenen Worten «eine Organisation der Welt» an, «die es ermöglichen wird, alle Ressourcen so gut wie möglich zu nutzen und sie gleichgewichtig auf die Menschheit zu verteilen, so daß auf diese Weise in der ganzen Welt Frieden und Glück geschaffen werden». Der Satz Monnets stammt aus dem Jahr 1943. Wie realistisch mag damals der Vorschlag einer politischen Union der europäischen Länder geklungen haben, einer gemeinsamen Währung, eines gemeinsamen Parlaments, von offenen Grenzen zwischen dem Nordkap und Gibraltar? Und doch hat Monnet sich als Realist erwiesen, als er mitten während des Zweiten Weltkriegs die Pläne für eine demokratisch verfaßte Gemeinschaft der europäischen Länder einschließlich Deutschlands schmiedete. Es war die große Vision einer friedlicheren und gerechteren Welt, die ihm die Kraft und den Einfallsreichtum verliehen hat, Europa in kleinen Schritten voranzutreiben, mit Kohle, Stahl und viel Überredungskunst.

Meine Damen und Herren, vermutlich gehöre ich zum informierten, politisch einigermaßen gebildeten Teil der Bevölkerung. Ich höre beim Zähneputzen ein Informationsradio, lese beim Frühstück eine Qualitätszeitung und schlafe nachts nicht selten über der Lektüre eines politischen Buchs ein. Und dennoch habe ich nicht den geringsten Schimmer, ob all diese Finanzhilfen und Rettungsschirme und Transaktionen, die in einer für Laien schier unvorstellbaren Größenordnung durch die europäischen Parlamente gepeitscht werden, ob diese Maßnahmen richtig sind, ob sie den annoncierten Effekt erzielen, ob es realistische Alternativen gäbe. Ich vermute, daß sogar viele, wenn nicht die meisten Abgeordneten allenfalls ahnen, was genau sie gerade beschließen und mit welchen Konsequenzen.

Wenn selbst der deutsche Finanzminister zugibt – und das erscheint mir immerhin ehrlich –, lediglich auf Sicht zu fahren, wie sollen wir dann wissen, die auf den Rückbänken sitzen, ob die Richtung stimmt? Ich kann nur sagen, daß ich einigen der handelnden Akteure ein allgemeines, auch aus der Not geborenes Vertrauen entgegenbringe, daß sie am ehesten noch in der Lage sind, die richtigen Entscheidungen zu treffen. Um im Bild des Finanzministers zu bleiben: Man sollte einem Fahrer nicht ausgerechnet dann ins Lenkrad fallen, wenn er gerade durch dichten Nebel fährt. Hoffen wir also, daß uns der Euro erhalten bleibt, Griechenland sich konsolidiert und Urlaub in der Schweiz wieder bezahlbar wird. Aber ist im Ernst daran zu glauben, daß mit den jetzt eingeleiteten, rein wirtschaftspolitischen Korrekturen die zwei grundlegenden Mißverhältnisse der Europäischen Union behoben würden: Weder ging der ökonomische mit dem politischen Einigungsprozeß einher noch die Erweiterung der Union mit ihrer Vertiefung. Siebenundzwanzig Mitgliedsstaaten hat die Europäische Union heute, aber sie beruht auf einem derart schwachen politisch-rechtlichen Konstrukt, daß schon eine Ehe lahmgelegt würde. Wie soll dieser gewaltige Raum regiert werden, wenn vor jeder Entscheidung siebenundzwanzig Staatschefs, Kabinette, Parlamente überzeugt werden müssen? Und wie erst sollen die Bürger von Europa überzeugt werden, wenn sie den Eindruck haben, nicht gefragt, nicht demokratisch eingebunden, ja nicht einmal anständig informiert zu werden?

Die heutige Krise der Europäischen Union ist keine Schuldenkrise. Die Schulden sind Ausdruck und Folge einer politischen Krise. Wenn man die politische Gemeinschaft so nachlässig, nachrangig, teilweise geradezu verächtlich behandelt, wie es die Staatschefs und auch ein guter Teil der öffentlichen Meinung in den letzten Jahren getan haben, darf man sich nicht über ein solches Desaster wundern, wie wir es gerade erleben. Wenn die größten Mitgliedsstaaten – auch und gerade die Bundesrepublik Deutschland – bei allen entscheidenden Weichenstellungen der letzten Jahre nationale Interessen voranstellen, dann bricht ein transnationales Gefüge wie die Europäische Union eben irgendwann auseinander. Wenn die europäischen Spitzenpositionen bewußt mit Politikern ohne Ausstrahlung und Autorität besetzt werden – Lady Ashton! –, an die sich in ein paar Jahren niemand mehr erinnern wird, damit nur ja die nationalen Führer im Glanz stehen, ist der Mangel an Führung nur folgerichtig. Wenn grundlegende Entscheidungen über die Zukunft von fünfhundert Millionen Menschen nicht von den zuständigen, geschweige denn demokratisch legitimierten Institutionen getroffen, sondern immer öfter in bilateralen Vorgesprächen ausgehandelt werden, darf man sich über mangelndes Vertrauen nicht wundern. Wenn Europa auf seine politische Krise nur ökonomisch reagiert, wird es sie nicht bewältigen.

Der Niedergang der Europäischen Union läßt sich relativ genau datieren. Er setzte ein mit dem Übergang von der Generation, deren politisches Bewußtsein sich mit Blick auf die Schrecken des Krieges herausbildete, zur Generation der heute Verantwortlichen, die die existentielle Notwendigkeit der europäischen Verständigung nicht mehr selbst durchlitten haben. Das betrifft keineswegs nur die politischen Entscheidungsträger. Die Nüchternheit, ja Gleichgültigkeit, mit der Europa in den letzten Jahren von vielen Staatschefs behandelt wurde, ist Ausdruck einer gesellschaftlichen Indifferenz. Schauen wir doch nur, von wem Europa heute regiert wird, schauen wir nach Rom, schauen wir nach Prag, nach Budapest, nach Paris – sehen wir dort etwa Regierungschefs, die das europäische Projekt verkörpern, das Europa eben jener Monnets und Schumans? Oder gar das Europa eines Victor Hugo, eines Stefan Zweig? Schauen wir nach Den Haag, nach Kopenhagen, wo sogenannte rechtspopulistische Parteien mitregieren, die nicht nur fremdenfeindlich sind, sondern auch dezidiert anti-europäisch, ohne daß sich ein Sturm der Entrüstung erhöbe. Was ist von solchen Regierungen anders zu erwarten, als daß sie die europäische Einigung mutwillig sabotieren? Oder schauen wir nach Berlin, wo die jüngsten europapolitischen Bekenntnisse der Bundeskanzlerin oder des Außenministers zwar erfreulich, subjektiv womöglich auch glaubwürdig sind, aber reichlich spät kommen. Wo war die Emphase, als es darum ging, für eine europäische Verfassung zu kämpfen? Wo waren die leidenschaftlich vorgetragenen Argumente, als es zuletzt darum ging, die europäischen Spitzenpositionen zu besetzen? Die europäische Außenpolitik ist zu einer Lachnummer verkommen, obwohl europäisches Engagement etwa im Nahen Osten dringender gebraucht würde denn je. Der Flüchtlingsschutz – eine der grundlegenden Errungenschaften des europäischen Erbes – ist zu einem reinen Schutz *vor* Flüchtlingen geworden, so daß heute offen von Flüchtlingsbekämpfung gesprochen wird. Flüchtlingsbekämpfung! Allein dieses Wort verkehrt alles ins Gegenteil, wofür Europa im emphatischen

Sinne steht. Und das ist nicht einmal das Schlimmste. Schlimmer noch ist, daß sich niemand über ein solches Wort aus dem Mund einer deutschen Bundeskanzlerin aufregt.

So ist eben kein Mißgriff, sondern die Konsequenz einer rein interessengeleiteten Politik, daß Europa so schamlos mit den Diktatoren Nordafrikas kooperiert hat, ach was, wie Europa vor den Diktatoren Nordafrikas am Boden gekrochen ist, bevor es vom Arabischen Frühling kalt erwischt wurde. Man mußte auch mit den Mubaraks, mit den Ben Alis, mit den Gaddafis reden, so hieß es immer, das sei eben Diplomatie. Aber war es auch noch europäische Diplomatie, sich wie Nicolas Sarkozy von Hosny Mubarak zum Urlaub einladen zu lassen, Zine el-Abidine ben Ali Polizisten zum Niederknüppeln friedlicher Demonstranten schicken zu wollen oder wie Silvio Berlusconi Muammar al-Gaddafi vor den Kameras der Weltöffentlichkeit die Hand zu küssen? Die Hand! Die europäische Außenpolitik war nie frei von kühler, berechnender, auch egoistischer Realpolitik. Aber in den letzten Jahren mußten Menschenrechte in der Welt eher gegen Europa verteidigt werden, als daß Europa für deren Ausbreitung stand. Die Bastille lag 2010 jedenfalls näher am Tahrir-Platz als am Elysée. Ob das jüngste Engagement in Libyen ein Umdenken markiert oder doch nur ein Schachzug war, um sich den Zugriff auf Bodenschätze zu sichern, werden wir sehen.

Wenn ich Europa kritisiere, dann nicht, weil ich Europa ablehne. Ich kritisiere Europa, weil ich an Europa als einen, vielleicht sogar den einen politischen Raum glaube, in dem Menschen unterschiedlicher Ethnien, Glaubensrichtungen, Sprachen, Geschlechter, sexueller Orientierungen und Überzeugungen gleichberechtigt und auf der Grundlage demokratischer säkularer Verfassungen leben können. Und noch konkreter: Ich glaube auch an das europäische Projekt der Einigung, an diese so glanzlose, behäbige, bürokratische Europäische Union mit all ihren verwaltungsrechtlichen Absurditäten, die sich so billig aufspießen lassen, an das Europa der Butterbrotdosenverordnung, des Glühlampenverbots und des heillos überforderten Übersetzerdienstes. Die Europäische Union ist mitsamt ihren Vorläufern die größte politische Errungenschaft auf diesem Kontinent im vergangenen Jahrhundert, wenn nicht in der europäischen Geschichte. Sie hat nicht nur Völker befriedet, die sich in Haß und Kriegswut gegenüberstanden, sie hat dem Kontinent auch Demokratie, Rechtsstaatlichkeit und Wohlstand beschert. Europa ist eben nicht nur ein Friedensprojekt. Es ist auch ein Projekt der Freiheit: Es war die Verankerung in Europa, die die Demokratie in Deutschland erstmals gelingen ließ; es war der Druck aus Europa, der entscheidend zum Sturz der Diktaturen im Süden des Kontinents beigetragen hat, wir vergessen das heute zu leicht, in Spanien, in Portugal, in Griechenland; es war die Aussicht, zu Europa zu gehören, die später die osteuropäischen Staaten und in jüngster Zeit die Länder des Balkans und die Türkei angestiftet hat, demokratische Reformen einzuleiten. Um heute für Europa zu werben, genügt es nicht, den eigenen ökonomischen oder geopolitischen Nutzen anzuführen. Eine solche rein utilitaristische Argumentation widerspricht nicht nur im Kern dem europäischen Gedanken, der ein idealistischer ist, die Idee einer gerechteren Welt. Wer die Europäische Union auf den wirtschaftlichen Vorteil reduziert, steht mit leeren Händen da, sobald die Bilanz nicht mehr stimmt. Das genau ist es, was wir in der politischen Rhetorik dieser Tage beobachten: Die hilflose Suche nach einer Rechnung, welche die Billionentransfers irgendwie plausibel erscheinen läßt. Aber was, wenn die Finanzhilfen sich ökonomisch eben nicht rechnen sollten, wenn es tatsächlich Hilfen wären und nicht Investitionen?

Um eine Antwort zu finden, ist es sinnvoll, nicht an den Anfang der Europäischen Union zurückzugehen, sondern an die Anfänge des europäischen Projektes. Historisch geht das Projekt eines einigen Europas auf die Französische Revolution zurück, geistig auf die philosophische Aufklärung. Es war in seinen wesentlichen Begründungssträngen nicht darauf ausgerichtet, Frieden zwischen verfeindeten Nationen zu schaffen, sondern wandte sich gegen den Nationalismus, der in den meisten europäischen Ländern die politisch herrschende Kraft war, gegen die Idee einer Einheit von Kultur, Sprache, Religion und Blut. So nimmt es auch nicht wunder, daß unter den Verfechtern der europäischen Idee überproportional viele jüdische Intellektuelle sowie Angehörige von ethnischen oder sprachlichen Minderheiten zu finden sind, die von dem Chauvinismus innerhalb der Nationalstaaten persönlich betroffen waren. Viele der europäischen Vordenker des 19. Jahrhunderts wurden verhaftet oder mußten aus ihrer Heimat fliehen, denken Sie nur an Ernst Moritz Arndt, Arnold Ruge, Percy Bysshe Shelley, Friedrich von Gentz, Giuseppe Mazzini, Joseph von Görres, Victor Hugo, Heinrich Heine. Noch bis weit ins zwanzigste Jahrhundert waren es vor allem Literaten, Dichter, Intellektuelle, die sich für den Pan-Europäismus einsetzten, im deutschsprachigen Raum die Gebrüder und Klaus Mann, Alfred Döblin, Joseph Roth, Stefan Zweig, Hugo von Hofmannsthal oder Hermann Hesse, um nur einige zu nennen. Auch sie wurden vertrieben oder verbannt, starben auf der Flucht oder im Vernichtungslager. Das heißt, der politische und in vielen Fällen auch biographische Impuls, ein einiges Europa zu denken, war nicht die Erfahrung des Krieges, sondern des nationalen Chauvinismus. Damit aber bleibt Europa lange Zeit die Vision einer Minderheit, eine Vision von Dichtern und Denkern. Erst als die Gefahren des Nationalismus in zwei Weltkriegen evident geworden waren, konnte sich die Idee eines einigen Europas politisch durchsetzen. Die Beschwörung des Friedens war gleichsam das Geburtsgebet der europäischen Einigung. Wenn es sich aber von selbst versteht, in Frieden zu leben, wird aus dem Gebet Sonntagsrednerei, und das ist es, was wir heute wahrnehmen.

Kaum jemand bestreitet den Frieden, den die europäische Einigung dem Kontinent beschert hat. Eine politische Überzeugung jedoch, für die man bereit ist, sich einzusetzen, auch Opfer zu bringen, entsteht nicht allein aus der Lektüre von Geschichtsbüchern, sondern aus der eigenen Erfahrung. Sie gründet im Hier und Jetzt, und ihr Fokus liegt nicht auf der Vergangenheit, sondern auf der Zukunft: In welcher Gesellschaft will ich leben? Heute wäre an dem Friedensprojekt Europa wieder das Freiheitsprojekt zu entdecken, das es im Ursprung war.

In welcher Gesellschaft diejenigen leben wollen, die das europäische Projekt ablehnen, läßt sich relativ genau studieren. Man sieht es an den Programmen der rechtspopulistischen Parteien, man sieht es an der Politik derjenigen Staaten, in denen sie bereits an der Regierung beteiligt sind, den verschärften Ausländergesetzen, dem Streben nach Unilaterismus in der Außenpolitik, dem Widerstand gegen supranationale Institutionen und am heftigsten gegen die Straßburger Gerichtsbarkeit, dem Plädoyer für die Wiedereinführung von Grenzkontrollen, der

Ablehnung des Asylrechts, der verächtlichen Rhetorik gegenüber Minderheiten, übrigens auch sexueller Minderheiten, der Aufkündigung jedweder Solidarität, sei es gegenüber den Schwachen in der eigenen Gesellschaft, sei es gegenüber den Armen in der Welt, aber sei es auch gegenüber künftigen Generationen, die sich in der Leugnung des Klimawandels und dem Widerstand gegen eine ökologisch orientierte Politik überhaupt zeigen, dem Bruch nicht nur mit dem politischen, sondern gerade auch mit dem sozialen Vermächtnis der europäischen Gründerväter. Was wir heute Rechtspopulismus nennen, entspricht in seinen wesentlichen Zügen eben jenem nationalen Chauvinismus, gegen den sich der europäische Gedanke im 19. und frühen 20. Jahrhundert herausbildete.

Richtig, auch der Nationalismus des 19. Jahrhunderts führte das Wort Freiheit im Mund, so wie heute der Rechtspopulismus und seine meist neoliberalen Wegbereiter in den Medien sich auf die Freiheit berufen, wenn sie gegen die europäischen Institutionen wie gegen eine Kolonialherrschaft wettern. Doch fehlt dem ethnisch-nationalen wie dem individualistischen Freiheitsbegriff ein wesentliches Moment der Aufklärung: das Moment der Solidarität, wie wir es heute am ehesten nennen würden, der Brüderlichkeit, wie es 1789 genannt wurde, oder der Nächstenliebe in der hebräischen Tradition. Dieses Moment bildet die eigentliche Differenz zum antiken Begriff der Freiheit. Die Freiheit in der Polis bezieht sich ausschließlich auf die Polis selbst, auf die eigenen Bürger, und die Ausbeutung von anderen, den Sklaven, ist für diese Freiheit sogar konstitutiv, insofern sie die Bürger von der Sorge um das tägliche Leben befreit. Erst die Muße ermöglicht bei Aristoteles die Freiheit zum Politischen. Damit ist der antike Gleichheitsbegriff in seinem Wesen gerade nicht universal, kann es nicht sein. Die entscheidende Neuerung, die der Freiheitsbegriff durch die biblische Tradition nach und nach erfahren hat, liegt eben in seiner Universalität.

Wenn das heutige Europa sich in irgendeiner Weise auf ein jüdisch-christliches Erbe berufen darf, muß es nicht den Antisemitismus herunterspielen oder muslimische Akteure seiner Geschichte ausblenden, wie es die Bewahrer des Abendlandes gern tun. Das religiöse Moment, das in die Aufklärung eingegangen ist, damit auch in das europäische Projekt, liegt in der Erweiterung des politischen Raums, der polis, auf *alle* Menschen, gleich welcher Rasse, Religion und Herkunft: *Alle* Menschen werden Brüder. Hingegen der Freiheitsbegriff des Nationalismus, den das europäische Projekt zu überwinden oder jedenfalls zu entschärfen suchte, ist notwendig auf das je eigene Kollektiv beschränkt. Die Rechte der anderen, ob Einwanderer oder Griechen, ob der Armen oder der Unterdrückten der Welt, sind bestenfalls gleichgültig. Eine Weltinnenpolitik, um an den schönen Begriff der siebziger Jahre zu erinnern, der auch nur Kants Idee vom ewigen Frieden fortführt, eine Weltinnenpolitik kann es für den Nationalismus per definitionem nicht geben.

Gegenwärtig scheint der Rechtspopulismus an Boden zu verlieren, teils weil er sich in der politischen Verantwortung abnutzt, teils weil das Massaker von Oslo das schon vergessene Gewaltpotential offengelegt hat, das in der Ideologisierung der je eigenen Herkunft liegt. Aber sollte die Europäische Union tatsächlich auseinanderbrechen oder auch nur ihren Niedergang fortsetzen, also zu einer reinen Wirtschaftsgemeinschaft herabsinken, wird mit dem Nationalismus auch dessen dunkle Seite wiederkehren: Es gibt ein eigenes Kollektiv nur, wo es sich von anderen Kollektiven unterscheidet. Nicht nur könnten innerhalb oder an den Grenzen Europas zwischenstaatliche Konflikte ausbrechen, die wir längst überwunden geglaubt haben. Noch bedrohter wäre die Pluralität, die seit dem Zweiten Weltkrieg innerhalb der einzelnen Nationen entstanden ist. Um Freiheit, Gleichheit, Brüderlichkeit ging es jenen, die im 19. und frühen 20. Jahrhundert ein einiges Europa entwarfen, und jenen, die es auf den Trümmern des Zweiten Weltkrieges erschufen. Um Freiheit, Gleichheit, Brüderlichkeit muß es uns gehen, wenn wir das einige Europa bewahren, wenn wir es wiedergewinnen und erweitern wollen.

Ich danke Ihnen für Ihre Aufmerksamkeit.

Zur Eröffnung der Lessingtage

Hamburg, Thalia Theater, 22. Januar 2012

Sehr geehrte Frau Senatorin, sehr geehrter Herr Senator,
lieber Joachim Lux, meine Damen und Herren,

gegen Mittag des 4. November 2011, so heißt es in den Mitteilungen der Behörden, setzten Uwe Mundlos und Uwe Böhnhardt im Eisenacher Stadtteil Stregeda ein Wohnmobil in Brand und erschossen sich darin. 180 Kilometer entfernt, in einem der besseren Viertel von Zwickau, suchte wenig später die Gefährtin der beiden jungen Männer, Beate Zschäpe, im Internet ein Mittel gegen Übelkeit, schüttete anschließend einen Brandbeschleuniger in der gemeinsamen Wohnung aus und legte Feuer. Gerade, als sie mit ihren zwei Katzen Lilly und Heidi auf die Straße trat, sprengte eine Explosion die Fassade des Hauses weg. Beate Zschäpe gab die Katzen bei einer Nachbarin ab und flüchtete zunächst, bevor sie sich einige Tage später doch der Polizei stellte. In dem Schuttberg entdeckten Ermittler die Ceska, Modell 83, Kaliber 7,65 Millimeter Browning, mit der seit dem Jahr 2000 acht Einwanderer aus der Türkei, einer aus Griechenland sowie eine Polizistin umgebracht worden waren. Auf einer DVD fanden sie außerdem einen fünfzehnminütigen Film, in dem die Zeichentrickfigur Paulchen Panther auf einer sogenannten «Deutschland-Tour» die Tatorte der zehn Morde und zweier Bombenanschläge in Köln abschreitet. Die Aufnahmen der Ermordeten, die in ihren Blutlachen liegen, sind mit der Aufschrift «Original» versehen. Die Anschlagsserie trägt den Titel «Aktion Dönerspieß». Als Urheber tritt ein «Nationalsozialistischer Untergrund» auf, kurz NSU, der sich als «Netzwerk von Kameraden mit dem Grundsatz – Taten statt Worte –» vorstellt und ankündigt: «Solange sich keine grundlegenden Änderungen in der Politik,

Presse und Meinungsfreiheit vollziehen, werden die Aktivitäten weitergeführt.» Musikalisch untermalt ist der Film vom Lied des rosaroten Panthers.

Man muß davon ausgehen, daß Uwe Mundlos und Uwe Böhnhardt die Möglichkeit des eigenen Todes einkalkuliert und entsprechende Vorkehrungen getroffen hatten, um sich gegebenenfalls einer Festnahme zu entziehen. Ihre Wohnung in Zwickau jedenfalls war mit zahlreichen Bewegungsmeldern, Überwachungskameras, neun griffbereiten Feuerwaffen, einem Repetiergewehr mit abgeschnittenem Schaft und einer Maschinenpistole ausgerüstet für einen Endkampf. Und am Mittag des 4. November blieb zum Nachdenken kaum Zeit; nach einem Banküberfall war ihnen eine Polizeistreife gefolgt, die jeden Augenblick eintreffen mußte, und der ganze Vorgang, das Brandlegen, die Absprache, wer wen zuerst erschießt, die Koordination mit Beate Zschäpe, die die gemeinsame Wohnung anzünden und flüchten würde, nicht ohne zuvor die Katzen in Sicherheit zu bringen, beruht auf so vielen einzelnen Entscheidungen, die jede für sich schwer wiegt, daß eine Kurzschlußaktion nicht wirklich vorstellbar erscheint. Und selbst wenn Uwe Mundlos und Uwe Böhnhardt, wonach es nicht aussieht, am Mittag des 4. November in Panik geraten sein sollten und sich aus Verzweiflung, Furcht vor dem Gefängnis oder gar Scham spontan umgebracht hätten, so haben sie dennoch subjektiv ein Opfer gebracht, indem sie sich mit letzter Konsequenz für den bewaffneten politischen Kampf entschieden, damit für ein Leben in der Illegalität, für den Bruch mit der eigenen Familie und die Ächtung durch die Gesellschaft, für den Verzicht auf eine bürgerliche Laufbahn und die Unsicherheit einer Existenz im Untergrund, für die permanente Gefahr der Festnahme, der Verletzung oder des Todes.

Aus dem Jahre 1759 gibt es ein Trauerspiel von Gotthold Ephraim Lessing, nicht sehr bekannt und selten aufgeführt, in dem sich ein junger Mann fürs Vaterland opfert. *Philotas* heißt der Einakter und ist zugleich der Name jenes Prinzen, der bei seiner ersten Schlacht gegen das Heer des feindlichen Königs Aridäus in Gefangenschaft gerät. Philotas muß befürchten, daß seine Festnahme dem eigenen Land den Sieg kostet, denn sein Vater, das weiß er, wird alles dafür tun, ihn heimzuholen, ihn freizukaufen, ihn auszulösen. Aus Liebe zum Sohn wird der Vater den Krieg verlieren. «Durch mich Elenden», so klagt sich deshalb der Sohn an, wird der Vater «an einem Tag mehr verlieren, als er in drei langen mühsamen Jahren durch das Blut seiner Edeln, durch sein eigenes Blut gewonnen hat.»

Dann aber scheint sich Philotas' Schicksal überraschend zum Guten zu wenden. Nicht er allein ist bei der Schlacht in Gefangenschaft geraten, sondern ebenso der Sohn des Aridäus, des anderen, des feindlichen Königs. Aridäus kündigt Philotas einen Austausch der beiden Prinzen an, der das Gleichgewicht der beiden Kriegsparteien wiederherstellen, womöglich sogar Versöhnung herbeiführen würde. Ist Philotas zunächst erleichtert, nach Hause zurückzukehren, ohne für die Niederlage des Vaterlands verantwortlich zu sein, setzt bald darauf eine neuerliche, die entscheidende Wendung des Dramas ein. Im Verlauf eines zweiseitigen Monologs geht dem Prinzen auf, daß sein Tod dem eigenen Land einen entscheidenden Vorteil brächte: «Denn mein Vater», so räsoniert Philotas, «hätte alsbald einen gefangenen Prinzen, für den er sich alles bedingen könnte; und der König, sein Feind, hätte – den Leichnam eines gefangenen Prinzen, für den er nichts fordern könnte.» Worauf kommt es also an? «Aufs Sterben», erkennt Philotas und ist selbst überrascht:

Auf weiter nichts? – O fürwahr; der Mensch ist mächtiger, als er glaubt, der Mensch, der zu sterben weiß!

Wir sind es von den Verlautbarungen der Staatsführer und den Kommentaren des Fernsehens gewohnt, daß ein terroristischer Anschlag und besonders ein Selbstmordattentat als feige bezeichnet wird. Auf mich wirkt das immer ein wenig kurios oder auch hilflos. Ein Terrorist und im besonderen ein Selbstmordattentäter handelt unmoralisch, ungerecht, unmenschlich und so weiter – aber feige ist er nun gerade nicht, im Gegenteil: Man hätte sich gewünscht, der Attentäter wäre noch rechtzeitig von der Furcht übermannt worden, statt für seine Überzeugung die eigene Existenz aufs Spiel zu setzen oder sogar aufzugeben. Nicht nur in ihrer eigenen Wahrnehmung, auch in der Wahrnehmung vieler Gleichgesinnter, die sie auf öffentlichen Veranstaltungen als Helden feierten und im Internet noch immer feiern, haben sich auch Uwe Mundlos und Uwe Böhnhardt fürs Vaterland geopfert.

Die Formulierung mag für manche abstrus klingen, die mit dem Vaterland andere, friedlichere Vorstellungen verknüpfen als zwei rechtsextreme Terroristen. Aber wer die politische Gewalt bekämpfen will, muß ihre Motive zu verstehen suchen, ihre Vorgeschichte – und zwar auch die biographischen Vorgeschichten – untersuchen, das Denken der Unterstützer beleuchten. Ein Krimineller hält seine eigenen Taten für verwerflich oder nicht; ein Überzeugungstäter hingegen, der zu sterben bereit ist, handelt in seiner Selbsteinschätzung selbst dann notwendig gerecht, wenn er Menschen tötet, die auch nach seinen eigenen Maßstäben völlig unschuldig sind, Passanten etwa, Kinder oder im Falle des Zwickauer Trios eine national einwandfreie Polizistin; ja, der Terrorist mag sogar, wie es in der Geschichte der politischen Gewalt vielfach belegt ist, die eigenen Gewissensbisse sich als weiteres, besonders hohes Opfer zurechnen, das zu bringen er sich mit äußerster Konsequenz entschlossen hat. Das gilt für Morde, die im Namen des Islams begangen werden, genauso wie für Morde im Namen Deutschlands. Jedes Ding, so fährt Philotas wie in einem philosophischen Seminar fort, jedes Ding sei vollkommen, wenn es seinen Zweck erfülle. Und was ist der Zweck des Patrioten, und sei er noch so schwach, eines Gefangenen gar, der auf dem Schlachtfeld versagt hat?

> Ich kann meinen Zweck erfüllen, ich kann zum Besten meines Staates sterben: ich bin vollkommen also, ich bin ein Mann. Ein Mann, ob ich gleich noch vor wenig Tagen ein Knabe war.

Es ist die Bereitschaft zum heroischen Selbstopfer, die jenen Grundsatz zum Äußersten treibt, der im Video des Nationalsozialistischen Untergrunds propagiert wird: *Taten statt Worte*. «Ihr liebt das Leben, wir den Tod», wie die bekannteste Losung des Terrornetzwerks al-Qaida lautet, oder bei Lessing:

> Wer zehn Jahre gelebt hat, hat zehn Jahre Zeit gehabt, sterben zu lernen.

Uwe Mundlos und Uwe Böhnhardt zwei Selbstmordattentäter? Das gewiß nicht. Ihre Verbrechen waren in dieser Hinsicht tatsächlich feige, als sie ihre Opfer aus dem Hinterhalt oder sicherer Distanz erschossen. Aber erinnern wir uns, daß nach dem 11. September 2001 in der Öffentlichkeit eine ganz ähnliche Ratlosigkeit herrschte wie nach dem 4. November 2011. Sowohl der Kopf der Zwickauer Terrorzelle, Uwe Mundlos, als auch der Kopf der Hamburger Terrorzelle, Mohammed Atta, stammen aus gebildeten Familien, in deren Einstellung der nationale beziehungsweise religiöse Extremismus gerade nicht vorgeprägt war – der Vater von Mundlos offenbar schon in sozialistischer Zeit freigeistig bis zum Systemkritischen, die Eltern von Atta weltlich-säkular. Vor zehn Jahren wunderten sich Magazine wie *Der Spiegel* oder *Stern*, daß Mohammed Atta, bevor er zum islamischen Terroristen wurde, sich in Deutschland vorbildlich integriert zu haben schien, über Ökologie und die Sanierung historischer Altstädte nachdachte, eine deutsche Freundin hatte, zur Entspannung auch mal einen Joint drehte und am Wochenende nicht etwa in die Moschee, sondern zum FC St. Pauli ans Millerntor pilgerte. Eines Tages, für Kommilitonen und Lehrer überraschend, kehrte er von einem Ägyptenurlaub mit Bart und der traditionellen Galabiya zurück, die in seiner Familie seit mindestens zwei Generationen niemand mehr getragen hatte. Wie konnte nur aus einem aufgeschlossenen, sozial engagierten Studenten ein Massenmörder werden, so wurde allenthalben gefragt, ohne daß die Journalisten, die die Biographien der Selbstmordattentäter recherchierten, eine schlüssige Antwort fanden. Auch der Professorensohn Uwe Mundlos las viel, wies gute Noten auf und mochte besonders die naturwissenschaftlichen Fächer. Ehemalige Klassenkameraden und Freunde beschreiben ihn als intelligenten, aber unauffälligen Jungen, seine Lieblingsband sei AC/DC gewesen, aber auch Udo Lindenberg habe Uwe Mundlos gern gehört, die Locken lang getragen. Eines Tages, für seine Klassenkameraden und Lehrer überraschend, betrat er die Schule mit Seitenscheitel und in Springerstiefeln.

Die Gewöhnlichkeit und wohl auch Bequemlichkeit der familiären Verhältnisse, die man von der Vorgeschichte der meisten RAF-Mitglieder ebenso kennt, stehen nicht im Widerspruch zu der späteren Hinwendung zum politischen Extremismus, sondern scheinen die Attraktivität eines Lebensentwurfs eher zu begünstigen, der die bürgerliche Norm radikal verneint und sogar bekämpft. Lessing versäumt nicht, auch den Kitzel zu benennen, den der Prinz bei dem Gedanken spürt, die sichere, vorgezeichnete Bahn seines Daseinsverlaufs zu sprengen:

> Welch Feuer tobt in meinen Adern? Welche Begeisterung befällt mich? Die Brust wird dem Herzen zu eng! Geduld, mein Herz! Bald will ich dir Luft machen! Bald will ich dich deines einförmigen langweiligen Dienstes erlassen!

Und auch die äußere Nüchternheit, die mit dem inneren Feuer korreliert, das Umsichtige der Planung und die Kälte der Ausführung kommen in dem Monolog zum Ausdruck, wenn Philotas selbst bemerkt, daß er angesichts der Größe der Aussicht, mit dem eigenen Tod den Krieg zu gewinnen, plötzlich ganz ruhig wird und in den folgenden Szenen seinen Plan kühl umsetzt, sich ein Schwert zu besorgen, König Aldäus in Sicherheit zu wiegen und zu verhindern, daß den eigenen Vater das Angebot des Gefangenenaustauschs erreicht.

Allerdings ist es an den Biographien der Attentäter mehr als nur die Unauffälligkeit, die auffällt, wie es beinah wortgleich nach dem 11. September 2001 und nach dem 4. November 2011 in der Presse hieß. Sowohl Mohammed Atta wie auch Uwe Mundlos werden von ihrer früheren Umwelt außerdem als besonders liebenswürdig und empfindsam beschrieben. «Lieb, nett und niemals böse», so überschrieb *Der Spiegel* einen Artikel über die Vergangenheit Mohammed Attas. «Ausgerechnet Menschlichkeit ist das Wort, das immer wieder fällt, wenn ehemalige Kommilitonen über den Studenten Atta sprechen», vermerkte ein Reporter des *Stern* verblüfft. Ähnlich erinnerten sich ehemalige Nachbarn, daß Uwe Mundlos sich liebevoll um seinen behinderten Bruder gekümmert, ihn regelmäßig zum Arzt begleitet oder im Rollstuhl spazierengefahren habe, und nie habe er es versäumt, die ältere Dame zu grüßen, die aus dem Fenster schaute. Ähnlich wie vor zehn Jahren über den Kopf der Hamburger Terrorzelle spekuliert wurde, fragt sich die Presse in diesen Wochen: «Wie konnte aus einem freundlichen Professorensohn ein von Haß geleiteter Rechtsterrorist werden?»

Es ist ebenso leicht wie unverfänglich, junge Männer wie Moham-med Atta oder Uwe Mundlos als Bestien, als Irre, als Killer-Nazis zu bezeichnen, wie es in der Berichterstattung etwa der *Bild*-Zeitung auch deshalb ständig geschieht, um die Täter möglichst weit von der Gesell-schaft, vor allem aber von der Hetze der eigenen Meinungsartikel und Kampagnen fortzurücken, sie als pathologische Fälle abzutun. Das Beunruhigende an solcherart politischer Gewalt wird in seiner ganzen Dimension jedoch erst deutlich, wenn man auch jene Teile ins Puzzle fügt, die so gar nicht ins Bild zu passen scheinen: die Bürgerlichkeit, die Bildung, die Intelligenz; die Liebenswürdigkeit, den Idealismus. Lessing lehnte vor zweihundertfünfzig Jahren die Haltung des Philotas von Herzen ab, und es ist nur die theaterästhetische Konsequenz aus seinen zahlreichen Invektiven gegen den Helden- und Vaterlandskult, wenn er im 19. Stück seiner *Hamburgischen Dramaturgie* über die Tragödie schreibt:

> es heißt, sie von ihrer wahren Würde herabsetzen, wenn man sie zu einem bloßen Panegyrikus berühmter Männer macht, oder sie gar den National-stolz zu nähren mißbraucht.

Dennoch hat Lessing den Prinzen nicht als Wahnsinnigen vorgeführt, sondern ist er im großen Monolog des vierten Auftritts Schritt für Schritt dem Gedankengang gefolgt, der einen jungen, nachdenklichen und allzu schwärmerischen Menschen dazu bringt, sich für ein poli-tisches Ziel aufzuopfern – so wie Uwe Mundlos und Mohammed Atta auch nach ihrer Hinwendung zum politischen Extremismus nicht als Wirrköpfe beschrieben werden; im Gegenteil fällt in den Biographien beider auf, daß sie unter Gleichgesinnten für ihre kluge Argumentation und ihre Belesenheit bekannt waren, nicht für plumpe Parolen. «Wer ist ein Held?», fragt Philotas und erinnert sich an den Satz des Vaters, daß ein Held ein Mann sei, der höhere Güter kennt als das Leben:

> Ein Mann, der sein Leben dem Wohle des Staats geweiht; sich, den ein-zeln, dem Wohle vieler.

Kurz hält Philotas inne und fragt sich, ob er nicht zu jung sei, um den Heldentod zu sterben, so wie sich Mohammed Atta und Uwe Mundlos gefragt haben mögen, ob sie als einzelne nicht zu machtlos seien, um einem zugleich abstrakten und übermächtigen Gegner wie dem Westen, dem Kapital oder einem Staatsapparat entgegenzutreten. Dann jedoch besinnt Philotas sich, daß es nicht auf den Handelnden, sondern allein auf die Handlung ankommt, nicht auf die erklärenden Worte, sondern allein auf die Tat:

> Wie alt muß die Fichte sein, die zum Maste dienen soll? Wie alt? Sie muß hoch genug, sie muß stark genug sein.

Taten statt Worte – das bedeutete im Falle des Nationalsozialistischen Untergrunds: nur Taten, überhaupt keine Worte. Es irritiert viele Kommentatoren, daß keinem der Morde und Bombenanschläge ein Bekennerschreiben folgte, ist man doch vom Terrorismus in seiner konventionellen Form, dem Terrorismus etwa der Roten Armee Fraktion, der baskischen Separatisten oder militanter Gruppen in Palästina gewohnt, daß er die Gewalt für konkret umrissene, zu Papier gebrachte politische Ziele einsetzt: den Sturz eines Staatssystems, die Freilassung von Gefangenen, staatliche Autonomie oder das Ende einer Besatzungsherrschaft. Aber ist das Fehlen eines Bekennerschreibens wirklich so ungewöhnlich? In den letzten zwei Jahrzehnten hat sich weltweit ein neuer Typus des Terrorismus herausgebildet, der seinen Schrecken gerade aus der Wortlosigkeit bezieht. Auch die Anschläge vom 11. September 2001 blieben zunächst ohne jedes Bekenntnis, waren nicht begleitet von politischen Forderungen, gründeten auf keinem nachlesbaren ideologischen Konzept. Erst sehr viel später reklamierte Osama bin Laden die Urheberschaft der Attentate und ließ auch dann noch bewußt im Vagen, wie die Verbindung zwischen den Flugzeugentführern und al-Qaida genau vorzustellen sei. Im Pingpong mit den internationalen Medien und der damaligen amerikanischen Regierung, die das Moment des Unheimlichen, des Anti-Politischen bereitwillig verstärkten, stilisierte Osama bin Laden seine Organisation zu einer gleichsam ätherischen Macht, die zu jeder Zeit an jedem Ort zuschlagen könne:

Nie mehr werde ein Amerikaner in Sicherheit leben, kündigte er im Schlußsatz seiner ersten Videobotschaft unheilvoll an. Könnte es nicht das gleiche Gefühl sein, das der Nationalsozialistische Untergrund unter den türkischen Einwanderern erzeugen wollte, indem er sich zufällige, über die ganze Bundesrepublik verstreute Opfer suchte: einer abstrakten, unfaßlichen Macht gegenüberzustehen, als Ausländer in Deutschland zu jeder Zeit, an jedem Ort mit der Gefahr rechnen zu müssen?

Auch die Anthrax-Anschläge, die kurz nach dem 11. September 2001 die amerikanische Gesellschaft in Aufruhr versetzten, und zuvor der Una-Bomber, der Giftgasangriff der Aum-Sekte auf die Tokioter U-Bahn, die Gewalttaten von Charles Manson und christlichen amerikanischen Sekten wie *Heaven's Gate* oder *Peoples Temple* sowie der Anschlag von Oklahoma, für den später Timothy McVeigh zum Tode verurteilt wurde, sind ohne Bekennerschreiber ausgekommen. Dieser relativ neue Typus politischer Gewalt bezieht seine Mächtigkeit gerade aus der Absage an den politischen Diskurs, der Verweigerung jedweder argumentativen Auseinandersetzung. Seine Feindbilder sind nicht mehr auf einen konkreten Staat, eine Regierung oder eine Partei bezogen, sondern auf Herrschaftssysteme, Ethnien oder Kulturen. Entsprechend kann es für diesen Terrorismus, der weder mit der Benennung von Forderungen einhergeht noch die Verhandlungsbereitschaft der Herrschenden herbeibomben will, keinen oder nur den totalen Sieg geben, die eigene Vernichtung oder aber die Ausschaltung, mindestens Vertreibung der gesamten Gegnerschaft, also des herrschenden Systems, der fremden Rasse, der Ungläubigen, der minderwertigen Kultur.

Allein, die Antwort auf den bekenntnislosen Terror kann nicht darin liegen, sich seiner Gedankenstruktur anzupassen, seine Unheimlichkeit zu perpetuieren und nun gleichfalls einem System, einer Rasse, einer Religion oder einer Kultur den Krieg zu erklären. Terroristen haben auch dann eine Ideologie, pragmatische Ziele, ein Netzwerk von Unterstützern und einen ideologischen Rückhalt in Teilen der Gesellschaft, wenn sie ohne Programm, ohne Forderung und ohne Namen auftreten. Der Nationalsozialistische Untergrund hat sich mit dem Selbstmord von Uwe Bönhardt und Uwe Mundlos sowie der Verhaftung von Beate

Zschäpe und weiterer Helfer womöglich aufgelöst. Die Gründe, die zu seiner Entstehung und, bedenklicher noch: zu der Länge seiner Blutspur geführt haben, bestehen fort.

So wenig man umhinkommt, sich auch mit dem Islam zu beschäftigen, will man den islamischen Extremismus verstehen, so wenig wird man den nationalen Extremismus verstehen, ohne sich mit dem Nationalismus zu beschäftigen. Das gilt um so mehr, da das europäische Projekt, das den Nationalismus auf diesem Kontinent dauerhaft überwunden zu haben schien, schon lange vor der Finanzkrise in eine Legitimationskrise geraten ist – ich erinnere nur an das Scheitern einer europäischen Verfassung – und der Bezug auf die eigene Nation auf dem gesamten Kontinent eine Renaissance erlebt. Man lehnt sich in Deutschland immer noch zurück und verweist auf Länder wie Holland, Österreich, die Schweiz, Ungarn, Italien, Dänemark, Finnland oder Polen, in denen sogenannte rechtspopulistische Parteien bereits an der Regierung beteiligt sind oder waren, teilweise sogar eigene Mehrheiten erlangen konnten. Was dort mit der Wortschöpfung des Rechtspopulismus bezeichnet wird, als handele es sich um ein neuartiges Phänomen, vielleicht sogar eine Art politische Mode, die bald wieder vorbei sein könne, hat tatsächlich eine sehr lange Tradition. Der Rechtspopulismus als eine anti-europäische, fremdenfeindliche, anti-egalitäre und rhetorisch auf das Vokabular des Verteidigungskriegs zurückgreifende politische Bewegung vertritt in wesentlichen Zügen nichts anderes als den Nationalismus des neunzehnten und frühen zwanzigsten Jahrhunderts. Er findet in Deutschland noch kein wirksames politisches Forum, auch weil die etablierten Parteien sich bislang bei allen Ausschlägen insgesamt als verhältnismäßig immun gegen nationalistische Tendenzen erwiesen haben. Ein völlig anderes Bild ergibt sich, wenn man – auch mittels empirischer Umfragen – auf die Gesellschaft blickt. Hier unterscheiden sich die Deutschen in ihren Einstellungen keineswegs signifikant von anderen europäischen Gesellschaften. Der Buchhandel ist voll von Bestsellern, ob nun über Fragen der Migration, der Ökonomie, der Kultur, der Geschichte oder der Europäischen Union, die die Welt wieder strikt aus dem Blickwinkel der eigenen Nation betrachten, und mit der *Bild*-Zeitung und dem *Spiegel* streuen die beiden auflagenstärksten Presseorgane des Landes seit Jahren Mißtrauen gegen das europäische Projekt, das dem der britischen oder neuerdings der ungarischen Leitmedien in nichts nachsteht.

Nun gibt es in Deutschland seit der Wiedervereinigung die Hoffnung und spätestens seit der Weltmeisterschaft im eigenen Land sogar die feste Ansicht, den fröhlichen, den friedfertigen und fremdenfreundlichen Patriotismus vom Nationalismus trennen zu können, der das Land im zwanzigsten Jahrhundert zweimal in den Abgrund gestürzt und ganze Volksgruppen ausgelöscht hat. Wie die anderen Völker der Erde müßten auch die Deutschen endlich wieder ein normales, ein unverkrampftes Verhältnis zur Nation finden. Tatsächlich haben sich Menschen seit jeher als Angehörige eines Wir definiert, als Mitglieder einer Gemeinschaft, die von anderen Wir-Gemeinschaften unterschieden ist. Seit jeher haben Menschen die Städte, Regionen und Landschaften besungen, in denen sie geboren, in denen sie aufgewachsen, in denen sie zu Hause sind. Sie haben seit jeher auch eine besondere Bindung an die eigene Sprache empfunden. Daran ist nicht nur nichts Verwerfliches – die Wertschätzung, Pflege und auch Liebe der vertrauten Umgebung, der eigenen Kultur ist so natürlich wie die Liebe zu den eigenen Eltern. Eben in jenen Jahren, da er sich aufs schärfste vom Patriotismus als einer politischen Haltung distanzierte, verteidigte Lessing die germanischen Traditionen gegen die französische Künstelei der zeitgenössischen Literatur.

Keineswegs so natürlich, wie es seit der Fußball-Weltmeisterschaft im eigenen Land erscheint, ist hingegen die Liebe zur eigenen Nation – allein schon deshalb, weil der moderne Begriff der Nation als einer sprachlich, religiös, territorial und ethnisch weitgehend einheitlichen Gemeinschaft ein Produkt erst des neunzehnten Jahrhunderts ist. Noch jünger ist die Überzeugung, die politische und die nationale Einheit fielen zusammen und die ganze Erde müsse in Staaten aufgeteilt werden, die jeder für sich dem Kriterium der Nation entspreche. Der Begriff des Nationalstaats, der in der Amerikanischen und Französischen Revolution entstand und vom bürgerlichen Liberalismus des neunzehnten Jahrhunderts aufgegriffen wurde, beruhte ja gerade nicht auf der ethnischen oder kulturellen *Einheitlichkeit*, sondern dem politischen *Einverständnis* seiner Bürger, wie es die Bundesrepublik im schönen Wort des Verfassungspatriotismus wiederentdeckt hat. Der ethnisch, territorial und sprachlich begründete Begriff des Staats und einer auf Nationen beruhenden Weltordnung ist hingegen ein Kind erst des späten neunzehnten Jahrhunderts. Die Gewalt, die in diesem Anspruch steckt, insofern sich die behauptete Homogenität selten und schon gar nicht im deutschen Sprachraum mit der ethnischen, sprachlichen und religiösen Vielfalt der tatsächlichen Lebenswirklichkeit deckte, ist heute beinah vergessen, da der Nationalbegriff nicht nur in Europa, sondern auch in anderen Teilen der Welt zum Glück überwiegend entschärft wurde, sei es durch die Einbindung in transnationale Organisationen, sei es durch zunehmende ökonomische und kulturelle Verflechtungen und die immensen Wanderungsbewegungen der Völker, aber ebenso durch die multinationalen Traumbilder der Kulturindustrie und die Gegenwelt des Sports. Wer bei einem Fußballspiel die deutsche Fahne schwenkt, denkt in der Regel nicht an die Welt*herrschaft*, sondern nur noch an die Welt*meisterschaft*.

Aber, um nur diese nächstliegende Erfahrung aus dem Alltag zu nehmen, wer als Fußballfan im Eifer eines wichtigen Meisterschaftsspiels schreiend, anfeuernd, grölend selbst gefühlt hat, daß die eigene Mannschaft grundsätzlich recht hat, wenn sie ein Foul oder eine Abseitsstellung des Gegners reklamiert, während umgekehrt die gegnerische Mannschaft grundsätzlich unrecht hat, wenn sie behauptet, der Ball sei in vollem Umfang hinter *unserer* Torlinie aufgesprungen, der sollte ahnen, wie gefährlich die Überhöhung der kollektiven Zugehörigkeit wäre, würde man sie von der Ebene des Spiels zurück auf die Ebene der Politik und des gesellschaftlichen Handelns übertragen. Lessing hat das in seinem Trauerspiel bezeichnet, wo Philotas sich gar nicht erst auf ein Gespräch mit dem feindlichen König Aridäus über den Krieg einlassen will, weil sein Standpunkt unverrückbar sei:

Ich weiß weiter nichts, als daß du und mein Vater in Krieg verwickelt sind; und das Recht – das Recht, glaub' ich, ist auf Seiten meines Vaters. Das glaub' ich, König, und will es nun einmal glauben – wenn du mir auch das Gegenteil unwidersprechlich zeigen könntest.

Mit diesem letzten Halbsatz – «und will es nun einmal glauben – wenn du mir auch das Gegenteil unwidersprechlich zeigen könntest» – ist präzise der Sprengstoff umschrieben, der in der Ideologisierung des Gemeinschaftsgefühls liegt: die Immunität der kollektiven Wahrheit gegen die individuelle Erfahrung und Einsicht.

Unter allen Aspekten der Mordserie, für die das Zwickauer Trio und deren Helfer verantwortlich sind, beschämt am meisten vielleicht dieser, daß über einen Zeitraum von über zehn Jahren und trotz offenkundiger Verdachtsmomente niemand den Opferfamilien, einigen Aktivistengruppen und engagierten Journalisten glauben mochte, die ein rassistisches Verbrechen vermuteten. Schlimmer noch, wurden die Opfer eines nach dem anderen zu Schuldigen erklärt, die in Drogengeschäfte oder Schutzgeldgeschichten verwickelt seien, vielleicht liege auch ein Fall von Blutrache oder ein Eifersuchtsdrama vor, ein ‹Ehrenmord› also. Für dieses Versagen sind zunächst die Sicherheitsorgane des Landes verantwortlich, die Polizei, die ermittelnden Staatsanwaltschaften und vor allem der Verfassungsschutz, der die Morde nicht nur nicht aufgeklärt, sondern ihre Aufklärung aktiv verhindert hat, wie Heribert Prantl in der *Süddeutschen Zeitung* resümierte. So schilderte Siegfried Mundlos, der Vater des Terroristen, einem Reporter, wie sich Verfassungsschutz und Polizei gegenseitig mißtrauten. Einmal standen zwei Männer vor seiner Tür und rieten, eine Telefonzelle aufzusuchen, sollte er mit seinem Sohn telefonieren – dann könne die Polizei nicht mithören. Wie die *Berliner Zeitung* berichtete, soll der Verfassungsschutz den Thüringer Neonazi-Anführer Tino Brandt ständig über die Observationsmaßnahmen der Polizei auf dem Laufenden gehalten haben. Es sei sogar vorgekommen, daß Verfassungsschützer in ihren Autos die Autos verfolgten, die ihrerseits Brandt hinterherfuhren.

Man wünschte sich, daß solche Pannen nur dem Dilettantismus der ermittelnden Behörden zuzuschreiben wären. Tatsächlich aber wurden Woche für Woche immer wieder neue Belege für die Voreingenommenheit und auch Fahrlässigkeit der Staatsschützer im Umgang mit rechter Gewalt bekannt. Es ist aus heutiger Sicht schlicht nicht erklärbar, warum der Verfassungsschutz einen rechtsextremen Hintergrund der Mordserie bis zuletzt ausgeschlossen hatte. Stellvertretend sei nur an das Lied erinnert, mit dem die einschlägig bekannte Band *Gigi & die Braunen Stadtmusikanten* die Mordserie feiert: «Bei allen Kebabs herrschen Angst und Schrecken. / Der Döner bleibt im Halse stecken, / denn er kommt gerne spontan zu Besuch, / am Dönerstand, denn neun sind nicht genug.» Dieses Lied, das eindeutig Täterwissen voraussetzt, wurde nicht anonym ins Internet gestellt, sondern auf Konzerten gespielt und von Hunderten begeisterter Fans mitgesungen. Es war in der Szene, die doch von V-Leuten durchsetzt ist, wohlbekannt, es war ein regelrechter Hit. Dennoch blieb die Band unbehelligt und wurden erst nach dem 4. November 2011 Ermittlungen gegen den Sänger Gigi alias Daniel Giese eingeleitet. Der Verfassungsschutz wollte, um Lessings Wort aus dem *Philotas* noch einmal aufzunehmen, auch dann nicht an eine deutsche Täterschaft glauben, als ihm das Gegenteil längst unwidersprechlich gezeigt ward.

Seit 1989 zählen antirassistische Initiativen 182 Tote rechter und rassistischer Gewalt. Mindestens 150 Tote sind es in den Auflistungen der deutschen Presse. Die Bundesregierung beharrt dagegen bis heute auf «lediglich» 47 Opfern. Das weist darauf hin, daß die strukturelle Verdrängung fortdauert. Sie ist eine Ursache dafür, daß Uwe Mundlos, Uwe Böhnhardt und Beate Zschäpe dreizehn Jahre lang verschwunden bleiben konnten, obwohl es zahlreiche Hinweise auf ihren Wohnort gab, obwohl sie sich offenbar keineswegs abschotteten, obwohl sie ein weit verzweigtes Netz von Unterstützern und Sympathisanten hatten, die auf Versammlungen für sie warben und Geld sammelten. Diese strukturelle Verdrängung ist eine Ursache dafür, daß die Ermittler sich bis zuletzt auf die These von Mafia-Morden versteiften. Zwischen 2001 und 2011 nahm die Zahl rechtsextremer Straftaten um die Hälfte zu. Das Bundesamt für Verfassungsschutz aber schloß 2006 seine Abteilung für Rechtsextremismus. Die damalige Jugendministerin Kristina Schröder kürzte 2009 drastisch die Mittel für Initiativen, die sich gegen Fremdenfeindlichkeit einsetzten, und hätte sie Ende 2011 ein weiteres Mal gekürzt, wenn nicht die Verbrechen des Nationalsozialistischen Untergrunds bekanntgeworden wären.

Es gibt niemanden mehr in der deutschen Politik, nicht einmal den Verfassungsschutz selbst, der ein massives, ein bis dahin nicht für möglich gehaltenes Versagen des Sicherheitsapparats bestreitet. Aber ebensowenig ist ein Beleg dafür aufgetaucht, daß die Zwickauer Terroristen von Elementen innerhalb des Verfassungsschutzes gedeckt wurden. Wahrscheinlicher ist, daß die Pannenserie keiner Absicht geschuldet, vielmehr Ausdruck und Folge einer gesellschaftlichen Stimmung war. Schließlich war die Öffentlichkeit nur zu bereit, ihre eigenen Klischees und Vorurteile bestätigt zu bekommen, und verweigerte auch sie den Opferfamilien jedwede Empathie. Den Ausdruck «Döner-Morde» etwa hat nicht der Verfassungsschutz, sondern haben seriöse Zeitungen in den öffentlichen Sprachgebrauch eingeführt; er liegt nicht sehr weit entfernt von der «Aktion Dönerspieß», von der die Täter selbst sprachen. Was sagt das Wort «Döner-Morde» anderes aus, als daß es sich um ein kulturbedingtes, einem westlich-rationalen Verständnis nicht zugängliches Verbrechen handelt, das nur ein weiteres Argument dafür liefert, den Türken mit Argwohn zu begegnen? Noch 2005, als sich die Hinweise auf ein rassistisches Motiv längst verdichtet hatten, behauptete die *Bild*-Zeitung, daß alle sechs bisherigen Opfer der Mordserie Geschäfte mit einem Im- und Exportunternehmen in Istanbul gemacht und dabei vor allem in Drogengeschäfte investiert hätten. Ein Jahr später schwang sich *Der Spiegel* zu der These auf, die «schwer durchdringbare Parallelwelt der Türken schützt die Killer». 2009 machte dasselbe Magazin dann die Wettmafia verantwortlich, um 2011, wenige Monate vor den Selbstmorden in Eisenach, «eine Allianz zwischen rechtsnationalen Türken, dem türkischen Geheimdienst und Gangstern» hinter den Morden zu vermuten.

Was diese Art der Vorverurteilung für die Betroffenen konkret bedeutete, sei stellvertretend an dem Mordfall angedeutet, der hier in Hamburg geschah: Der Vater des Gemüsehändlers Süleyman Taşköprü hielt die Leiche seines Sohnes noch in den Armen, als er schon aus dem Ladenlokal weggeführt und mehrere Stunden lang auf der Polizeiwache verhört wurde. Obwohl der Verdacht weder in diesem ersten noch in weiteren Verhören erhärtet werden konnte, schrieben die Zeitungen dieser Stadt kurz darauf, daß Süleyman Taşköprü wohl in kriminelle Machenschaften verwickelt gewesen sei. Nachbarn distanzierten sich, Freundschaften zerbrachen. Dem Mord an dem Sohn folgte der Rufmord an der Familie. Nicht nur den Taşköprüs ist das widerfahren, sondern so oder noch drastischer den Angehörigen fast aller zehn Mordopfer, die bis zum 4. November 2011 allein blieben mit ihren Vermutungen, daß ihr Vater, ihr Gatte, ihr Sohn einem rassistischen Verbrechen zum Opfer gefallen sei. Fairerweise muß man hinzufügen, daß sich *Der Spiegel* und manche andere Redaktionen inzwischen selbstkritisch mit der Ausrichtung und dem Vokabular ihrer eigenen Berichterstattung auseinandergesetzt haben.

An Lessing wird zu Recht seine Kenntnis fremder Kulturen und sein Eintreten für Toleranz gerühmt. Er war einer der ersten deutschen Autoren, die den Ausdruck «Kosmopolit» und dessen deutsche Entsprechung «Weltbürger» verwandten. Seltener in den Blick gerät, daß diese Weltoffenheit mit einem konsequent kritischen Bezug auf die eigene Gesellschaft einherging.

> Ich habe überhaupt von der Liebe des Vaterlandes (es thut mir leid, daß ich Ihnen meine Schande gestehen muß) keinen Begriff, und sie scheinet mir aufs höchste eine heroische Schwachheit, die ich recht gern entbehre.

Nun bedeutete Patriotismus Mitte des achtzehnten Jahrhunderts noch etwas völlig anderes als seit dem späten neunzehnten Jahrhundert. Das Vaterland, das geliebt werden sollte, war keine Nation, es war ein einzelner Staat innerhalb eines Sprachraums, der durch den Buchdruck, die Bibelübersetzungen, die zunehmende Alphabetisierung und die deutsche Literatur erst allmählich zu einem gemeinsamen Bewußtsein fand. Für Lessing hätte Patriotismus vor allem eine Entscheidung zwischen Sachsen und Preußen bedeutet, die gegeneinander Krieg führten, zwischen Berlin und Leipzig, wo er gleichermaßen zu Hause war, so wie heute sich jemand wie selbstverständlich sowohl Deutschland als auch der Türkei zugehörig fühlen mag. Lessing stand also, um es mit einem gängigen Wort heutiger Migrationsdebatten zu sagen, in einem schweren Identitätskonflikt. Er selbst freilich sah das ganz anders, sah nicht den Konflikt, sondern den Reichtum der doppelten, als Weltbürger sogar vielfachen Zugehörigkeit. Er sei «einer der unparteiischsten Menschen von der Welt», entgegnete er einmal fröhlich dem Vorwurf mangelnder Loyalität. Und weil ich wie alle Kinder von Einwanderern, die sich kritisch zu deutschen Verhältnissen äußern, den Einwand gewohnt bin, ich solle doch erst einmal vor meiner eigenen Tür kehren, möchte ich wenigstens im Zusammenhang mit dem Thema der heutigen Rede einmal darauf hinweisen, daß Deutschland, auch Deutschland, mein eigenes Land, meine eigene Kultur ist.

Lessing hat den Patriotismus allerdings nicht oder nicht nur deshalb abgelehnt, weil er zu unterschiedlichen Zeiten verschiedenen Staaten angehörte. Dann hätte er sich in seiner Berliner Zeit immer noch in die preußische, in seiner Leipziger Zeit in die sächsische Mehrheitsgesellschaft integrieren können. Indes verhielt es sich genau umgekehrt: Wie er in seinen späteren Jahren einmal selbst bemerkte, hielt man ihn in Leipzig für einen Erzpreußen und in Berlin für einen Erzsachsen, und für beide Deutungen finden sich in seinen Schriften Belege. Seine Absage an den Patriotismus bezog sich grundsätzlich auf *den* Staat, der Lessing gerade am nächsten stand. Lessing war ein Nestbeschmutzer aus Überzeugung, ein «Virtuose des Ärgers», wie Daniel Kehlmann ihn genannt hat. Dabei ist die Selbstkritik keineswegs nur ein politischer oder ideologischer Impetus. Lessing, der uns in der Schule als ein Weltweiser vermittelt wird, hatte eine grundsätzliche Neigung, sich gegen das aufzulehnen, was als gängige Meinung daherkam. «Der Geist des Widerspruchs ist ihm so eigen», hat sein alter Freund Christian Felix Weiße über ihn gesagt, «daß er der Erste gewesen sein würde sich selbst zu widersprechen, sobald man seine paradoxen Sätze mit Beifall aufgenommen hätte.» Lessings Invektiven gegen die herrschende Theologie seiner Zeit sind Legende, und sein berühmtestes Stück, *Nathan der Weise,* war zu seiner Zeit eine bewußte, ja beispiellose Provokation, indem es Juden und Muslime auf die Bühne brachte, die den christlichen Protagonisten an Weisheit und Güte überlegen sind. Aber auch in ästhetischen Fragen war Lessing ein ätzender Polemiker, ein notorischer Widersprecher und ein Meister der Beleidigung, wenn der Adressat nur angesehen genug war, sei es ein Klopstock, sei es ein Wieland. Ebenso berühmt wie charakteristisch ist der Beginn seiner Volte gegen Johann Christoph Gottsched, die seinerzeit höchste Autorität der deutschen Literatur:

«Niemand, sagen die Verfasser der Bibliothek, wird leugnen, daß die deutsche Schaubühne einen großen Teil ihrer ersten Verbesserung dem Herrn Professor Gottsched zu danken habe.» Ich bin dieser Niemand; ich leugne es gerade zu.

Zugleich hat Lessing sich zeit seines Lebens rührend um Außenseiter der Gesellschaft bemüht, hat seinen jüdischen Freund Moses Mendelssohn verteidigt, Bettler genährt, Vagabunden wochenlang bei sich beherbergt, ehemaligen Häftlingen, Prostituierten, schwierigen Naturen ausgeholfen, die sich Ärger eingehandelt hatten oder in Not geraten waren. Von Lessing lernen bedeutet also nicht nur, die Selbstkritik zum Prinzip zu erheben, dem Geltenden zu widersprechen. Es bedeutet genauso die Wertschätzung des Fremden, den Beistand für den Schwachen. Das ist, so meine ich, ein fundamentaler Anspruch an jedwede Intellektualität und Literatur auch heute: der Respekt für das Andere und die Unerbittlichkeit gegen das Eigene; die Verteidigung des Marginalisierten und die Bestreitung des Herrschenden.

Der herrschende Diskurs hat seit jeher die gegenteilige Ausrichtung, ob zu Lessings, ob zu unserer Zeit, ob in Deutschland oder in anderen Ländern. Er ist apologetisch gegenüber sich selbst und kritisch gegenüber anderen, er preist den Erfolgreichen und beschuldigt den Schwachen. Man kann beinah beliebig jeden Bestseller der letzten Jahre zum Thema Europa, jede Talkshow zum Thema Migration, jede Schlagzeile der *Bild*-Zeitung zum Thema Hartz IV nehmen, fundiert oder niveaulos, wohlmeinend oder reißerisch, es geht nicht um das Urteil, es geht um die Struktur des Diskurses: Das Wir, das darin auftritt, ist stets das Bedrohte. Hingegen steht das Fremde – der Einwanderer, der Muslim, der Osteuropäer, der Asylbewerber, die europäischen Institutionen und neuerdings der Grieche – grundsätzlich für die Bedrohung. Die Positionen in den Bestsellern, Talkshows und Schlagzeilen unterscheiden sich lediglich danach, ob dieses Problem als lösbar oder als unlösbar dargestellt wird. Lessings Staatsverständnis hingegen ist im Kern egalitär und schon zwei Jahrzehnte vor der Französischen Revolution, zwei Jahrhunderte vor den unaufhebbaren Grundrechten des deutschen Grundgesetzes anti-populistisch gewesen. Er widersetzt sich der Dichotomie zwischen dem Eigenen und dem Fremden, zwischen Mehrheitsgesellschaft und Minderheit, Herrscher und Beherrschten. Wir – das ist für Lessing jeder. Nicht an der Mehrheit, am Status der Minderheiten bewertet er den Zustand des Staates.

Das Totale der einzelnen Glückseligkeiten *aller* Glieder ist die Glückseligkeit des Staates. Außer dieser gibt es gar keine. Jede andere Glückseligkeit des Staats, bei welcher auch noch so wenig einzelne Glieder leiden, und leiden *müssen*, ist die Bemäntelung der Tyrannei. Anders nichts!

Nach dem 4. November 2011 sagte der Soziologe Wilhelm Heitmeyer, er sei entsetzt über den Eindruck, den viele Politiker und manche Medien noch immer erzeugten, es handele sich bei dem Nationalsozialistischen Untergrund um «ein paar Außenseiter in einer sonst intakten und humanen Gesellschaft». Ihre Legitimation der Gewalt hätten die Rechtsterroristen «aus einem Vorrat an menschenfeindlichen Einstellungen in der Bevölkerung» geschöpft. In seiner empirischen Langzeituntersuchung *Deutsche Zustände*, deren zehnte Folge im Herbst 2011 erschien, kommt Heitmeyer selbst zu durchaus differenzierten Befunden. Einerseits nimmt die potentielle Anhängerschaft einer rechtspopulistischen Partei in Deutschland deutlich ab; andererseits nehmen rechtspopulistische Ansichten unter allen Befragten deutlich zu. Jeder zehnte Deutsche pflichtet inzwischen dem Satz bei, «durch Anwendung von Gewalt können klare Verhältnisse geschaffen werden». Jeder fünfte meint, «wenn andere sich bei uns breit machen, muß man ihnen unter Umständen unter Anwendung von Gewalt zeigen, wer Herr im Hause ist». Dem Satz «Um Recht und Ordnung zu bewahren, sollte man härter gegen Außenseiter und Unruhestifter vorgehen», stimmen mehr als zwei Drittel der Befragten zu. Zu ähnlichen Befunden kommt eine Studie der Friedrich-Ebert-Stiftung über rechtsextreme Einstellungen in Deutschland. Mehr als jeder zehnte Deutsche wünscht sich demnach einen «Führer, der Deutschland zum Wohle aller mit harter Hand regiert». Ebenso groß ist der Anteil der Deutschen, die die Diktatur für eine bessere Staatsform halten. Heitmeyer spricht von einer «Ideologie der Ungleichwertigkeit», die sich in der gesamten Gesellschaft ausbreite, und sieht den Rechtspopulismus zwar als politische Kraft derzeit auf dem Rückzug, diagnostiziert aber für nationalistische, xenophobe und anti-egalitäre Haltungen eine immer größere Akzeptanz in den etablierten Foren öffentlicher Meinungsbildung, sei es in den Parteien oder der Talkshowdemokratie des öffentlich-rechtlichen Fernsehens, sei es in Feuilletons oder auf den Bestsellerlisten. Daß der größte unter allen Bucherfolgen der letzten Jahre oder sogar der gesamten deutschen Nachkriegsgeschichte einer Schrift zukam, die die Überlegenheit des Eigenen und die Bedrohung durch das Fremde nicht mehr nur kulturell erklärt wie im Rechtspopulismus, sondern genetisch festschreibt wie im nationalsozialistischen Denken, ist dabei mehr als nur ein Zufall. Es ist ein Menetekel.

Ich habe mich im vergangenen Jahr nicht an der Debatte um Thilo Sarrazin beteiligt, weil ich mit der Fertigstellung des Romans beschäftigt war, *Dein Name*, den das Thalia Theater und das Hamburger Schauspielhaus vergangenen Mittwoch so wundervoll in ein Ereignis verwandelt haben. Aber als ich mich im Vorfeld dieser Rede fragte, welche Worte gemeint seien, die der Nationalsozialistische Untergrund durch Taten ersetzt hat, und deshalb die programmatischen Diskussionen innerhalb der NPD und die theoriebildenden Zeitschriften des deutschen Rechtsextremismus studierte, stieß ich so häufig auf die Abschaffung Deutschlands, daß ich nicht umhin kam, das Buch nun doch selbst zu lesen – kein anderer Autor der letzten Jahre hat das völkische Denken so sehr elektrisiert wie Thilo Sarrazin. Und wenn ich mich im folgenden zu seinen Thesen äußere, müßte selbst er mir eine gewisse Kompetenz zubilligen, schließlich führt er mich als Zeugen seiner Anklage auf und scheint mich also nicht den Gutmenschen, Islamverherrlichern und Toleranzpredigern zuzurechnen, als deren Radikalsten unter Deutschlands Dichtern man ohnehin Gotthold Ephraim Lessing anklagen müßte.

Wird Sarrazin selbst auf die breite Rezeption und einhellige Zustimmung angesprochen, die seine Thesen in der rechtsextremen Szene Deutschlands gefunden haben, antwortet er achselzuckend, daß die Erde auch dann rund bliebe, wenn Nazis sie für rund erklärten. Das Problem ist, daß die Gemeinsamkeiten, die der Neonazismus mit Sarrazin entdeckt, sich keineswegs auf Selbstverständlichkeiten beziehen, sondern das zivilisatorische Weltbild auf den Kopf stellen, das sich auf der Grundlage der Antike und des Monotheismus, im Zuge der Französischen Revolution und der Aufklärung, infolge zweier Weltkriege und der Katastrophen des europäischen Nationalismus im Westen herausgebildet hat. Damit meine ich gar nicht so sehr Sarrazins Äußerungen über den Islam und die Forderung nach einer restriktiven Ausländerpolitik, so vehement sie den Konsens unter den demokratischen Parteien aufkündigen, der sich seit der Hinwendung der CDU zu einer aktiven Gestaltung der Einwanderungsgesellschaft herausgebildet hat. Aber solche Einsprüche konnte man so und noch aggressiver schon in vielen Büchern lesen. Ich meine auch nicht sein Plädoyer für ein dezidiert nationalistisches Politikverständnis, das dem Projekt der europäischen Einigung im Kern widerspricht. Ich meine nicht einmal Sarrazins Familienbild, das die Mutter zuerst als Gebärende sieht. Nein, ich meine Sarrazins Betonung der Ungleichheit der Menschen und seine Ansichten zur Bevölkerungspolitik, ich meine seine Thesen zum Zusammenhang zwischen Selektionsdruck, Abstammung und Intelligenz, ich meine die Autoren, auf die Sarrazin sich in den Fußnoten beruft, Forscher wie Kevin B. MacDonald, der in David Irvings Prozeß als Zeuge für den britischen Holocaust-Leugner auftrat, oder den Leipziger Intelligenzforscher und Genealogen Volkmar Weiss, den die NPD im sächsischen Landtag als Sachverständigen in die Enquete-Kommission «Demographie» berief. Ich meine Sarrazins Biologisierung des Judentums, wenn er das «Juden-Gen» anpreist oder die «rassenhygienischen» Analysen, wenn er «den Anteil der angeborenen Behinderungen unter den türkischen und kurdischen Migranten» beklagt. Nicht zuletzt meine ich Sarrazins entwürdigende Sprache, die ganze Bevölkerungsgruppen auf ihren – noch dazu äußerst fragwürdig berechneten – ökonomischen Nutzwert reduziert, ohne das Ressentiment verbergen zu können, das der scheinrationalen Argumentationskette zugrunde liegt.

Stellvertretend für viele Formulierungen sei nur das Diktum Sarrazins aus dem berühmt gewordenen Interview mit der Kulturzeitschrift *Lettre International* angeführt, mit dem es Sarrazin ein Jahr vor Erscheinen des Buches bereits mehrfach auf die Titelseiten der *Bild*-Zeitung brachte: Er müsse niemanden anerkennen, der «ständig neue kleine Kopftuchmädchen produziert». «Das Wort ‹produzieren› drückt an dieser Stelle zum einen den psychopathologischen Ekel des Redners vor der Sexualität der so genannten Unterschicht, verbunden mit Sexualphantasien, aus», analysiert der Berliner Soziologe Achim Bühl; «zum anderen stellt es eine drastische Form der Entmenschlichung dar, insofern der Terminus in der Regel nur für Sachen, nicht aber für Personen benutzt wird.» Zum Begriff «Kopftuchmädchen» bemerkt Bühl, daß dieser auf die «Entpersönlichung» einer ganzen Bevölkerungsgruppe ziele: «Ihre Reduktion auf die singuläre Eigenschaft des ‹Kopftuchtragens› – zumal im Kontext des Unerwünschtseins ihrer Existenz – geht einher mit dem Verlust persönlicher Würde und menschlicher Rechte.» Und Sarrazin beläßt es keineswegs dabei, utilitaristisch den Minusfaktor herauszurechnen, der dieser oder jener Bevölkerungsgruppe pauschal zukommt, sondern fordert bereits in diesem ersten Interview konkrete pro-natalistische Maßnahmen, damit die Türken Deutschland nicht erobern, wie die Kosovaren das Kosovo erobert hätten:

> Je niedriger die Schicht, desto höher die Geburtenrate. Die Araber und Türken haben einen zwei-, bis dreimal höheren Anteil an Geburten, als es ihrem Bevölkerungsanteil entspricht. Große Teile sind weder integrationswillig noch integrationsfähig. Die Lösung dieses Problems kann nur sein: Kein Zuzug mehr, und wer heiraten will, sollte dies im Ausland tun. Ständig werden Bräute nachgeliefert.

Das Programm einer «weichen», also durch Sozialleistungen und Ausländergesetze gelenkten Eugenik, das Sarrazin ein Jahr später in seinem Buch konkretisiert – explizit um das Aussterben des deutschen Volkes zu verhindern –, findet sich so drastisch nicht einmal im Parteiprogramm der NPD:

> Das Ziel aller Maßnahmen muß sein: Wer aber vom Staat alimentiert wird, soll nicht dazu verführt werden, diese Unterstützung durch Kinder zu erhöhen.

Die eigene, als gewachsen und homogen vorgestellte Volksgemeinschaft vor der Überfremdung durch genetisch minderwertige Völker zu schützen, denen aufgrund ihrer biologischen Veranlagung und kulturellen Prägung nicht nur der Wille, sondern eben die Befähigung (!) zur Integration abgesprochen wird – ein solches Denken ist mehr als nur rechtslastig oder populistisch. Es entspricht bis in Details den gängigen Definitionen des völkischen Nationalismus. Offen bekennt es sich, Andersgläubige, Andersrassige und – wenn man Sarrazins Reaktionen auf seine Kritiker studiert – auch Andersdenkende für minderwertig zu halten. Sarrazin, so schreibt es ein führendes Organ der rechtsextremen Theorienbildung, die Zeitschrift *Hier & Jetzt*, in einem Themenheft zu seinem Buch, «Sarrazin hat uns Nationalisten [...] aus dem völkischen Herzen gesprochen.»

Wohlgemerkt hatte die Mordserie des Nationalsozialistischen Untergrunds viele Jahre vor der Veröffentlichung von Thilo Sarrazins Buch begonnen. Die Abschaffung Deutschlands ist nicht die Ursache, sondern eher der spektakulärste Ausdruck jener «Ideologie der Ungleichwertigkeit», deren Ausbreitung sich auf vielen Ebenen der Gesellschaft beobachten und empirisch belegen läßt, sei es in bezug auf Fremde, sei es in bezug auf Arme, sei es in bezug auf das Verständnis von Demokratie – spektakulär deshalb, weil der durchschlagende Erfolg Sarrazins ein Gedankengut als mindestens diskussionswürdig etabliert hat, das sich bis dahin nur innerhalb der extremen Rechten artikulierte; spektakulär auch deshalb, weil sich dieser Erfolg dem Zusammenwirken, man könnte auch sagen: dem propagandistischen Kartell der beiden größten Medienkonzerne des Landes verdankt, der Bertelsmann AG, die das Buch verlegt hat, und des Springer Verlags, der es in einer beispiellosen Kampagne über Wochen auf die Titelseite seiner Zeitungen brachte; und spektakulär schließlich, weil Redaktionen aller politischen Couleur in Form von Vorabdrucken, großen Rezensionen, Magazinbeiträgen, dazu die Wiederholungsschleife der öffentlich-rechtlichen Talkshows und selbst eine so unbescholtene wie anspruchsvolle Zeitschrift wie *Lettre International* mit ihrem vollständig widerspruchsfreien Interview einem Autor das denkbar größte Forum in Deutschland gaben, dessen Äußerungen sich als «wahre Fundgrube für die politische Arbeit der national-identitären Rechten» entpuppt hat, um noch einmal *Hier & Jetzt* zu zitieren, «ob nun im Kampf um die Köpfe oder im parlamentarischen Tagesgeschäft». Oder mit den Worten des Soziologen Achim Bühl: «Kernelemente nationalsozialistischer Ideologie mutieren zu ‹Provokationen, die wichtige Debatten anstoßen›.» Weder Thilo Sarrazin noch die Bertelsmann AG noch der Springer Verlag und schon gar nicht *Lettre International* tragen die Verantwortung für die Morde an acht Türken, einem Griechen und einer deutschen Polizistin. Gleichwohl haben sie für die Popularisierung des völkischen Nationalismus, dem Uwe Mundlos anhing, mehr bewirkt als der Nationalsozialistische Untergrund. Bis weit in bürgerliche und sogar intellektuelle Milieus haben sie einem Gedankengut, das einer breiten Öffentlichkeit vor wenigen Jahren als selbstverständlich extremistisch gegolten hätte, massenhafte Verbreitung beschert, es gerade auch in seiner herabsetzenden Diktion enttabuisiert und damit in die Mitte der Gesellschaft getragen.

Als die Historikerin und Philosophin Hannah Arendt 1959 in Hamburg den Lessing-Preis entgegennahm, widersprach sie Lessing an einer einzigen Stelle ihrer glänzenden Dankesrede. Es ist die Stelle, an der Sultan Saladin den Juden Nathan auffordert, näher zu treten. Hannah Arendt sagte 1959, daß sie eine Haltung, die auf die Aufforderung: «Tritt näher, Jude!» im Sinne Nathans mit einem: «Ich bin ein Mensch» antwortet, «für ein groteskes und gefährliches Ausweichen vor der Wirklichkeit» hielte. Auf die Frage «Wer bist Du?» habe sie lange Jahre die Antwort «Ein Jude» für die einzig adäquate gehalten. Hannah Arendt sagte das mit erkennbarem Bedauern, ja mit einer Trauer, die noch ein halbes Jahrhundert später berührt. Mehrfach betonte sie, daß sie mit dem Ausdruck «Ein Jude» keine irgendwie hervorragende, nicht einmal eine exemplarische Art des Menschseins andeuten wolle. Nicht einmal eine geschichtliche Realität meine sie, sondern «nichts als die schlichte Anerkennung einer politischen Gegenwart, die eine Zugehörigkeit diktiert hatte, in welcher gerade die Frage nach der personalen Identität im Sinne des Anonymen, des Namenlosen mitentschieden war». Und sie erinnerte an den «so einfachen und doch gerade in Zeiten der diffamierenden Verfolgung so schwer verständlichen Grundsatz, daß man sich immer nur als das wehren kann, als was man angegriffen ist». Gewiß ist Hannah Arendt nach dem Krieg auch deshalb in den Vereinigten Staaten geblieben, weil sie dort eher als ein Mensch leben und schreiben konnte, nicht als Angehörige eines Volkes.

Im selben Jahr, in dem Hannah Arendt den Lessing-Preis der Stadt Hamburg entgegennahm, sind meine Eltern aus Iran nach Deutschland eingewandert. Acht Jahre später wurde ich in der westfälischen Stadt Siegen geboren. Als ich vor kurzem die Dankrede Hannah Arendts las, weil ich selbst nun einen Preis in ihrem Namen entgegennehmen sollte, fragte ich mich, was ich wohl anstelle Nathans geantwortet hätte. Es war kurz nach dem 4. November 2011, der eben jene Morde ans Licht gebracht hatte, denen neun Menschen allein aufgrund ihrer Zugehörigkeit zu einem anderen Volk zum Opfer gefallen waren, als Grieche, als Türken. Einer der Anschläge, so las ich in den Zeitungen, war in unserer unmittelbaren Nachbarschaft geschehen, ein paar Häuser entfernt von der Kölner Kindertagesstätte, in der ich täglich gegen vier meine Tochter abholte. Es gab in der Straße einen kleinen Lebensmittelladen, der von außen nicht als ausländisch erkennbar war, ein etwas größerer Tante-Emma-Laden, den eine iranische Familie übernommen hatte, ohne die Einrichtung oder das Angebot zu ändern. Ich kaufte dort oft ein, zugegeben nicht den großen Einkauf, die Preise waren relativ hoch, aber doch für den täglichen Bedarf, und plauderte dann mit den Besitzern oder ihrer Tochter, einer Gymnasiastin wohl, die hinter der Theke ihre Hausaufgaben schrieb, froh auch darüber, daß meine eigene Tochter ein paar Minuten Persisch hörte und sprach. Irgendwann war dieser Laden zu, die Rolläden herabgelassen. Ich dachte, na gut, es haben wohl die meisten nur für den täglichen Bedarf eingekauft, zum Überleben hat es nicht gereicht. Nach dem 4. November 2011 erfuhr ich, daß einer der beiden Zwickauer Terroristen, der Beschreibung nach Uwe Mundlos, das Ladenlokal mit einem Einkaufskorb betreten hatte, darin eine rotlackierte Weihnachtsdose mit Sternenmuster. Der unbekannte Kunde nahm sich ein paar Lebensmittel aus den Regalen und behauptete an der Theke, seine Geldbörse vergessen zu haben. Er versprach, Geld zu holen, und ließ den Einkaufskorb im Laden zurück. Als der Kunde nicht wieder auftauchte, stellten die Ladenbesitzer den Korb in einen Nebenraum. Vier Wochen später öffnete die Tochter die Weihnachtsdose, in der sich Sprengstoff befand. Sie überlebte schwer verletzt, ihr hübsches Gesicht blieb entstellt. Die Familie verzog unbekannt. Wer hatte den Zwickauer Terroristen den Hinweis zugesteckt, daß der Laden, der auf dem Schild außen noch immer den Namen des deutschen Vorbesitzers und zweier Kölschmarken trug, von Ausländern übernommen worden war? Der Nationalsozialistische Untergrund muß auch in Köln Unterstützer gehabt haben, bis heute unentdeckt; jedenfalls ist die Gymnasiastin nicht als Mensch angegriffen worden, sondern als Ausländerin, Iranerin, Muslimin, etwa achtzig Meter entfernt von der Kindertagesstätte meiner Tochter. Ich fragte mich also, was ich auf die Anrede als Ausländer, Iraner, Muslim erwidern würde. Würde ich darauf beharren, ein Mensch zu sein, vor allem anderen ein Mensch? Oder hielte ich die Antwort Nathans nach dem 4. November 2011 für ein groteskes und gefährliches Ausweichen? Ich brauchte nicht lang zu überlegen. Ein halbes Jahrhundert nach Hannah Arendts Rede und der Einwanderung meiner Eltern würde ich wieder, würde ich in Deutschland immer noch antworten können, daß ich ein Mensch sei.

Keiner von uns, nicht meine Eltern, nicht meine Brüder, kein anderes Mitglied unserer großen Familie hat mit Deutschland die Erfahrung gemacht, die Hannah Arendt machen mußte. Bei allen Unebenheiten im einzelnen überwiegt bei jedem von uns die Dankbarkeit für die Freiheiten, die dieses Land uns geschenkt, für die Möglichkeiten, die es uns geboten, für die Rechte, die es uns gewährt hat. Ich denke oft, wenn ich durch das Land reise, und noch öfter, wenn ich aus anderen Ländern zurückkehre, daß Deutschland sich in den fünfzig Jahren seit der Lessing-Rede Hannah Arendts und der Einwanderung meiner Eltern zu einem überraschend passablen, sogar zu einem menschenfreundlichen und liebenswerten Land entwickelt hat. Vielleicht spreche ich nicht so oft über diese Liebe, aber man merkt sie meinen Büchern auch an, glaube ich. Wenn ich nicht darüber spreche, dann aus dem Grund, den Lessing mich lehrt, wenn er bemerkt, daß der Patriot selbst in ihm vielleicht gar nicht ganz erstickt sei – allerdings «das Lob eines eifrigen Patrioten, nach meiner Denkungsart, das allerletzte ist, wonach ich geizen würde; des Patrioten nämlich, der mich vergessen lehrt, daß ich ein Weltbürger sein sollte».

Vielleicht überraschen Sie diese letzten Sätze zum Ende ausgerechnet dieser Rede. Vielleicht klingen sie Ihnen zu versöhnlich, dabei sind sie doch kämpferisch gemeint. Denn jene, die den Nationalismus vertreten, stehen nicht für das Deutschland, in dem ich gern lebe. Sie lehnen sich, mit oder ohne Gewalt, mit den Mitteln einer extremistischen Partei oder eines Medienkonzerns, von den Rändern der Gesellschaft oder aus ihrer Mitte, gegen einen Grad der Pluralität und Weltoffenheit auf, den weder Hannah Arendt noch meine Eltern 1959 für möglich gehalten hätten. Eher als im Philotas finde ich mein Deutschland heute im Aridäus wieder.

Als Lessing sein Trauerspiel über den Patriotismus schrieb, verkörperte Philotas das gesellschaftliche Ideal des enthusiastischen Patriotismus. Lessing hingegen liebte erkennbar den Aridäus, den anderen, den feindlichen König, der Philotas fragt, was ein Held ohne Menschenliebe sei, und kampflos aufgibt, als Philotas sich aus Liebe zum Vaterland umbringt:

Umsonst haben wir Ströme Bluts vergossen, umsonst Länder erobert. Da zieht er mit unserer Beute davon, der größere Sieger! – Komm! Schaffe mir meinen Sohn! Und wenn ich ihn habe, will ich nicht mehr König sein. Glaubt ihr Menschen, daß man es nicht satt wird?

Ich danke Ihnen für Ihre Aufmerksamkeit und wünsche Ihnen eindrückliche Lessingtage.

Zum Dank für den Heinrich-von-Kleist-Preis

Berlin, Berliner Ensemble, 18. November 2012

Herr Peymann, Herr Professor Blamberger, Herr Professor Lammert,
meine Damen und Herren,

was ist Liebe? Zu Beginn einer literarischen Dankrede mutet die Frage
seltsam an, obwohl – nein, nicht obwohl – gerade weil sie zu jenen
wenigen Fragen gehört, vielleicht sogar wie sonst nur die Frage nach
dem Tod, die jeden Menschen ungeachtet seiner Herkunft oder seines
Glaubens, seiner Eigenschaften und Neigungen schon einmal persönlich beschäftigt haben oder fortwährend beschäftigen: Was ist Liebe?
Es ist eine Frage, die notwendig das Private berührt, insofern jeder, der
sie ernsthaft zu beantworten sucht, von seinen individuellen und also je
spezifischen Erfahrungen bewegt ist. Das ist dann doch anders als bei
der Frage nach dem Tod, deren Antworten in der Regel absolut erfahrungslos sind oder jedenfalls in den monotheistischen Traditionen für
erfahrungslos gehalten werden. Liebe ist maximal empirisch. Das Sonderbare ist nur: Je mehr wir – nein, schon hier verbietet sich die Verallgemeinerung –, je mehr ich erfahre, desto weniger weiß ich. Je länger,
tiefer, glücklicher oder schmerzhafter ich sie empfinde, über sie nachdenke, sie in meiner Umgebung beobachte, desto schwerer fällt es mir,
die Frage zu beantworten: Was ist Liebe?

Die Antworten der Dichter, so begeistert ich sie als junger Mensch
las, befriedigten mich mit den Jahren immer weniger, schlimmer noch:
führten mich in die Irre, soweit ich das als Irregeführter zu beurteilen
vermag. Die Dichter – nun doch eine Verallgemeinerung, zu allem
Überfluß eine, die literaturhistorisch grotesk ist, jedoch in der Not gerade des jungen, des beginnenden Lesers sich unvermeidlich einstellte –
die Dichter besangen die Liebe als eine Verheißung. Sie sprachen vom

Leiden, ja, beschrieben das Beißen ihrer Sehnsucht, das Brennen ihrer Eifersucht, die Prügel ihrer Enttäuschung. Und doch schien die Liebe über alle Abgründe der Verzweiflung, des Verlassenseins, des unstillbaren Verlangens das herrlichste, das höchststehende aller menschlichen Gefühle zu sein. Des Menschen Glück – noch so ein Wort, das man auf Anhieb zu begreifen glaubt und das eben deshalb zwischen den Fingern zerrinnt: Glück –, des Menschen Glück schien untrennbar von ihr abzuhängen, genauer: schien mit der Liebe zu korrelieren, deren Erfüllung den Liebenden als Beschwingtheit, als Schweben, als Schwerelosigkeit erhebt und ihn damit geradezu physisch spürbar dem Himmel nähert, während die Liebesnot seine Beine buchstäblich so schwer macht, daß er sich durch den Alltag allenfalls noch schleppt, wenn er nicht gleich im Bett bleibt, niedergedrückt auf die Erde.

Im nachhinein habe ich den Eindruck, daß viele Dichter gar nicht von der Liebe sprachen, sondern von der Verliebtheit, deren Symptome so viel leichter zu benennen sind – nachweislich waren es schon vor fünftausend Jahren dasselbe Leeregefühl im Magen, der beschleunigte Pulsschlag, das rasante Auf und Ab der Stimmung, und auch in Zukunft werden es dieselben Torheiten sein, zu denen sich der Liebende hinreißen läßt, die Schwüre, die sämtlich für die Ewigkeit gegeben werden, um häufig doch nur ein paar Wochen zu halten. Wohl deshalb sprachen die Dichter zu mir, der ich auch erst die Verliebtheit kennengelernt hatte. Überhaupt hat die Literatur einen durchaus maßgeblichen Anteil daran, daß sich eine Vorstellung von immerwährender Bezauberung herausgebildet hat, die in der engen Bezogenheit zweier Menschen in der heutigen Kleinfamilie beinah zwangsläufig überfordert und eben irreführt. Die meisten Ehen – auch das gehört zu den Beobachtungen, die mich verwirren – scheinen keineswegs an einem Zuwenig an Liebe zu scheitern, eher an einem Zuviel an Erwartungen.

Was Mann und Frau dort trennt, wo sie über viele Jahre hinweg zusammenleben, davon erzählt der moderne Eheroman. Das Bild, das er von der Liebe malt, wirkt ungleich gewöhnlicher, matter, häufig trübseliger. Das liegt nicht oder nicht allein daran, daß im neunzehnten Jahrhundert der Realismus in die Literatur eingezogen sei. Es liegt auch daran, daß die Schriftsteller sich einem Aspekt der Liebe widmeten, der erst mit der Etablierung der Liebesheirat als gesellschaftlichem Ideal relevant wird: die alltäglich gewordene Zweisamkeit nämlich, die natürlicherweise gewöhnlicher, matter, häufig trübseliger ist als die Sensationen der Verliebtheit. Entscheidend ist, daß auch der Eheroman die Liebe hochhält, wenn er die Kümmernis der Eheleute als ein Gefrieren ihrer Gefühle beschreibt, die Krise damit durch einen Mangel an Zuneigung, an Zuwendung erklärt. Daß die Liebe selbst ein Abgrund sein kann und gerade ihr Übermaß zerstört, das fand ich in der Literatur nirgends. Allerdings gehörte Heinrich von Kleist nicht zu den Dichtern, die ich als junger Mensch las; oder wenn ich ihn las, dann konnte ich ihn noch nicht auf das eigene Erleben beziehen. Heute glaube ich, daß in deutscher Sprache niemand das Wesen der Liebe tiefer, umfassender, auch illusionsärmer bezeichnet hat als jener Dichter, der mit dem «Ach!» der Alkmene den berühmtesten Ausdruck für die totale Verwirrtheit der Liebenden geschaffen hat.

Dieser Seufzer ist ja nicht einfach ein Ausdruck des Schmerzes, der Wollust oder der Sehnsucht wie die Hunderte und Tausende Achs! anderer Dichter, bei denen man den Seufzer auch durch ein Wort ersetzen könnte, durch ein «Sag bloß!» oder ein «Wie schade!» Im Ach! der Alkmene ist die Unmöglichkeit ausgedrückt, überhaupt noch Worte zu finden, die Begrenztheit der Sprache selbst, damit der Verständigung, des Verstehens. Alkmene kann ihre Erfahrung, sich mit einem Gott vereinigt, und das heißt bei Kleist in aller Konkretion: mit einem Gott geschlafen, also unfaßbar guten Sex gehabt zu haben, niemandem auf Erden vermitteln. Wie sollte sie auch, wie soll ein gewöhnlicher Sterblicher ihr himmlisches Erleben nachvollziehen? Es ist alles, aber nicht sentimental, das Ach! der Alkmene, vergleichbar eher dem Stöhnen im Liebesakt, das um so durchdringender wird, je weniger die Liebenden ihr Erleben in Worte zu fassen vermögen. Allerdings ist das Ach! der Alkmene nicht glückhaft wie in der ekstatischen Vereinigung zweier Körper, nein, es ist schreckensvoll über alle Maßen, fremd geworden sich selbst, unversöhnt mit der Welt. Eben weil sie die göttliche Liebe erfuhr, ist sie vernichtet. «Schützt mich ihr Himmlischen!», ruft Alkmene noch, bevor sie ihr Bewußtsein, ihre bisherige Existenz, ich meine jedesmal: ihr Leben mit dem Ach! aushaucht.

Ich sagte, daß in der Liebe Erfahrung und Wissen in einem diametral entgegengesetzten Verhältnis zueinander stünden. Präziser hätte ich vom *Dafürhalten* sprechen müssen, nicht vom Wissen: Wenn meine Erinnerung nicht täuscht, hatte ich als junger Mensch sehr viel genauere Ansichten darüber, was die Liebe sei – eben das, was ich so unbändig stark fühlte, als ich für ein Mädchen geradezu im Wortsinn entbrannte, das, genau das war Liebe und sonst nichts – und wehe, einer der Erwachsenen wagte es, mein Glück und meinen Kummer mit süffisant hochgezogenen Augenbrauen zu relativieren. Auch Kleist kennt als Dichter das Lodern des jugendlichen oder jedenfalls jugendhaften Verliebtseins, von dem er insbesondere im *Erdbeben in Chili* so mitreißend kühl erzählt. Wieviel ambivalenter, auch fragwürdiger, narzißtischer das Begehren erscheint, wenn es sich zunehmend zum Körperlichen hin verlagert, davon ahnen Jeronimo und Josephe so wenig wie die meisten Menschen, die zum ersten Mal lieben. Aber Kleist sieht es, mehr noch: schildert geistreich die Tiefen und gerade auch die Untiefen des rein erotischen Begehrens im *Amphytrion*, der «sich selbst in einer Seele spiegeln / Sich aus der Träne des Entzückens widerstrahlen» möchte. Kleist kennt die Übermacht der sexuellen Leidenschaft über die Vernunft, den eitlen Ehrgeiz bloßen Erobernwollens und den mörderischen Haß eines Betrogenen, verdichtet all dies im *Findling*: die Wollust des Nicolo, der trotz der Verheiratung nicht von einer deutlich älteren Kurtisane ablassen kann, seinen Ehrgeiz, mit der eigenen Adoptivmutter zu schlafen, die er Nacht für Nacht bei einem bizarren Masturbationsritus beobachtet, mit einer Peitsche nackt vor dem Bildnis eines früheren Geliebten, die Vergewaltigung dieser Adoptivmutter und schließlich der Haß des betrogenen Adoptivvaters, der Nicolo umbringt und sich trotz allen Drängens vor der Hinrichtung der Absolution verweigert, um seine Rache auf dem «untersten Grund der Hölle» fortzusetzen.

O ja, die Liebe kann einen Menschen über sich hinauswachsen lassen wie den Anwalt Friedrich von Trota, der in der Erzählung *Der Zweikampf* seine Mandantin bis zur physischen Aufopferung verteidigt. Liebe bedeutet zuerst und zuletzt *Mutterliebe*, für die Kleist in der gleichnamigen Anekdote ein unerhörtes Bild geschaffen hat: «mit Gliedern, gestählt von Wut und Rache» umklammert eine Mutter einen tollwütigen Hund, der ihre Kinder angefallen hat, läßt sich von ihm zerfleischen, läßt sich mit der Tollwut anstecken, bis das Tier erdrosselt ist. Aber Liebe kann auch den gesunden Pragmatismus einer Marquise von O. bedeuten oder das Mißtrauen des Gustave von der Ried, der in der *Verlobung in St. Domingo* seine Geliebte wegen eines falschen Verdachts erschießt und anschließend vor Scham sich selbst. Liebe kann die wütende Eifersucht der Thusnelda erzeugen, die in der *Hermannsschlacht* einen ausgewachsenen Bären auf den Geliebten hetzt. Liebe kann sich als die bedingungslose Hingabe und sogar Hörigkeit des Käthchens von Heilbronn darstellen, das die Gemeinheiten und Erniedrigungen des Grafen Friedrich Wetter vom Strahl mit einer solchen Klaglosigkeit erträgt, daß ein masochistisches Lustempfinden mehr als nur angedeutet ist. Und dann kann Liebe genau das Umgekehrte sein, der unbedingte Wille, über den Geliebten zu herrschen, ihm seinen Willen zu rauben wie in der *Penthesilea*, und Kleist weiß auch, daß das eine zum anderen gehört, Hingabe und Unterwerfung sich gegenseitig bedingen. «Wer das Käthchen liebt», so schrieb er in einem Brief, «dem kann die Penthesilea nicht ganz unbegreiflich sein, sie gehören wie das + und - der Algebra zusammen, und sind ein und dasselbe Wesen, nur unter entgegengesetzten Beziehungen gedacht.»

Kleists *Penthesilea* ist das brutalste Liebesdrama der deutschen Theatergeschichte. Was als Sekundenverliebtheit zweier feindlicher Kriegshelden beginnt, endet im Wahnsinn, im Tod, im Kannibalismus. Ja, Penthesilea stürzt sich, nachdem sie Achill mit ihrem Pfeil durch den Hals geschossen, also schon getötet hat, inmitten einer Hundemeute auf ihn, zerrt ihm die Rüstung vom Leib und reißt mit ihren Zähnen seinen Brustkorb auf. Blut trieft ihr von Mund und Händen, als sie von ihrem Geliebten abläßt, der so entstellt ist, «daß Leben und Verwesung sich nicht streiten, / Wem er gehört». Was folgt, was danach überhaupt noch folgen kann, ist laut Regieanweisung eine «Pause voll Entsetzen».

Kleist tröstet nicht damit, daß hier Liebe in Haß umgeschlagen sei. Penthesilea vernichtet Achill, *weil* sie ihn liebt. Sie will ihn mehr als nur mit Leib und Seele besitzen, sie will ihn ganz und gar in sich aufnehmen, und das heißt bei Kleist in aller Konkretion: Sie will sein Herz verspeisen. Und verspeist es, Kleist läßt keinen Zweifel daran: «Sie hat ihn wirklich aufgegessen, den Achill, vor Liebe», betonte er in einem Brief an seine Vertraute Marie von Kleist. Als Penthesilea endlich aus ihrer Raserei erwacht – nicht weniger als sechsundzwanzig Mal charakterisiert Kleist im Dramentext einen der beiden Liebenden als «rasend» –, als sie vor sich den toten Achill erkennt, ist sie unfähig, sich selbst die Tat zuzuschreiben. Gut, das versteht man als Zuschauer sofort. Seltsamer ist, daß sie selbstverständlich von *zwei* Tätern ausgeht. Einer, so glaubt sie, habe ihren Geliebten ermordet, ein anderer ihn verschlungen. Dem Mörder will sie vergeben, dieser möge entfliehen. Sagen soll man ihr bloß, wer ihren Achill aufgegessen hat. Der Mord mag niedere Gründe haben, das beschäftigt sie nicht. Wer hingegen «mir den Toten tötete», der muß ihn geliebt und damit «mir so gottlos neben gebuhlt» haben – anders als mit Liebe, mit dem höchsten Ausdruck von Menschlichkeit also, kann Penthesilea sich die drastischste Form der Unmenschlichkeit, die Menschenfresserei, nicht erklären: «Und jeder Busen ist, der fühlt, ein Rätsel.»

Gibt es für das, was Kleist in seiner *Penthesilea* – nein, er zeigt es ja nicht einmal, hielt selbst es für ausgeschlossen, je eine Aufführung des Stückes zu sehen, und hat es explizit nicht für die Bühne geschrieben –, gibt es für die Szene, die Kleist also ausschließlich vor unserem inneren Auge entfaltet, eine Entsprechung im gewöhnlichen Leben, wie es für den Eheroman naheliegt und ich es zuvor auch für die klassischen Liebesgeschichten behauptete? Gewiß, in der Rubrik «Vermischtes» erwähnen die Zeitungen gelegentlich Fälle von Kannibalismus; besonders einer ist mir im Gedächtnis geblieben, bei dem der Angeklagte seine Tat als Liebesdienst hinstellte. Das meine ich allerdings nicht. Literatur, wie ich sie verstehe, mag sich extrem gewalttätiger oder auch besonders kurioser, absurd anmutender, abseitiger, närrischer, obsessiver oder schlicht unglaublicher Vorgänge annehmen – Heinrich von Kleist selbst hat in den Zeitungen am aufmerksamsten die Rubrik «Vermischtes» gelesen. Aber Literatur, für die Kleist ein Maßstab ist, ist es nicht um Absonderlichkeiten zu tun. Sie nimmt solche Vorgänge, um das Extreme, das Gewalttätige, das Absurde, Närrische, Abgründige, Obsessive oder Unglaubliche in unserer eigenen Seele zu beleuchten, in jeder Seele. «Erschrecken Sie nicht, es läßt sich lesen», fährt Kleist in seinem Brief über die *Penthesilea* fort: «Vielleicht hätten Sie es unter ähnlichen Umständen ebenso gemacht.»

Niemand, der bei Verstand ist, wird je in Gefahr geraten, seinen Geliebten oder seine Geliebte aufzufressen. Doch bestimmt sind die meisten Menschen von der Liebe schon einmal um den Verstand gebracht worden. Und dann sollten sie sich erinnern können, daß da nicht nur hehre, helle, selbstlose Gefühle mitschwingen. Sie würden vielleicht nicht in einer öffentlichen Ansprache, aber doch sich selbst eingestehen, daß es in der Liebe auch um Besitzergreifen geht, um Macht, um Eitelkeit, so wie Penthesilea ihren Achill ja hätte haben können, indes nicht haben wollte, als sie noch seine Gefangene war – sie wollte ihn erst besiegen, also dominieren, ihn für immer an sich binden und löste die Tragödie eben durch ein Übermaß an Begierde aus.

> Ists meine Schuld, daß ich im Feld der Schlacht
> Um sein Gefühl mich kämpfend muß bewerben?
> Was will ich denn, wenn ich das Schwert ihm zücke?
> Will ich ihn denn zum Orkus niederschleudern?
> Ich will ihn ja, ihr ew'gen Götter, nur –
> An diese Brust will ich ihn niederziehn!

Und so wie Penthesilea in ihrer Ekstase den Geliebten verschlingt, ihn ganz und gar in sich aufnimmt, so mögen auch gewöhnliche Menschen in der Verzückung, die ihnen in der körperlichen Liebe zuteil wird, für Sekunden den überwältigenden Eindruck haben, sich mit dem Gegenüber physisch zu vereinen, in *ihr* sich aufzulösen oder *ihn* aufzunehmen. Es ist ein Grenz- oder genau gesagt: ein grenzüberschreitender Bereich menschlicher Erfahrung, den Kleist so präzise wie universal beschreibt – aber eben der *Erfahrung*. «Es ist wahr, mein innerstes Wesen liegt darin,» schrieb Kleist in einem weiteren Brief an Marie über die *Penthesilea*: «der ganze Schmutz zugleich und Glanz meiner Seele.»

Es ist für Kleists Rezeption bezeichnend, daß sein erster Herausgeber Ludwig Tieck das Wort «Schmutz» durch «Schmerz» ersetzte, «Schmerz meiner Seele». Schmutzig durfte Literatur nicht sein, oder, wie Goethe höflich schrieb, um sich Kleist vom Leib zu halten: «Mit der Penthesi-

lea kann ich mich noch nicht recht befreunden.» Jedenfalls im neunzehnten Jahrhundert finde ich nichts, was gerade auch die Gewalt des
Sexuellen so rückhaltlos und drastisch bezeichnet wie Kleists *Penthesilea*, und selbst aus den letzten Jahrzehnten würden mir eher Beispiele
aus dem Film einfallen als aus der Literatur. Eher muß man zurückgehen, um etwas Vergleichbares zu finden, zur antiken Tragödie natürlich, an die Kleist so viel anders, so viel überzeugender als die deutsche
Klassik anknüpft: Dort hat er es ja her, das Motiv des Gott-Essens
genauso wie die tödliche Liebe der Götter.

Aber nicht nur dort. Bestimmt nicht zufällig vergleicht Kleist den liebenden Achill mit Christus:

Ach, diese blutgen Rosen!
Ach, dieser Kranz von Wunden um sein Haupt!

Auch versieht er das Verschlingen gegen Ende der Tragödie mit deutlichen Anspielungen auf das Abendmahl, das Verzehren des Fleisches,
das Trinken des Blutes. Von der Germanistik weniger beachtet als seine
Bezüge zur griechischen Tragödie, versteht Kleist die Liebe so biblisch,
daß er auf der Kirchenkanzel einen Skandal auslösen würde. «Denn
Liebe ist stark wie der Tod», heißt es im Hohelied, «und ihr Eifer» –
wohlgemerkt ihr Eifer! – «ist fest wie die Hölle» – wie die Hölle!

Ihre Glut ist feurig und eine Flamme des Herrn, daß auch viele Wasser
nicht mögen die Liebe auslöschen noch die Ströme sie ertränken. (8,6 f.)

Nimmt man die Worte so ernst, wie Kleist selbst es in seinem Leben, in
seinen Lieben, in seinen allerletzten Briefen vor dem gemeinsamen
Selbstmord mit Henriette Vogel tat – Liebe so stark wie der Tod, Eifer
so fest wie die Hölle, und ein Feuer so gewaltig, daß kein Wasser es zu
löschen vermag –, und stellt das Hohelied in den Zusammenhang des
leidenschaftlichen, bisweilen gewalttätigen, fortwährend sexuell kon-
notierten Verhältnisses, das im Alten Testament, in der Offenbarung
des Johannes und selbst in der Bergpredigt den Schöpfer mit seinen Geschöpfen verbindet, man könnte auch sagen: aneinander kettet, bleibt

von einem *lieben* Gott nichts übrig und von einem *braven* Glauben erst recht nicht. Schließlich gibt es in der Bibel nicht nur das Hohelied des Salomo, das die Liebe zwischen Gott und dem Volk Israel in wundersam zärtlichen, dabei unverhüllt erotischen Bildern erzählt. Es gibt, wahrscheinlich sogar repräsentativer für den Gesamttext, auch das Buch Hosea, in dem Gott als der Liebende vor Eifersucht so fürchterlich wütet, daß er das Volk als seine Geliebte mehr als nur züchtigt, sie vor den Augen ihrer Liebhaber nackt auszieht und sich an ihr vergeht: «Niemand soll sie von meiner Hand erretten», brüllt der liebende Gott (2,12), und die Menschen stammeln nach der Vergewaltigung bestimmt nicht aus Verliebtheit:

> Kommt, wir wollen wieder zum Herrn; denn er hat uns zerrissen, er wird uns auch heilen; er hat uns geschlagen, er wird uns auch verbinden. (6,1)

Solche Verhältnisse der Liebe, die die Bibel vor zwei- bis dreitausend Jahren festhielt, sind realer, erfahrungsgesättigter als alle Romanzen, die seither geschrieben wurden – nicht bloß schmerzlich, sondern schmutzig. In einem Brief an seinen Freund oder Geliebten Ernst von Pfuel schrieb Kleist:

> Wie flogen wir vor einem Jahre einander, in Dresden, in die Arme! Wie öffnete sich die Welt unermeßlich, gleich einer Rennbahn, vor unsern in der Begierde des Wettkampfs erzitternden Gemütern! Und nun liegen wir, übereinander gestürzt, mit unseren Blicken den Lauf zum Ziele vollendend, das uns nie so glänzend erschien, als jetzt, im Staube unsres Sturzes eingehüllt!

Der Gott der Bibel ist nicht lieb, er ist cholerisch, zornig, rachsüchtig und mordend, er ist großmütig, erbarmend, zärtlich und beschützend, er ist rasend, der Gott der Bibel, nicht weniger als Penthesilea und Achill ist er rasend vor Liebe. Und auch die Menschen der Bibel lieben nicht wie im Vorabendprogramm, sondern ohne Maß; sie verschreiben sich ihrem Herrn buchstäblich mit Haut und Haaren, sind unterwürfig, aber auch rebellisch, werben um den Herrn, wenn er sich ihnen entzieht, und beschimpfen ihn, wenn er sie mißhandelt, klagen die Zuneigung des Geliebten in immer neuen Worten ein. Das macht die Bibel groß, groß auch für Ungläubige: Sie erzählt nicht von Übersinnlichem, sondern von der irdischen Erfahrung in der gesamten Bandbreite und also über das Vertraute, das Angenehme, das Gefällige hinaus. Insofern ist die Bibel göttlich, als sie menschlich ist im Extrem. Es ist, was auch Kleists Dichtungen groß, was sie hier und dort göttlich macht. Es ist, was der deutschen Literatur heute am meisten fehlt.

Ich komme noch einmal auf den berühmten Seufzer der Alkmene zurück, den ich keineswegs willkürlich mit dem Stöhnen im Liebesakt verglich. In der arabischen Sprache kann nämlich das Seufzen und das Stöhnen mit demselben Wort bezeichnet werden: *tanaffus*. Ich erwähne das, weil die islamischen und hier speziell die arabischen Mystiker große Seufzerexperten waren und ein wenig dazu beitragen können, genauer auf das Ach! der Alkmene zu hören. Besonders bei Ibn Arabi, dem berühmtesten Sufi der arabischen Geistesgeschichte, findet sich eine regelrechte Theologie des Seufzens. «Wenn die Liebesleidenschaft sich im Akt erfüllt, atmen die Liebenden wohlig ineinander», schrieb Ibn Arabi Anfang des dreizehnten Jahrhunderts in seinen *Mekkanischen Offenbarungen*, «und tiefe Seufzer lassen sich hören, der Atem strömt in der Weise aus, daß er im Liebenden das Bild des Geliebten formt.» Nun muß man wissen, daß das Seufzen, das zugleich ein Stöhnen ist, im Arabischen mit zwei Buchstaben wiedergegeben wird, dem *hamza*, das den Knacklaut zwischen zwei Vokalen bezeichnet (wie in The-ater, be-achten und so weiter) sowie dem *hāʾ*, das stets ein stimmhaftes /h/ anzeigt, fast ein /ch/: *oaaach*. Ibn Arabi bemerkt über die Abfolge der Laute, aus denen das Stöhnen besteht, daß das *hamza* und das *hāʾ* die beiden Konsonanten seien, deren Entstehungsort am tiefsten liege. Beide Konsonanten brächten schon physisch eine Bewegung des Herzens zum Ausdruck, da sie zu den sogenannten Kehllauten oder, wie Ibn Arabi die Phonetiker verbessert, genau gesagt zu den Brustlauten gehörten, die ein atmendes Wesen bereits im Naturzustand bildet – bevor es also die Sprache erlernt oder wenn es zum Sprechen nicht mehr fähig ist. «Das tiefe Seufzen, das dadurch entsteht, ist direkt mit dem Herzen verbunden, das der Ort ist, wo der Laut erzeugt wird, und zugleich der Ort seiner Ausbreitung.» Über den Ursprung dieses Klang gewordenen Atmens schreibt Ibn Arabi:

Wenn der Liebende, den Umständen entsprechend, eine Form annimmt, liebt er zu stöhnen, denn in diesem ausströmenden Atem verläuft die Bahn der erstrebten Lust. Dieser tiefe Atem entwich der Quelle der göttlichen Liebe und geht durch die Geschöpfe hindurch, denn damit wollte der Wahrhaftige sich ihnen bekannt machen, auf daß sie Ihn erkennen.

Im Seufzen der sexuellen Verzückung, so kann man, so muß man Ibn Arabi verstehen, im Seufzen, das zugleich ein Stöhnen ist, atmet Gott durch die Liebenden hindurch. Er ist, christlich vergleichbar nur dem Vorgang der Eucharistie, physisch im Menschen gegenwärtig. Die Assoziation ist im Original noch stärker, weil das Arabische die Wörter «Seele» (*nafs*), «Atem» (*nafas*) und eben auch «tiefes Seufzen, Stöhnen» (*tanaffus*) aus einer einzigen Wurzel herleitet, *nafusa*, und im Bewußtsein des Sprechenden wie des Hörenden untrennbar verbindet. Das Stöhnen als die stärkste, die hörbare Form des Ausatmens kommt, entweicht, strömt schon dem Wortsinn nach aus der Seele. Und so, genau so, klingt für mich das Seufzen der Alkmene: kein sentimentales ach! wie in ach je! oder ach Gottchen!, sondern ein dunkles, tief aus der Brust herausbrechendes Stöhnen, das aus der Seele kommt, entweicht, strömt – oaaach.

Ich muß mir nur vorstellen, daß Alkmene mit diesem Ach! tatsächlich stirbt – man stirbt nicht mit einem hellen, putzig-erschrockenen Ruferchen. Jedenfalls die Heiligen, von deren Tod berichtet wird, von deren Tod an einer Stelle auch *Dein Name* berichtet, hauchen die Luft zu einem letzten Seufzer aus, ohne sie wieder einzuatmen. Am Ende hat der Atem keine Wende. Wenn Sie also, meine Damen und Herren, jemals wieder in einem deutschen Theater oder gar von dieser Bühne Alkmene ein kurzes, keckes Ach! ausrufen hören, dann denken Sie bitte daran, daß das in der Situation nicht gemeint ist, nicht gemeint sein kann, und ahmen Sie vor Ihrem inneren Ohr ein Stöhnen wie in einem Bett nach, das auch ein Sterbebett sein mag.

Was ist Liebe? In seinen *Mekkanischen Offenbarungen* schreibt Ibn

Arabi, daß die Liebe ein brennendes Verlangen sein könne und erotische Erregung. Liebe könne Verzückung sein, Schmerz, Heulen, Trübsinn, Wunde, Auszehrung, Schmachten, Treue – ihre Gestalten seien nicht zu zählen. Liebe könne sich als Verkümmerung darstellen, als Verwelken, äußerste Verwirrung, Sehnsucht, Ekstase, tiefe Seufzer – und jedem einzelnen Aspekt widmet Ibn Arabi ein eigenes Kapitel. Dann jedoch, einige Seiten später, berichtet er folgende, selbstverständlich für wahr erklärte Anekdote:

Ein verliebter Mensch trat eines Tages bei einem religiösen Führer ein, einem Scheich, der mit ihm über die Liebe sprach. Da begann die betreffende Person zu schmelzen, sich zu verflüssigen und wie Wasser zu zerfließen. Ihr Körper löste sich vollständig auf, schrumpfte zu einem dünnen Wasserfilm und zersetzte sich gänzlich vor dem Scheich. In diesem Moment trat ein Freund des Scheichs ein und traf niemanden mehr bei ihm an. Also fragte er ihn: «Wo ist denn der Soundso?» «Da ist er», antwortete der Scheich und zeigte auf die Wasserlache, um den Freund über den Zustand jenes Verliebten aufzuklären.

Ich glaube, Heinrich von Kleist hätte diese Anekdote gefallen. Und ich glaube, er hätte sie ebenso selbstverständlich wie Ibn Arabi für wahr gehalten und in der Rubrik «Vermischtes» seiner *Berliner Abendblätter* angeführt. Mit Glück, diesem anderen Wort, dessen Bedeutung zwischen den Fingern verrinnt, mit Glück hat die Liebe, wie sie in den Dichtungen Kleists so vielfältig Gestalt annimmt, allenfalls im Rückblick zu tun – oder künftig. Sieht man von der verzauberten Alkmene ab, die aus ihrem Sexrausch um so verzweifelter erwacht, sind im gesamten Werk Heinrich von Kleists überhaupt nur zwei Menschen glücklich. Es ist Michael Kolhaas, als er zur Hinrichtung geführt wird, und der Prinz von Homburg, als er in die Hinrichtung einwilligt. «Ins Glück?» heißt es im gestrichenen Teil der *Familie Ghonorez*,

Ins Glück? Alter, es geht nicht. ’s ist inwendig zugeriegelt. Komm vorwärts. Es steht ein Teufel hinter dir, der wird gleich peitschen, wir sind bald am Ziele.

Ich danke der Kleist-Gesellschaft mitsamt ihren Förderern für die Auszeichnung mit dem Heinrich-von-Kleist-Preis. Ich danke Herrn Professor Lammert für sein Votum und seine Laudatio. Ich danke Pi-Hsien Chen, Barbara Nüsse und Manos Tsangaris für ihr Mitwirken sowie dem Berliner Ensemble für seine Gastfreundschaft. Und ich danke Ihnen, meine sehr verehrten Damen und Herren, für Ihr Kommen und Ihre Aufmerksamkeit.

Zur Eröffnung der 83. Hauptversammlung
der Goethe-Gesellschaft

Weimar, Deutsches Theater, 22. Mai 2013

Herr Präsident, Herr Oberbürgermeister, meine Damen und Herren,

stellen wir uns vor, wir würden nichts tun. Wir lägen bequem, die Hände neben dem Körper, hätten die Augen geschlossen, ringsum keinerlei Geräusche, fühlten keinen Schmerz, nicht einmal die Verspannung dieses oder jenes Muskels, frören weder, noch schwitzten wir. Wir würden sofort merken, daß wir nicht nichts tun können. Wir würden immer noch atmen. Wir hörten, wie die Luft hauchend in die Nasenlöcher oder mit einem leisen Zischen zwischen Lippen und Zähne strömt; wir bemerkten, wenn wir genau darauf achteten, das Kribbeln in der Kehle beim Durchzug der Luft; wir spürten je nachdem, wohin wir atmen, die Brust oder den Bauch sich weiten, bevor der Atem wendet und die Kehle hinauf wieder aus dem Mund oder der Nase strömt, Brust oder Bauch sich senken. Wir könnten die Luft anhalten, allerdings nur für einige Sekunden, bei sportlicher Konstitution etwas länger, eine Minute vielleicht oder zwei. Danach atmeten wir um so kräftiger wieder aus. Wir bestimmen nicht den eigenen Atem – nicht einmal über den eigenen Atem bestimmen wir. Über die elementarste Tätigkeit des Lebens haben wir – ich will nicht sagen: keine, aber nur minimale, nur einige Sekunden oder ein, zwei Minuten Verfügungsgewalt. Sind wir es dann überhaupt selbst, die atmen?

Es gibt wahrscheinlich keine andere Frage, an der sich der Unterschied zwischen einem religiösen und einem Bewußtsein, das die Welt rein immanent erklärt, präziser, anschaulicher, auch grundlegender festmachen ließe als die Frage nach dem eigenen Atem. Gott ist im Vergleich ein nachrangiger, vor allem ein zu abstrakter, letztlich nicht erklärbarer Begriff – man kann religiös sein, ohne Gott im Munde zu führen; man muß das Wort nicht einmal kennen oder mag es für den Sprachgebrauch verwerfen. Den Atem hingegen fühlen wir in den Nasenlöchern oder zwischen Lippen und Zähnen, als Kribbeln in der Kehle, in der Brust und im Bauch als eine äußere Einwirkung, von der unser Leben abhängt – von dem wir abhängen. Der Atem ist die grundlegende religiöse Erfahrung, die wir bestreiten oder anerkennen können:

> Im Atemholen sind zweierlei Gnaden:
> Die Luft einziehn, sich ihrer entladen.
> Jenes bedrängt, dieses erfrischt;
> So wunderbar ist das Leben gemischt.
> Du danke Gott, wenn er dich preßt,
> Und dank' ihm, wenn er dich wieder entläßt.

Wer atmet? Das immanente Bewußtsein würde den Atem als Folge einer rein physiologischen Kausalität erklären. Es würde die menschliche Autonomie zwar ebenfalls relativieren, die Ursache für das Einholen und Ausströmen der Luft jedoch körperlichen Funktionen zuschreiben: Muskelsträngen, Stoffwechseln, Gehirnströmen, Blutbahnen, Herzschlägen und so weiter. Gleichwohl vermag der Atem – vermag nichts so sehr wie der Atem – selbst das nüchternste Gemüt metaphysisch zu erschüttern.

Vielleicht ist der eigene Atem für die meisten Menschen zu selbstverständlich, um sie aus der Fassung zu bringen – aber stellen wir uns einen Kreißsaal vor, als Mutter, als Vater. Wir sähen das eigene Kind zum ersten Mal nach Luft schnappen, sähen seinen kleinen Bauch auf- und niedergehen, der mit Blut und einem bräunlichen Gewebe wie von flüssig gewordenem Ton verschmiert ist, sähen die Nabelschnur, die das Kind nicht mehr zu versorgen braucht, und nähmen in unserem zugegeben hormonell stimulierten Glücksrausch den Atem nicht als bloße physiologische Gesetzmäßigkeit wahr, sondern unwillkürlich als Geschenk, als Gnade, wie es in Goethes Talisman heißt – Gnade meinetwegen der Natur, des Schicksals oder des Zufalls. Ohne dafür theologische Systemsprache bemühen zu müssen, bin ich mir sicher, daß Gott für den Menschen entstanden ist in ebensolchen Situationen wie der Geburt des eigenen Kindes, in denen das Bedürfnis einen überwältigt, seinen Dank auszusprechen. Denn zu danken bedeutet: jemandem oder etwas zu danken. In *Wilhelm Meisters Lehrjahren* heißt es:

Wie glücklich war ich, daß tausend kleine Vorgänge zusammen, so gewiß als das Atemholen Zeichen meines Lebens ist, mir bewiesen, daß ich nicht ohne Gott auf der Welt sei! Er war mir nahe, ich war vor ihm. Das ist's, was ich mit geflissentlicher Vermeidung aller theologischen Systemsprache mit größter Wahrheit sagen kann.

Oder zu bitten: Wir sehen die eigene Mutter, den eigenen Vater auf dem Sterbebett atmen, sehen sie oder ihn fahl geworden, abgemagert, die Augen geschlossen, nicht mehr ansprechbar, sehen die Brust bei aller Kraftlosigkeit genauso stürmisch wie bei einem Baby auf- und niedergehen, hören den Puls womöglich durch das Piepen des Herzfrequenzmessers überlaut, registrieren, daß der Puls sich verlangsamt, erschrecken über die lang und länger werdende Stille, die der Atem nach dem Luftholen braucht, um zu wenden, Zehntel- oder volle Sekunden der völligen Reglosigkeit, während derer wir uns jedes Mal bang fragen, nein, während derer selbst die Robustesten unter uns bitten und flehen, daß die eingeatmete Luft aus der Brust wieder ausströmen möge. Wir mögen die Mutter, den Vater anrufen und erkennen doch spätestens am Sterbebett, daß sie – daß nicht einmal unsere eigenen Eltern, die uns als Kindern so mächtig schienen, über ihren Atem verfügen. Wer oder was dann? Ich bin mir sicher, daß Gott für den Menschen auch aus der Notwendigkeit entstanden ist, sich an eine Mutter, einen Vater zu wenden, die unsterblich sind. Seiner *Elegie* hat Goethe folgende Zeilen aus dem *Tasso* vorangestellt:

Und wenn der Mensch in seiner Qual verstummt
Gab mir ein Gott zu sagen was ich leide.

Goethe selbst vermied konsequent den Anblick von sterbenden oder bereits gestorbenen Menschen, die ihm nahestanden. Als seine Frau

Christiane im Sterben lag, erkrankte er selbst, nur um prompt wieder aufzustehen, als die Leiche aus dem Haus getragen wurde. Genauso verfolgte er Schillers Ende aus der entschuldigten Ferne des eigenen Krankenbetts. Nach dem Tod seiner geliebten Schwester Cornelia blieb er tagelang stumm, gegen alle Etikette entzog er sich dem Begräbnis des Großherzogs, und Todesnachrichten wurden ihm häufig mit jener Verzögerung überbracht, die Angehörige seit jeher als schonend mißverstehen. Die Scheu vor der Begegnung, zumal der physischen Begegnung mit dem Tod, die die Forschung auch schon als Todesneurose diagnostizierte, mutet um so merkwürdiger an, als Goethe in der Anatomie genau unterrichtet war und als Student an mehreren Autopsien teilgenommen hatte. Liest man die entsprechende Stelle in *Dichtung und Wahrheit*, wird allerdings klar, daß die anatomischen Lektionen nicht nur der Mehrung des Wissens dienten, sondern fast mehr noch der Befreiung von der «Apprehension gegen widerwärtige Dinge». Im Seziersaal wollte Goethe sich bewußt unempfindlich machen für den Tod – und brachte es wirklich so weit, «daß nichts dergleichen mich jemals aus der Fassung setzen konnte». Der Begriff «Apprehension» ist dabei nicht nur im Sinne einer Besorgnis, einer Abneigung zu verstehen, wie Goethe ihn vordergründig verwendet, sondern ebenso gut wörtlich als ‹Sinneseindruck›. Auf fremde, auf namenlose Leichen blickend, mochte es gelingen, sich «nicht allein gegen diese sinnlichen Eindrücke, sondern auch gegen die Anfechtungen der Einbildungskraft» zu stählen. Etwas völlig anderes war es, blieb es bis ins Alter, einen geliebten Menschen sterben zu sehen. Gerade weil sein Gottglaube in der empirischen Erfahrung gründete, muß Goethe die Erschütterung gefürchtet haben, die die Anschauung des Todes bereitet.

Bereits seine religiöse Bewußtwerdung, erinnert sich Goethe in *Dichtung und Wahrheit*, setzte mit zwei furchteinflößenden Naturereignissen ein. Das eine war fern, aber beispiellos in seiner Zerstörungsgewalt: das Erdbeben von Lissabon am 1. November 1755; es «verbreitete über die in Frieden und Ruhe schon eingewohnte Welt einen ungeheuren Schrecken». Das andere Ereignis nahm sich im Rückblick des Sechzigjährigen vergleichsweise gewöhnlich aus, durchfuhr dafür die eigenen Sinne mit tosendem Lärm und grellem Leuchten, mit Kälte, Nässe und Angstschweiß: ein nächtlicher Hagelschlag über Frankfurt, der einige Spiegelscheiben des elterlichen Hauses zerstörte, die Vorsäle und Treppen mit Wasser überflutete und für die Kinder um so beängstigender war, «als das ganz außer sich gesetzte Hausgesinde sie in einen dunklen Gang mit fortriß, und dort auf den Knien liegend durch schreckliches Geheul und Geschrei die erzürnte Gottheit zu versöhnen glaubte». Die beiden Erfahrungen einer übermächtigen, den Menschen wahllos umherschleudernden Natur – das Hagelwetter über dem eigenen Haus eindrücklicher noch als die bloß berichtete Katastrophe von Lissabon – gaben dem Kind erste Gelegenheiten, «den zornigen Gott, von dem das Alte Testament so viel überliefert, unmittelbar kennen zu lernen».

Fast so schnell, wie sich die Nachrichten aus Lissabon verbreitet hatten oder das Gewitter über Frankfurt hinweggegangen war, vergaß das Kind allerdings die «Zorn-Äußerungen» Gottes schon wieder und sah «die Schönheit der Welt und das mannigfaltige Gute, das uns darin zu Teil wird». Bereits Goethes früheste Gotterfahrungen sind Erfahrungen der Natur. Aber nicht nur das: In der Natur offenbart sich Gott dem Siebenjährigen als jemand oder etwas, das mal bedrängt, mal erfrischt. Und schließlich: So wie der altgewordene Goethe im *Divan* den Wechsel positiv als Dialektik deutet, auch die Bedrängnis als notwendige Voraussetzung einer Befreiung für wunderbar erklärt, so überwiegt schon bei dem Kind das Vertrauen die Furcht:

Der Gott, der mit der Natur in unmittelbarer Verbindung stehe, sie als sein Werk anerkenne und liebe, dieser schien ihm der eigentliche Gott, der ja wohl auch mit dem Menschen wie mit allem übrigen in ein genaueres Verhältnis treten könne, und für denselben eben so wie für die Bewegung der Sterne, für Tages- und Jahrszeiten, für Pflanzen und Tiere Sorge tragen werde.

Glaube ist ja überhaupt ein unpassendes Wort für Goethes Religiosität. Subjektiv glaubte Goethe nicht an Gott – er erkannte ihn, sah, hörte, roch, fühlte, erlebte, atmete und begriff im doppelten Sinne des Wortes, daß es einen einigen Gott geben müsse. Wo andere aus der Religion eine Weltanschauung ableiteten, leitete Goethe umgekehrt aus der Anschauung der Welt religiöse Grundsätze ab – «denn das Einfache verbirgt sich im Mannichfaltigen, und da ist's, wo bey mir der Glaube eintritt, der nicht der Anfang, sondern das Ende alles Wissens ist». Goethes Frömmigkeit und seine naturwissenschaftlichen Forschungen widersprechen sich nicht, sind nicht einmal beziehungslos, nein: Glaube und Wissenschaft, Poesie und Naturkunde bedingen und ergänzen einander. Das hat Albrecht Schöne am Beispiel der *Farbenlehre* aufgezeigt, die deutlich der Versuch ist, eine theologische Lehre in Einklang mit der empirischen Wirklichkeit zu bringen; das läßt sich dank Hendrik Birus' kommentierter Neuausgabe des *Divan* nun bis in die einzelnen Verszeilen der *Talismane* verfolgen. Die ‹zweierlei Gnaden des Atemholens› etwa nimmt Goethe direkt aus dem *Rosengarten* des persischen Dichters Saadi auf, dessen Werk er in Olearius' barocker Übersetzung kannte. Zugleich jedoch entspricht der Atem als ein Bild des Lebens seiner eigenen, naturwissenschaftlichen Beobachtung und schrieb Goethe beinah zwei Jahrzehnte vor der Entstehung des *West-östlichen Divans* im Zusammenhang mit Kants Kritik der reinen Vernunft, daß ihm «die Systole und Diastole des menschlichen Geistes» immer schon «ein zweites Atemholen» war, «niemals getrennt, immer pulsierend». In der *Farbenlehre* führt er aus:

So setzt das Einatmen schon das Ausatmen voraus und umgekehrt, so jede Systole ihre Diastole. Es ist die ewige Formel des Lebens, die sich auch hier äußert.

Die Systole, um dies vor einer literarischen Gesellschaft in Erinnerung zu rufen, ist nicht nur ein Begriff aus der antiken Metrik. Sie bezeichnet in der Medizin das Zusammenziehen des Herzmuskels, das sich mit seiner Erweiterung, der Diastole, rhythmisch abwechselt: Die Luft einziehen, sich ihrer entladen, oder wie Goethe in der *Farbenlehre* «das Pulsieren, in welchem sich Leben und Empfinden ausspricht», außerdem nannte: «Zusammenziehen, Ausdehnen, Sammeln, Entbinden, Fesseln, Lösen, rétrécir und développer etc.» Auch auf anderen Gebieten der empirischen Forschung, in der Witterungslehre, der Tonlehre, der Wissenschaftslehre, der Morphologie, außerdem in der Ethik und der Schöpfungsgeschichte entdeckte Goethe regelmäßig die «abwechselnde Wirkung der Zusammenziehung und Ausdehnung, wodurch die Natur endlich ans Ziel gelangt».

Als Goethe bei Saadi von den zweierlei Gnaden des Atemholens las, kann ihm das also keine neue Erkenntnis verschafft haben – es muß ein Wiedererkennen gewesen sein. Nur geringfügig verallgemeinert, ließe sich das von seiner gesamten Beschäftigung mit dem Islam sagen: Dessen Grundaussagen überzeugten ihn nicht, nein: Sie bestätigten, was ohnehin, was mehr empfunden als durchdacht schon mit sieben Jahren seine religiöse Gewißheit war.

> «Ich glaube einen Gott!», dies ist ein schönes löbliches Wort; aber Gott anerkennen, wo und wie er sich offenbare, das ist eigentlich die Seligkeit auf Erden.

Der Islam kennt das Wort ‹Bekenntnis› nicht. Was im Deutschen mit ‹Bekenntnis› übersetzt wird, etwa im Ausdruck des islamischen Glaubensbekenntnisses, ist genau genommen ein Bezeugen, *schahāda*: «Ich bezeuge, daß es keinen Gott gibt als Gott». Die Differenz wirkt unscheinbar, ist in der Sache jedoch höchst gewichtig: Bekenntnis ist die Erklärung, einer spezifischen Lehre oder einer spezifischen Gruppe anzugehören; es ist immer ein Bekennen *von* etwas oder ein Eintreten *für* etwas, ein öffentlich gemachter Ausdruck der Gesinnung also, des Glaubens. Ich kann mich nur dann zu etwas bekennen, wenn auch andere Bekenntnisse möglich wären. Bezeugen hingegen ist eine für tatsächlich erklärte, öffentlich anerkannte Beobachtung, beruht somit auf einer empirischen Wahrnehmung oder Erfahrung, die objektiv vielleicht irreführend, subjektiv indes so eindeutig ist wie ein Laib Brot, den man vor sich sieht, ein Stück Holz, ein Glas Milch. «Bin ich nicht euer Herr?», fragt Gott in Sure 7,171 die Menschen am Tag ihrer Schöpfung: «Ja, wir bezeugen es», antworten die Menschen. Und Gott bekräftigt, daß es hier konkret um eine Zeugenaussage geht, also eine Tatsachenaussage vor einem Gericht:

Nun nehmen wir zu Zeugen euch,
Daß ihr nicht sagt am Tag der Auferstehung:
Wir waren dessen ungewahr!

Bekennen bedeutet: Unter verschiedenen Möglichkeiten bekenne ich mich zu dieser besonderen. Bezeugen hingegen ist die Verifizierung von etwas Gesehenem beziehungsweise Erlebtem, das so und nicht anders war. Die Alternative dazu ist nicht ein anderes Zeugnis – dafür ist das Angeschaute nach koranischer Lesart zu deutlich –, die Alternative zum Bezeugen ist Leugnung. Entsprechend haben die Ungläubigen im Koran nicht die falsche von mehreren möglichen Überzeugungen, sondern sind einfach nur «taub, stumm und blind – also verstehen sie nicht», wie es in einer vielfach wiederkehrenden Formulierung des Korans heißt; und nicht verstehen, *lā yaʿqilūna*, bedeutet hier tatsächlich: nicht wahrnehmen, nicht mit den Sinnen aufnehmen und deshalb nicht erkennen. «Von ihnen ist wohl mancher, der dir zuhört», spricht Gott in Sure 10,43 zum Propheten über die Ungläubigen:

Doch kannst du hören machen Taube,
Auch wenn sie nichts verstehn?
Von ihnen ist auch mancher, der dich ansieht;
Doch kannst du leiten Blinde,
auch wenn sie nicht sehn?

Die Gläubigen hingegen sind im Koran diejenigen, die das Selbstverständliche tun, nämlich sehen, hören, riechen, fühlen und ihren Verstand im Sinne Goethes gebrauchen, der an Friedrich Heinrich Jacobi schrieb:

Wenn du sagst man könne an Gott nur glauben […] so sage ich dir, ich halte viel aufs schauen.

Auch im Koran glauben die Menschen nicht an Gott, sondern wissen um ihn; sie sehen, hören, fühlen und erkennen seine Existenz als eine offensichtliche Tatsache an. «Er hat Zeichen genug davon gegeben», lautet Sure 2,159 in Goethes eigener Bearbeitung:

in der Schöpfung der Himmel und der Erden in der Abwechsl[ung] der Nacht und des Tags. pp. in diesem allem sind Zeichen genug seiner Einigkeit und Gütigkeit, vor die Völker, so sie mit Aufmerksamkeit betrachten wollen.

Daß die Natur voller Zeichen sei, durch die Gott sich den Menschen offenbare, hatte Goethe schon als Kind im Alten Testament gelesen und bis hin zu den *Maximen und Reflexionen* immer wieder bedacht:

Wer die Natur als göttliches Organ leugnen will, der leugne nur gleich alle Offenbarung.

Der Islam nimmt das biblische Motiv von den Zeichen Gottes auf, um es zu einer wahrhaft semiotischen Theorie nicht nur der Schöpfung, vielmehr der gesamten Zivilisation zu erweitern, wie es am erstaunlichsten das außerkoranische Gotteswort sagt:

Ich war ein Schatz und wollte erkannt werden. Deshalb schuf ich die Welt.

Nicht nur durch seine Propheten, umfassender noch, selbst Kindern, Naturvölkern einleuchtend, offenbart Gott sich in der Natur, ja, in der gesamten Zivilisation, in der Geschichte, in der menschlichen Erfahrung, den sinnlichen Genüssen, vor allem der Liebe, im Atem natürlich, in allem Menschengemachten:

Siehe, in der Schöpfung der Himmel und der Erde
Und im Wechsel von Tag und Nacht
Und in den Schiffen, welche das Meer durcheilen
Mit dem, was den Menschen nützt,
Und im Wasser, das Gott vom Himmel niedersendet,
Um die Erde zu beleben nach ihrem Tod,
Und im Getier von allerlei Art,
Das er auf ihr ausgebreitet hat,
Und im Wechsel der Winde und der Wolken,
Die dienen müssen zwischen Himmel und Erde:
Wahrlich, darin sind Zeichen für ein Volk, das erkennt. (Sure 2,165)

Ähnlich erkennt Goethe nicht bloß in der Natur, sondern auch in der Zivilisation, im «Tun und Treiben der Menschen seit Jahrtausenden [...] die geheimnisvolle Mitgabe einer höhern Macht ins Leben». Die Welt ist in beiden Fällen ein Medium oder eben «Organ», durch das Gott zum Menschen spricht.

Er hat euch die Gestirne gesetzt, als Leiter in der Finsterniß zu Land und See

lautet Sure 98,21 in der Hammerschen Übersetzung, die Goethe vorlag.

Er hat euch die Gestirne gesetzt
Als Leiter zu Land und See;
Damit ihr euch daran ergötzt,
Stets blickend in die Höh

eignete er sich den koranischen Vers im *West-östlichen Divan* als eigenes Gedicht an.

Mit welcher Sensibilität, welchem Gespür gerade für die sprachliche Eigenheit des Korans, aber auch mit welchem Wissen um theologische Diskussionen Goethe zentrale Aussagen des Islams erfaßte, sie teils wörtlich übernahm, teils mit seinen eigenen poetischen Bildern verflocht, läßt sich zumal an den *Talismanen* ablesen, deren letzten ich eingangs zitierte. Deren erster

Gottes ist der Orient!
Gottes ist der Okzident!
Nord- und südliches Gelände
Ruht im Frieden seiner Hände

ist in den ersten beiden Zeilen ein fast unverändert übernommenes Zitat aus der Hammerschen Koran-Übersetzung, das in der dritten und vierten Zeile nicht nur geographisch ergänzt wird, sondern mit dem irdischen Frieden und den göttlichen Händen zwei weitere Motive aufnimmt, die für den Koran wesentlich sind.

Er, der einzige Gerechte
Will für jedermann das Rechte.
Sey, von seinen hundert Namen,
Dieser hochgelobt! Amen

führt die Namen Gottes, zu denen es in der islamischen Gelehrsamkeit eine weitverzweigte Literatur gibt, nicht etwa nur allgemein ein, sondern entscheidet sich offenbar bewußt für die rationalistischen Schulen der Mutaziliten und Schiiten, die die Gerechtigkeit über alle anderen Attribute Gottes stellen und sogar zu einem der fünf Glaubenssätze erklären, die für jeden Muslim verbindlich seien.

Mich verwirren will das Irren;
Doch du weißt mich zu entwirren.
Wenn ich handle, wenn ich dichte,
Gib du meinem Weg die Richte

bezieht die letzten beiden Zeilen der *Fatiha*, der ersten Sure des Korans, auf Goethes eigene Dichtung und trifft dabei, obwohl Goethe das arabische Original nicht lesen konnte, exakt den koranischen Gehalt des Ausdrucks «Irren», *ḍalāl*, im Sinne eines ziel- und planlosen Umherschweifens. Die «Richte» wiederum, im Sinne von ‹Richtung›, entspricht dem koranischen Gebrauch des Wortes «Scharia» als Weg der göttlichen Leitung.

Ob ich Ird'sches denk' und sinne
Das gereicht zu höherem Gewinne.
Mit dem Staube nicht der Geist zerstoben
Dringet, in sich selbst gedrängt, nach oben

verweist zunächst auf den Doppelsinn aller mystischen Dichtung, die das Irdische sehr wohl konkret meint und es im selben Moment als Gleichnis für das Überirdische begreift. Der Geist, der in sich selbst gedrängt nach oben steigt, verbindet die koranische Auferweckung der Seele nach dem leiblichen Tod mit der Goetheschen Vorstellung der

Monaden, die zur Weltseele emporstreben. Schließlich der letzte und längste der *Talismane*:

> Im Atemholen sind zweierlei Gnaden:
> Die Luft einziehn, sich ihrer entladen.
> Jenes bedrängt, dieses erfrischt;
> So wunderbar ist das Leben gemischt.
> Du danke Gott, wenn er dich preßt,
> Und dank' ihm, wenn er dich wieder entläßt.

Ich kenne kein Gedicht, auch kein orientalisches Gedicht, das leichter Hand das Wesentliche des Islams so prägnant, poetisch elegant und zugleich vieldeutig erfaßt wie Goethes *Talismane*. Allein diese letzte Strophe enthält eine Bibliothek muslimischer Gelehrsamkeit. Dabei war Goethe in den Quellen, die ihm zugänglich waren, bestenfalls auf Andeutungen gestoßen, daß seine eigene Beobachtung von der Systole und Diastole des menschlichen Geistes einer der zentralen Topoi des sufisch-theologischen Denkens ist. Terminus technicus hierfür ist im Arabischen der Ausdruck *qabḍ wa-basṭ*, der sich mit ‹Kontraktion und Expansion› übersetzen läßt, aber genauso gut goethisch mit «Zusammenziehen, Ausdehnen, Sammlen, Entbinden, Fesseln, Lösen, rétrécir und développer etc.» Ausgehend von Sure 2,245 – «Gott zieht zusammen und dehnt aus» – haben die Sufis dem Wechsel von Kontraktion und Expansion einen festen Platz in der Abfolge der Zustände zugewiesen, die ein Mystiker in der vierzigtägigen oder auch vierzigjährigen Versenkung durchläuft. Was Furcht und Hoffnung für die Schüler ist, das ist Kontraktion und Expansion für die Meister – nicht die Erwartung von etwas, das eintreten könnte, vielmehr die Erfahrung Gottes, die in der Gegenwart stattfindet, ohne daß der Mystiker darauf mehr Einfluß hätte als der Atmende auf den Atem. Ganz im Einklang mit Goethes letztem Talisman sind wohlgemerkt beide Zustände eine Gnade, weil der eine den anderen voraussetzt und die Ausdehnung nicht möglich wäre ohne die vorangehende und nachfolgende Einschnürung. Manche Sufis favorisieren sogar die Kontraktion, weil in ihr die Bedürftigkeit und mit der Bedürftigkeit das Verlangen nach

Gott stärker empfunden werde. In jedem Fall ist die erwartete, einzig angemessene Reaktion, Gott genauso zu danken, wenn er den Menschen preßt, wie wenn er ihn wieder entläßt. Die Ungläubigen, das sind in der Sprache des Korans die *kuffār*, was wörtlich übersetzt bedeutet: die Undankbaren. Unglaube wird also im Kern als Akt des Undanks verstanden. In den Worten, die Goethe in seinem Fragment dem Propheten in den Mund legt, drückt sich präzise die Weltanschauung des Islams aus:

An jeder stillen Quelle, unter jedem blühenden Baum begegnet er mir in der Wärme seiner Liebe. Wie dank ich ihm –, er hat meine Brust geöffnet, die harte Hülle meines Herzens weggenommen, daß ich seinen Namen empfinde.

Die zentrale Bedeutung, die dem Dank beziehungsweise Preis Gottes im Islam zukommt, ergibt sich aus dem koranischen Weltbild, wonach die Schöpfung nicht nur im Ursprung gut *war*, sondern zu allen Zeiten, an allen Orten gut *ist*. Das heißt, der Koran steigert die biblische Aussage «Und siehe da, es war sehr gut» (1. Mose 1, 31) zu einer jederzeit überprüfbaren, jedem verständigen Menschen einsichtigen, ja, sichtbaren, hörbaren, riechbaren und eben nicht zuletzt mit jedem Atemzug im Körper spürbaren Realität:

Du siehst in der Schöpfung
Des Allerbarmers keinen Riß;
Und wende deinen Blick! siehst du wohl einen Sprung?
Dann wende nochmals deinen Blick und nochmals!
Es kehrt dein Blick zu Dir zurück,
Erliegend also, daß er müd hinfällt. (Sure 67,3 f.)

Daß die Schöpfung selbst bei genauester und nochmaliger und abermaliger Untersuchung nicht den geringsten Riß aufweise, ist ein gewaltiger Anspruch. Einerseits wirft er, angesichts des Leidens in der Welt, unabweislich die Frage nach der Theodizee auf, die zum Auslöser überhaupt des theologischen Nachdenkens im Islam wurde. Andererseits entspricht er ganz und gar dem Weltbild Goethes: Daß ausnahmslos jedem Phänomen auf Erden «eine ursprüngliche Entzweiung, die einer Vereinigung fähig ist, oder eine ursprüngliche Einheit, die zur Entzweiung gelangen könne», zugrunde liege, also eine nicht nur prästabilierte, sondern jederzeit an jedem Ort gegenwärtige Harmonie, gibt er in der *Farbenlehre* nicht nur als eigene Überzeugung aus. Goethe geht so weit zu behaupten, daß jeder «[t]reue Beobachter der Natur» zwingend zu derselben Einsicht kommen müsse – wende nochmals deinen Blick und nochmals:

> Dies ist die ewige Systole und Diastole, die ewige Synkrisis und Diakrisis, das Ein- und Ausatmen der Welt, in der wir leben, weben und sind.

Daß die Sufis die Systole und Diastole genau wie Goethe als Bild für die ewige Formel des Lebens verwenden, gründet in der koranischen, aus Genesis 2,7 übernommenen Schöpfungsvorstellung, daß Gott dem Menschen seinen Atem einhaucht. So heißt es in Sure 15,28:

> Und damals sprach dein Herr zu den Engeln:
> Sehet, einen Menschen will ich erschaffen,
> Ihn formen aus trocknem Lehm.
> Und wenn ich ihn gebildet habe;
> Eingehaucht ihm von meinem Geist,
> So fallet nieder anbetend vor ihm.

Im arabischen *rūḥ*, das gewöhnlich mit ‹Geist› oder auch ‹Seele› übersetzt wird, ist schon lexikalisch der Atem mitgesagt, insofern die Radikale r-ū-ḥ mitsamt ihren unzähligen Ableitungen das Bedeutungsfeld ‹frische Luft›, ‹Windhauch›, ‹Kühlung› oder eben auch ‹Atmung› umfassen. «Wer den göttlichen Atem kennenlernen will, betrachte die Welt», schrieb deshalb der *schaych al-akbar* oder größte Meister der islamischen Mystik, der Andalusier Muhyiddin Ibn Arabi, der 1240 in Damaskus starb:

Die Welt manifestiert sich im Ausatmen des Erbarmers, mit dem Gott die in den göttlichen Namen enthaltenen Möglichkeiten erweiterte, indem Er sie vom einschnürenden Zustand der Nicht-Manifestation befreite.

Ibn Arabi mag an die antike Vorstellung vom Küssen als einem Seelentausch gedacht haben, die in der islamischen Kultur geläufig war, als er das Einhauchen des Geistes oder eben auch Atems als die Urzärtlichkeit beschrieb: Gott als der Liebende erweckt den Menschen als seinen Geliebten, indem er ihn küßt. Die eingangs gestellte Frage: wer atmet? beantwortet sich in einer solchen Schöpfungstheorie beinahe von selbst: Gott ist mit jedem Atemzug im Menschen gegenwärtig, atmet durch ihn, füllt ihn aus, zieht sich zurück, füllt ihn wieder aus. Mehr noch: Das ganze Universum ist «der Atem des Barmherzigen», wie einer der häufigsten Ausdrücke Ibn Arabis lautet. Aber nicht nur in der göttlichen Schöpfung erkennt Ibn Arabi einen Akt der Liebe – umgekehrt erkennt er auch in der körperlichen Liebe der Menschen einen Schöpfungsakt, der sich mimetisch zur Erschaffung des Menschen verhält. Dabei bezieht er das Stöhnen, das Mann und Frau bei ihrer Vereinigung ausstoßen, so konkret wie nur irgend denkbar auf die Systole und Diastole des menschlichen Geistes. Ibn Arabi analysiert nämlich phonetisch die beiden Konsonanten, die im Stöhnen gebildet werden: das *hamza*, mit dem das arabische Alphabet den Glottisschlag vor einem Vokal eigens bezeichnet, und das *hâ'*, das im Arabischen stets hörbar gesprochen wird, als ein Hauchen oder Aushauchen also.

Stellen also auch wir uns ein Liebesbett vor: In schnellen, heftigen Zügen wird der Atem tief in die Brust oder in den Bauch gezogen, wo er Zehntel- oder ganze Sekunden länger als im gewöhnlichen Zustand verharrt und die Muskeln sich so heftig zusammenziehen, daß sie tief in der Kehle einen Knacklaut auslösen, den Glottisschlag. Die Kontraktion im Brustkorb oder in der höchsten Verzückung sogar unter der Bauchdecke entlädt sich in einem lauten, stimmhaften Aushauchen. Wenn wir so stöhnen, gleitet der Atem nicht bloß die Kehle hindurch zurück aus dem Mund oder der Nase – wie durch fremden Antrieb wird der Atem aus dem Körper gepumpt. Selbst das rein immanente Bewußtsein dürfte in solcher Verzückung schon einmal von jenem, wie

Freud es nannte, ozeanischen Gefühl befallen worden sein – der Ahnung, sich nicht nur mit dem oder der Geliebten zu vereinigen, sondern mit der Umgebung, vielleicht sogar dem Universum:

> Wenn zwei Liebende sich innig küssen, atmet jeder den Speichel des anderen, der in ihn eindringt. Der Atem des einen verbreitet sich somit beim Küssen oder Umarmen im anderen, und was so ausgeatmet wird, geht jedem der beiden Liebenden durch und durch.

Nicht nur für Ibn Arabi ist es Gottes Atem, den wir in der Liebe und ganz konkret in dem Augenblick fühlen, der im Französischen *la petite mort* genannt wird, obwohl er uns doch zugleich das Leben in höchster Intensität erfahren läßt, goethisch gesprochen: ein Stirb und Werde also ist. Ist der Zusammenhang von Schöpfung und Sexualität, kühlendem Atem und göttlichem Licht jemals schöner, prägnanter in Verse gefaßt worden als in Goethes *Seliger Sehnsucht*, über dessen wörtlich zu nehmende Bedeutung die meisten Deutschen prüde hinweggesehen haben?

In der Liebesnächte Kühlung,
Die dich zeugte, wo du zeugtest,
Überfällt dich fremde Fühlung
Wenn die stille Kerze leuchtet.

Mit der Kühlung, die dich zeugte, wo du zeugtest, trifft Goethe mit geradezu traumwandlerischer Sicherheit den Gehalt des arabischen *rūḥ*, den Gott in den Menschen einbläst. Was Goethe offenbar nicht wußte, nicht gewußt haben kann, sonst hätte er es mindestens in seinen *Noten und Abhandlungen* erwähnt, ist der Beiname, der Jesus im Islam zukommt: *rūḥu llāh*, Geist oder eben auch Atem Gottes. Als einziger Prophet trägt Jesus diesen Ehrentitel, weil sein Atem die Toten wiederbeleben konnte. Dahinter steht die Vorstellung, daß die Seele, von der man schon in der Antike annahm, daß sie im Atem enthalten sei, auf die Lippe tritt, wenn man stirbt. Sie kann jedoch in den Körper zurückgeführt werden durch den lebensspendenden Atem des Liebenden, der mit seinem Kuß den beinahe toten Geliebten erweckt. Jesus wurde in der islamischen Mystik so zum Prototyp des Menschen, der kraft seiner beispiellosen Liebe selbst zum Schöpfer und damit Gott unter allen Menschen am ähnlichsten wurde.

Wie gesagt, Goethe hat von der Stellung, die speziell dem christlichen Propheten in der islamischen Mystik zukommt, allenfalls in Andeutungen gewußt. Daß Jesus den Sufis der Geist oder Atem Gottes ist, *rūḥu llāh*, hätte ihn vielleicht zu einem neuen, eigenen Verständnis der Trinität geführt und mit dem Christentum endgültig versöhnt. Die Radikalität der Hingabe, die Jesus in der sufischen Lehre allen Liebenden zum Vorbild gibt, verstand Goethe jedenfalls sehr genau:

Sagt es niemand, nur den Weisen,
Weil die Menge gleich verhöhnet,
Das Lebend'ge will ich preisen
Das nach Flammentod sich sehnet.

Stellen wir uns vor, *wir* würden sterben. Wenn ich das Wenige verallgemeinern darf, was ich vom Tod gehört und mit eigenen Augen gesehen habe, hauchen wir unseren Geist gar nicht aus, wie es die Redensart sagt. Der Atem, den wir schöpfen, wendet nicht mehr, er bleibt in der Brust – das ist der Tod, soweit ich es bezeugen kann: Die Luft einziehen, aber sich ihrer nie mehr entladen. Womöglich war es das, was auch Goethe, den Naturbeobachter, den Naturforscher, den Studenten der Medizin, am Anblick der Sterbenden ängstigte: daß der Mensch in der Einschnürung zu enden scheint, nicht in der Ausdehnung. Bei Ibn Arabi fand ich eine Erklärung, die Goethe gefallen, die ihn womöglich metaphysisch beruhigt hätte. Sie stützt sich auf Sure 39,68, wonach Gott am Jüngsten Tag in die Trompete bläst oder genau gesagt: nicht bläst, vielmehr atmet, *nafacha* – «da stürzt hin, wer im Himmel und auf Erden». Ibn Arabi, der den Prophetenspruch kennt, daß jeder Tod wie ein Jüngster Tag sei, weist darauf hin, daß *nafacha* an dieser Stelle nicht Ausatmen bedeuten muß, sondern lexikalisch genauso gut ein Einatmen bezeichnet: Im Augenblick des Todes atmet Gott den Geist, *rūḥ*, des Menschen ein; deshalb scheint der Mensch den letzten Atemzug an sich zu halten, also in der Bedrängnis zu sterben. Tatsächlich entlädt sich sein Atem wieder, jedoch in Gott, also unsichtbar für die Lebenden, die Umstehenden, die Angehörigen, und die Erfrischung ist nun ewiglich. Denn wenn Gott ausatmet – «dann wird geblasen [wörtlich wieder: geatmet, *nafacha*] das andre Mal» –, stehen alle Geschöpfe auf und warten. Folgt man Ibn Arabi, ist es also Gott selbst, der sich bei unserem Tod preßt und sich erst entläßt, wenn er uns wieder erweckt, und Systole und Diastole wären mehr als die ewige Formel des Lebens, nämlich die Formel des ewigen Lebens. «Ich möchte beten wie Moses im Koran», schrieb Goethe einundzwanzigjährig in seiner ersten überlieferten Äußerung zum Islam: «Herr mache mir Raum in meiner engen Brust!»

Ich danke Ihnen für Ihre Aufmerksamkeit und wünsche der Goethe-Gesellschaft eine anregende Versammlung.

Laudatio auf Angelika Neuwirth bei der Verleihung des Sigmund-Freud-Preises

Darmstadt, Staatstheater, 26. Oktober 2013

Liebe Angelika, lieber Heinrich, hochgeschätzte Akademie, meine Damen und Herren,

vor einiger Zeit kündigte eine Gruppe von strenggläubigen Muslimen an, jedem Deutschen eine allgemeinverständliche Ausgabe des Korans zu schenken. Um ihre Mitmenschen einzuladen, den Koran zu lesen, wollten die Strenggläubigen sich in Fußgängerzonen stellen und ebenso an Haus- oder Wohnungstüren klingeln. Zugleich planten sie eine Plakataktion, die unter dem Motto stehen sollte: «Lies!» Lies! – das ist in der allgemeinverständlichen Übersetzung, die in den Fußgängerzonen verteilt werden sollte, der Anfang der 96. Sure und nach Auffassung der Strenggläubigen das erste Wort überhaupt, das Gott an den Propheten gerichtet habe: *iqra' bismi rabbika llâdhi chalaq / chalaqa l-insâna min 'alaq* – «Lies! im Namen deines Herrn, der erschuf / Den Menschen schuf aus einem Klumpen Blut».

Die Ankündigung sorgte für beträchtliches Aufsehen, ja Unruhe in der deutschen Öffentlichkeit. Die Strenggläubigen brachten es auf den ersten Platz der Nachrichtensendungen, auf die Titelseiten der überregionalen Zeitungen und in die Talkshows des öffentlich-rechtlichen Fernsehens. Auch der deutsche Innenminister äußerte sich besorgt, und die Sicherheitsorgane gaben bekannt, die Strenggläubigen genau zu beobachten. Diese wiesen jeden Verdacht von sich, extremistisch gesinnt zu sein, und verwiesen darauf, daß die Bibel doch ebenfalls in allgemeinverständlichen Übersetzungen verschenkt werde. Überhaupt sei ihre Aktion nicht als Mission zu verstehen – den Begriff gebe es im Islam nicht –, sondern als *da'wa*, als bloße Einladung. Was spreche dagegen, den Koran zu lesen, wie man eben auch die Bibel lese?

Ja, was spricht eigentlich dagegen?

Wie so viele Debatten, die sich durch die Vielfachbeschallung heutiger Meinungsbildung zu kleinen Hysterien steigern, verlor sich auch das Getöse um die Koranschenkung rasch. Die strenggläubigen Muslime hatten gar nicht ausreichend Geld, um achtzig oder fünfzig Millionen oder auch nur eine Million Exemplare ihres Korans zu drucken, und Freiwillige genug fanden sich schon gar nicht, die bundesweit zur Lektüre eingeladen hätten. Am Ende stellte sich heraus, daß der Koran nur in jenen Fußgängerzonen verteilt worden war, in denen auch Fernsehkameras standen. Und doch blieb die Frage im Raum, im öffentlichen Raum stehen: Was spricht dagegen, den Koran zu lesen, wie man eben auch die Bibel liest?

Es gab die Antworten der Zeitungen und Talkshows, des Innenministers und der Sicherheitsorgane. Spannender, schlüssiger, sogar politisch relevanter können die Antworten der Philologie sein – jedenfalls einer Philologie, wie Angelika Neuwirth sie zum Vorbild gibt. Wollte man ihre Forschung auf einen Nenner bringen, auf eine einzige Aussage, ein Grundmotiv, dann wäre es ebendies: Der Koran selbst spricht dagegen, ihn wie eine Bibel zu lesen. Es beginnt schon mit der Datierung der 96. Sure, die bei genauer Lektüre kaum die früheste sein kann, und setzt sich mit dem bloßen arabischen Wortlaut fort, den die strenggläubigen Muslime offenbar nicht verstanden haben: *iqra'* bedeutet im koranischen Arabisch nicht «Lies!», sondern «Trag vor!», «Rezitiere!» oder auch «Sprich nach!» Der Koran selbst verneint ausdrücklich, daß dem Propheten ein Schriftstück vorgelegen habe, vergleichbar dem Dekalog Mose. Als Modus der Offenbarung wird immer wieder das laut gesprochene, kantilenenartig vorgetragene oder sogar gesungene Wort genannt: *rattili l-Qurânâ tartîlâ*, wie es in Sure 73:4 heißt. «Singe den Koran sangeweise», wie der Dichter Friedrich Rückert die Stelle zugleich schöner und genauer als alle Strenggläubigen übersetzt hat.

Der Koran ist keine Bibel. So einleuchtend, ja banal diese Aussage klingt, so eklatant wurden ihre Implikationen ignoriert – nicht nur in der breiten Öffentlichkeit, sondern lange Zeit auch von der Orientalistik, die aus der christlichen Theologie und besonders der alttestamentlichen Wissenschaft hervorging. Es ist nicht zuletzt den frühen Forschungen von Angelika Neuwirth zu verdanken, daß sich die Erkenntnis seit den achtziger Jahren zumindest in der westlichen Fachwissenschaft durchgesetzt hat: Der Koran ist weder Predigt über Gott noch geistliche Dichtung oder prophetische Rede im Sinne des althebräischen Genus. Schon gar nicht hat der Prophet seine Verkündigung als Buch komponiert, das man im Normalfall allein und im Stillen liest und studiert. Der Koran ist seinem eigenen Konzept nach die liturgische Rezitation der direkten Rede Gottes. Er ist ein Vortragstext. Das geschriebene Blatt ist sekundär, bis ins zwanzigste Jahrhundert hinein für die Muslime kaum mehr als eine Erinnerungsstütze. Gott spricht, wenn der Koran rezitiert wird, sein Wort kann man genaugenommen nicht lesen, man kann es nur hören.

Angelika Neuwirth spricht in diesem Zusammenhang vom sakramentalen Charakter der Koranrezitation: Obwohl der Islam die Begrifflichkeit nicht verwendet, ist es dem Wesen nach eine sakramentale Handlung, Gottes Wort im Munde zu führen, durch die Ohren es aufzunehmen, es auswendig zu lernen; das Göttliche wird nicht nur erinnert, es wird vom Gläubigen – ähnlich wie Jesus Christus im Abendmahl – physisch aufgenommen, ja sich einverleibt (weshalb der Sänger sich übrigens die Zähne putzen soll, bevor er den Koran vorträgt).

Und nun treten im deutschen Fernsehen also Strenggläubige auf und kündigen an, den Koran unaufgefordert in Fußgängerzonen und an Haus- und Wohnungstüren zu verteilen. Man muß nur ein Buch, einen einzigen Aufsatz der nichtmuslimischen Wissenschaftlerin Angelika Neuwirth über den Koran gelesen haben, um die Anmaßung zu begreifen, mit der sich die Strenggläubigen über die sprachliche Struktur des Textes und seine Rezeptionsgeschichte hinwegsetzen – um das Sakrileg zu erfassen, welches sie in ihrem Eifer begehen.

Man denke nur daran, daß bis heute in muslimischen Haushalten der Koran an höchster Stelle, eingewickelt in ein kostbares Tuch aufbewahrt wird. Schon das bloße Vortragen, Hören, Berühren des Korans, sei es durch Muslime selbst und wie erst durch Andersgläubige, setzt, wenn schon keine rituelle Reinheit, so für die gesamte islamische Tradition einen Zustand der Ehrfurcht, der Demut und der Besinnung voraus. Denn ein Muslim erlebt im Rezitieren oder Hören des Korans nicht weniger als den Akt der initialen Offenbarung nach – es ist nicht eine menschliche Stimme, es ist Gott selbst, der zu ihm oder ihr spricht. So haben es muslimische Heerführer in früheren Zeiten vermieden, Manuskripte des Korans mit in die Schlacht zu nehmen, damit die Rede Gottes nicht in ungläubige Hände fällt, und Andersgläubigen wurde in Einzelfällen gar das Erlernen der arabischen Sprache mit dem Argument verwehrt, daß sie dann den Koran aufsagen könnten. Das sind kuriose, vielleicht sogar extreme Beispiele, und doch deuten sie die Skrupulosität an, die Muslime seit jeher im Verhältnis zum Koran bewahrt haben. Die Strenggläubigen indes wollen den Koran wie ein Flugblatt oder eine Warenprobe verteilen – ohne Skrupel, daß die Koranexemplare dann wie alle Flugblätter oder Warenproben in der nächstliegenden Mülltonne landen würden.

Und was für eine Ausgabe, was für eine strenggläubige, aber fade, allzu leicht verständliche und damit den Kern des Korans verfälschende deutsche Ausgabe des Korans, die die Strenggläubigen verteilen wollten! Schon der Anfang der 96. Sure, den sie auf den Plakaten zitierten, die angebliche Aufforderung an den Propheten, zu lesen – das ist im Arabischen ein Reim: *iqra' bismi rabbika llâdhi chalaq / chalaqa l-insâna min ʿalaq.* Das ist ein Reim, wie sich ohne Ausnahme alle Verse des Korans reimen. Der Koran ist gebundene, rhythmisierte und lautmalerische Sprache. Man kann ihn nicht einfach lesen, wie man eine Geschichte oder einen Gesetzestext liest. Wer ihn unvorbereitet aufschlägt, der ist erst einmal verwirrt, dem erscheint der Koran unzusammenhängend, der stört sich an den vielen Wiederholungen, den abgebrochenen oder mysteriösen Sätzen, den Anspielungen, deren Bezüge rätselhaft bleiben, den rabiaten Themenwechseln, der Uneindeutigkeit der grammatischen Person und den vieldeutigen Bildern.

Die Schwierigkeit, den Koran über längere Passagen hinweg verstehend zu lesen, zeigt sich nicht nur in Fußgängerzonen. Bis in unsere Zeit bestritten westliche, von der Bibelwissenschaft geprägte Forscher die Authentizität des Korans mit Hinweis auf seine chaotisch, ja zufällig anmutende Struktur. Der Koran in der vorliegenden Form sei erst das Produkt einer späteren Zeit und verdanke sich vielen verschiedenen Autoren, deren Erzeugnisse willkürlich zusammengesetzt worden seien. Von Muslimen wird das natürlich bestritten, denn mit einer späteren Entstehungszeit und einer anonym-kollektiven Autorenschaft würde die Grundlage des Islams obsolet.

Allen Strenggläubigen sei empfohlen, Angelika Neuwirth zu lesen. Als Wissenschaftlerin ist sie überhaupt damit bekannt geworden, mit ihrem ersten großen Werk, den *Studien zur Komposition der mekkanischen Suren*, daß sie durch die mikroskopisch genaue Lektüre die poetische Geschlossenheit, die in sich schlüssige Bildmatrix und weitgehende textliche Unversehrtheit des Korans erwies. Eben das, was dem bloßen Leser, erst recht dem Leser einer allgemeinverständlichen Übersetzung rätselhaft, unzusammenhängend, ermüdend erscheint, die Wiederholungen, Anakoluthe, der plötzliche Wechsel der grammatischen Person oder surreal wirkende Metaphern, macht für den arabischen Hörer die Qualität der koranischen Sprache aus – oder ist der Grund, warum James Joyce vom Koran fasziniert war. So bestätigt die historisch-kritische Textwissenschaft, von der Strenggläubige oft meinen, daß sie gegen den Islam gerichtet sei, in großen Zügen das überlieferte Bild der islamischen Heilsgeschichte. Der Koran ist in seinen wesentlichen Bestandteilen das Werk einer Zeit und eines ingeniösen, sprachlich hochbegabten Geistes. Allein, wer ist dieser Geist?

Die Antwort, die Angelika Neuwirth auf diese Frage gibt, ist für Strenggläubige schon sehr viel unbequemer. Denn in den Arbeiten, die nach den *Studien zur Komposition der mekkanischen Suren* entstanden, nimmt sie den mündlichen Charakter des Korans ernst und weist seine performativen Elemente nach. Das heißt, der Koran ist nicht nur ein Text, der vorgetragen werden muß und sich vergleichbar einer Partitur erst in der Aufführung verwirklicht. Nein, der Text selbst, wie er uns vorliegt, ist in Teilen die Mitschrift, das nachträgliche, sicher bearbeitete Protokoll einer öffentlichen Rezitation, einer Aufführung. So besteht der Koran nicht aus den Aussagen eines Sprechers, sondern nimmt die Einwürfe eines gläubigen oder ungläubigen Publikums auf – sowie die spontanen Reaktionen auf diese Einwürfe, die immer wieder auch zu abrupten Themenwechseln führen.

Damit jedoch haben die ersten Hörer des Propheten, hat die Gemeinde einen substantiellen Anteil am koranischen Text und vollzieht sich bereits im Koran selbst der Übergang von einer mündlichen zu einer schriftlichen Kultur. Liest man den Koran so genau, wie Angelika Neuwirth es zum Vorbild gibt, dann wird deutlich, daß der Koran kein Diktat, sondern ein Gespräch ist, ein Für und Wider, Frage und Antwort, Rätsel und Auflösung, Warnung und Furcht, Verheißung und Hoffnung, die Stimme eines Einzelnen und der Refrain eines Chors. Daß Gott im Koran spricht – daran muß man glauben. Aber zu erkennen, daß der Mensch im Koran antwortet – dafür genügt Philologie.

Dieses Gespräch, das der Koran ist, findet nicht nur mit den unmittelbaren Zuhörern des Propheten auf der Arabischen Halbinsel des siebten Jahrhunderts statt. In ihren jüngeren Arbeiten, die in der Propädeutik ihres vielbändigen Korankommentars münden, legt Angelika Neuwirth die Einbettung der islamischen Offenbarung in die Kultur der Spätantike offen – in dieselbe Zeit und denselben Kulturraum also, in denen sich auch die jüdische und christliche Theologie herausgebildet haben.

Wohlgemerkt, hier geht es nicht um eine der üblichen Auflistungen, wo überall arabisches Denken auf die westliche Wissenschaft eingewirkt hat. Daß ein Hauptstrang der europäischen Aufklärung in die arabische Kultur zurückführt, insbesondere in die judeo-islamische Philosophie, wußte man in Deutschland spätestens seit der Wissenschaft des Judentums, wenn es auch der amtierende Innenminister noch nicht weiß. Angelika Neuwirth geht es um etwas anderes: Sie macht deutlich, daß bereits der Koran selbst, das Gründungsdokument des Islams, ein europäischer Text ist – oder umgekehrt Europa schon seiner Entstehung nach auch zum Islam gehört. Den Sprengstoff dieser Forschung wird kein Sicherheitsorgan entschärfen können. Er wird unsere geistige Landschaft grundlegend und sehr anhaltend erschüttern.

Wie bereichernd diese Erschütterung sein könnte, das läßt Angelika Neuwirths allerjüngste Arbeit erahnen, der erste Band ihres Korankommentars. Indem sie die vielfältigen biblischen, platonischen, patristischen und talmudischen, genauso wie die altarabischen und innerkoranischen Bezüge aufspürt, indem sie vor allem die sprachliche Struktur des Korans als eines poetischen Textes, als Partitur für den gesungenen Vortrag analysiert, wird erkennbar, wie sehr der Koran die gesamte Kultur des östlichen Mittelmeeres eingeatmet hat. Und wie sehr sein Ausatmen wiederum diese, unsere Kultur durchdringt. Wenn nur ein Text in der Geschichte der Weltreligionen, dann ist der Koran jenes von unserer Akademie so oft zitierte Gespräch, das wir sind. Und ist zugleich Gesang.

Erschienen sind ihre Bücher zum Koran übrigens im Verlag der Weltreligionen, und aus dem Anlaß, den jeder von Ihnen kennt, möchte ich an dieser Stelle ausdrücklich Angelika Neuwirths Verlegerin würdigen, Ulla Unseld-Berkéwicz, die ein so phantastisches Programm wagt.

Nun bin ich in meiner Laudatio nur auf Angelika Neuwirths große und großartige Arbeiten zum Koran eingegangen. Ihre zahlreichen Aufsätze zur klassischen und modernen arabischen Poesie, etwa zu dem bedeutenden palästinensischen Dichter Mahmud Darwisch, zu würdigen, bedürfte es einer weiteren Rede. Ich habe Angelika Neuwirth auch nicht als Anstifterin vorgestellt, die sie ebenfalls ist, als Anstifterin nicht nur des umfassenden Projektes zur Textgeschichte des Korans an der Berlin-Brandenburger Akademie der Wissenschaften, sondern unzähliger kleiner Forschungsprojekte. So gut wie jeder, der in Deutschland zum Koran oder zur klassischen arabischen Poesie arbeitet, auch der Laudator, ist durch ihre Schule gegangen, ist von ihrer Begeisterung angesteckt und von ihrer Loyalität getragen worden. Zugleich lebt sie viele Monate des Jahres im Nahen Osten, hat ein Schlafzimmer in Beirut und eines in Jerusalem, betreut eine ganze Schar von frommen Studenten aus der islamischen Welt und hält Vortrage eben nicht nur in Harvard und Princeton, sondern an vielen arabischen Universitäten und an den wichtigsten islamischen Institutionen.

Seit ich sie kenne, habe ich mich gefragt, wie sie das bewerkstelligt. Die Zeit ist das eine – daß so viel Arbeit in ein einzelnes Leben paßt. Aber weshalb hört man ihr, obwohl ihre Forschungen die Grundlagen des islamischen Glaubens berühren oder sogar ins Wanken bringen können, gerade in den Zentren der islamischen Gelehrsamkeit so genau zu? Ich glaube, das hat mit ihrem Gestus zu tun, ihrer empathischen

Treue zum Text, ihrer Ernsthaftigkeit und wohl auch eigenen Religiosität. Und das wäre vielleicht etwas, was von dieser Philologin insgesamt für das Verhältnis der säkularen Öffentlichkeit zur Religion zu lernen wäre: Man darf in Frage stellen, was anderen heilig ist, man darf die Grundsätze eines jeden Glaubens selbstverständlich kritisieren – aber man sollte ernst nehmen und auch respektieren, daß es für andere Menschen heilige Grundsätze sind.

Ich gratuliere Angelika Neuwirth zum Sigmund-Freud-Preis und danke Ihnen für Ihre Aufmerksamkeit.

Zum 65. Jahrestag der Verkündung des Grundgesetzes

Berlin, Bundestag, 23. Mai 2014

Sehr geehrte Herren Präsidenten, Frau Bundeskanzlerin, meine Damen und Herren Abgeordnete, Exzellenzen, liebe Gäste!

Das Paradox gehört nicht zu den üblichen Ausdrucksmitteln juristischer Texte, die schließlich größtmögliche Klarheit anstreben. Einem Paradox ist notwendig der Rätselcharakter zu eigen, ja, es hat dort seinen Platz, wo Eindeutigkeit zur Lüge geriete. Deshalb ist es eines der gängigsten Mittel der Poesie. Und doch beginnt ausgerechnet das Grundgesetz der Bundesrepublik Deutschland mit einem Paradox. Denn wäre die Würde des Menschen unantastbar, wie es im ersten Satz heißt, müßte der Staat sie nicht achten und schon gar nicht schützen, wie es der zweite Satz verlangt. Die Würde existierte unabhängig und unberührt von jedweder Gewalt. Mit einem einfachen, auf Anhieb kaum merklichen Paradox – die Würde ist unantastbar und bedarf dennoch des Schutzes – kehrt das Grundgesetz die Prämisse der vorherigen deutschen Verfassungen ins Gegenteil um und erklärt den Staat, statt zum Telos, nunmehr zum Diener der Menschen, und zwar grundsätzlich aller Menschen, der Menschlichkeit im emphatischen Sinn. Sprachlich ist das – man mag es nicht als brillant bezeichnen, weil man damit einen eminent normativen Text ästhetisierte –, es ist vollkommen, nichts anderes.

Überhaupt wird man die Wirkmächtigkeit, den schier unfaßbaren Erfolg des Grundgesetzes nicht erklären können, ohne auch seine literarische Qualität zu würdigen. Jedenfalls in seinen wesentlichen Zügen und Aussagen ist es ein bemerkenswert schöner Text und sollte es sein. Bekanntlich hat Theodor Heuss die ursprüngliche Fassung des ersten Artikels mit dem Argument verhindert, daß sie schlechtes Deutsch sei.

«Die Würde des Menschen ist unantastbar» hingegen ist ein herrlicher deutscher Satz, so einfach, so schwierig, auf Anhieb einleuchtend und doch von um so größerer Abgründigkeit, je öfter man seinen Folgesatz bedenkt: ... und muß dennoch geschützt werden. Beide Sätze können nicht gleichzeitig wahr sein, aber sie können sich gemeinsam, nur gemeinsam bewahrheiten und haben sich in Deutschland in einem Grade bewahrheitet, wie es am 23. Mai 1949 kaum jemand für möglich gehalten hätte. Im deutschen Sprachraum vielleicht nur mit der Lutherbibel vergleichbar, hat das Grundgesetz Wirklichkeit geschaffen durch die Kraft des Wortes.

«Jeder hat das Recht auf die freie Entfaltung seiner Persönlichkeit» – wie abwegig muß den meisten Deutschen, die sich in den Trümmern ihrer Städte und Weltbilder ums nackte Überleben sorgten, wie abwegig muß ihnen die Aussicht erschienen sein, so etwas Luftiges wie die eigene Persönlichkeit zu entfalten – aber was für ein verlockender Gedanke es zugleich war. «Alle Menschen sind vor dem Gesetz gleich» – die Juden, die Sinti und Roma, die Homosexuellen, die Behinderten, überhaupt alle Randseiter, Andersgesinnten und Fremden, sie waren ja vor dem Gesetz gerade nicht gleich gewesen – also mußten sie es werden. «Männer und Frauen sind gleichberechtigt» – der Wochen und Monate währende Widerstand just gegen diesen Artikel zeigt am deutlichsten, daß Männer und Frauen 1949 noch keineswegs als gleichberechtigt galten; seine Wahrheit wurde dem Satz erst in der Anwendung zuteil. «Die Todesstrafe ist abgeschafft» – das war gerade nicht der Mehrheitswunsch der Deutschen, die in einer Umfrage zu drei Vierteln für die Beibehaltung der Todesstrafe plädierten, und wird heute weithin bejaht. «Alle Deutschen genießen Freizügigkeit im ganzen Bundesgebiet» – der Satz war den Mitgliedern des Parlamentarischen Rats angesichts der Flüchtlingsnot und des Wohnungsmangels fast peinlich und gilt 65 Jahre später nicht nur im wiedervereinigten Deutschland, sondern im halben Europa. Der Bund kann «in die Beschränkungen seiner Hoheitsrechte einwilligen, die eine friedliche und dauerhafte Ordnung in Europa» herbeiführen – das nahm, 1949!, ein vereinigtes Europa, ja: die Vereinigten Staaten von Europa voraus. Und so weiter, das Diskriminierungsverbot, die Religionsfreiheit, die Freiheit von

Kunst und Wissenschaft, die Meinungs- und Versammlungsfreiheit –
das waren, als das Grundgesetz vor 65 Jahren verkündet wurde, eher
Bekenntnisse, als daß sie die Wirklichkeit in Deutschland beschrieben hätten. Und es sah zunächst keineswegs danach aus, als würde der
Appell, der in diesen so schlichten wie eindringlichen Glaubenssätzen
lag, von den Deutschen gehört.

Das Interesse der Öffentlichkeit am Grundgesetz war aus heutiger
Sicht beschämend gering, die Zustimmung innerhalb der Bevölkerung
marginal. Befragt, wann es Deutschland am besten ergangen sei, entschieden sich noch 1951 in einer repräsentativen Umfrage 45 Prozent
der Deutschen für das Kaiserreich, 7 Prozent für die Weimarer Republik, 42 Prozent für die Zeit des Nationalsozialismus und nur 2 Prozent für die Bundesrepublik. 2 Prozent! Wie froh müssen wir sein, daß
am Anfang der Bundesrepublik Politiker standen, die ihr Handeln
nicht nach Umfragen, sondern nach ihren Überzeugungen ausrichteten.
Und heute?

Ich habe keinen Zweifel, daß die Mitglieder des Parlamentarischen
Rats, sollten sie unsere Feststunde von einer himmlischen Ehrentribüne
aus verfolgen, zufrieden und sehr erstaunt wären, welche Wurzeln die
Freiheit innerhalb der letzten 65 Jahre in Deutschland geschlagen hat.
Und wahrscheinlich würden sie auch die Pointe bemerken und zustim-
mend nicken, daß heute ein Kind von Einwanderern an die Verkündung des Grundgesetzes erinnert, das noch dazu einer anderen als der
Mehrheitsreligion angehört. Es gibt nicht viele Staaten auf der Welt,
in denen das möglich wäre. Selbst in Deutschland wäre es noch vor
gar nicht langer Zeit, sagen wir am 50. Jahrestag des Grundgesetzes,
schwer vorstellbar gewesen, daß ein Deutscher die Festrede im Bundestag hält, der nicht nur deutsch ist. In dem anderen Staat, dessen Paß ich
besitze, ist es trotz aller Proteste und aller Opfer für die Freiheit un-
denkbar geblieben. Aber, das möchte ich von diesem Pult aus ebenfalls
sagen, sehr geehrte Herren Präsidenten, Frau Bundeskanzlerin, meine
Damen und Herren Abgeordnete, liebe Gäste und nicht zuletzt seine
Exzellenz, der Botschafter der Islamischen Republik, der heute ebenfalls auf der Tribüne, obschon nicht der himmlischen, sitzt: Es wird
keine 65 Jahre und nicht einmal 15 Jahre dauern, bis auch in Iran ein

Christ, ein Jude, ein Zoroastrier oder ein Bahai wie selbstverständlich die Festrede in einem frei gewählten Parlament hält.

Dies ist ein gutes Deutschland, das beste, das wir kennen, sagte vor kurzem der Bundespräsident. Ich kann dem nicht widersprechen. Welchen Abschnitt der deutschen Geschichte ich mir auch vor Augen halte, in keinem ging es freier, friedlicher, toleranter zu als in unserer Zeit. Trotzdem flösse der Satz des Bundespräsidenten mir selbst nicht so glatt über die Lippen. Warum ist das so? Man könnte das Unbehagen, den Stolz auf das eigene Land auszusprechen, als typisch deutschen Selbsthaß abtun und hätte doch genau den Grund übersehen, warum die Bundesrepublik lebens- und sogar liebenswert geworden ist. Denn wann und wodurch hat Deutschland, das für seinen Militarismus schon im 19. Jahrhundert beargwöhnte und mit der Ermordung von sechs Millionen Juden vollständig entehrt scheinende Deutschland, wann und wodurch hat es seine Würde wiedergefunden? Wenn ich einen einzelnen Tag, ein einzelnes Ereignis, eine einzige Geste benennen wollte, für die in der deutschen Nachkriegsgeschichte das Wort Würde angezeigt scheint, dann war es – und ich bin sicher, daß eine Mehrheit im Bundestag, eine Mehrheit der Deutschen und erst recht eine Mehrheit dort auf der himmlischen Tribüne mir jetzt zustimmen wird – dann war es der Kniefall von Warschau.

Das ist noch merkwürdiger als das Paradox, mit dem das Grundgesetz beginnt, und wohl beispiellos in der Geschichte der Völker: Dieser Staat hat Würde durch einen Akt der Demut erlangt. Wird nicht das Heroische gewöhnlich mit Stärke assoziiert, mit Männlichkeit und also auch physischer Kraft, und am allermeisten mit Stolz? Hier jedoch hatte einer Größe gezeigt, indem er seinen Stolz unterdrückte und Schuld auf sich nahm – noch dazu Schuld, für die er persönlich, als Gegner Hitlers und Exilant, am wenigsten verantwortlich war –, hier hatte einer seine Ehre bewiesen, indem er sich öffentlich schämte, hier hatte einer seinen Patriotismus so verstanden, daß er vor den Opfern Deutschlands auf die Knie ging.

Ich neige vor Bildschirmen nicht zur Sentimentalität, und doch ging es mir wie so vielen, als zu seinem hundertsten Geburtstags die Aufnahmen eines deutschen Kanzlers wiederholt wurden, der vor dem Ehrenmal im ehemaligen Warschauer Ghetto zurücktritt, einen Augenblick zögert und dann völlig überraschend auf die Knie fällt – ich kann das bis heute nicht sehen, ohne daß mir Tränen in die Augen schießen. Und das Seltsame ist: Es sind neben allem anderen, neben der Rührung, der Erinnerung an die Verbrechen, des jedesmal neuen Staunens, es sind auch Tränen des Stolzes, des sehr leisen und doch bestimmten Stolzes auf eine solche Bundesrepublik Deutschland. Sie ist das Deutschland, das ich liebe, nicht das großsprecherische, nicht das kraftmeiernde, nicht das Stolz-ein-Deutscher-zu-sein- oder Europa-spricht-endlich-Deutsch-Deutschland, vielmehr eine Nation, die über ihre Geschichte verzweifelt, die bis hin zur Selbstanklage mit sich ringt und hadert, zugleich am eigenen Versagen gereift ist, die nie mehr den Prunk benötigt, ihre Verfassung bescheiden Grundgesetz nennt und dem Fremden lieber eine Spur zu freundlich, zu arglos begegnet, als jemals wieder der Fremdenfeindlichkeit, der Überheblichkeit zu verfallen.

Es wird oft gesagt, und ich habe Redner auch von diesem Pult aus sagen hören, daß die Deutschen endlich wieder ein normales, ein unverkrampftes Verhältnis zu ihrer Nation haben sollten, jetzt, da der Nationalsozialismus doch nun lange genug bewältigt worden sei. Ich frage mich dann immer, was die Redner meinen: Es gab dieses normale und unverkrampfte Verhältnis nie, auch nicht vor dem Nationalsozialismus. Es gab einen übersteigerten, aggressiven Nationalismus, und es gab als gegenläufige Bewegung eine deutsche Selbstkritik, ein Plädoyer für Europa, eine Wendung ins Weltbürgertum und übrigens auch zur Weltliteratur, die in ihrer Entschlossenheit jedenfalls im 19. Jahrhundert einzigartig war. «Ein guter Deutscher kann kein Nationalist sein», sagte es Willy Brandt in seiner Nobelpreisrede voller Selbstbewußtsein: «Ein guter Deutscher weiß, daß er sich seiner europäischen Bestimmung nicht versagen kann. Durch Europa kehrt Deutschland heim zu sich selbst und den aufbauenden Kräften seiner Geschichte.»

Seit dem späten 18. Jahrhundert, spätestens seit Lessing, der den Patriotismus verachtete und als erster Deutscher das Wort Kosmopolit verwendete, stand die deutsche Kultur häufig in einem antipodischen Verhältnis zur Nation. Goethe und Schiller, Kant und Schopenhauer, Hölderlin und Büchner, Heine und Nietzsche, Hesse und die Brüder

Mann – sie alle haben mit Deutschland gehadert, haben sich als Weltbürger gesehen und an die europäische Einung geglaubt, lange bevor
die Politik das Projekt entdeckte.

Es ist diese kosmopolitische Linie deutschen Geistes, die Willy
Brandt fortführte – nicht nur mit seinem Kampf gegen den deutschen
Nationalismus und für ein vereintes Europa, ebenso in seinem frühen
Plädoyer für eine «Weltinnenpolitik», in seinem Engagement für die
Nord-Süd-Kommission und während seines Vorsitzes der Sozialis-
tischen Internationale. Und es wirft dann vielleicht doch kein so günsti-
ges Licht auf das heutige Deutschland, wenn bei den Fernsehduellen
vor der Bundestagswahl nach der Außenpolitik so gut wie nicht mehr
gefragt wird oder ein Verfassungsorgan die Bedeutung der anstehenden
Europawahl bagatellisiert, wenn die Entwicklungshilfe eines wirt-
schaftlich so starken Landes nicht einmal den Durchschnitt der OECD-
Staaten erreicht – oder Deutschland von neun Millionen Syrern, die im
Bürgerkrieg ihre Heimat verloren haben, gerade mal zehntausend aufnimmt.

Schließlich bedeutet das Engagement in der Welt, für das Willy
Brandt beispielhaft steht, im Umkehrschluß auch mehr Offenheit für
die Welt. Wir können das Grundgesetz nicht feiern, ohne an die Ver-
stümmelungen zu erinnern, die ihm hier und dort zugefügt worden
sind. Auch im Vergleich mit den Verfassungen anderer Länder wurde
der Wortlaut ungewöhnlich häufig verändert, und es gibt nur wenige
Eingriffe, die dem Text gutgetan haben. Was der Parlamentarische Rat
bewußt im Allgemeinen und Übergeordneten beließ, hat der Bundestag
bisweilen mit detaillierten Regelungen befrachtet. Nicht nur sprachlich
am schwersten wiegt die Entstellung des Artikels 16. Ausgerechnet das
Grundgesetz, in dem Deutschland seine Offenheit auf ewig fest-
geschrieben zu haben schien, sperrt heute diejenigen aus, die auf unsere
Offenheit am dringlichsten angewiesen sind: die politisch Verfolgten.
Ein wundervoll bündiger Satz – «Politisch Verfolgte genießen Asylrecht» – geriet 1993 zu einer monströsen Verordnung aus 275 Wörtern, die wüst aufeinander gestapelt und fest ineinander verschachtelt
wurden, nur um eines zu verbergen: daß Deutschland das Asyl als ein
Grundrecht praktisch abgeschafft hat. Muß man tatsächlich daran

erinnern, daß auch Willy Brandt, bei dessen Nennung viele von Ihnen quer durch die Reihen beifällig genickt haben, ein Flüchtling war, ein Asylant?

Auch heute gibt es Menschen, viele Menschen, die auf die Offenheit anderer, demokratischer Länder existentiell angewiesen sind – und Edward Snowden, dem wir für die Wahrung unserer Grundrechte viel verdanken, ist einer von ihnen. Andere ertrinken jeden Tag im Mittelmeer, jährlich mehrere Tausend und also mit sehr großer Wahrscheinlichkeit auch während unserer Feierstunde. Deutschland muß nicht alle Mühseligen und Beladenen der Welt aufnehmen. Aber es hat genügend Ressourcen, politisch Verfolgte zu schützen, statt die Verantwortung auf die sogenannten Drittstaaten abzuwälzen. Und es sollte aus wohlverstandenem Eigeninteresse anderen Menschen eine faire Chance geben, sich um die Einwanderung legal zu bewerben, damit sie nicht auf das Asylrecht zurückgreifen müssen. Denn von einem einheitlichen europäischen Flüchtlingsrecht, mit dem 1993 die Reform begründet wurde, kann auch zwanzig Jahre später keine Rede sein, und schon sprachlich schmerzt der Mißbrauch, der mit dem Grundgesetz getrieben wird. Dem Recht auf Asyl wurde sein Inhalt, dem Artikel 16 seine Würde genommen. Möge das Grundgesetz spätestens bis zum 70. Jahrestag seiner Verkündung von diesem häßlichen, herzlosen Fleck gereinigt sein.

Dies ist ein gutes Deutschland, das beste, das wir kennen. Statt sich zu verschließen, darf es stolz darauf sein, daß es so anziehend geworden ist. Meine Eltern sind nicht aus politischen Gründen aus Iran geflohen. Aber nach dem Putsch gegen die demokratische Regierung Mossadegh 1953 waren sie wie viele Iraner ihrer Generation froh, in einem freieren, gerechteren Land studieren zu können. Nach dem Studium haben sie Arbeit gefunden, sie haben Kinder, Kindeskinder und sogar Urenkel aufwachsen sehen, sie sind alt geworden in Deutschland. Und diese ganze große Familie, 26 Menschen inzwischen, wenn ich nur die direkten Nachkommen und Angeheirateten zähle, sie ist glücklich geworden in diesem Land. Und nicht nur wir: Viele Millionen Menschen sind seit dem Zweiten Weltkrieg in die Bundesrepublik eingewandert, die Vertriebenen und Aussiedler berücksichtigt, mehr als die

Hälfte der heutigen Bevölkerung. Das ist, auch im internationalen Vergleich, eine gewaltige demographische Veränderung, die Deutschland innerhalb einer einzigen Generation zu bewältigen hatte. Und ich meine, daß Deutschland sie insgesamt gut bewältigt hat. Es gibt, gerade in den Ballungsräumen, kulturelle, religiöse und vor allem soziale Konflikte, es gibt Ressentiments bei Deutschen und es gibt Ressentiments bei denen, die nicht nur deutsch sind, leider gibt es auch Gewalt und sogar Terror und Mord. Aber aufs Ganze betrachtet, geht es in Deutschland ausgesprochen friedlich, immer noch verhältnismäßig gerecht und sehr viel toleranter zu als noch in den neunziger Jahren. Ohne es eigentlich zu merken, hat die Bundesrepublik – und da spreche ich noch gar nicht von der Wiedervereinigung! – eine grandiose Integrationsleistung vollbracht.

Vielleicht hat es hier und dort an Anerkennung gefehlt, einer deutlichen, öffentlichen Geste besonders der Generation meiner Eltern gegenüber, der Gastarbeitergeneration, wie viel sie für Deutschland geleistet hat. Doch umgekehrt haben vielleicht auch die Einwanderer nicht immer genügend deutlich gemacht, wie sehr sie die Freiheit schätzen, an der sie in Deutschland teilhaben, den sozialen Ausgleich, die beruflichen Chancen, kostenlose Schulen und Universitäten, übrigens auch ein hervorragendes Gesundheitssystem, Rechtsstaatlichkeit, eine bisweilen quälende und doch so wertvolle Meinungsfreiheit, die freie Ausübung der Religion. Und so möchte ich zum Schluß meiner Rede tatsächlich einmal in Stellvertretung sprechen und im Namen von – nein, nicht im Namen von allen Einwanderern, nicht im Namen von Djamaa Isu, der sich fast auf den Tag genau vor einem Jahr im Erstaufnahmelager Eisenhüttenstadt mit einem Gürtel erhängte, aus Angst, ohne Prüfung seines Asylantrags in einen sogenannten Drittstaat abgeschoben zu werden, nicht im Namen von Mehmet Kubaşık und den anderen Opfern des Nationalsozialistischen Untergrunds, die von den ermittelnden Behörden und den größten Zeitungen des Landes über Jahre als Kriminelle verleumdet wurden, nicht im Namen auch nur eines jüdischen Einwanderers oder Rückkehrers, der die Ermordung beinah seines ganzes Volkes niemals für bewältigt halten kann –, aber doch im Namen von vielen, von Millionen Menschen, im Namen der Gastarbeiter, die längst keine Gäste mehr sind, im Namen ihrer Kinder und Kindeskinder, die wie selbstverständlich mit zwei Kulturen und endlich auch zwei Pässen aufwachsen, im Namen meiner Schriftstellerkollegen, denen die deutsche Sprache ebenfalls ein Geschenk ist, im Namen der Fußballer, die in Brasilien alles für Deutschland geben werden, auch wenn sie die Nationalhymne nicht singen, im Namen auch der weniger Erfolgreichen, der Hilfsbedürftigen und sogar der Straffälligen, die gleichwohl genauso wie die Özils und Podolskis zu Deutschland gehören, im Namen zumal der Muslime, die in Deutschland Rechte genießen, die zu unserer Beschämung Christen in vielen islamischen Ländern heute verwehrt sind, im Namen also auch meiner frommen Eltern und einer inzwischen sechsundzwanzigköpfigen Einwandererfamilie – möchte ich sagen und mich dabei auch wenigstens symbolisch verbeugen: Danke, Deutschland.

Zum Dank für den Joseph-Breitbach-Preis

Koblenz, Stadttheater, 19. September 2014

Sehr geehrte Vertreter des Landes, der Stadt, der Stiftung, der Akademie und der Familie von Joseph Breitbach, lieber Egon, lieber Martin, meine Damen und Herren,

der Roman, der heute ausgezeichnet wird, *Dein Name*, ist im Kern ein Totenbuch. Er gedenkt der Menschen, die in meinem Leben starben. Ob die Toten jemanden brauchen, der ihren Namen bewahrt, bezweifele ich. Gelernt habe ich, als ich mein Buch schrieb, daß wir sie brauchen – daß etwas in uns stirbt, wenn wir sie nicht anrufen: das Leben, das wir mit ihnen geteilt haben. Der Roman ist zu Ende; mehrfach habe ich Anlauf genommen, ihn fortzuschreiben, nur um einsehen zu müssen, daß ich mich in Wiederholungen verfange; was zu erzählen war, scheint gerade in seiner Unvollständigkeit erzählt zu sein. Aber die Menschen, die sterben immer weiter, und je älter ich werde, desto schneller: Das Totenbuch, da es die Vollständigkeit versuchen muß, endet erst mit dem eigenen Tod. Und so möchte ich, statt den Roman zu erklären, der heute ausgezeichnet wird, als Erklärung die Kapitel aufsagen, die seit seinem Erscheinen hinzugekommen sind.

Allerdings kann ich der Toten nicht gedenken wie in *Dein Name*, mit ihrem Namen und allen ihren Daten, um die Formulierung Ingeborg Bachmanns zu wiederholen, die dem Roman zum Refrain geworden ist, bis hin zu den unscheinbarsten Beobachtungen und in der Physiognomie bis hin zum Photographischen; dafür sind es zu viele Menschen, die in den letzten drei Jahren gestorben sind, ist die Zeit zu kurz und die Form der öffentlichen Rede nicht geeignet. Nein, ich möchte mich auf die fünf Toten beschränken, die mit *Dein Name* in direkter Verbindung stehen oder sogar darin auftreten, noch ohne Namen, weil sie lebten, als Freund, als Verwandter, als Kollege: Wie jeder einzelne von ihnen, darum soll es in meiner Dankrede gehen, den Roman erst ermöglicht, auf ihn eingewirkt, ihm eine unerwartete Wendung gegeben hat, und wie jeder von ihnen, obwohl sie sich untereinander nicht kannten, nicht einmal denselben Erdteil bewohnten, keine gemeinsame Sprache sprachen, in meinem Leben mit jedem anderen zusammenhängt und so das ungeheure Beziehungsgeflecht bildet, das wir Ich nennen. Das ist gemeint, glaube ich, wenn es im Talmud und im Koran beinah wortgleich heißt, daß, wenn man einen Menschen tötet, es sei, als töte man die ganze Menschheit. Jeder Mensch ist eine Menschheit.

Der erste, der starb, drei Monate nach Erscheinen des Romans, war Heinz Ludwig Arnold. Die meisten von Ihnen werden ihn als einen der bedeutendsten Wegbegleiter und Wegbereiter der deutschen Nachkriegsliteratur kennen, einige auch als ihren Freund Lutz. Ich studierte noch, schrieb nebenher für die *Frankfurter Allgemeine Zeitung,* als Lutz mich in einem Brief bat, ihn mit der persischen Gegenwartsliteratur vertraut zu machen. Zum Dank für einen kleinen Dienst hielt er mir ein Leben lang die Treue, unterstützte mich, wo er konnte, rezensierte meine Dissertation über den Koran, obwohl ihm die Materie fremd war, und las *Das Buch der von Neil Young Getöteten,* dessen Materie ihn erst recht befremden mußte. Er verbesserte das Manuskript und verschickte es mit seinem Briefkopf und Renommee beharrlich an Verlage, bis die Zusage für meine erste literarische Veröffentlichung endlich vorlag.

So merkwürdig fremd an ihm und zugleich bewunderungswürdig war die Ergebenheit, die Lutz dem Tod entgegenhielt. Alle Nachrufe würdigten den Macher, der als Zwanzigjähriger Ernst Jüngers Sekretär wurde und mit dreiundzwanzig die Zeitschrift *Text und Kritik* gründete, bald schon das *Lexikon zur deutschsprachigen* und wieder später das *Lexikon zur fremdsprachigen Gegenwartsliteratur* herausgab, nicht mehr zu zählen die Sendungen, Aufsätze und Bücher, die er selbst schrieb, dann die Jurys, Vorlesungen und Seminare, ein ganzer Betrieb mit mehreren, manchmal Dutzenden Mitarbeitern, dabei immer auf eigenen Beinen, immer unabhängig, weil einer wie Lutz sich nie etwas sagen ließ, und zum Schluß, als sei das nicht genug für ein Leben, auch noch mit Hilfe seiner Frau, seinen Mitarbeitern, Dutzenden Experten und Hunderten Autoren den *Kindler* neu herausgab, den letzten *Kindler*, der jemals erschienen sein wird, weil niemand auf der Welt eine solche Unternehmung mehr auf sich nimmt, eine solche Anstrengung, Präzision und Koordination. Lutz war nicht religiös, bis zum Ende war er es nicht, staunte beinah selbst darüber, keinerlei Anwandlung zu spüren, stutzte noch drei Tage vor seinem Tod über Heine, der in der Matratzengruft einen Herrgott aufgetan haben wollte. Aber was Religion ausmacht, die religiöse Haltung, das hatte ausgerechnet er sich wundersam angeeignet, dessen Willenskraft doch unerschöpflich zu sein schien: nun geschehe ein anderer Wille, Dein Wille geschehe. Meine Beobachtung gefiel ihm, sozusagen ohne Absicht absichtslos geworden zu sein, wie es die Religionen lehren. Zugleich beharrte er darauf, nicht an die Ewigkeit zu glauben; der Mensch verschwinde einfach Stück für Stück, so kam es ihm vor, bis nichts mehr von ihm bleibe. Eine Klage kam nicht über seine Lippen, allenfalls die Feststellung, daß manche Situationen nun einmal beschissen seien, Aufstehen, aufs Klo Gehen, Übelkeit und am quälendsten die Atemnot, die zu den Panikattacken führte, für die er doch nichts könne. Lutz selbst war nicht panisch, nur sein Körper war es gelegentlich.

Seine Ergebenheit, die ich bewunderte, irritierte mich zugleich. Ich hatte immer angenommen und es entsprach der Beobachtung meines Romans, daß religiöse Menschen – es geht nicht um diese oder jene Religion, nicht einmal notwendig um Gott, ich meine das Bewußtsein, daß dies, was ist, nur ein Geringeres ist –, ich hatte angenommen, daß religiöse Menschen jedenfalls in den letzten Dingen im Vorteil seien, weil sie vertrauen könnten, wo der Mensch mit dem Tod ins absolut Unvertraute tritt, und Gebete zur Hand hätten, wo die eigene Sprache versagt. Lutz, der über das Ausbleiben jedweden Glaubens selbst überrascht war, widerlegte meine Annahme als Vorurteil und damit eine Behauptung meines Romans. Wäre er früher gestorben, nur vier oder fünf Monate früher, hätte *Dein Name* zum Ende noch eine atheistische Volte geschlagen.

Als ich bei ihm saß, sein runder Körper eingefallen wie ein ausgewrungener Schlauch, in den Augen Hoffnung allein noch auf rasches Verschwinden, spürte ich zu meiner Überraschung auch etwas Glückliches, oder genauer: spürte ich, daß wir Jüngeren, die wir Lutz so viel verdankten, später diese Tage auch als glücklich erinnern würden. In einem letzten Kraftakt hatte er alle literarischen Hinterlassenschaften geregelt, auch für seine Frau und vor allem die Tochter gesorgt. Das Gefühl, daß nun alles getan sei, bis auf die gelegentliche Atemnot die Schmerzen dank des Morphins erträglich, die wirklich unangenehmen Situationen zwar von Tag zu Tag häufiger, aber bis zum Schluß auch noch Stunden des Friedens, bei vollem Bewußtsein die Angehörigen bei sich zu haben, jeden Tag Freunde, die von weither nach Göttingen anreisten – so ein Sterben, das man selbst begeht, ist nicht vielen vergönnt. Sofern Gott, an den Lutz nicht glaubte, gerecht ist, kann man sich ein solches Glück nur verdient haben. Der große Vermittler der deutschen Nachkriegsliteratur, ihr fleißigster Diener, erhielt seinen Lohn nicht in Gestalt der Orden und Preise, so kindlich er sich über solche Anerkennung auch freute. In den letzten Wochen seines Lebens erhielt er die Treue zurück, die er gezeigt hatte.

Ich hatte immer das Gefühl, daß ihm meine literarischen ebenso wie meine wissenschaftlichen Texte eher als etwas Gelehrtes oder Gewagtes imponierten, als daß sie ihn persönlich bewegt hätten, und es mehr Freundschaft als Begeisterung war, warum er mir so viele Jahre beistand, mich ermutigte, mir mit Ratschlägen und Kontakten zur Seite stand, sich über Angriffe und manche Kritiken ehrlich empörte. Noch bei meinem letzten Besuch, zwei Tage vor seinem Tod, listete er die Tippfehler auf, die er in *Dein Name* entdeckt hatte, am kuriosesten die Verwechslung von Grass' *Hundejahren* mit Kempowskis *Hundstagen*, die sonst, ich schwör's, noch niemandem aufgefallen war.

Aber bei der Trauerfeier – so eitel es ist, muß ich's dennoch erwähnen – berichtete einer der Redner, daß Lutz am Ende abwechselnd in drei Büchern las, im *Dekameron*, in der *Göttlichen Komödie* und in *Dein Name*. Er hatte es mir nicht ausdrücklich gesagt, aber ich hatte auch bei meinem Besuch das Gefühl, daß ihm mein Roman vielleicht gar nicht so sehr imponierte wie meine früheren literarischen und wissenschaftlichen Texte, das Totenbuch ihn vielmehr auf eine Weise persönlich bewegte, die sich ein Autor, aber bestimmt kein Freund wünscht. Denn als ich Lutz das Buch am 27. August 2011 überreichte, war schon klar, daß er der nächste sein würde, der mit Namen und allen seinen Daten genannt würde, bis hin zu den unscheinbarsten Beobachtungen und in der Physiognomie bis hin zum Photographischen. Obwohl wir damals noch mit einigen Monaten, vielleicht sogar ein, zwei Jahren erträglichen Lebens rechneten, hatte er schon diese Demut im Gesicht, die ich an ihm zuvor nicht gekannt. Er wußte, daß ich seiner gedenken würde, und ich wußte es. Deshalb sprachen wir nicht darüber. Auch als ich Ende Oktober nach Göttingen zurückkehrte, sprachen wir nicht über das Buch, nur über Tippfehler und Rezensenten, über die er sich ärgerte wie eh. Alles, was er wollte, war, daß ich ihm ein Stückchen vorlese.

Freilich tröstete nichts über den Abschied. Lutz selbst schickte mich am nächsten Morgen weg, als er merkte, daß die schlechten, jeden Tag schlechteren Stunden begannen. Eilig raffte ich meine Sachen zusammen. Leb wohl, sagte Lutz. Du auch, dachte ich, obwohl Lutz nicht an die Unsterblichkeit glaubte. Möge seine Seele froh sein: Heinz Ludwig Arnold, geboren am 29. März 1940 in Essen, gestorben am 1. November 2011 in Göttingen.

*

Der nächste, der starb, fast ein Jahr später – eine so lange Zeit ohne den Tod wird in der zweiten Hälfte des Lebens selten –, war mein alter Rektor in Siegen, Volker Eckardt. So viel kann ich mit Gewißheit sagen, daß ich ohne den Eckardt kein Abitur gemacht hätte. Und wenn ich kein Abitur gemacht hätte, dann hätte ich nicht Orientalistik studiert, und wenn ich nicht Orientalistik studiert hätte, dann hätte mein Leben einen so vollständig anderen Verlauf genommen, daß es schon gar nicht mehr mein Leben gewesen wäre, das Leben dessen, der heute vor Ihnen steht, sondern das Leben einer anderen, mir wahrscheinlich ziemlich fremden Person. Um nur eines, das nächstliegende Beispiel zu nehmen, wie ich zu dem wurde, der heute einen bedeutenden Literaturpreis entgegennimmt: Heinz Ludwig Arnold hätte mich nicht angeschrieben, wenn ich nicht Orientalistik studiert, nicht Abitur gemacht, unter allen Schulleitern Siegens nicht auch den Eckardt angetroffen hätte.

Denn es war so, daß ich fünfzehnjährig von der Schule flog, dem Fürst-Johann-Moritz-Gymnasium, und dann reihum bei den anderen Gymnasien in Siegen vorsprach, jedoch nirgends ein Platz frei war. Das ging so weit, daß ich langsam schon in Panik geriet und meine armen Eltern ebenfalls, und wir anfingen, uns nach den Gymnasien in den Nachbarstädten zu erkundigen und wie lang, mit welchen Bahnen und Bussen ich dort jeden Morgen hinführe und jeden Mittag zurück. Es ist an dieser Stelle unwichtig, warum ich von der Schule flog; eine Heldensaga war es ohnedies nicht. Wichtig an dieser Stelle ist nur, daß ich schließlich beim Gymnasium am Rosterberg anrief, einen Termin zum Vorstellungsgespräch erhielt und erstmals dem Eckardt gegenübersaß, einem hochgewachsenen Mann mit noch höherer Stirn, rötlichen, etwas zu langen, hinter den Ohren beinah bis zur Schulter wallenden Haaren, am Leib ein dunkelblauer, altmodischer Anzug, also mehr Hölderlin als Hippie oder wie aus einem Roman von Erich Kästner. Und kaum, daß ich mich gesetzt hatte, sagte der Eckardt: Ich nehm dich. Und ich, ich muß so verblüfft gewesen sein, daß ich nur stammelte: warum das denn? Und dann berichtete mir der Eckardt, daß der Schütz ihn angerufen habe, der Rektor des Gymnasiums, von dem ich geflogen war, und ihn, den Eckardt, gewarnt habe, mich aufzunehmen, und der Schütz habe nicht nur ihn angerufen, den Eckardt, sondern die Rektoren aller Siegener Gymnasien. Und da habe er, also der Eckardt, gedacht: Was für ein Arschloch, also dieser Schütz, und daß er das Bürschchen, also mich, nun erst recht aufnehmen werde. Allerdings erwarte er von mir, daß ich ab jetzt immer zum Unterricht erscheine, und zwar pünktlich!, und nicht mehr so viele Faxen mache: Das mußt du mir jetzt in die Hand versprechen. Ich stand auf und versprach's dem Eckardt, der mich um einen oder zwei Köpfe überragte, versprach's ihm in die große Hand und hab mich nicht immer daran gehalten – es gab noch oft genug Ärger mit dem Eckardt –, aber doch so, daß ich vier Jahre später – es ist ja dummstolz, so etwas zu erwähnen, aber hier, in meine Anrufung Eckardts gehört's nun einmal hin – ein Einser-Abitur hinlegte.

Zu der Zeit war der Eckardt schon gar nicht mehr Rektor, sondern ein hohes Tier in der Bezirksbehörde. Das war auch so eine Geschichte.

Als der Eckardt befördert wurde, bereitete ihm die Schule ein unglaublichliches Fest: Jede einzelne Klasse hatte sich etwas überlegt, hatte geprobt und etwas wirklich Einfallsreiches, oft auch sehr Witziges vorgetragen, musiziert, gesungen oder aufgeführt – man konnte den Eckardt herrlich karikieren, der mit ausgestrecktem Arm und wehenden Haaren gern auch unangemeldet in den Unterricht platzte, um nach dem Rechten zu sehen –, und der Eckardt selbst, der große, gewaltige Eckardt in seinem altmodischen blauen Anzug, saß mit feuchten Augen da, in der ersten Reihe der Aula, und konnte das alles nicht fassen. Dann war der Eckardt weg, weit weg in der Bezirksbehörde, in einer anderen Stadt, und ehrlich gesagt gewöhnten wir uns schnell daran, daß jemand anders nun Rektor würde, und überlegten, wen aus dem Kollegium wir bevorzugten. Es meldeten sich in den Klassen sogar Nörgler, die das Fest für übertrieben hielten und meinten, so toll sei der Eckardt nun auch nicht gewesen, sondern habe auch so seine Schützlinge gehabt. Natürlich widersprach ich, der als Schützling Eckardts bekannt war. Nein, der Eckardt war nicht immer gerecht, er konnte seine Geringschätzung mancher Lehrer kaum verbergen, ja, er hatte seine Schützlinge unter den Schülern, aber wenn man selbst einer ist, hält man Gleichheit nicht mehr für das Maß aller Dinge.

Alle hatten sich daran gewöhnt, daß der Unterricht auch dann gehalten wird, wenn der Eckardt nicht mehr wehenden Hauptes in die Klasse stürmt, und waren gespannt auf die Berufung seines Nachfolgers, als ich eines Morgens von einem Mitschüler hörte: Der Eckardt ist zurück! Wie, was? Ja, der Eckardt war zurück, war aus dem Käfig für hohe Tiere ausgebrochen und ohne Absprache mit der Behörde in sein Büro zurückgekehrt. Konnt' nicht mehr atmen ohne euch Rabauken, knurrte er, als ich ihm auf dem Korridor den Weg versperrte: Wär' unter den Akten fast erstickt. Und jetzt passierte etwas beziehungsweise passierte gerade nicht, was der Eckardt vielleicht erwartet hatte, als er wehenden Hauptes zu uns zurückgekehrt war: Es brach kein Jubel aus. Die Schule hatte ihn ein paar Wochen zuvor mit großem Pomp und ehrlicher Rührung gefeiert, es war eine selten schöne, für jede Klasse auch aufwendige Verabschiedung gewesen – aber eine Verabschiedung eben. Die Gefühle bei der Abschiedsfeier waren auch deshalb so stark, die Komplimente so überschwenglich, weil die Schüler annahmen, ihn zu verlieren: Vor einem amtierenden Rektor wäre uns der Überschwang durchaus peinlich gewesen. Aber nun war er wieder zurück, von einem auf den anderen Morgen. Ohne eigentlich zu wissen warum, waren wir alle ein bißchen konsterniert, die Nörgler behaupteten gar, an der Nase herumgeführt worden zu sein.

Ob der Eckardt spürte, daß der Empfang weniger herzlich ausfiel als zuvor die Verabschiedung, traute ich mich nicht zu fragen. Jedenfalls blieb er nicht lange, die Behörde erlaubte die Rückversetzung natürlich nicht, schon gar nicht unter diesen Umständen. Der Eckardt muß das eigentlich auch gewußt haben, als er in der Bezirkshauptstadt ins Auto stieg, um wieder Rektor am Rosterberg zu werden, die ganze Rückkehr hatte etwas traurig Don Quijotehaftes, es war ein von vornherein vergebliches Aufbäumen gegen die Umstände, bei dem auch noch die erwartete Unterstützung der Schüler ausblieb. Diesmal verließ der Eckardt unsre Schule auf leisen Sohlen – keine Feier, nicht einmal ein kleiner Empfang, von einem auf den anderen Morgen war der Eckardt verschwunden.

Zehn oder fünfzehn Jahre später, ich hatte mein Studium abgeschlossen und arbeitete nun für die *Frankfurter Allgemeine Zeitung*, hörte ich auf unserem Anrufbeantworter seine dunkel knarzende Stimme mit der vertrauten westfälischen, wenn auch nicht Siegerländer Färbung: Ja, ich hoffe, ich bin jetzt bei dem Navétt – Sie müssen sich meinen Namen also immer westfälisch ausgesprochen vorstellen, also nicht Navid oder gar persisch Naviiid, sondern Navétt, wobei der Eckardt den ersten Vokal immer etwas dehnte, Náavett, also: Ja, ich hoffe, ich bin jetzt bei dem Náavett, ähem, hier ist der Eckardt, dein, ähem, Ihr alter Rektor aus Siegen. Natürlich war er als Gymnasialrektor schon immer Leser der *Frankfurter Allgemeinen Zeitung* gewesen und so auf meinen Namen gestoßen, hatte herausgefunden, daß ich in Köln wohnte, und meine Nummer bei der Auskunft erfragt. Sie sollen mich nicht siezen, sagte ich dem Eckardt als erstes und besuchte ihn und seine Frau seither regelmäßig, erst in der Bezirkshauptstadt, wo er gerade als noch höheres Tier pensioniert war, später in Münster. Einmal reisten der Eckardt und seine Frau auch zu einer Preisverleihung an, da sah ich ihn beim Empfang die meisten anderen Gäste überragen, mit seinen grau, aber dafür noch länger gewordenen Haaren, jetzt wirklich mehr Hippie als Hölderlin, und hörte aus der Ferne, wie er einem Unbekannten laut knarzend von dem kleinen Náavett erzählte, von diesem Bürschchen, das er trotz Warnung aufgenommen hatte. So einen Rektor, wie ich ihn gehabt habe, den gibt's nicht einmal bei Erich Kästner. Möge seine Seele froh sein: Volker Eckardt, geboren am 27. Februar 1929 in Münster, gestorben am 27. Juli 2012 ebendort.

*

Ohne ihren Namen zu nennen, habe ich über Tante Ghodsi in *Dein Name* bereits ausführlich geschrieben. Denn ihr Mann war Herr Ketabi, dessen Name über dem fünften Kapitel steht, und was ich dort von seinem Leben berichte, ist ebenso das Leben meiner Tante Ghodsi, meine Sommerferien bei ihnen in Teheran, ihr gemeinsamer Besuch in Deutschland und zuletzt die Jahre, in denen Tante Ghodsi ihren kranken Mann pflegte, und wie sie sich bei aller Fürsorge, aller Aufopferung dennoch Freiheiten zu nehmen vermochte, die paar Minuten, die sie ihre Einkäufe ausdehnte, die Wassergymnastik im Pool des Appartementblocks, ihren Damenzirkel, an dem sie bis zum Schluß festhielt. Auch das melancholische Lächeln, das sie mir gelegentlich zuwarf, wenn uns die Gesprächsthemen ausgingen, weil der stumme Herr Ketabi dann doch mithörte, aber sich für nichts mehr interessierte – auch in ihrem melancholischen Lächeln deutete sich die Freiheit an, die Freiheit ihrer Gedanken, wenn schon die Krankheit ihres Mannes sie in einen beinah vierundzwanzigstündigen Dienst zwang, den sie klaglos hinnahm und mustergültig verrichtete.

Die Liebe zu Iran, die in *Dein Name* literarische Gestalt annahm, ist keine intellektuelle, sie rührt nicht aus Lektüren und schon gar nicht aus politischen oder gesellschaftlichen Zuständen. Büchner und Kafka waren mir immer viel näher als Hafis und Rumi, und mit der Bundesrepublik als einem Gemeinwesen identifiziere ich mich allemal mehr als mit dem iranischen Kaiserreich oder der Islamischen Republik. Die Liebe, die in *Dein Name* Gestalt annahm, ist die Liebe des Kleinkindes.

Wenn ich etwas mit Iran verbinde, dann ist es eine ungeheure Zärtlichkeit und Wärme des Umgangs, die ich bei den Verwandten wahrnahm, auch bei den Männern und häufiger bei den Frauen, meiner Tante Lobat vor allem, deren Sterben ich im *Schrecken Gottes* schildere, aber ebenso ihrer jüngsten Schwester, der Tante Ghodsi, bei der wir in Teheran immer wohnten. Deren Tochter, die fünf Tage älter oder jünger als ich ist – ich verwechsle das bis heute –, war meine beste Freundin in Iran, und so blieb ich manchmal über Tage allein bei Tante Ghodsi zurück, wenn meine Eltern außerhalb der Stadt zu tun hatten.

Ich möchte keine kulturalistischen Theorien daraus herleiten oder ungerecht gegenüber anderen Völkern sein – ich darf im Rückblick auch meinen Status des Besuchers nicht übersehen, der mich vor Tadel schützte –, aber die vollständige Sanftmut, das ganz Weiche in der Sprache und den Berührungen, das ich in den Sommerferien bei Tante Ghodsi hörte, sah und auf der Haut spürte, ja, auf dem Kopf, den sie mir gern und lang streichelte – das kannte ich von deutschen Erwachsenen nicht. Ich kannte den samtenen Klang der Kosewörter nur aus Iran, den zarten Singsang in Tante Ghodsis Sätzen, die immer mit einer leichten Hebung ihrer Stimme und dadurch so hell, so freundlich ausklangen. Obwohl ich wie gesagt viele Tage oder sogar Wochen in ihrem Haus in Teheran wohnte, hörte ich nie ein scharfes oder auch nur ärgerliches Wort von ihr, mehr noch: Ich wüßte nicht einmal, wie sich ihr scharfes oder auch nur ärgerliches Wort hätte anhören können, obwohl sie zu ihren eigenen Kindern doch bestimmt einmal auch streng gewesen sein muß. Oder ist eine Kindererziehung auch ohne jeden Zorn, ohne jeden Tadel denkbar? Ich kann mir das nicht vorstellen und habe es bei Tante Ghodsi, die immerhin vier Kinder hatte, dennoch nie erlebt.

Wenn überhaupt, dann hat sie uns gelegentlich ermahnt, wir sollten nach dem Mittagessen weniger Krach machen, weil Herr Kebati schlafe, oder das Obst aufessen, das sie uns unaufgefordert schälte. Gestraft hat sie nie. Und das Sonderbare war, wenn ich heute daran denke: Anders als jede antiautoritäre Pädagogik, die ich später in Deutschland beobachtete, hat es funktioniert, es hat funktioniert durch die rückhaltlose Liebe, die sie uns entgegenbrachte. Ich hatte ein solches Zutrauen zu Tante Ghodsi, die damals noch nicht alt, in den Vierzigern, war, jedoch für mich eben eine absolut erwachsene Person, daß mir gar nicht in den Sinn gekommen wäre, bewußt etwas zu tun, was ihr nicht recht war. Meine eigenen Eltern, die ich als Kind zur Weißglut treiben konnte, waren viel strenger zu mir. Wahrscheinlich waren meine Eltern streng, eben weil ich ungehorsam war, aber jedenfalls als Kind hätte ich meinen Ungehorsam umgekehrt mit ihrer Strenge erklärt, gegen die ich aufbegehrte. Hingegen hörte ich auf Tante Ghodsi deshalb, so hätte ich als Kind argumentiert, weil sie nicht den geringsten Zwang ausübte.

Natürlich kannte ich als Kind nicht den Begriff der antiautoritären Erziehung, die ohnehin nur dann gelingt, wenn die Autorität wie bei Volker Eckardt so selbstverständlich ist, daß sie gar nicht erst unter Beweis gestellt werden muß. Doch kannte ich als Kind den Gegensatz von schimpfenden und nicht schimpfenden Erwachsenen und assoziierte die Schimpfenden eindeutig mit Deutschland, nicht nur mit den Deutschen, sondern zugleich mit meinen eigenen Eltern, obschon diese nach den Maßstäben des damaligen Siegerlandes, in dem die 68er-Bewegung noch längst nicht angekommen war, uns nachgerade liberal erzogen. Hingegen Eltern, die nicht schimpfen, assoziierte ich mit meinen Sommerferien in Iran.

Vermutlich stellt meine kindliche Wahrnehmung alle verfügbaren Statistiken auf den Kopf. Ich benötige auch gar keine Statistik, um zu wissen, daß die Prügelstrafe in muslimischen Familien noch erschreckend geläufig ist; es genügt, hinter die Fassaden meines eigenen multikulturellen Viertels in Köln zu blicken. Als Reporter bin ich Zeuge der Tyrannei, die in vielen orientalischen Ländern herrscht. Ich schäme mich für die Gnadenlosigkeit vieler, die sich den Islam auf die Fahnen schreiben. Ich schreibe gerade in diesen Wochen gegen die Knechtschaft an, die ein sogenannter Islamischer Staat für die Menschen bringt, die Massenhinrichtungen, die Folter, die Steinigungen, die Vertreibungen und Zwangsbekehrungen. Ich weiß von den körperlichen Strafen, die der Koran selbst vorsieht. Ich ignoriere das nicht, sondern suche nach den Ursachen der Gewalt, die die Welt aus guten Gründen mit dem Islam assoziiert. Aber ich selbst, ich bin eben mit dezidiert islamischen Verwandten aufgewachsen, die dezidiert sanftmütig waren wie meine Tante Ghodsi. Ich kann diese Prägung nicht abwischen, so nahe es an manchen Tagen zu liegen scheint, das Land und die Religion meiner Eltern zu verachten.

Ich vermute, daß diejenigen Iraner, Türken oder Araber, die heute in den westlichen Medien als Ankläger ihrer Herkunftskultur auftreten, andere Verwandte gehabt haben als ich: prügelnde, strafende. Ich kann es ihnen nicht verdenken, wenn sie die Gewalt, die ihnen angetan worden ist, mit ihrer Kultur identifizieren. Aber ich kann auch nicht anders, als mit derselben Kultur die Barmherzigkeit zu verbinden. Denn Barmherzigkeit ist für mich mehr als ein Wort, das am Anfang jeder Sure, jedes Gebetes, auch jeder Reise, jeder längeren Autofahrt, jeder Lesung und auch dieser Dankrede steht. Die Barmherzigkeit habe ich in den Sommerferien bei meinen Verwandten erlebt, den Männern und noch mehr den Frauen. Möge ihre Seele froh sein: Ghodsi Ketabi, geboren am 21. Januar 1932 in Isfahan, gestorben am 28. Februar 2013 in Teheran.

*

Friedrich Linpinsel gehörte zu den strengen Eltern, die ich vorhin erwähnte. Das bedeutet nicht, daß ich die Linpinsels ungern besuchte, deren Sohn mit meinem Bruder befreundet war und deren Tochter heute meine Schwägerin ist. Streng bedeutete nicht zwingend unsympathisch oder unangenehm. Streng war nur anders, als ich es von den Sommerferien in Iran kannte. Streng bedeutete Essenszeiten, die genau einzuhalten waren, und eine feste Sitzordnung. Streng bedeutete auch mal ein lautes Wort. Streng bedeutete, lieber nichts falsch machen. Dennoch konnten auch strenge Erwachsene nett sein oder Späße machen, über die alle Kinder lachten. Herr Linpinsel war so ein strenger, aber netter und sogar ziemlich lustiger Erwachsener.

Wenn ich heute darüber nachdenke, muß mein Bruder ein merkwürdiger Freund gewesen sein: Nahm immer seinen kleinen, elf Jahre jüngeren Bruder mit, wenn er die Linpinsels besuchte. Ich weiß gar nicht so genau, warum ich mitging, aber ich tat es, und ich tat es gern. So streng, wie ich ihn in Erinnerung habe, kann Herr Linpinsel gar nicht gewesen sein, sonst hätten seine Kinder kaum so viel Freunde mit nach Hause bringen dürfen, und nicht nur Freunde, sondern auch die Geschwister ihrer Freunde oder jedenfalls mich. Freilich die Ansichten von Herrn Linpinsel, die waren streng: streng katholisch, stramm CDU, strikt FAZ, hielt den Kommunismus für das Gottstehmirbei und verachtete die Friedensbewegung, von der ich mich als Heranwachsender mitreißen ließ, als einen Haufen naiver und noch dazu ungepflegter Wirrköpfe. Dabei war es gar nicht diese oder jene Meinung, die mich befremdete, sondern daß Herr Linpinsel zu allem eine klare, unverrückbare Meinung zu haben schien: ein jedes Wort in letzter Instanz. Was er von seiner Arbeit und vor allem seiner Arbeitsauffassung als Leitender Oberstaatsanwalt von Siegen preisgab, genügte, um mir lebenslang Angst vor dem Gesetz einzujagen: Wehe, vor einem Ankläger wie Herrn Linpinsel zu stehen.

Über die vielen Jahre, die Jahrzehnte, die wir uns kannten, wuchs nicht nur das Zutrauen, bis er mich beinah wie einen Sohn gern zu haben schien und ich ihn wie einen Vater respektierte; auch unsere Ansichten, die ich als Fünfzehnjähriger für definitiv unvereinbar gehalten hätte, näherten sich nach und nach an. Er ließ sich in quälenden Diskussionen mit dem Pfarrer und unserem islamischen Geistlichen überzeugen, der Hochzeit seiner Tochter mit einem Mohammedaner zuzustimmen, und ich schrieb für keine andere Zeitung als seine geliebte FAZ. Er pries im Alter die Verschwägerung mit unserer muslimischen Familie als ein Geschenk des Herrgotts, und ich gelte meiner fünfzehnjährigen Tochter heute als so erzreaktionär, wie mir selbst mit fünfzehn Herr Linpinsel galt. Wenn wir nicht an der FAZ Blattkritik übten, diskutierten wir bis zuletzt über die deutsche Politik, den Adenauer und den Strauß, den Schmidt und den Kohl, den Schröder und die Merkel, und so selten wir uns einig waren, am wenigsten über den Brandt, so halte ich sein streng katholisches, strammes CDU-Lager, das es heute kaum noch so gibt, längst nicht mehr für das Gottstehmirbei.

Ich möchte an einem Beispiel veranschaulichen, wie sich meine Koordinaten auch durch Herrn Linpinsel verschoben. Politisch bin ich zweifach geprägt worden, durch die Revolution in Iran und die grünalternative Bewegung. Der Anti-Amerikanismus verstand sich in beiden Milieus von selbst. Als Sohn von Iranern verband ich Amerika mit dem Schah, mit dem SAVAK, mit dem Putsch gegen die demokratische

Regierung Mossadegh. Als Jugendlicher in Deutschland stand Amerika für die Contras, den Imperialismus und den Putsch gegen die demokratische Regierung Allende. Das Argument von Allende, von dem ich 1983 in Siegen kaum mehr als den Namen kannte, war zugegeben weit hergeholt. Hingegen der Sturz Mossadeghs ist für die meisten Iraner meiner und erst recht der älteren Generation ein Ereignis, durch das Amerika konkret Schuld trägt am Schah und aller Gewalt, die daraus folgte. Es gab also jedenfalls in dem einen Teil meiner Biographie Gründe, gegen Amerika zu sein, es gab eine Erfahrung, die sich bis heute auf unser Leben auswirkt. Ohne den Putsch gegen Mossadegh wären meine Eltern nicht ausgewandert und hätte es keine Islamische Revolution gegeben.

Herr Linpinsel hatte die gegenteilige Erfahrung gemacht. Er war im Krieg gewesen, erst an der Ostfront, später im Westen, wo er in amerikanische Gefangenschaft geriet. So wie sich die Furcht vor dem Russen aus Erlebnissen speiste, die meine Vorstellungskraft überstiegen, so erlebte Herr Linpinsel die Westbindung Deutschlands als persönliches Glück. In allen Einzelheiten schilderte er uns die Großmut des Amerikaners, der ihm – dem Feind! – die Würde und sogar den Spaß am Leben zurückgegeben hätte. Der Amerikaner hätte ihn demütigen, vernichten, ja versklaven können – Herr Linpinsel hätte nichts dagegen zu sagen gewußt. Statt dessen behandelte der Amerikaner seinen Kriegsgefangenen als einen jungen Mann, der für eine bessere Zukunft seines Landes arbeiten kann, bot ihm einen sauberen Schlafplatz, gab ihm anständiges Essen, versorgte ihn mit Büchern und passabler Kleidung, brachte ihm Englisch bei, ermöglichte ihm, dem Gefangenen!, sogar, in Amerika zu studieren, und entließ ihn als einen deutschen Staatsbürger, der vom nationalen Dünkel geheilt war. Erst durch Herrn Linpinsel wurde die Befreiung Deutschlands zu meiner eigenen Familiengeschichte. Die Amerikanische Schule, die mein Großvater Anfang des 20. Jahrhunderts in Teheran besuchte, habe ich vielleicht auch deshalb in *Dein Name* wiederentdeckt. Jedenfalls merke ich, daß ich in allen großen außenpolitischen Debatten der letzten Jahre, an denen ich mich öffentlich beteiligte, vom Irakkrieg über die Ukraine und Syrien zum «Islamischen Staat», in Dissens mit meinem eigenen, linksalternativen

Milieu stand: Krieg mochte das falsche Mittel sein, aber Befreiung niemals das falsche Ziel.

Auf seinem Sterbebett sprach Herr Linpinsel fast nur noch vom Krieg. Ich habe noch nie einen Menschen gesehen, der so weich war, erschütternd zärtlich in seinen Worten und Berührungen, schutzlos und dankbar. Der strenge Herr Linpinsel meiner Kindheit, der Leitende Oberstaatsanwalt mit den strammen Ansichten – es gab ihn nicht mehr. Alt geworden war ich, rundherum ein erwachsener Mensch, wogegen er immer jünger wurde, so jung wie ein Rekrut. Am Leib ein dünnes Kleidchen, wie man es auf dem Sterbebett offenbar trägt, seitlich liegend, die angewinkelten Beine nackt, kehrte er nur kurz in die Gegenwart zurück, faßte mich am Arm, streichelte mich, dankte mir ein ums andere Mal für den Besuch, als verstünde der sich nicht von selbst, und wechselte noch ein paar Worte, bevor er in seine Erinnerungen zurücksank. Er weinte, wenn er an der Front stand, und lächelte selig, wenn er wieder in amerikanische Gefangenschaft geriet. Deutschland war gerettet worden. Möge seine Seele froh sein: Friedrich Linpinsel, geboren am 20. November 1923 in Königsberg, gestorben am 27. März 2013 in Wilnsdorf.

*

So oft schon war die Rede von der *Frankfurter Allgemeinen Zeitung*. Seit diesen Sommer Frank Schirrmacher starb, weiß ich, daß Gott sich nicht um Vollständigkeit schert. Schirrmacher förderte mich als Student und bot mir nach der Promotion einen Vertrag an, er schickte mich auf Reisen, die heute keine Tageszeitung mehr bezahlen würde, und fragte mich lange vor dem 11. September 2001, ob ich als Kulturkorrespondent in den Nahen Osten ginge. Das war die Perspektive, die ungleich mehr lockte als die akademische Laufbahn: die nächsten Jahre in Kairo zu verbringen. Schirrmacher schien einen Narren an mir gefressen zu haben. Daß er den Narren auch wieder ausspucken könnte, hatte ich nicht auf der Rechnung.

Schirrmacher besaß eine Gabe, die ich bis dahin bei keinem anderen Menschen erlebt hatte: die Gabe, den Eindruck vollständiger Aufmerksamkeit zu erzeugen. Egal, was ringsherum geschah, im Vorzimmer, die Hektik eines Redaktionsvormittages, egal auch, welche Gedanken ihn vor zwei Minuten noch beschäftigt haben mochten – als wir linkes an rechtes Knie auf der Sofagarnitur seines Büros saßen, schien er die Außenwelt wie einen Fernseher abgeschaltet zu haben. Daß Schirrmacher als einer der ersten die Überforderung registrierte, der das Gehirn durch die neuen Mittel der Kommunikation ausgesetzt ist, das muß auch mit seiner eigenen Befähigung zu tun gehabt haben, sich radikal auf einen einzelnen Gegenstand, ein einzelnes Gegenüber zu konzentrieren. Dabei war ich nur ein Student, der sich für den Termin eigens ein Sakko gekauft hatte, und er der Herausgeber der irgendwie auch gefürchteten, dem Feindeslager zugeordneten *Frankfurter Allgemeinen Zeitung.* Gebannt, halb offen sein kleiner Mund, die Augen gleichsam ohne Lidschlag auf mich gerichtet, den Oberkörper nach vorne gebeugt, nickte er, als hätte ich ihm gerade die Entstehung der Erde begreiflich gemacht, und fragte so begeistert nach, daß ich mehr als nur Verständnis, nämlich Einverständnis wähnte. Er führte mich durch die Redaktion, klopfte in den Büros der Mitarbeiter an, mit denen er mich am dringlichsten bekannt machen wollte, und war sich nicht zu schade, mich eine Etage höher oder tiefer zu den Kollegen von der Sportredaktion zu begleiten, weil ich mein Interesse am Fußball erwähnt hatte.

Erst viel später lernte ich, daß Schirrmacher sich beinah technisch in einen Aufnahmemodus zu setzen vermochte oder auch ein Kind war, das sich ins Spiel vertieft; mit den Menschen hatte das wahrscheinlich gar nichts zu tun, es war mehr das Thema, das ihn verzückte, in meinem Fall eben die nahöstliche Welt. So hatte wohl auch sein späteres Desinteresse mit mir so wenig zu tun wie zuvor sein Interesse. Es war einfach ein neues Thema, das ihn in den Bann zog, damals die Gehirnforschung und überhaupt die Naturwissenschaft, damit auch andere Menschen. Ich merkte das gar nicht, sondern sah nur, daß meine Artikel auf die hinteren Seiten rutschten und hanebüchen gekürzt wurden. In einem höflichen, beinah ehrfürchtigen Brief wies ich ihn auf die Lieblosigkeit hin, mit der meine Texte neuerdings behandelt würden. Ich ging immer noch davon aus, daß es sich lediglich um eine Folge von Mißgeschicken handele, Lappalien ja eigentlich, mit denen ein Herausgeber nicht befaßt sein konnte, und ich bald nach Kairo übersiedeln würde. Tage und Wochen vergingen, ohne daß Schirrmacher antwortete. Endlich gab mir ein Redakteur zu verstehen, daß ich mit keiner Antwort zu rechnen habe. Kurzentschlossen kündigte ich bei der *Frankfurter Allgemeinen Zeitung.*

Ich habe seither als Reporter manche Kriegsgebiete besucht und war sicher auch Gefahren ausgesetzt. Aber wenn ich einen Moment benennen wollte, bei dem ich persönlich Mut bewies, war es diese Kündigung. Ich schlug eine Zukunft aus, die wie für mich gemacht schien. Das Studium beendet, gerade Vater geworden, hatte ich keinerlei Absicherung, kein Gehalt und keine anderen Berufspläne. Dabei war es auch ein schönes Gefühl, als ich die Kündigung in den Briefkasten neben unserem Haus warf und nicht einmal für die nächsten Stunden etwas zu tun hatte: So jung, wie ich war, hatte ich allemal Zeit, einen anderen Lebensweg einzuschlagen.

Die Verachtung, die mir Schirrmacher daraufhin entgegenbrachte, muß ich nicht ausbreiten. Es war wohl seine Art, mit Menschen umzugehen, die sich von ihm abwandten, vielleicht Ausdruck enttäuschter Zuneigung, vielleicht nur verletzte Eitelkeit, in meinem Fall gewiß auch der Vorwurf der Undankbarkeit. Souverän war es nicht, sondern auf beinah schon anrührende Weise kleinlich und schwach. Womöglich machte dieselbe Kindlichkeit, die seine journalistische Neugier so groß machte, ihn im Zorn so kindisch. Geschmerzt hat es dennoch und meinen Büchern noch lange geschadet. Ein Redakteur, dem kurz darauf das gleiche widerfahren sollte, sagte mir: Wer Schirrmacher den Rükken kehrt, dem schmeißt er eine Axt hinterher. Genauso war's: eine Axt, die ich bis heute zwischen den Schultern spüre. Aber damit auch eine Berührung.

Der eine oder andere von Ihnen wird sich an die Auseinandersetzung um den Hessischen Kulturpreis erinnern, 2009. Da war es die FAZ, die mich mit all ihrem, gerade auch konservativem Gewicht gegen den Ministerpräsidenten und die beiden Kirchenführer verteidigte. Das hat mir, ich weiß das schon sehr genau, als öffentliche Person den Kragen gerettet. Denn der Vorwurf, ich hätte das Christentum beleidigt, ausgerechnet ich, wäre sonst doch an mir hängengeblieben. Das war – natürlich war das Schirrmacher persönlich, der sich hinter mich gestellt hatte, als es darauf ankam. Gesprochen, auch nur gemailt haben wir dennoch nicht mehr, weder damals noch später.

Ich hatte immer gedacht, vom ersten Tag der Kündigung an, daß unser Zerwürfnis viel zu läppisch war, um ein endgültiges zu sein. Die Aufmerksamkeit, die er mir geschenkt hatte – das war kein Trick. Den Dank, den ich ihm schuldig bin – allein schon, daß ich ohne Schirrmacher nicht die Reportagen geschrieben hätte, die in *Dein Name* so viel Platz einnehmen –, den Dank hatte ich tatsächlich nie zum Ausdruck gebracht. Immer las ich seine Aufmacher und bildete mir ein, daß ihm meine Artikel ebenfalls fehlten. Immer dachte ich: Der und ich, wir werden schon wieder linkes an rechtes Knie sitzen. Nun ist unsere Geschichte, kaum begonnen, doch schon zu Ende erzählt. Möge seine Seele froh sein: Frank Schirrmacher, geboren am 5. September 1959 in Wiesbaden, gestorben am 12. Juni 2014 in Frankfurt am Main.

*

Wenn ich mir nur diese fünf Menschen, die in meinem Leben gestorben sind, in einem Raum vorstelle, am selben Tisch: den Literaturkritiker, meinen alten Rektor aus Siegen, die Tante aus Teheran, den Leitenden Oberstaatsanwalt, den Herausgeber der *Frankfurter Allgemeinen Zeitung* – es wäre eine zufällig scheinende, ja willkürliche Konstellation, die sich kein Romanschreiber ausdenken würde. *Dein Name* war der Versuch, diesen Roman zu schreiben.

*

Joseph Breitbach brauchte gewiß niemanden, der seinen Namen bewahrt, als er das Preisgeld stiftete. Aber er wollte, so stelle ich mir vor, uns an dem Leben teilhaben lassen, das er führte, an seinem geistigen wie materiellen Reichtum. Als selten freigiebig beschreiben ihn alle, die ihn kannten. Wie dankbar dürfen erst wir sein, die ihn nicht kannten, daß uns seine Großzügigkeit dennoch Jahr für Jahr zuteil wird. Wie dankbar bin ich, daß ich im Namen von Joseph Breitbach geehrt werde.

Auf der Trauerkundgebung für die Opfer
der Pariser Anschläge

Köln, Appellhofplatz, 14. Januar 2015

Liebe Mitbürger, liebe Freunde,

heute vor einer Woche sind in Paris zwölf Menschen ermordet worden, nur weil sie ihr Recht auf freie Meinungsäußerung in Anspruch nahmen. Zwei Menschen sind ermordet worden, nur weil sie Polizisten waren, gewöhnliche Streifenpolizisten, die ihren Dienst taten. Einen Tag später sind vier Menschen ermordet worden, nur weil sie – der Attentäter hat es selbst am Telefon wörtlich so erklärt –, nur weil sie Juden waren. Das geschah mitten in Europa, im Zentrum der französischen Hauptstadt, unweit der Bastille, wo die Bürger 1789 auf die Barrikaden gingen, damit nicht mehr ein einzelner Despot, sondern Freiheit, Gleichheit und Brüderlichkeit herrschen. Diese Revolution war es, die am Anfang auch unserer Freiheit steht.

Es hat Jahre, Jahrzehnte, ja fast zwei Jahrhunderte gedauert – Europa, ja Frankreich selbst ist Umwege und fürchterliche Irrwege gegangen –, bis endlich die Menschen ungeachtet ihres Geschlechts, ihrer Herkunft, ihrer Religion, ihrer sexuellen Orientierung die gleichen Rechte – nein, ich will nicht sagen: die gleichen Rechte *genießen*, denn verwirklicht ist Europa noch nicht, aber doch die gleichen Rechte *beanspruchen* und für sie *eintreten* können. Allein, Freiheit und Gleichheit sind noch nicht das ganze Erbe der Französischen Revolution. Die letzten Tage haben uns daran erinnert, daß wir bei allen politischen Rechten und gesetzlichen Regeln immer auch das Moment der Brüderlichkeit im Blick haben müssen, der Empathie, des Einstehens für den Schwächeren, der Gastfreundschaft gegenüber dem Fremden, der Solidarität mit dem Verfolgten. Das war der entscheidende zivilisatorische

Durchbruch, der 1789 sicher noch nicht gelungen war, aber doch begonnen wurde, die Übertragung des biblischen Gebotes der Nächstenliebe auf die gesellschaftliche Wirklichkeit: nicht wir Franzosen und wir Deutschen, nicht wir Weißen über den Schwarzen, nicht wir Einheimischen über den Fremden, nicht die Männer über den Frauen, nicht wir Adligen und wir Bürger, nicht wir Kapitalisten und wir Arbeiter, nicht wir Christen, wir Juden und wir Muslime, nicht wir Europäer, wir Asiaten und wir Afrikaner – nein, wir Menschen.

Die Terroristen wollen einen Keil zwischen uns treiben, sie wollen uns in eine Entscheidung zwingen, ob wir Europäer oder Araber sind, Westler oder Orientalen, Gläubige oder Ungläubige. Nach dem 11. September 2001 war ihnen das fast schon gelungen, als der Terror mit Kriegen beantwortet wurde, mit Folter, mit der Aushöhlung des Rechtsstaats. Die unweigerliche Folge waren noch mehr Gewalt und Gegengewalt, noch mehr Feindbilder und noch mehr Haß, noch mehr Anschläge und Zehntausende und Hunderttausende weitere Tote. Heute muß die Antwort auf den Terror eine andere, eine im besten Sinne aufklärerische sein: nicht weniger, sondern mehr Freiheit! Nicht Ausgrenzung, sondern gerade jetzt Gleichheit! Und vor allem: nicht Feindschaft, sondern Brüderlichkeit!

Und tatsächlich, liebe Mitbürger, liebe Freunde: Wir haben die Bilder der letzten Woche gesehen, die Bilder der Kundgebungen am Sonntag in Paris und gestern abend in Berlin, in Madrid und in London, sogar in Beirut und in Hebron, wir haben eine weltweite Trauer und eine weltweite Solidarität erlebt. *Charlie Hebdo* ist heute in einer Auflage von drei Millionen und gleichzeitig in beinah dreißig Ländern erschienen. Die große, die überwältigende Mehrheit der Menschen hat über alle Grenzen der Konfession, Nation und Ethnie hinweg das Gemeinsame über das Trennende gestellt. Nein, wir Europäer sind nicht alle einer Meinung. Ja, wir haben unsere Konflikte, Unterschiede und Gegensätze. Und zugegeben: Nicht alle möchten wir über Witze lachen, die zu Lasten einer Minderheit gehen, ob nun Juden in Deutschland, Muslime in Frankreich oder sagen wir Christen in Iran. Vielleicht fühlen sich manche von uns auch von den Karikaturen verletzt, die in *Charlie Hebdo* erschienen. Aber wir sind uns einig – wir waren uns niemals einiger als in diesen Tagen –, daß wir diese Konflikte, Unterschiede und Gegensätze auf unserem Kontinent nie mehr mit Gewalt austragen wollen.

Und so sehe ich auch heute abend in Köln auf diesen Platz, der einmal einer der dunkelsten Orte unsrer Stadt war, vor den Türen des EL-DE-Hauses, einst Dienststelle der Gestapo und Inbegriff eines nationalistischen Schreckensregimes, und ja, liebe Mitbürger, liebe Freunde, ich freue mich, ich freue mich unbändig, denn ich sehe Euch alle zusammenstehen. Ich sehe Euch, egal, welcher Religion, Partei, Gewerkschaft Ihr auch angehört, welche Herkunft Ihr habt, welche Hautfarbe, welches Geschlecht, ob Ihr schwarz seid oder weiß, ob Ihr schwul seid oder lesbisch oder heterosexuell, ob Ihr politisch links oder rechts steht, ob Ihr rot wählt oder schwarz oder grün oder gelb, ob Ihr arm seid oder reich, ob Ihr in Marienburg wohnt oder in Mülheim, ob Ihr in die Oper oder lieber ins Millowitsch geht, ob Ihr an Gott glaubt oder den FC oder wie ich an Gott und den FC – ich sehe Euch alle gemeinsam und entschlossen im Gedenken an die Opfer von Paris vereinigt. Gemeinsam bekunden wir unsere Trauer, gemeinsam bekunden wir unseren Abscheu, gemeinsam bekunden wir unser Mitgefühl mit den Angehörigen der Opfer – aber entschlossen wehren wir uns auch gegen diejenigen, die den Mord an siebzehn unschuldigen Menschen mißbrauchen, um gegen eine einzelne Bevölkerungsgruppe zu hetzen. Wir wehren uns gegen die Le Pens in Frankreich und gegen die Gaulands in Deutschland, wehren uns gegen Pegida und gegen Proköln, gegen Salafisten und Rechtsradikale, gegen die Haßprediger in den Moscheen und die Haßprediger in den Talkshows. Wir wehren uns gegen diejenigen, die sich als Retter des Abendlandes aufspielen, aber alles verraten, was an diesem Abendland liebens- und lebenswert ist. Wir wehren uns gegen diejenigen, die wegen ein paar Karikaturen wüten und nicht sehen, daß sie es selbst sind, sie selbst!, die den Islam zur Karikatur seiner selbst machen.

Wir wehren uns, ja – und wir hätten uns schon viel früher wehren müssen. Denn die letzte Woche hat nicht nur eine unglaubliche Solidarität gezeigt – sie hat uns auch alle daran erinnert, daß Freiheit, Gleichheit, Brüderlichkeit weder selbstverständlich noch kostenlos sind, daß wir immer wieder neu für sie eintreten, für sie kämpfen und sie notfalls sogar mit unserem Leben verteidigen müssen. Der Kampf gegen Unfreiheit und Gewalt findet nicht nur in Kobane oder Aleppo statt, nicht nur am 11. September 2001 in New York oder am 7. Januar 2015 in Paris. Wir müssen für die Ideale der Gerechtigkeit, der Friedfertigkeit und der Toleranz jeden Tag eintreten, im Alltag, im eigenen Bekanntenkreis, am Arbeitsplatz oder in der Schule, in den Parteien, Gewerkschaften, Vereinen oder religiösen Gemeinden, und auch – das schätzen viele von uns leider zu gering – an den Wahlurnen, ganz besonders bei der gemeinsamen europäischen Wahl. Die letzte Woche hat uns daran erinnert, daß Europa zwischen Nationalisten hier und religiösen Extremisten dort zerrieben werden könnte, deren Haß sich gegenseitig hochschaukelt. Sie hat uns an die Konflikte und Kriege erinnert, die nicht in vergangenen Zeiten oder auf fernen Kontinenten, sondern direkt vor der europäischen Haustür stattfinden. Nur zwei, drei Flugstunden entfernt sterben dort jeden Tag Dutzende, Hunderte Menschen, und wenn sie nicht von Kugeln oder Bomben zerfetzt werden, dann sterben sie auf der Flucht, ertrinken im Mittelmeer, jeden Tag Dutzende, Hunderte Menschen.

Wir sollten uns nicht heraushalten, und wir können es auch gar nicht, denn egal, was im Nahen Osten geschieht, es wird uns betreffen, unsere Sicherheit, unseren Wohlstand und auch unseren gesellschaftlichen Frieden. Wir haben dort über Jahrzehnte die blutigsten Diktaturen unterstützt und uns sogar direkt am Sturz demokratischer, säkularer Regierungen beteiligt. Wir sahen ziemlich tatenlos zu, wie den Palästinensern Siedlung um Siedlung ihr Land und ihre Zukunft geraubt wurden. Vor allem aber haben wir – ja, ich sage wir, obwohl die meisten von uns 2003 gegen den Irakkrieg protestiert haben, aber der Krieg wurde nun einmal von der führenden westlichen Nation, im Namen der westlichen Wertegemeinschaft und auch von deutschen Flughäfen aus geführt –, vor allem haben wir Gesetzlosigkeit und Gewalt über ein ganzes Land gebracht, als wir behaupteten oder vielleicht tatsächlich glaubten, die Iraker zu befreien. Die Anschläge von Paris sind nicht zuletzt eine Folge dieses Krieges, der dem Terrornetzwerk al-Qaida in unmittelbarer Nachbarschaft Europas ein Aufmarschgebiet bescherte, auf das Osama bin Laden in seinen kühnsten Träumen nicht gehofft hätte. Und die Anschläge sind zugleich Folge unseres Versagens in Syrien, wo wir friedliche Demonstranten nicht unterstützt haben, die von einem brutalen Regime niedergemetzelt und zum Teil vergast wurden, wo wir tatenlos oder vielleicht sogar aus perfidem Kalkül zusahen, wie unsere eigenen engsten Verbündeten, Saudi-Arabien und andere Golf-Staaten, die Dschihadisten finanzierten und hochrüsteten, auch den sogenannten Islamischen Staat, auf den sich die Attentäter beriefen.

Ich sage das nicht, um von der Verantwortung der Muslime selbst abzulenken, schließlich sind Saudi-Arabien und die Golfstaaten ja auch muslimische Länder, und ebenso all die Diktaturen, die in der islamischen Welt herrschen. Ich sage das, um darauf hinzuweisen, daß Terror nicht einfach im luftleeren Raum entsteht, sondern einen sozialen, politischen und geistigen Nährboden hat. Wer den Terror besiegen will, der braucht Polizei, Geheimdienste, Justiz, ja. Manche von uns, die wie ich mit der Friedensbewegung großgeworden sind, haben lange, zu lange gebraucht, um auch die Notwendigkeit eines Sicherheitsapparates einzusehen – und den Mut unserer Soldaten und Polizisten anzuerkennen. Und doch werden wir den Terror nur besiegen, wenn wir ihm den sozialen, politischen und geistigen Boden entziehen. Daß hier diejenigen in besonderer Verantwortung stehen, in deren Namen die Gewalt verübt wird, liegt in der Natur der Sache. Als im Namen Deutschlands Krieg und Vernichtung über die halbe Welt gebracht wurden, war es auch und gerade an den deutschen Exilanten, die selbst gegen die Nazis gekämpft hatten, das bessere und andere Deutschland zu erklären.

Erlaubt mir deshalb, liebe Mitbürger, liebe Freunde, erlaubt mir, an dieser Stelle ein Wort speziell an die Muslime unter Euch zu richten, an meine Geschwister im Glauben. Es reicht nicht zu sagen, daß die Gewalt nichts mit dem Islam zu tun habe. In dem Augenblick, da sich Terroristen auf den Islam berufen, hat der Terror auch etwas mit dem Islam zu tun. Wir müssen die Auseinandersetzung mit der Lehre suchen, die heute weltweit Menschen gegeneinander aufhetzt und Andersgläubige ermordet oder erniedrigt. Dschihadisten haben in den vergangenen Monaten Hunderttausende Christen, Jesiden und überhaupt alle

Andersdenkenden vertrieben, vergewaltigt, ermordet. Sie haben in Pakistan erst vor ein paar Wochen eine Schule überfallen und 141 Menschen erschossen, die allermeisten von ihnen Kinder. Und am selben Tag, da Dschihadisten in Paris die Redaktion von *Charlie Hebdo* überfielen, haben Dschihadisten in Nigeria ein ganzes Dorf dem Erdboden gleichgemacht und viele Hundert, wenn nicht zweitausend Zivilisten massakriert – im Namen des Islams, meine Brüder und Schwestern. Und ob diese Dorfbewohner Muslime waren oder Christen, das interessiert mich überhaupt nicht, das will ich hier nicht einmal erwähnen – es waren Menschen, friedliche, wehrlose Menschen, auch sie unsere Brüder und Schwestern.

Der Islam hat immer wieder Wellen der Gewalt und der Barbarei erlebt, es gab den Sturm der Mongolen und es gab den Sturm der Kreuzfahrer. Aber diese Gewalt und diese Barbarei, sie kommt aus unserer eigenen Mitte, für sie ist weder der Mossad noch die CIA zuständig. Es liegt an uns – nicht nur an den Verbänden, nein, an jedem einzelnen von uns –, die Fratze abzureißen, die das Gesicht unserer Religion entstellt. Es ist unsere Verantwortung und unsere Aufgabe, dafür zu sorgen, daß man mit dem Islam nicht mehr Terror und Gewalt, sondern wieder Freiheit und Gerechtigkeit verbindet, nicht mehr Engstirnigkeit und Dogmatismus, sondern Vernunft und Toleranz, nicht mehr Unterdrückung und Strafe, sondern Humor und Kultur. Vor allem aber liegt es an uns, dem höchsten Gebot des Islams, der Barmherzigkeit, wieder Geltung zu verschaffen. «Wahrlich, erhebst du auch deine Hand gegen mich, um mich totzuschlagen, so erhebe ich doch nicht meine Hand gegen dich, um dich zu erschlagen» – das werden heute die meisten für die Bergpredigt halten, ist aber doch unser eigener Koran, Sure 5,28.

Schaut nicht weg, wenn Eure Kinder, Geschwister oder Freunde von einem auf den anderen Tag den Koran hochhalten, den es nur streng wörtlich auszulegen gelte, und sich als Moralapostel aufführen, die alles besser zu wissen glauben, diskutiert mit ihnen, weist sie hin auf die tausendvierhundertjährige Tradition islamischer Gelehrsamkeit, beginnend mit dem Propheten selbst, der den Koran niemals nur wörtlich verstand und stets mehr als nur eine einzige Auslegung akzeptierte. Sagt ihnen, daß die Nachfolge des Propheten nicht darin besteht, eine bestimmte Kleidung oder einen bestimmten Bart zu tragen, sondern von der Vernunft Gebrauch zu machen, das Wissen selbst in den fernsten Ländern zu suchen und Werke der Mildtätigkeit zu tun. Macht ihnen klar, daß Dschihad nach allen maßgeblichen Deutungstraditionen des Islams nur ein genau umrissener und zeitlich begrenzter Verteidigungskampf sein kann und nie und niemals die Ermordung wehrloser Menschen. Erinnert sie daran, daß der eigentliche Dschihad keineswegs der Kampf gegen Ungläubige ist, sondern der Kampf des Gläubigen mit sich selbst. Ignoriert in Euren Moscheen und Schulen und Familien nicht die Verse, die im Koran selbst zur Gewalt aufzurufen scheinen, sondern sprecht sie offen an, diskutiert sie und bettet sie ein in ihren historischen Kontext. Schreitet ein, wenn verächtlich über Andersgläubige gesprochen wird und zumal, wie es unter unseren Jugendlichen immer häufiger geschieht, zumal über Juden. «Der Mensch ist entweder ein Bruder im Glauben oder ein Bruder in der Menschlichkeit.» Das sagte im siebten Jahrhundert Ali ibn Abi Talib, der als vierter Kalif und zugleich erster Imam wie kein anderer Nachfolger des Propheten Sunniten und Schiiten verbindet. Das, genau das ist aber auch zugleich der humane Kern, der den morgen- und abendländischen Religionen gemeinsam ist und in der Französischen Revolution als Gleichheitsgebot säkularisiert wurde.

Liebe Mitbürger, liebe Freunde, laßt uns, egal ob gläubig oder nicht, Mann oder Frau, schwarz oder weiß, heimisch oder fremd, laßt uns jederzeit wieder auf die Barrikaden gehen, um unsere Freiheit, unsere Gleichheit und eben auch unsere Brüderlichkeit zu demonstrieren. Die siebzehn Menschen, die vor einer Woche in Paris als Journalisten, als Polizisten, als Juden ermordet wurden, sind in unserem Gedächtnis und unseren Gebeten als Menschen lebendig. Sie sind Zeugen dafür, daß der Kampf weitergeht, der 1789 in Paris seinen Ausgang nahm: Alle Menschen werden Brüder.

Zum Dank für den Friedenspreis des Deutschen Buchhandels

Frankfurt, Paulskirche, 18. Oktober 2015

Sehr geehrter Herr Oberbürgermeister, lieber Herr Riethmüller, lieber Herr Miller, Exzellenzen und Honoratioren, meine Damen und Herren,

an dem Tag, als mich die Nachricht vom Friedenspreis des Deutschen Buchhandels erreichte, am selben Tag wurde in Syrien Jacques Mourad entführt. Zwei bewaffnete Männer traten in das Kloster Mar Elian am Rande der Kleinstadt Qaryatein und verlangten nach Pater Jacques. Sie fanden ihn wohl in seinem kargen kleinen Büro, das zugleich sein Wohnzimmer und sein Schlafzimmer war, packten ihn und nahmen ihn mit. Am 21. Mai 2015 wurde Jacques Mourad eine Geisel des sogenannten Islamischen Staats.

Ich habe Pater Jacques im Herbst 2012 kennengelernt, als ich für eine Reportage das bereits kriegsgeschüttelte Syrien bereiste. Er betreute die katholische Gemeinde von Qaryatein und gehörte zugleich dem Orden von Mar Musa an, der sich Anfang der achtziger Jahre in einem verfallenen frühchristlichen Kloster gegründet hat. Das ist eine besondere, eine wohl einzigartige christliche Gemeinschaft, denn sie hat sich der Begegnung mit dem Islam und der Liebe zu den Muslimen verschrieben. So gewissenhaft die Nonnen und Mönche die Gebote und Rituale ihrer eigenen, katholischen Kirche befolgen, so ernsthaft beschäftigen sie sich mit dem Islam und nehmen bis hin zum Ramadan teil an der muslimischen Tradition. Das klingt verrückt, ja, aberwitzig: Christen, die sich nach ihren eigenen Worten in den Islam verliebt haben. Und doch war diese christlich-muslimische Liebe noch vor kurzem Wirklichkeit in Syrien und ist es in den Herzen vieler Syrer noch immer. Mit ihrer Hände Arbeit, ihrer Herzen Güte und ihrer Seelen Gebete schufen die Nonnen und Mönche von Mar Musa einen Ort, der mir utopisch anmutete und für sie selbst nichts Geringeres als die endzeitliche Versöhnung – sie würden nicht sagen: vorwegnahm, aber doch vorausfühlte, die kommende Versöhnung voraussetzte: ein Steinkloster aus dem siebten Jahrhundert inmitten der überwältigenden Einsamkeit des syrischen Wüstengebirges, das von Christen aus aller Welt besucht wurde, an dem jedoch zahlreicher noch Tag für Tag Dutzende, Hunderte arabische Muslime anklopften, um ihren christlichen Geschwistern zu begegnen, um mit ihnen zu reden, zu singen, zu schweigen und auch, um in einer bilderlosen Ecke der Kirche nach ihrem eigenen, islamischen Ritus zu beten.

Als ich Pater Jacques 2012 besuchte, war der Gründer der Gemeinschaft, der italienische Jesuit Paolo Dall'Oglio, kurz zuvor des Landes verwiesen worden. Zu laut hatte Pater Paolo die Regierung Assad kritisiert, die den Ruf des syrischen Volkes nach Freiheit und Demokratie, der neun Monate lang friedlich geblieben war, mit Verhaftungen und Folter beantwortete, mit Knüppeln und Sturmgewehren und schließlich auch mit ungeheuren Massakern und sogar Giftgas, bis das Land schließlich im Bürgerkrieg versank. Aber Pater Paolo hatte sich auch gegen die Führung der syrischen Amtskirchen gestellt, die zu der Gewalt der Regierung schwiegen. Vergeblich hatte er in Europa um Unterstützung für die syrische Demokratiebewegung geworben, vergeblich die Vereinten Nationen aufgefordert, eine Flugverbotszone einzurichten oder wenigstens Beobachter zu schicken. Vergeblich hatte er vor einem Krieg der Konfessionen gewarnt, wenn die säkularen und gemäßigten Gruppen im Stich gelassen und aus dem Ausland ausschließlich die Dschihadisten unterstützt würden. Vergeblich hatte er die Mauer unserer Apathie zu durchbrechen versucht. Im Sommer 2013 kehrte der Gründer der Gemeinschaft von Mar Musa noch einmal heimlich nach Syrien zurück, um sich für einige muslimische Freunde einzusetzen, die in den Händen des «Islamischen Staates» waren, und wurde selbst vom «Islamischen Staat» entführt. Seit dem 28. Juli 2013 fehlt von Pater Paolo Dall'Oglio jede Spur.

Pater Jacques, der nun allein die Verantwortung für das Kloster Mar Elian trug, ist seinem Wesen nach ein ganz anderer Mensch, kein begnadeter Redner, kein Charismatiker, kein temperamentvoller Italiener, sondern wie so viele Syrer, die ich kennenlernte, ein stolzer, bedächtiger, äußerst höflicher Mann, recht hochgewachsen, ein breites Gesicht, die kurzen Haare noch schwarz. Natürlich habe ich ihn nicht gut kennengelernt, nahm an der Messe teil, die wie in allen östlichen Kirchen aus berückend schönem Gesang bestand, und beobachtete, wie zugewandt er beim anschließenden Mittagessen mit den Gläubigen und örtlichen Honoratioren plauderte. Als alle Gäste verabschiedet waren, nahm er mich für eine halbe Stunde mit in sein winziges Zimmer und rückte für das Interview einen Stuhl neben das schmale Bett, auf dem er selbst Platz nahm.

Nicht nur seine Worte erstaunten mich – wie furchtlos er die Regierung kritisierte, wie offen er auch über die Verhärtung in der eigenen, christlichen Gemeinde sprach. Tiefer noch hat sich mir seine Erscheinung eingeprägt: ein stiller, sehr gewissenhafter, in sich gekehrter, auch asketischer Diener Gottes, so nahm ich ihn wahr, der aber nun, da ihm Gott die Seelsorge der bedrängten Christen in Qaryatein und die Führung der klösterlichen Gemeinschaft auferlegt hatte, auch diese öffentliche Aufgabe mit all seiner Kraft ausübte. Er sprach leise und so langsam, die Augen meist geschlossen, als würde er bewußt den Puls verlangsamen und das Interview als Atempause zwischen zwei anstrengenderen Verpflichtungen nutzen. Zugleich sprach er sehr überlegt, in druckreifen Sätzen, und was er sagte, war von einer Klarheit und auch politischen Schärfe, daß ich immer wieder nachfragte, ob es nicht zu gefährlich sei, ihn wörtlich zu zitieren. Dann öffnete er die warmen, dunklen Augen und nickte müde, ja, das könne ich alles drucken, sonst hätte er es doch nicht gesagt; die Welt müsse erfahren, was in Syrien geschieht.

Diese Müdigkeit, das war auch ein starker, vielleicht mein stärkster Eindruck von Pater Jacques – es war die Müdigkeit eines Menschen, der mehr als nur eingesehen, nämlich bejaht hatte, daß es Erholung vielleicht erst im nächsten Leben gibt, die Müdigkeit eines Arztes und Feuerwehrmannes auch, der sich seine Kräfte einteilt, wenn die Not überhandnimmt. Und ein Arzt und Feuerwehrmann war Pater Jacques als Priester inmitten des Krieges ja auch, nicht nur für die Seelen der

Verängstigten, ebenso für die Leiber der Bedürftigen, denen er in seiner Kirche ungeachtet ihres Glaubens Essen, Schutz, Kleidung, Wohnstatt und vor allem Zuwendung bot. Viele hundert, wenn nicht Tausende von Flüchtlingen hat die Gemeinschaft von Mar Musa bis zuletzt in ihrem Kloster beherbergt und versorgt, die allermeisten von ihnen Muslime. Und nicht nur das – Pater Jacques gelang es, wenigstens in Qaryatein den Frieden, auch den konfessionellen Frieden, zu bewahren. Maßgeblich ihm ist es zu verdanken, dem stillen, ernsten Pater Jacques, daß sich die verschiedenen Gruppen und Milizen, manche regierungsnah, manche oppositionell, darauf einigten, aus dem Städtchen alle schweren Waffen zu verbannen. Und ihm gelang es, dem kirchenkritischen Priester, fast alle Christen seiner Gemeinde zum Bleiben zu bewegen. «Wir Christen gehören zu diesem Land, auch wenn das die Fundamentalisten weder bei uns noch in Europa gern hören», sagte Pater Jacques mir: «Die arabische Kultur ist unsere Kultur!»

Bitter stießen ihm die Aufrufe mancher westlicher Politiker auf, gezielt arabische Christen aufzunehmen. Derselbe Westen, der sich nicht um die Millionen Syrer schere, die quer durch alle Konfessionen friedlich für Demokratie und Menschenrechte demonstrierten, derselbe Westen, der den Irak zugrunde gerichtet und Assad sein Giftgas geliefert habe, derselbe Westen, der mit Saudi-Arabien im Bunde stehe und damit dem Hauptsponsor des Dschihadismus – dieser gleiche Westen sorge sich nun um die arabischen Christen? Da könne er nur lachen, sagte Pater Jacques, ohne eine Miene zu verziehen. Und fuhr mit geschlossenen Augen fort: «Diese Politiker befördern mit ihren unverantwortlichen Äußerungen genau jenen Konfessionalismus, der uns Christen bedroht.»

Immer größer wurde die Verantwortung, die Pater Jacques so klaglos wie immer trug. Die ausländischen Mitglieder der Gemeinschaft mußten Syrien verlassen und fanden Zuflucht im Nordirak. Zurück blieben nur die sieben syrischen Mönche und Nonnen, die sich auf die beiden Klöster Mar Musa und Mar Elian verteilten. Ständig verschoben sich die Fronten, so daß in Qaryatein mal der Staat, mal oppositionelle Milizen herrschten. Mit beiden Seiten mußten sich die Mönche und Nonnen arrangieren und dazu wie alle Bewohner die Luftangriffe überleben, wenn die Kleinstadt gerade in den Händen der Opposition war. Dann aber drang der «Islamische Staat» immer weiter ins syrische Kerngebiet vor. «Die Bedrohung durch den IS, diese Sekte von Terroristen, die ein fürchterliches Bild des Islams abgeben, ist in unserer Gegend angekommen», schrieb Pater Jacques wenige Tage vor seiner Entführung an eine französische Freundin. Und weiter: «Es ist schwierig zu entscheiden, was wir tun sollen. Sollen wir unsere Häuser verlassen? Das fällt uns schwer. Einzusehen, daß wir verlassen sind, ist fürchterlich – verlassen zumal von der christlichen Welt, die beschlossen hat, auf Distanz zu gehen, um die Gefahr von sich fernzuhalten. Wir bedeuten ihnen nichts.»

Allein in diesen wenigen Zeilen einer bloßen, sicher eilig geschriebenen Mail fallen zwei Formulierungen auf, die charakteristisch sind für Pater Jacques und zugleich ein Maßstab für jede Intellektualität. In dem ersten Satz heißt es: «Die Bedrohung durch den IS, diese Sekte von Terroristen, die ein fürchterliches Bild des Islams abgeben...». Der andere Satz, über die christliche Welt: «Wir bedeuten ihnen nichts.» Er verteidigte die fremde Gemeinschaft und kritisierte die eigene. Als die Gruppe, die sich auf den Islam beruft und vorgibt, das Gesetz des Korans anzuwenden, ihn und seine Gemeinde bereits unmittelbar physisch bedrohte, wenige Tage vor seiner eigenen Entführung, betonte Pater Jacques noch, daß diese Terroristen das wahre Gesicht des Islams entstellten. Ich würde jedem Muslim widersprechen, dem angesichts des «Islamischen Staates» nur die Floskel einfällt, daß die Gewalt nichts mit dem Islam zu tun habe. Aber ein Christ, ein christlicher Priester, der damit rechnen muß, von Andersgläubigen vertrieben, gedemütigt, verschleppt oder getötet zu werden, und dennoch darauf beharrt, diesen anderen Glauben zu rechtfertigen – ein solcher Gottesdiener legt eine Größe an den Tag, die ich sonst nur aus den Viten der Heiligen kenne.

Jemand wie ich kann den Islam nicht auf diese Weise verteidigen. Er darf es nicht. Die Liebe zum Eigenen – zur eigenen Kultur wie zum eigenen Land und genauso zur eigenen Person – erweist sich in der Selbstkritik. Die Liebe zum anderen – zu einer anderen Person, einer anderen Kultur und selbst zu einer anderen Religion – kann viel schwärmerischer, sie kann vorbehaltlos sein. Richtig, die Liebe zum anderen setzt die Liebe zu sich selbst voraus. Aber verliebt, wie es Pater Paolo und Pater Jacques in den Islam sind, verliebt kann man nur in den anderen sein. Die Selbstliebe hingegen muß, damit sie nicht der Gefahr des Narzißmus, des Selbstlobs, der Selbstgefälligkeit unterliegt, eine hadernde, zweifelnde, stets fragende sein. Wie sehr gilt das für den Islam heute! Wer als Muslim nicht mit ihm hadert, nicht an ihm zweifelt, nicht ihn kritisch befragt, der liebt den Islam nicht.

*

Es sind nicht nur die schrecklichen Nachrichten und noch schrecklicheren Bilder aus Syrien und dem Irak, wo der Koran noch bei jeder Schandtat hochgehalten und bei jeder Enthauptung «Allahu akbar» gerufen wird. Auch in so vielen anderen, wenn nicht den meisten Ländern der islamischen Welt berufen sich staatliche Autoritäten, staatsnahe Institutionen, theologische Schulen oder aufständische Gruppen auf die Religion, wenn sie das eigene Volk unterdrücken, Frauen benachteiligen, Andersdenkende, Andersgläubige, anders Lebende verfolgen, vertreiben, massakrieren. Unter Berufung auf den Islam werden in Afghanistan Frauen gesteinigt, in Pakistan ganze Schulklassen ermordet, in Nigeria Hunderte Mädchen versklavt, in Libyen Christen geköpft, in Bangladesch Blogger erschossen, in Somalia Bomben auf Marktplätzen gezündet, in Mali Sufis und Musiker umgebracht, in Saudi-Arabien Regimekritiker gekreuzigt, in Iran die bedeutendsten Werke der Gegenwartsliteratur verboten, in Bahrein Schiiten unterdrückt, im Jemen Sunniten und Schiiten aufeinander gehetzt.

Gewiß lehnen die allermeisten Muslime Terror, Gewalt und Unterdrückung ab. Das ist nicht nur eine Floskel, sondern das habe ich auf meinen Reisen genau so erlebt: Wem die Freiheit keine Selbstverständlichkeit ist, der ermißt erst recht ihren Wert. Alle Massenaufstände der letzten Jahre in der islamischen Welt waren Aufstände für Demokratie und Menschenrechte, nicht nur die versuchten, wenn auch meist gescheiterten Revolutionen in fast allen arabischen Ländern, ebenso die Protestbewegungen in der Türkei, in Iran, in Pakistan und nicht zuletzt der Aufstand an den Wahlurnen der letzten indonesischen Präsident-schaftswahl. Ebenso zeigen die Flüchtlingsströme an, wo sich viele Muslime ein besseres Leben erhoffen als in ihrer Heimat: jedenfalls nicht in religiösen Diktaturen. Auch die Berichte, die uns aus Mossul oder Rakka selbst erreichen, künden nicht von Begeisterung, sondern von Panik und Verzweiflung der Bevölkerung. Alle maßgeblichen theologischen Autoritäten der islamischen Welt haben den Anspruch des IS verworfen, für den Islam zu sprechen, und im Detail herausgearbeitet, inwiefern dessen Praxis und Ideologie dem Koran und den Grundlehren der islamischen Theologie widersprechen. Und vergessen wir nicht, daß es an vorderster Front Muslime selbst sind, die gegen den «Islamischen Staat» kämpfen, Kurden, Schiiten, auch sunnitische Stämme und die Angehörigen der irakischen Armee.

Das muß man alles sagen, will man nicht dem Trugbild aufsitzen, das Islamisten und Islamkritiker wortgleich entwerfen: Daß der Islam einen Krieg gegen den Westen führt. Eher führt der Islam einen Krieg gegen sich selbst, will sagen: wird die islamische Welt von einer inneren Auseinandersetzung erschüttert, deren Auswirkungen auf die politische und ethnische Kartographie an die Verwerfungen des Ersten Weltkriegs heranreichen dürften. Den multiethnischen, multireligiösen und multikulturellen Orient, den ich in seinen großartigen literarischen Zeugnissen aus dem Mittelalter studiert und während langer Aufenthalte in Kairo und Beirut, als Kind während der Sommerferien in Isfahan und als Berichterstatter im Kloster von Mar Musa als eine zwar bedrohte, niemals heile, aber doch quicklebendige Wirklichkeit lieben gelernt habe, diesen Orient wird es so wenig mehr geben wie die Welt von gestern, auf die Stefan Zweig in den zwanziger Jahren voller Wehmut und Trauer zurückblickte.

Was ist geschehen? Der «Islamische Staat» hat nicht erst heute begonnen und auch nicht erst mit den Bürgerkriegen im Irak und in Syrien. Seine Methoden mögen auf Ablehnung stoßen, aber seine Ideologie ist der Wahhabismus, der heute bis in die hintersten Winkel der islamischen Welt wirkt und als Salafismus gerade auch für Jugendliche in Europa attraktiv geworden ist. Wenn man weiß, daß die Schulbücher und Lehrpläne im «Islamischen Staat» zu fünfundneunzig Prozent identisch mit den Schulbüchern und Lehrplänen Saudi-Arabiens sind, dann weiß man auch, daß die Welt nicht nur im Irak und in Syrien strikt in verboten und erlaubt eingeteilt wird – und die Menschheit in gläubig und ungläubig. Gesponsert mit Milliardenbeträgen aus dem Öl, hat sich über Jahrzehnte in Moscheen, in Büchern, im Fernsehen ein Denken ausgebreitet, das ausnahmslos alle Andersgläubigen zu Ketzern erklärt, beschimpft, terrorisiert, verächtlich macht und beleidigt. Wenn man andere Menschen systematisch, Tag für Tag, öffentlich herabsetzt, ist es nur folgerichtig – wie gut kennen wir das aus unserer eigenen, der deutschen Geschichte –, daß man schließlich auch ihr Leben für unwert erklärt. Daß ein solcher religiöser Faschismus überhaupt denkmöglich wurde, daß der IS so viele Kämpfer und noch mehr Sympathisanten finden, daß er ganze Länder überrennen und Millionenstädte weitgehend kampflos einnehmen konnte, das ist nicht der Beginn, sondern der vorläufige Endpunkt eines langen Niedergangs, eines Niedergangs auch und gerade des religiösen Denkens.

*

Ich habe 1988 angefangen, Orientalistik zu studieren, meine Themen waren der Koran und die Poesie. Ich glaube, jeder, der dieses Fach in seiner klassischen Ausprägung studiert, gelangt an den Punkt, an dem er die Vergangenheit und die Gegenwart nicht mehr zusammenbringen kann. Und er wird hoffnungslos, hoffnungslos sentimental. Natürlich war die Vergangenheit nicht einfach nur friedlich und kunterbunt. Aber als Philologe hatte ich vor allem mit den Schriften der Mystiker, der Philosophen, der Rhetoriker und ebenso der Theologen zu tun. Und ich, nein: wir Studenten konnten und können nur staunen über die Originalität, die geistige Weite, die ästhetische Kraft und auch humane Größe, die uns in der Spiritualität Ibn Arabis, der Poesie Rumis, der Geschichtsschreibung Ibn Chalduns, der poetischen Theologie Abdulqaher al-Dschurdschanis, der Philosophie des Averroës, den Reisebeschreibungen Ibn Battutas und noch in den Geschichten von Tausendundeiner Nacht begegnen, die weltlich sind, ja, weltlich und erotisch und übrigens auch feministisch und zugleich auf jeder Seite durchdrungen vom Geist und den Versen des Korans. Das waren keine Zeitungsberichte, nein, die soziale Wirklichkeit dieser Hochkultur sah wie jede Wirklichkeit grauer und gewalttätiger aus. Und doch sagen diese Zeugnisse etwas darüber aus, was einmal denkmöglich oder sogar selbstverständlich war innerhalb des Islams. Nichts, absolut nichts findet sich innerhalb der religiösen Kultur des modernen Islams, das auch nur annähernd vergleichbar wäre, eine ähnliche Faszination ausübte, von ebensolcher Tiefe wäre wie die Schriften, auf die ich in meinem Studium stieß. Und da spreche ich noch gar nicht von der islamischen Architektur, der islamischen Kunst, der islamischen Musikwissenschaft – es gibt sie nicht mehr.

Ich möchte Ihnen den Verlust an Kreativität und Freiheit an meinem eigenen Fachgebiet illustrieren: Es war einmal denkmöglich und sogar selbstverständlich, daß der Koran ein poetischer Text ist, der nur mit den Mitteln und Methoden der Poetologie begriffen werden kann, nicht anders als ein Gedicht. Es war denkmöglich und sogar selbstverständlich, daß ein Theologe zugleich ein Literaturwissenschaftler und Kenner der Poesie war, in vielen Fällen auch selbst ein Dichter. In der heutigen Zeit wurde mein eigener Lehrer Nasr Hamid Abu Zaid in Kairo der Ketzerei angeklagt, von seinem Lehrstuhl vertrieben und sogar zwangsgeschieden, weil er die Koranwissenschaft als eine Literaturwissenschaft begriff. Das heißt, ein Zugang zum Koran, der selbstverständlich war und für den Nasr Abu Zaid die bedeutendsten Gelehrten der klassischen islamischen Theologie heranziehen konnte, wird heute nicht einmal mehr als denkmöglich anerkannt. Ein solcher Zugang zum Koran, obwohl er der traditionelle ist, wird verfolgt und bestraft und verketzert. Dabei ist der Koran ein Text, der sich nicht etwa nur reimt, sondern in verstörenden, vieldeutigen, geheimnisvollen Bildern spricht, er ist auch kein Buch, sondern eine Rezitation, die Partitur eines Gesangs, der seine arabischen Hörer durch seine Rhythmik, Lautmalerei und Melodik bewegt. Die islamische Theologie hat die ästhetischen Eigenheiten des Korans nicht nur berücksichtigt, sie hat die Schönheit der Sprache zum Beglaubigungswunder des Islams erklärt. Was aber geschieht, wenn man die sprachliche Struktur eines Textes mißachtet, sie nicht einmal mehr angemessen versteht oder auch nur zur Kenntnis nimmt, das läßt sich heute überall in der islamischen Welt beobachten. Der Koran sinkt herab zu einem Vademekum, das man mit der Suchmaschine nach diesem oder jenem Schlagwort abfragt. Die Sprachgewalt des Korans wird zum politischen Dynamit.

Oft ist zu lesen, daß der Islam durch das Feuer der Aufklärung gehen oder die Moderne sich gegen die Tradition durchsetzen müsse. Aber das ist vielleicht etwas zu einfach gedacht, wenn die Vergangenheit des Islams so viel aufklärerischer war und das traditionelle Schrifttum bisweilen moderner anmutet als der theologische Gegenwartsdiskurs. Goethe und Proust, Lessing und Joyce haben schließlich nicht unter geistiger Umnachtung gelitten, daß sie fasziniert waren von der islamischen Kultur. Sie haben in den Büchern und Monumenten etwas gesehen, was wir, die wir oft genug brutal mit der Gegenwart des Islams konfrontiert sind, nicht mehr so leicht wahrnehmen. Vielleicht ist das Problem des Islams weniger die Tradition als vielmehr der fast schon vollständige Bruch mit dieser Tradition, der Verlust des kulturellen Gedächtnisses, seine zivilisatorische Amnesie.

Alle Völker des Orients haben durch den Kolonialismus und durch laizistische Diktaturen eine brutale, von oben verordnete Modernisierung erlebt. Das Kopftuch, um es an einem Beispiel zu illustrieren, das Kopftuch haben die iranischen Frauen nicht allmählich abgelegt – Soldaten schwärmten auf Anordnung des Schahs 1936 in den Straßen aus, um es ihnen mit Gewalt vom Kopf zu reißen. Anders als in Europa, wo die Moderne bei allen Rückschlägen und Verbrechen doch als ein Prozeß der Emanzipation erlebt werden konnte und sich über viele Jahrzehnte und Jahrhunderte vollzog, war sie im Nahen Osten wesentlich eine Gewalterfahrung. Die Moderne wurde nicht mit Freiheit, sondern mit Ausbeutung und Despotie assoziiert. Stellen Sie sich einen italienischen Präsidenten vor, der mit dem Auto in den Petersdom fährt, mit seinen schmutzigen Stiefeln auf den Altar springt und dem Papst seine Peitsche ins Gesicht schlägt – dann haben Sie eine ungefähre Vorstellung davon, was es bedeutete, als Reza Schah 1928 mit seinen Reitstiefeln durch den Heiligen Schrein von Ghom marschierte und auf die Bitte des Imams, wie jeder Gläubige die Schuhe auszuziehen, dem Imam mit der Peitsche ins Gesicht schlug. Und Sie fänden vergleichbare

Vorgänge und Schlüsselmomente in vielen anderen Ländern des Nahen Ostens, die sich nicht langsam von der Vergangenheit lösten, sondern diese Vergangenheit zertrümmerten und aus dem Gedächtnis zu radieren versuchten.

Man hätte annehmen können, daß wenigstens die religiösen Fundamentalisten, die nach dem Scheitern des Nationalismus überall in der islamischen Welt an Einfluß gewannen, die eigene Kultur wertschätzen. Indes taten sie das Gegenteil: Indem sie zu einem vermeintlichen Uranfang zurückkehren wollten, vernachlässigten sie die Tradition nicht bloß, sondern bekämpften sie dezidiert. Wir wundern uns nur deshalb über den Bildersturm des «Islamischen Staates», weil wir nicht mitbekommen haben, daß in Saudi-Arabien praktisch überhaupt keine Altertümer mehr stehen. In Mekka haben die Wahhabiten die Gräber und Moscheen der engsten Prophetenangehörigen, ja selbst das Geburtshaus des Propheten zerstört. Die historische Moschee des Propheten in Medina wurde durch einen gigantischen Neubau ersetzt, und wo bis vor wenigen Jahren noch das Haus stand, in dem Mohammed mit seiner Frau Khadija wohnte, steht heute ein öffentliches Klo.

*

Außer mit dem Koran beschäftigte ich mich während des Studiums hauptsächlich mit der islamischen Mystik, dem Sufismus. Mystik, das klingt nach etwas Randseitigem, nach Esoterik, nach einer Art Untergrundkultur. Nichts könnte mit Bezug auf den Islam falscher sein. Bis ins zwanzigste Jahrhundert hinein bildete der Sufismus fast überall in der islamischen Welt die Grundlage der Volksfrömmigkeit. Im asiatischen Islam ist er es bis heute. Zugleich war die islamische Hochkultur, insbesondere die Dichtung, die bildende Kunst und die Architektur, durchdrungen vom Geist der Mystik. Als die geläufigste Form der Religiosität bildete der Sufismus das ethische und ästhetische Gegengewicht zur Orthodoxie der Rechtsgelehrten. Indem er an Gott vor allem die Barmherzigkeit hervorhob, im Koran hinter jeden Buchstaben sah, in der Religion stets die Schönheit suchte, die Wahrheit auch in anderen Glaubensformen erkannte und ausdrücklich vom Christentum das

Gebot der Feindesliebe übernahm, durchdrang der Sufismus die islamischen Gesellschaften mit Werten, Geschichten und Klängen, die aus einer Buchstabenfrömmigkeit allein nicht abzuleiten gewesen wären. Der Sufismus als der gelebte Islam setzte den Gesetzesislam nicht etwa außer Kraft, aber er ergänzte ihn, machte ihn im Alltag weicher, ambivalenter, durchlässiger, toleranter und durch die Musik, den Tanz, die Poesie vor allem auch sinnlich erlebbar.

Kaum etwas davon ist übriggeblieben. Wo immer die Islamisten Fuß faßten, angefangen schon im neunzehnten Jahrhundert im heutigen Saudi-Arabien bis zuletzt in Mali, machten sie zuerst den sufischen Festen ein Ende, verboten die mystischen Schriften, zerstörten die Gräber der Heiligen, schnitten den sufischen Führern die langen Haare ab oder töteten sie gleich. Aber nicht nur die Islamisten. Auch den Reformern und religiösen Aufklärern des neunzehnten und frühen zwanzigsten Jahrhunderts galten die Traditionen und Sitten des Volksislams als rückständig und veraltet. Nicht etwa sie haben das sufische Schrifttum ernst genommen, sondern es waren westliche Gelehrte, Orientalisten wie die Friedenspreisträgerin von 1995, Annemarie Schimmel, die die Handschriften ediert und damit vor der Vernichtung bewahrt haben. Und selbst heute noch beschäftigen sich nur sehr wenige muslimische Intellektuelle mit dem Reichtum, der in ihrer eigenen Tradition liegt. Die zerstörten, mißachteten, vermüllten Altstädte mit ihren ruinierten Baudenkmälern überall in der islamischen Welt stellen den Verfall des islamischen Geistes ebenso sinnbildlich dar wie die größte Shopping-Mall der Welt, die in Mekka direkt neben der Kaaba gebaut wurde. Das muß man sich vor Augen halten, das kann man auf Photos auch sehen: Das eigentliche Heiligtum des Islams, dieses so schlichte und herrliche Bauwerk, in dem der Prophet selbst betete, wird buchstäblich von Gucci und Apple überragt. Vielleicht hätten wir weniger auf den Islam unserer Großdenker als auf den Islam unserer Großmütter hören sollen.

Sicher, in manchen Ländern hat man begonnen, Häuser und Moscheen zu restaurieren, allerdings mußten erst westliche Kunsthistoriker oder auch verwestlichte Muslime wie ich kommen, die den Wert der Tradition erkannten. Und leider kamen wir ein Jahrhundert zu spät, als die Gebäude bereits zerfallen, die Bautechniken vergessen und die Bücher aus dem Gedächtnis radiert waren. Aber immerhin glaubten wir, Zeit zu haben, um die Dinge gründlich zu studieren. Inzwischen komme ich mir als Leser fast schon wie ein Archäologe in einem Kriegsgebiet vor, der eilig und keineswegs immer durchdacht die Relikte aufsammelt, auf daß spätere Generationen sie wenigstens noch museal betrachten können. Wohl bringen muslimische Länder immer noch überragende Werke hervor, wie sich auf Biennalen, Filmfestivals und ebenso auf der diesjährigen Buchmesse wieder zeigt. Aber mit dem Islam hat diese Kultur kaum noch etwas zu tun. Es gibt keine islamische Kultur mehr, jedenfalls keine von Rang. Was uns jetzt um die Ohren und auf die Köpfe fliegt, sind die Trümmer einer gewaltigen geistigen Implosion.

*

Gibt es Hoffnung? Es gibt bis zum letzten Atemzug Hoffnung, lehrt uns Pater Paolo, der Gründer der Gemeinschaft von Mar Musa. Hoffnung ist das zentrale Motiv seiner Schriften. Am Tag nach der Entführung seines Schülers und Vertreters strömten die Muslime von Qaryatein ungefragt in die Kirche und beteten für ihren Pater Jacques. Das muß auch uns Hoffnung geben, daß die Liebe über die Grenzen der Religionen, Ethnien und Kulturen hinaus wirkt. Der Schock, den die Nachrichten und Bilder des «Islamischen Staats» erzeugt haben, ist gewaltig, und er hat Gegenkräfte freigesetzt. Endlich formiert sich auch innerhalb der islamischen Orthodoxie ein Widerstand gegen die Gewalt im Namen der Religion. Und schon seit einigen Jahren sehen wir, vielleicht weniger im arabischen Kernland des Islams als vielmehr an den Peripherien, in Asien, in Südafrika, in Iran, der Türkei und nicht zuletzt unter den Muslimen im Westen, wie sich ein neues religiöses Denken entwickelt. Auch Europa hat sich nach den beiden Weltkriegen neu geschaffen. Und vielleicht sollte ich angesichts der Leichtfertigkeit, der Geringschätzung und offenen Mißachtung, die nicht nur unsere Politiker, nein, die wir als Gesellschaft seit einigen Jahren dem europäischen Projekt der Einigung entgegenbringen, dem politisch Wertvollsten, was dieser Kontinent je hervorgebracht hat – vielleicht sollte ich an dieser Stelle erwähnen, wie oft ich bei meinen Reisen auf Europa angesprochen werde: als Modell, ja beinah schon als Utopie. Wer vergessen hat, warum es Europa braucht, muß in die ausgemergelten, erschöpften, verängstigten Gesichter der Flüchtlinge blicken, die alles hinter sich gelassen, alles aufgegeben, ihr Leben riskiert haben für die Verheißung, die Europa immer noch ist.

Das bringt mich zurück zur zweiten Formulierung Pater Jacques', die ich bemerkenswert fand, zu seinem Satz über die christliche Welt: «Wir bedeuten ihnen nichts.» Als Muslim ist es nicht an mir, den Christen in der Welt vorzuwerfen, sich – wenn schon nicht um das syrische oder irakische Volk – nicht einmal um ihre eigenen Glaubensgeschwister zu kümmern. Und doch ist es das, was auch ich oft denke, wenn ich das Desinteresse unserer Öffentlichkeit an der schon endzeitlich anmutenden Katastrophe in jenem Osten erlebe, den wir uns durch Stacheldrahtzäune, Kriegsschiffe, Feindbilder und geistige Sichtblenden fernzuhalten versuchen. Nur drei Flugstunden von Frankfurt entfernt werden ganze Volksgruppen ausgerottet oder vertrieben, Mädchen versklavt, viele der wichtigsten Kulturdenkmäler der Menschheit in die Luft gesprengt, gehen Kulturen und mit den Kulturen auch eine uralte ethnische, religiöse und sprachliche Vielfalt unter, die sich anders als in Europa noch bis ins einundzwanzigste Jahrhundert einigermaßen bewahrt hatte – aber wir versammeln uns und stehen erst auf, wenn eine der Bomben dieses Krieges uns selbst trifft wie am 7. und 8. Januar in Paris, oder wenn die Menschen, die vor diesem Krieg fliehen, an unsere Tore klopfen.

Es ist gut, daß unsere Gesellschaften, anders als nach dem 11. September 2001, dem Terror unsere Freiheit entgegengehalten haben. Es ist beglückend zu sehen, wie viele Menschen in Europa und besonders auch in Deutschland sich für Flüchtlinge einsetzen. Aber dieser Protest und diese Solidarität, sie bleiben noch zu oft unpolitisch. Wir führen keine breite gesellschaftliche Debatte über die Ursachen des Terrors und der Fluchtbewegung und inwiefern unsere eigene Politik vielleicht sogar die Katastrophe befördert, die sich vor unseren Grenzen abspielt. Wir fragen nicht, warum unser engster Partner im Nahen Osten ausgerechnet Saudi-Arabien ist. Wir lernen nicht aus unseren Fehlern, wenn wir einem Diktator wie General El-Sisi den roten Teppich ausrollen. Oder wir lernen die falschen Lektionen, wenn wir aus den desaströsen Kriegen im Irak oder in Libyen den Schluß ziehen, uns auch bei Völkermord besser herauszuhalten. Nichts ist uns eingefallen, um den Mord zu verhindern, den das syrische Regime seit vier Jahren am eigenen Volk verübt. Und ebenso haben wir uns abgefunden mit der Existenz eines neuen, religiösen Faschismus, dessen Staatsgebiet etwa so groß ist wie Großbritannien und von den Grenzen Irans bis fast ans Mittelmeer reicht. Nicht, daß es einfache Antworten darauf gäbe, wie eine Millionenstadt wie Mossul befreit werden könnte – aber wir stellen uns nicht einmal ernsthaft die Frage. Eine Organisation wie der «Islamische Staat» mit hochgerechnet dreißigtausend Kämpfern ist für die Weltgemeinschaft nicht unbesiegbar – sie darf es nicht sein. «Heute sind sie bei uns», sagte der katholische Bischof von Mossul, Yohanna Petros Mouche, als er den Westen und die Weltmächte um Hilfe bat, um den IS aus dem Irak zu vertreiben. «Heute sind sie bei uns. Morgen werden sie bei euch sein.»

Ich möchte mir nicht vorstellen, was noch geschehen muß, damit wir dem Bischof von Mossul recht geben. Denn es gehört zur propagandistischen Logik des «Islamischen Staates», daß er mit seinen Bildern eine immer höhere Stufe des Horrors zündet, um in unser Bewußtsein zu dringen. Als wir uns nicht mehr über einzelne christliche Geiseln erregten, die den Rosenkranz beten, bevor sie geköpft werden, fing der IS an, ganze Gruppen von Christen zu enthaupten. Als wir die Enthauptungen von unseren Bildschirmen verbannten, fackelte der IS die Bilder aus dem Nationalmuseum von Mossul ab. Als wir uns an zertrümmerte Statuen gewöhnt hatten, begann der IS, ganze Ruinenstädte wie Nimrod und Ninive zu planieren. Als wir uns nicht mehr mit der Vertreibung der Yeziden beschäftigten, rüttelten uns kurz die Nachrichten von Massenvergewaltigungen wach. Als wir glaubten, der Schrecken beschränke sich auf den Irak und Syrien, erreichten uns die Snuffvideos aus Libyen und Ägypten. Als wir uns an die Enthauptungen und die Kreuzigungen gewöhnt hatten, wurden die Opfer erst enthauptet und dann gekreuzigt, wie zuletzt in Libyen. Palmyra wird nicht auf einmal, vielmehr Bauwerk um Bauwerk gesprengt, im Abstand von Wochen, um jedes Mal eine neue Nachricht zu produzieren. Das wird nicht aufhören. Der IS wird den Horror so lange steigern, bis wir in unserem europäischen Alltag sehen, hören und fühlen, daß dieser Horror nicht von selbst aufhören wird. Paris wird nur der Anfang gewesen sein, und Lyon nicht die letzte Enthauptung bleiben. Und je länger wir warten, desto weniger Möglichkeiten bleiben uns. Anders gesagt, ist es schon viel zu spät.

*

Darf ein Friedenspreisträger zum Krieg aufrufen? Ich rufe nicht zum Krieg auf. Ich weise lediglich darauf hin, daß es einen Krieg gibt – und daß auch wir, als seine nächsten Nachbarn, uns dazu verhalten müssen, womöglich militärisch, ja, aber vor allem sehr viel entschlossener als bisher diplomatisch und ebenso zivilgesellschaftlich. Denn dieser Krieg kann nicht mehr allein in Syrien und im Irak beendet werden. Er kann nur von den Mächten beendet werden, die hinter den befeindeten Armeen und Milizen stehen, Iran, die Türkei, die Golfstaaten, Rußland und auch der Westen. Und erst wenn unsere Gesellschaften den Irrsinn nicht länger akzeptieren, werden sich auch die Regierungen bewegen. Wahrscheinlich werden wir Fehler machen, was immer wir jetzt noch tun. Aber den größten Fehler begehen wir, wenn wir weiterhin nichts oder so wenig gegen den Massenmord vor unserer europäischen Haustür tun, den des «Islamischen Staates» und den des Assad-Regimes.

«Soeben komme ich aus Aleppo zurück», fuhr Pater Jacques in der Email fort, die er wenige Tage vor seiner Entführung am 21. Mai schrieb, «dieser Stadt, die am Fluß des Stolzes schläft, die im Zentrum des Orients liegt. Sie ist jetzt wie eine Frau, die von Krebs aufgefressen ist. Alle fliehen aus Aleppo, vor allem die armen Christen. Dabei treffen diese Massaker nicht nur die Christen, sondern das gesamte syrische Volk. Unsere Bestimmung ist schwer umzusetzen, vor allem in diesen Tagen, an denen Pater Paolo verschwunden ist, der Lehrer und Begründer des Dialogs im einundzwanzigsten Jahrhundert. In diesen Tagen leben wir den Dialog als ein gemeinschaftliches, gemeinsames Leiden. Wir sind traurig in dieser ungerechten Welt, die einen Teil der Verantwortung für die Opfer des Krieges trägt, dieser Welt des Dollars und des Euros, die nur nach ihren eigenen Völkern, ihrem eigenen Wohlstand, ihrer eigenen Sicherheit sieht, während der Rest der Welt Hungers stirbt und an Krankheiten und am Krieg. Es scheint, daß ihr einziges Ziel ist, Gegenden zu finden, wo sie Kriege führen und den Handel mit Waffen, mit Flugzeugen noch steigern können. Wie rechtfertigen sich diese Regierungen, die die Massaker beenden könnten, aber nichts tun, nichts? Ich bange nicht um meinen Glauben, aber ich bange um die Welt. Die Frage, die wir uns stellen, ist die folgende: Haben wir das Recht zu leben oder nicht? Die Antwort ist schon da, denn dieser Krieg ist eine klare Antwort, so klar wie das Licht der Sonne. Also ist der wahre Dialog, den wir heute leben, der Dialog der Barmherzigkeit. Mut, meine Liebe, ich bin bei Dir und umarme dich fest, Jacques.»

Zwei Monate nach der Entführung von Pater Jacques, am 28. Juli 2015, hat der «Islamische Staat» die Kleinstadt Qaryatein eingenommen. Die meisten Bewohner konnten im letzten Augenblick fliehen, aber zweihundert Christen wurden vom IS entführt. Einen weiteren Monat später, am 21. August, wurde das Kloster Mar Elian mit Bulldozern zerstört. Auf den Bildern, die der IS ins Internet gestellt hat, ist zu sehen, daß kein einziger der tausendsiebenhundert Jahre alten Steine auf dem anderen geblieben ist. Weitere zwei Wochen später, am 3. September, tauchten auf einer Website des «Islamischen Staates» Photos auf, die einige der Christen aus Qaryatein in den ersten Stuhlreihen einer Schulaula oder einer Festhalle zeigen, kahlgeschoren, manche bis auf die Knochen abgemagert, ihre Blicke leer, sie alle von der Geiselhaft gezeichnet. Auch Pater Jacques ist auf den Photos zu erkennen, in ziviler Kleidung, ebenfalls kahlgeschoren und abgezehrt, deutlich wahrnehmbar die Erschütterung in seinem Blick. Er hält sich die Hand vor den Mund, als wolle er nicht wahrhaben, was er sieht. Auf der Bühne der Aula sitzt ein breitschultriger, langbärtiger Mann in Kampfuniform, der einen Vertrag unterzeichnet. Es ist ein sogenannter Dhimmi-Vertrag, der die Christen der Herrschaft der Muslime unterwirft. Sie dürfen keine Kirche und keine Klöster bauen, kein Kreuz und ebensowenig eine Bibel mit sich führen. Ihre Priester dürfen keine Priesterkleidung tragen. Die Muslime dürfen die Gebete der Christen nicht hören, ihre

Schriften nicht lesen und ihre Kirchen nicht betreten. Die Christen dürfen keine Waffen tragen und müssen bedingungslos den Anweisungen des «Islamischen Staates» gehorchen. Sie müssen sich ducken, müssen klaglos jede Ungerechtigkeit ertragen und außerdem eine Kopfsteuer zahlen, die Dschizya, damit sie leben dürfen. Es wird einem schlecht, wenn man diesen Vertrag liest. Er teilt die Geschöpfe Gottes ganz offensichtlich in Menschen erster und zweiter Klasse auf und läßt keinen Zweifel, daß es außerdem Menschen dritter Klasse gibt, deren Leben noch weniger gilt.

Es ist ein ruhiger, aber ganz und gar deprimierter, hilfloser Blick, den uns Pater Jacques auf dem Photo zuwirft, während er die Hand vor den Mund hält. Mit dem eigenen Martyrium hatte er gerechnet. Aber daß seine Gemeinde in Gefangenschaft geriet, die Kinder, die er getauft, die Liebenden, die er miteinander vermählt, die Alten, denen er die letzte Ölung versprochen hat, das muß ihn um den Verstand bringen, selbst den bedächtigen, innerlich so starken, gottergebenen Pater Jacques um den Verstand. Seinetwegen waren die Entführten schließlich in Qaryatein geblieben, statt wie so viele andere Christen aus Syrien zu fliehen. Pater Jacques wird denken, daß er Schuld auf sich geladen hat. Aber Gott, das weiß ich, Gott wird anders über ihn urteilen.

*

Gibt es Hoffnung? Ja, es gibt Hoffnung, es gibt immer Hoffnung. Ich hatte diese Rede bereits geschrieben, als mich vor fünf Tagen, am Dienstag, die Nachricht erreichte: Pater Jacques Mourad ist frei. Bewohner des Städtchens Qaryatein haben ihm zur Flucht aus seiner Zelle verholfen, sie haben ihn verkleidet und mit Hilfe von Beduinen aus dem Gebiet des «Islamischen Staates» geschafft. Inzwischen ist er zu seinen Brüdern und Schwestern der Gemeinschaft von Mar Musa zurückgekehrt. Offenbar waren zahlreiche Menschen an der Befreiung beteiligt, sie alle Muslime, und jeder einzelne von ihnen hat sein Leben für einen christlichen Priester riskiert. Die Liebe hat über die Grenzen der Religionen, Ethnien und Kulturen hinaus gewirkt. So herrlich, ja, im Wortsinn wunderbar diese Nachricht ist, so überwiegt dennoch die Sorge, am brennendsten bei Pater Jacques selbst. Denn das Leben der zweihundert anderen Christen von Qaryatein dürfte nach seiner Befreiung erst recht in Gefahr sein. Und auch von seinem Lehrer Pater Paolo, dem Gründer der christlichen Gemeinschaft, die den Islam liebt, fehlt weiterhin jede Spur. Es gibt bis zum letzten Atemzug Hoffnung.

Ein Friedenspreisträger soll nicht zum Krieg aufrufen. Doch darf er zum Gebet aufrufen. Meine Damen und Herren, ich möchte Sie um etwas Ungewöhnliches bitten – obwohl es so ungewöhnlich in einer Kirche dann auch wieder nicht ist. Ich möchte Sie bitten, zum Schluß meiner Rede nicht zu applaudieren, sondern für Pater Paolo und die zweihundert entführten Christen von Qaryatein zu beten, die Kinder, die Pater Jacques getauft, die Liebenden, die er miteinander vermählt, die Alten, denen er die Letzte Ölung versprochen hat. Und wenn Sie nicht religiös sind, dann seien Sie doch mit Ihren Wünschen bei den Entführten und auch bei Pater Jacques, der mit sich hadert, weil nur er befreit worden ist. Was sind denn Gebete anderes als Wünsche, die an Gott gerichtet sind? Ich glaube an Wünsche und daß sie mit oder ohne Gott in unserer Welt wirken. Ohne Wünsche hätte die Menschheit keinen der Steine auf den anderen gelegt, die sie in Kriegen so leichtfertig zertrümmert. Und so bitte ich Sie, meine Damen und Herren, beten Sie für Jacques Mourad, beten Sie für Paolo Dall'Oglio, beten Sie für die Christen von Qaryatein, beten Sie oder wünschen Sie sich die Befreiung aller Geiseln und die Freiheit Syriens und des Irak. Gern können Sie sich dafür auch erheben, damit wir den Snuffvideos der Terroristen ein Bild unserer Brüderlichkeit entgegenhalten.

*

Ich danke Ihnen.

Zum Tod von Rupert Neudeck

Köln, St. Aposteln, 14. Juni 2016

Eminenz, liebe Familie Neudeck, verehrte Trauergemeinde,

letzten Mittwoch habe ich ferngesehen, eine Stunde lang oder weniger, das Ende von *Report Mainz*, danach die *Tagesthemen*. Der Moderator kündigte den Beitrag mit der Entschuldigung an, daß jetzt schon wieder ertrunkene Flüchtlinge im Mittelmeer gezeigt würden, obwohl wir vermutlich schon abgestumpft seien von den immer gleichen Nachrichten, den immer gleichen Bildern. Dann sah ich einen blondbärtigen, stämmigen Mann auf einem Frachtschiff, der einen dunkelhäutigen Säugling im Arm zu wiegen schien. So friedlich wirkte das Baby, hatte die Augen geschlossen, den Mund offen, als ob es schliefe. Der Helfer hatte es im Meer entdeckt, nicht ganz an der Oberfläche, sondern vollständig vom Wasser bedeckt, inmitten von Dutzenden, Hunderten anderer Leichen.

In der nächsten Sequenz berichtete ein Syrer, erkennbar aus ärmlichen Verhältnissen, wie er seinen Sohn bei dem Unglück verloren hatte. Die Frau und die Tochter konnte er im letzten Moment noch packen, als das Boot umkippte, aber der Sohn, der Sohn war nicht da, der Sohn war einfach weg. Was hat das Leben denn noch für einen Sinn, schluchzte der Mann, und neben ihm seine Frau, seine Frau konnte vor Weinen gar nicht mehr sprechen. Die Tochter, neun oder zehn Jahre alt, blickte stumm ihre Eltern an.

Dann die *Tagesthemen*; ein Reporter hatte die *Ärzte ohne Grenzen* zehn Tage lang bei der Seenotrettung begleitet, Bilder von überfüllten Schlauchbooten, hundert, zweihundert Flüchtlinge dichtgedrängt auf dem offenen Meer. Wenn wir sie nicht entdeckt hätten, wären neunundneunzig Prozent von ihnen tot, meinte regungslos der ukrainische

Kapitän des Schiffes, das die *Ärzte ohne Grenzen* gechartert hatten, obwohl die Seenotrettung keine medizinische Operation ist – aber wenn es sonst niemand macht?

Fünf Jahre lang sei er schon auf der Flucht, sagte ein Schwarzafrikaner auf englisch, in den Armen sein kleines Kind, neben ihm seine junge, unglaublich nett aussehende Frau, fünf Jahre, die letzten zwei Jahre in Libyen, wo es so wenig auszuhalten war, daß die Überfahrt irgendwann den Schrecken verlor, der einkalkulierte Tod auch. Allein seit sie an Bord gegangen seien, hätten mehr als tausend Flüchtlinge ihr Leben verloren, teilt der Reporter im Off mit – in weniger als zehn Tagen mehr als tausend Ertrunkene im Mittelmeer.

Das war mein Fernsehabend letzten Mittwoch, in weniger als einer Stunde alles Leid wieder im Wohnzimmer gehabt, das im vergangenen Herbst vorübergehend ins öffentliche Bewußtsein gedrungen war, um seit der Schließung der Balkanroute wieder entschlossen verdrängt zu werden.

Und dann? Dann bin ich Zähne putzen gegangen mit einem ganz mulmigen Gefühl. Sie fragen, was das mit Rupert Neudeck zu tun hat, dieses mulmige Gefühl. Ich glaube, daß es exakt den Unterschied markiert zwischen ihm und mir, zwischen ihm und den gewöhnlichen Menschen.

Sicher, man kann den Kanal wechseln, wenn schon wieder Ertrunkene im Mittelmeer gezeigt werden oder Hungernde in Afrika oder Hingeschlachtete in Syrien. Man kann die Bilder an sich abperlen lassen oder die eigene Angst vorschützen, o Gott, wenn die alle zu uns kommen wollen, und bestimmt sind auch Terroristen dabei. Man kann die Ertrunkenen, die Hungernden, selbst die Geschlachteten für ihr Schicksal selbst verantwortlich machen, mit ihrer Kultur, mit ihrer Religion und inzwischen sogar wieder mit ihrer Rasse begründen, warum sie zu keinem Wohlstand, keiner Freiheit, keinem Frieden fähig seien. Aber so reagieren die meisten von uns nicht, wir gewöhnlichen Menschen, wenn wir im Fernsehen das Bild eines Ertrunkenen, eines Hungernden, eines Hingeschlachteten sehen, und wenn das Opfer ein Kind ist, fällt es sogar den Zynikern, den Ängstlichen und den Rassisten schwer, das Mitgefühl zu unterdrücken. Dann gestehen selbst sie sich ein, daß solche Bilder unangenehm sind, ja, eigentlich unerträglich, aber daß man sie jetzt einmal aushalten muß.

Aushalten – das ist ein sehr sprechendes Wort, das zuletzt im öffentlichen Diskurs fiel. Man muß die Mitleidlosigkeit aushalten – sie fällt uns schwer, denn sie entspricht uns überhaupt nicht, entspricht weder den Anlagen, die Gott uns mitgegeben hat, noch der Fürsorge, die wir durch unsere Eltern erfahren haben, und schon gar nicht der Zivilisation, in der wir aufgewachsen sind. Das Mitgefühl ist der natürliche, der menschliche Impuls, nicht die Gnadenlosigkeit. Einem Menschen in Not die Hand zu reichen, ist nichts, was wir lernen müssen; es ist etwas, was wir im Laufe unseres Lebens verlernt haben, ja, auch wir gewöhnliche Menschen verlernen mußten, damit wir unser gewöhnliches Leben weiterführen. Ließen wir alles Leid ungefiltert an uns heran, das wir um uns herum sehen, würden wir zusammenbrechen.

Vielleicht überweisen wir am nächsten Tag den *Ärzten ohne Grenzen* ein bißchen Geld, vielleicht wählen wir Parteien, die auf Flüchtlinge wenigstens nicht schießen lassen wollen, vielleicht engagieren wir uns vor Ort in einer Willkommensinitiative, sammeln Kleider, geben Deutschunterricht, werben um Verständnis. Aber wir tun nicht das, was dieses mulmige Gefühl uns eigentlich sagt und was mein Kind, wenn es zufällig noch wach gewesen wäre, als letzten Mittwoch *Report Mainz* und die *Tagesthemen* liefen, nicht nur gefühlt, sondern auch ausgesprochen hätte, weil es dem urmenschlichen Instinkt entspringt, den das Kind noch nicht so gut verdrängt hat wie wir: Wir lassen nicht alles stehen und liegen, nehmen nicht das nächste Flugzeug nach Lampedusa, plündern nicht unser Konto oder ketten uns nicht am Bundeskanzleramt fest, damit – ja, so kindisch, aber das sind Kinder in ihrer weisen Unvernunft ja auch – damit die Welt eine bessere wird. Nein, wir Vernünftigen legen uns ins Bett und löschen das Licht.

Ich stelle mir vor, daß Rupert Neudeck ebenfalls ein mulmiges Gefühl hatte, als er 1979 die Bilder von den Vietnamesen sah, die in kleinen Booten aufs offene Meer flohen. Der Unterschied, von dem ich sprach, geschah genau hier: Er hörte auf sein Gefühl. Er löschte nicht das Licht. «Cap Anamur, das war so eine radikale Aktion», sagte er 35 Jahre später über das, was ab dem nächsten Morgen geschah: «Ich mußte springen und wußte überhaupt nicht, wie es ausgeht.» Es ging so aus, wie wir alle wissen, daß Rupert Neudeck gemeinsam mit Ihnen, Christel Neudeck, und vielen anderen Mitstreitern, die er mit seiner kindlichen Euphorie gewann, 10 395 Menschen aus dem Südchinesischen Meer gerettet hat.

Und fortan immer weiter das Leben geführt hat, das man für andere lebt, 1991 in Angola, 1995 in Sarajewo, 2001 in Afghanistan, 2011 in Syrien, 2014 im Irak, um stellvertretend nur einige Orte zu nennen, wo er gegen alle Vernunft ausharrte, als weit und breit kein anderer Helfer mehr war.

Das Leben, das man für andere lebt, sagte ich. Klingt das nicht merkwürdig in unserer Zeit, da Selbstverwirklichung das höchste Gebot zu sein scheint, während Aufopferung, Askese, Hingabe schon beinah ungehörig sind? Psychologen und Werbefachleute würden dringend davon abraten, nehme ich an, daß man für andere lebt. Dabei täuschen sie sich! Kinder zu sättigen, Kranke zu heilen ist das Selbstverständlichste von der Welt, sagte Rupert einmal selbst über sein Leben für andere, das Einfachste, das Schönste auch. Das mache unheimlich viel Freude, fügte er hinzu. Immer wollten die Leute und besonders die Journalisten hören, daß seine Arbeit schwer sei, daß er sich am Riemen reißen müsse, sich überwinden und so weiter. Nein, sagte Rupert, die Arbeit mache Freude, und genau deshalb mache er sie auch. Umgekehrt sei es viel anstrengender, also böse zu sein statt freundlich.

Ich glaube, jeder von uns weiß von sich selbst, wie gut es uns tut, wenn wir gut zu anderen Menschen sind. Und jeder sieht im Fernsehen, wie verbissen diejenigen Menschen aussehen, die für Härte plädieren, wie häßlich etwa die Gesichtszüge jener Politiker erstarren, wenn sie davon reden, daß wir die Bilder von ertrunkenen Kindern jetzt einfach mal aushalten müßten. Die tun mir auch leid, diese Politiker, weil sie doch auch Menschen sind und sich mit ihrer Härte selbst Schaden zufügen, weil sie ihre eigene Persönlichkeit verstümmeln, die im Grunde eine freundliche ist. Ich kann mir nicht vorstellen, daß ihre Eltern ihnen das beigebracht haben, und das Christentum, auf das sie sich manchmal berufen, hat sie die Gnadenlosigkeit schon gar nicht gelehrt, genausowenig übrigens wie die deutsche oder abendländische Kultur, die sie zu schützen vorgeben. Wenn die deutsche oder abendländische oder überhaupt irgendeine Kultur etwas lehrt, dann ist es die Großmut und ist es die Gastfreundschaft.

Dennoch helfen wir, wir gewöhnliche Menschen, nicht in jeder Not und nicht jedem Bedürftigen, und wir haben durchaus Gründe, es nicht zu tun. Wenn wir alle Hungrigen nährten, hätten wir bald selbst kein Brot mehr. Unser Herz ist weit, aber unsere Möglichkeiten sind begrenzt, wird das dieser Tage ins Politische übersetzt. Ich möchte diese Art von Realismus gar nicht kritisieren, das stünde mir nicht an, weil ich im Privaten doch gar nicht anders verfahre, gar nicht anders verfahren kann, wenn ich mein gewöhnliches Leben fortsetzen will. Dahinter steckt ein zwar pragmatisches, aber auch ein sehr altes Prinzip. Denn die Religionen verlangen keineswegs von uns, alles zu geben, sondern immer nur einen bestimmten Anteil unseres Besitzes, unserer Kraft, unserer Fürsorge. «Gott lastet keiner Seele mehr auf, als sie tragen kann», heißt es im Koran, Sure 2,286.

Und doch kann dieser Vers nur wahr sein, weil einzelne Menschen mehr tragen können als wir. Es gibt zu viel Leid auf der Welt; unsere Zivilisationen würden zugrunde gehen, wenn jeder von uns nur seinen eigenen Anteil an der Barmherzigkeit trägt. Es brauchte zu allen Zeiten einzelne Menschen, die alles geben, die so vielen Menschen helfen, wie es eben nur geht, ohne zu fragen, was für sie selber übrigbleibt. Früher nannte man solche Menschen Heilige, und wo immer über sie geschrieben wurde in der Geschichte der Religionen, fiel auf, daß sie etwas Kindliches ausstrahlen, daß sie ein bißchen wie Kinder sind. Woher kommt das? Ich glaube, es kommt daher, daß sie sich einen Impuls bewahren, den jeder von uns kennt, dem jeder oft nachgibt, oft aber auch nicht: den Impuls, dem die Hand zu reichen, der unserer Hilfe bedarf, dem menschlichsten Impuls überhaupt. «Und wenn ihr nicht werdet wie die Kinder, so werdet ihr nicht ins Himmelreich kommen», heißt es im Evangelium, Matthäus 18,3. Es war der Lieblingsvers von Rupert Neudeck.

Nun ist er, ich bin ganz sicher, selbst ins Himmelreich gegangen. Jedoch wir, wir sind zurückgelassen ohne ihn. Jeder von uns spürt – das ist so ein Gefühl, das sich mir in allen Telefonaten und Gesprächen seit seinem Tod vermittelte –, daß wir ihn nicht nur persönlich gebraucht haben, als Ehemann, als Vater, als Freund, sondern daß er unserem Gemeinwesen jetzt fehlt, Deutschland und Europa im Jahre 2016, seine Stimme in Zeiten des wiederkehrenden Nationalismus, seine Tat in Zeiten der Flüchtlingsnot, seine Versöhnung in Zeiten des Terrors, seine Menschenfreundlichkeit, die über das gewöhnliche Maß hinausging. Was können wir tun? Ich glaube, verehrte Trauergemeinde, es geht nur so, daß jeder von uns, jeder einzelne, künftig ein bißchen mehr trägt als bisher. Alleine schaffen wir das nicht, und ein mulmiges Gefühl genügt jetzt nicht mehr.

Zum Dank für den Marion-Dönhoff-Preis
für internationale Verständigung und Versöhnung

Hamburg, Schauspielhaus, 4. Dezember 2016

Sehr geehrter Herr Präsident, sehr geehrte Frau Staatsministerin, sehr geehrter Herr Naß, sehr geehrte Mitglieder von Hanseatic Help, meine Damen und Herren,

vor zwei Jahren habe ich einige Monate in den Vereinigten Staaten gelebt, genau gesagt in New Hampshire, ganz im Norden. Das Schönste in dieser Zeit waren die langen Autofahrten durch ein Amerika, von dem ich nicht gedacht hätte, daß es noch existiert, keine Autobahnen, keine überall gleichen suburbs, keine Shoppingmalls und Riesensupermärkte, sondern nur die moosgrüne Natur, durch die schmale Straßen führen. Die Häuser entlang des Asphalts sieht man nicht, man sieht nur die Briefkästen, die alle paar hundert Meter an einem Feldweg aufgestellt sind.

Aus der Alten Welt sind wir es gewohnt, daß Menschen zusammenrücken, in Dörfern, in Städten, daß sie Mauer an Mauer oder Zaun an Zaun leben, und ringsherum ist das freie Feld oder der Wald. In Amerika sind bewohntes und unbewohntes Gebiet nicht so streng geschieden, da nimmt sich jedes Haus so viel Boden, wie man ihn früher mit eigenen Händen bestellen konnte. Es ist eine Siedlernation, man merkt es erst, wenn man die langen Strecken abseits der Autobahnen fährt, einzelne Familien, die sich das Land aufteilten, als es noch keine Dörfer gab. Das heißt, die Dörfer sind nicht von innen nach außen gewachsen, sondern bildeten sich als Anlaufs- und Verkaufsstellen der Siedler erst nach und nach heraus, mehr Umschlagplätze als Wohnorte, deshalb gibt es auch selten einen Dorfkern.

Selbst heute wohnen nur einzelne Menschen in den Dörfern, die vor allem aus kleinen Läden für das Nötigste bestehen, Jägerbedarf, Anglerbedarf, eine Tankstelle, Lebensmittel und jedesmal ein Deli, also eines dieser kioskartigen Cafés, meist geführt von einer älteren Dame oder einer Familie, die alles andere außer dem Jägerbedarf, dem Anglerbedarf und den Lebensmitteln bereithalten, Zeitungen zum Beispiel, Lottoscheine, die elementaren Haushaltswaren und vor allem frisch gebrühten Kaffee, dazu Backwaren, die wie von Muttern schmecken, weil sie tatsächlich noch von Muttern sind. Das Frühstück, man kann es sich vorstellen, ist natürlich viel zu deftig für einen Schreibtischmenschen wie mich, unglaubliche Portionen Rührei mit fingerdickem Speck und für die Kinder Pfannkuchen, die den Hunger für den Rest des Tages stillen.

Man sitzt dann mit seiner Familie zwischen Theke und Zeitschriftenauslage an dem einzigen großen Tisch, und während man noch in seiner fremden Sprache tuschelt, ob man den Speck wirklich aufessen muß, damit die Ladenbesitzerin nicht enttäuscht ist, die für uns wie für ihre eigenen Kinder gekocht hat, tritt eine Nachbarin laut grüßend ins Deli, bestellt einen *coffee to go*, den sie jedoch nicht fortträgt, weil sie erst mit der Besitzerin einen Plausch hält und anschließend uns fragt, welche Sprache wir da sprächen. Oder vielleicht fragen wir auch die Nachbarin, wohin die stille Straße führt, wenn man am Ortseingang links abbiegt, Hauptsache, man kommt ins Gespräch, so selten, wie man in dieser Landschaft Menschen antrifft. Und kaum haben wir der Nachbarin erklärt, welche Sprache sie gerade gehört hat, *o my God!*, tritt schon der nächste Einheimische ins Deli, wieder großes Hallo, alle setzen sich zu uns an den Tisch, auch die Ladenbesitzerin gießt sich einen Kaffee ein, und man redet und redet, wie schön Amerika noch sein kann. Am Ende haben wir tatsächlich das Riesenrührei verputzt und die Kinder so viel Pfannkuchen gegessen, daß es nicht bloß bis zum Abend, sondern bis zum nächsten Morgen reicht. Keine Hamburger mehr heute. Schade eigentlich, denn die Hamburger schmecken in diesem Amerika ebenfalls noch wie früher.

Vielleicht ist diese Schilderung etwas geschönt, ich gebe es zu. Aber ich habe diesen äußersten Nordosten der Neuen Welt geliebt, New Hampshire, Vermont, Maine, genauso wie Ontario in Kanada, das noch stillere Landstraßen hat, und das liebende Auge sieht sich die Dinge nun einmal schön. Schließlich bin ich auch geprägt worden von diesem ländlichen Amerika, obwohl ich es erst vor zwei Jahren zum ersten Mal richtig sah, bin im Westen Deutschlands aufgewachsen mit der amerikanischen Musik, mit Neil Young und Bob Dylan zumal, die ebenfalls von den Landstraßen im Norden Amerikas sangen, der Weite der Landschaften wie der Herzen. Ich kam mir vor wie das Kind, das plötzlich unter Rittern lebt oder seine Märchenfee trifft.

If you're travelling in the north country fair,
Where the winds hit heavy on the borderline,
Remember me to the one who lives there,
For she once was a true love of mine.

Nach dem Sieg Donald Trumps bei der amerikanischen Präsident-schaftswahl im vergangenen Monat habe ich mir im Internet die Ergebnisse im Nordosten angesehen, Stammland der demokratischen Partei eigentlich. Zunächst war ich erleichtert, weil New Hampshire, Vermont, Maine, The State of New York demokratisch geblieben sind, wenn auch denkbar knapp. Aber dann ging ich die Resultate in den ländlichen Wahlkreisen durch, genau in jenen Gegenden an der Grenze zu Kanada, durch die ich so gern gefahren war. Jenes Amerika, mein Amerika, es ist Trump-Land geworden. Und ich fragte mich, warum? Es sind die gleichen Menschen; sie sind nicht plötzlich fremdenfeindlich, aggressiv oder autoritätsgläubig geworden, ich glaube das einfach nicht. Von ihnen habe ich gelernt, warum Unabhängigkeit für Amerikaner ein viel konkreterer Begriff ist als für Europäer. Noch im Zweiten Weltkrieg mußte Roosevelt seine Landsleute geradezu überlisten, damit sie im Ausland intervenierten. Das eigentliche, das ländliche Amerika ist bis heute eine Nation, die mit der Welt nicht viel zu tun haben will – und zugleich von Herzen gastfreundlich ist, wenn ein Fremder sie besucht.

Wer in dieser Gegend wohnt, *in the North Country fair*, auf seinem großen Grundstück, das ringsherum keine Nachbarn hat, den Briefkasten dreihundert Yards entfernt an der Landstraße aufgestellt, ist selbst auf Gastfreundschaft angewiesen, wenn er eine Autopanne hat und es zu spät geworden ist, um nach Hause zurückzukehren. Und vielleicht nimmt das *North Country fair* den Fremden auch deshalb so freundlich auf, weil dort alle Menschen einmal fremd gewesen sind. Es mag ein paar Generationen her sein, aber jeder Mensch hat einmal ein Dach überm Kopf, eine warme Suppe gebraucht. Es sind keine *rednecks*, dafür scheint die Sonne im Nordosten auch zu kurz. Es sind Bauern, Jäger, kleine Leute und in den Städten Arbeiter, in deren Mitte das Volkslied politisch geworden ist, Woody Guthrie, Cisco Houston, Peter Singer, die großen weißen Sänger der dreißiger- und vierziger Jahre, die mit dem vollen, geradezu religiösen Pathos der Bürgerrechtsbewegung für ein gerechtes Amerika eintraten, das Amerika der Gewerkschaften, das Amerika sozialer Reformen, das Amerika, das sich seiner Schuld gegenüber den Ureinwohnern bewußt wird, das Amerika, das sich am frühesten gegen die Rassengesetze gestellt hat. Es ist die Tradition der Singersongwriter, die in den sechziger Jahren Bob Dylan und Neil Young in die Rockmusik überführt haben. Woodstock im Bundesstaat New York war damals auch so ein kleines Nest. *Everybody knows this is nowhere.*

Wer wie ich in den sechziger Jahren in Westdeutschland geboren wurde – ich selbst gegen Ende des Jahrzehnts, aber ich bin mit der Musik meiner drei älteren Brüder großgeworden –, der hat die Freiheit von Amerika gelernt. Die Lieder, mit denen wir aufwuchsen, das waren Lieder, die von der Gerechtigkeit handelten, von Liebe, die sich nicht an Konventionen hält, vom Kampf für eine bessere Welt. Wir haben nicht alles verstanden, so gut war unser Englisch nicht, dafür psalmodierten wir einzelne Zeilen, Strophen, Refrains, versenkten uns in die Booklets wie in Heilige Schriften. So viel verstanden wir, daß man verantwortlich ist für die Welt, in der man lebt, die ganze Welt. Kommt Leute, versammelt euch und seht ein, daß das Wasser ringsherum steigt.

Then you better start swimmin' or you'll sink like a stone
For the times they are a-changin'

Das haben uns nicht die Eltern, nicht die Lehrer, auch nicht die europäische Aufklärung gelehrt. Das haben wir von Amerika gelernt, dem Amerika der Folksänger, der Bürgerrechtsbewegung und später der Rockmusik. Selbst der Antiamerikanismus, der sich für meine Generation von selbst verstand – also daß man gegen den Vietnamkrieg, gegen den Imperialismus, den Kapitalismus, gegen Reagan und Bush ist –, selbst unser Antiamerikanismus war durch und durch amerikanisch verfaßt. Denn das genau war das Große und Vorbildhafte an Amerika – daß es sich selbst widersprechen konnte, daß es selbst seine entschiedensten Kritiker hervorgebracht hat, daß Amerika immer auch das Gegenteil von Amerika war und es mehr als jede andere Nation über Selbstheilungskräfte zu verfügen schien. Auf Bush folgte der erste farbige Präsident der westlichen Hemisphäre, und auch nach Trump kann Amerika wieder die Hoffnung einer gerechteren Welt sein.

Ich denke an die Landschaft zurück, durch die ich so gern fuhr, an das Deli, in dem wir frühstückten. Ich kann mir nicht vorstellen, daß die Besitzerin und ihre Kunden, die so neugierig auf unsere fremde Kultur waren, nun begeistert von einem Präsidenten sind, der Amerika einmauern und Menschen nur aufgrund ihrer Herkunft nicht mehr ins Land lassen will. Aber wieso hat der Nordosten dann – diese mythische Gegend der amerikanischen Folkmusik, durch die Bob Dylan mit seiner Gitarre kam, als er nach New York zog, und Neil Young im gebrauchten Leichenwagen nach Kalifornien fuhr –, wieso hat selbst der Nordosten Donald Trump gewählt? Es hat vielleicht gar nicht so viel mit ihm zu tun, sondern mit der Alternative, die keine war. Die Deli-Besitzerin und ihre Kunden, sie dürften die gleichen geblieben sein. Verändert hat sich die westliche Demokratie, seit sie mit dem Sieg über den Kommunismus die soziale Balance verlor. Die Freie Welt, von der Neil Young Neunundachtzig in seiner bitteren Hymne sang, sie ist auch eine Welt mit Reichtum, der nur noch pervers ist, und Kriegen, die immer näher an uns rücken, eine Welt mit immer mehr Obdachlosen, Drogenabhängigen, Abgehängten, Geringverdienern, Armutsflüchtlingen, Vertriebenen.

There's a lot of people sayin'
we'd be better off dead.
Keep on rockin' in the free world.

Es war Marion Gräfin Dönhoff, eine große Liberale und Verfechterin der Marktwirtschaft, die bereits in den neunziger Jahren ein ums andere Mal in der *Zeit* gewarnt hat, daß der Reallohn in den höchsten Einkommensklassen immer mehr steigt, während er in der untersten Klasse kontinuierlich sinkt. «Wenn der Markt kritiklos idealisiert wird», sah die Gräfin die Verwerfungen eines entfesselten Profitstrebens voraus, das weltweit den traditionellen Mittelschichten den Boden entzieht, «wenn ihm keine ethischen Grenzen gesetzt werden, wenn er sozusagen als säkularisierte Eschatologie angesehen wird, dann entartet das Ganze mit der Zeit zum *catch-as-catch-can*. Man kann sich leicht vorstellen, daß dann schließlich der Ruf nach dem starken Mann laut wird, der Ordnung und Gerechtigkeit schaffen soll.»

Nicht nur die republikanische Partei konnte Trumps Verheißungen keine realistischen Lösungen entgegensetzen. Auch die Demokraten haben die Stimmung in der Gesellschaft verkannt. Selten waren die politischen und medialen Wortführer des liberalen Amerika so selbstzufrieden, selbstgerecht, herablassend gewesen wie im zurückliegenden Wahlkampf, als sie die Graswurzelrevolution kleinredeten und nach Kräften behinderten, die sich bei den Vorwahlen Bahn zu brechen schien. Dabei ist der Idealismus gerade der jungen Menschen, den das Establishment als weltfremd abtat, viel tiefer in der amerikanischen Kultur verwurzelt als das Bündnis der demokratischen Partei mit dem großen Geld. Es ist der uramerikanische Idealismus der Bill of Rights und des New Deal, der Bürgerrechtsbewegung, des politischen Folksongs und der frühen Rockmusik.

Striking for the gentle, striking for the kind
Striking for the guardians and protectors of the mind
And the unpawned painter behind beyond his rightful time
And we gazed upon the chimes of freedom flashing.

In den vergangenen Wochen sind unzählige Artikel über die mutmaßlichen *angry white men* erschienen, über die Globalisierungsverlierer, die amerikanischen Wutbürger, die Waffennarren, Neuen Rechten und Fundamentalisten, die für Trump gestimmt hätten. Vieles davon leuchtete ein, die demoskopischen Befunde, die ökonomischen Analysen, die Milieuschilderungen. Aber die wichtigste Erklärung für seinen überraschenden Erfolg brachte der neue Präsident selbst vor, als er vor zwei Wochen die *New York Times* besuchte: Er, Trump, konnte seine Anhänger mobilisieren, Hillary Clinton konnte es nicht. Ein einziges Meinungsforschungsinstitut, so erinnerte Trump die Redakteure, habe stets ihn vorne gesehen. Warum? «They had something that is, I guess, a modern-day technique in polling, it was called enthusiasm. They added an enthusiasm factor and my people had great enthusiasm, and Hillary's people didn't have enthusiasm. [...] So they didn't necessarily vote for me, but they didn't show up, which was a big problem that she had.» Das heißt, während die Kommentatoren weltweit sich den Kopf über das Trump-Amerika zerbrechen, das selbst einer *New York Times* fremd, rätselhaft, ja, peinlich geblieben ist, verweist Trump selbst, der klüger zu sein scheint als unsere *thinktanks*, auf die Schwäche des liberalen Amerika hin: Er konnte seine Anhänger mobilisieren, Hillary Clinton konnte es nicht. *They didn't show up.*

War das nicht beim Brexit bereits ähnlich gewesen? So viele Menschen, vor allem junge Menschen, für die Europa eine Selbstverständlichkeit ist – sie waren schlicht nicht wählen gegangen. Oder wenn sie wählen gegangen waren, dann hatten sie nicht außerdem ihre Freunde, ihre Verwandten, ihre Kommilitonen zu den Wahlurnen bewegt. Deshalb hatten die Meinungsumfragen und Leitmedien mit ihren Prognosen falsch gelegen: weil sie den *enthusiasm factor* nicht berücksichtigt hatten. David Cameron war als Führer nun einmal denkbar ungeeignet, um für Europa einzutreten, ein erwiesener Opportunist, der Zeit seines politischen Lebens gegen Europa gewettert hatte und wie kein anderer für die Interessen der Finanzwirtschaft stand. Auch in Polen waren es mehr die Auszehrung, Korrumpiertheit und arrogante Siegesgewißheit des Regierungslagers gewesen, die zum Sieg der national-religiösen Opposition geführt hatten. Die Polen sind nicht plötzlich nationalistisch geworden, im Gegenteil, Europa hat dort weiter die höchsten Zustimmungsraten. Und doch hat eine Ministerpräsidentin die Wahl gewonnen, die als erste Amtshandlung die Europaflagge abgehängt hat. In Frankreich könnte ähnliches geschehen, denn Marine Le Pen wird ihre Anhänger sicher mobilisieren, während … man möchte sich nicht ausmalen, wieviel Wähler zuhause bleiben werden, sollte in der Stichwahl der verzagte Amtsinhaber die Alternative sein. Selbst in Österreich, wo heute ein neuer Präsident gewählt wird, steht der junge, rechtspopulistische Kandidat für einen wie immer gearteten Aufbruch, während sich alle etablierten Parteien hinter einem Grünen versammeln, ausgerechnet ein Grüner also den Status quo vertritt.

Ich könnte die Liste der westlichen Staaten fortsetzen, in denen der *enthusiasm factor* gegen die liberale Gesellschaft spricht. Ja, ich könnte auch von Deutschland sprechen, dessen Regierung fahrlässig die Flüchtlingsproblematik ignoriert und sich mit Verweis auf die Dublin-Regeln stets gegen eine gerechte Verteilung der Schutzsuchenden innerhalb der Europäischen Union gesperrt hat, nur um innerhalb eines Wochenendes mit einer dürren Erklärung eine Kehrtwende um hundertachtzig Grad zu vollziehen – wie hätte die Regierung da die Bürger mitreißen können? Und wie kann eine Kanzlerin von Europa überzeugen, die selbst über viele Jahre das europäische Projekt auf den ökonomischen Mehrwert reduziert, die europäischen Institutionen bewußt schwach gehalten und in ihrer Rhetorik bis weit über den Beginn der Finanzkrise hinaus stets die Nation starkgeredet hat.

Natürlich muß Politik flexibel reagieren, sie muß Fehleinschätzungen korrigieren. Aber wenn Politik allein aus der Gegenwart heraus gemacht wird, wenn sie ohne die Vorstellung auskommt, wie man in zwanzig, in fünfzig Jahren leben will, wenn sie nicht vom Willen beseelt ist, den eigenen Kindern und Enkeln eine bessere Welt zu hinterlassen, dann wird sie richtungslos. Dann entscheidet sie sich heute für dies, morgen für das Gegenteil, je nach dem, was die Umstände und Umfragen gerade nahelegen. Politik braucht die großen Vorhaben, die Visionen und Ziele, die nicht realistisch sein mögen, aber eine Perspektive aufzeigen. Einzig mit Pragmatismus wäre die Europäische Union niemals gegründet worden und wäre Deutschland nicht die Aussöhnung mit seinen östlichen Nachbarn gelungen. Um über sich selbst hinauszuwachsen, muß man nach oben streben, in den Himmel, der über allen Menschen der gleiche ist. Wenn etwas aus Wahlen in Amerika für Europa zu lernen ist, dann dies: Nur die Aussicht auf Veränderung erzeugt Begeisterung, niemals der Status quo, so kommod er auch sein mag.

Ich stelle mir dieses Deli vor, in dem wir frühstückten, die Nachbarn, die sich zu uns an den Tisch setzten und wie der Vormittag lachend verging – ich sehe die hochgezogenen Augenbrauen, wenn während des Wahlkampfes der Name Clinton fiel, ich höre die Gespräche, die nicht um Freiheit und Toleranz gingen, sondern um Hedgefonds, die großen Firmen, die ihr so hohe Redehonorare zahlten, die Sprechblasen der PR-Agenturen, mit denen sie ihren Wahlkampf bestritt. Jedes Wort, jede kleine Geste, jedes Lächeln schien genauestens kalkuliert. Ich weiß natürlich nicht, wie die Ladenbesitzerin gewählt hat, die Nachbarn, die sich freuten, uns Fremde zu sehen. Aber wir machen es uns zu leicht, wenn wir die Wähler Donald Trumps zu einer Art Dunkel-Amerika erklären, rassistisch, frauenfeindlich und neben allem anderen auch noch übergeschnappt. Eher sollten wir über uns selbst nachdenken, ja, auch über uns in Europa, die wir ebenfalls nach jedem Dammbruch fortfahren, als sei nichts geschehen. Aber immer nur weiter kann es in einem Europa doch wohl nicht gehen, an dessen östlichen Grenzen Krieg herrscht, dessen Innenstädte vom Terror erschüttert werden, vor dessen Meeren jeden Tag unzählige Menschen ertrinken, ein Europa, in dem die sozialen Gegensätze immer mehr zunehmen und dessen demokratische Legitimation unsicher ist, ein Europa, dem weder eine kohärente Außenpolitik noch eine gemeinsame Wirtschaftspolitik und schon gar keine realistische Flüchtlingspolitik gelingt. Ein Europa, das mit jeder neuen Herausforderung, der gescheiterten Verfassung, der Finanzkrise, dem Ukraine-Konflikt, dem Brexit, der Rückkehr des Nationalismus, den Anschlägen auf den Rechtsstaat in Ungarn, Polen oder der Türkei, dem Desaster in Libyen und dem Inferno in Syrien, noch mutloser wird. Ein Europa, das sich aus Angst vor seinen Gegnern nicht einmal mehr zu streiten traut, das zumal in Deutschland von links bis rechts die Reihen fest schließt, ohne zu merken, daß Demokratie von der harten, wohlgemerkt stets gewaltfreien Auseinandersetzung lebt.

Die Gesellschaften, in denen wir im Westen leben, ihre Freiheit, ihre Vielfalt, ihre Rechtsstaatlichkeit, ihre sozialen Errungenschaften – sie sind es wert, verteidigt zu werden. Aber sie zu verteidigen bedeutet auch stets, sie weiterzuentwickeln, nicht stillzustehen oder sich gar mit dem Erreichten zufriedenzugeben. Mehr Demokratie wagen, hieß das einmal, und wenn wir sehen, wie Bernie Sanders in den Vereinigten Staaten die Jugend politisierte und im Nachbarland Kanada Justin Trudeau mit einem entschieden progressiven Programm triumphierte, wenn wir zuletzt bei den Vorwahlen der Konservativen in Frankreich auch auf der anderen Seite des politischen Spektrums verfolgen konnten, wie der mutigste, von Überzeugungen beseelte Bewerber gegen alle Prognosen gewann, dann sollte uns das ebenfalls Mut machen. Es ist möglich, Menschen für die Politik zu gewinnen, ob links oder rechts, wenn sie eine Alternative sehen. Und es ist unser eigenes Versagen, das Versagen der liberalen Öffentlichkeit, wenn die Alternativen derzeit, ob links oder rechts, nur national gedacht werden. Europa ist und bleibt die *positive* Antwort auf die Herausforderungen der Globalisierung, der Einwanderung, des religiösen und nationalen Extremismus. Eine politische Union, die nationale Unterschiede bewahrt, mehr noch: Unterschiede sogar fördert, die Verschiedenheit in unseren Ländern, Städten und Klassenzimmern als Reichtum begreift und zugleich durch gemeinsame Ideale, verbindliche Rechtsnormen, demokratische Institutionen und sozialen Ausgleich zusammengehalten wird – was könnte auch und besonders jungen Menschen heute mehr einleuchten, ja, sie begeistern, was entspräche mehr ihrem Lebensgefühl?

Die Zeit, in der die Musik aufkam, die nicht nur mein Bild von Amerika, sondern zutiefst auch mein eigenes Leben, meine Gefühle und politischen Ansichten prägte, die frühen sechziger Jahre mit ihren Singersongwritern und dem Beginn der Rockmusik, das war ja ebenfalls keine gute Zeit, bestimmt nicht besser als heute. Allein der Sommer vierundsechzig, als Dylans *Chimes of Freedom* erschien, da wurden drei Bürgerrechtler in Mississippi ermordet, es begann die Eskalation des amerikanischen Engagements in Vietnam, es gab die ersten erfolgreichen Atomtests der Volksrepublik China, es deutete alles auf eine beängstigende Phase nationaler und internationaler Politik. Und doch folgte daraus Achtundsechzig, es folgte die Entspannungspolitik, die Gleichberechtigung der Geschlechter, die sexuelle Revolution, die Umweltbewegung. Damals haben die Menschen, vor allem die jungen Menschen, schwimmen gelernt. Sie müssen es auch heute wieder tun, wenn unsere Freiheit nicht wie ein Stein untergehen soll. *For the times they are a-changin'.*

Einmal kamen wir spät aus Kanada zurück und fanden nirgends ein Hotel. Wozu soll es Hotels geben, wo es kaum Fremde gibt, allenfalls mal im Sommer, an den Seen, in den Naturparks, aber es war nicht Sommer, es war noch Frühling, der im Norden wie der Winter bei uns ist. Die Kinder schliefen bereits auf der Rückbank, und meine Frau machte sich darauf gefaßt, die ganze Nacht durchzufahren, denn stehenbleiben konnte man ja im Auto nicht, dazu war es draußen zu kalt. Endlich leuchtete in der Dunkelheit ein roter Schriftzug auf: *motel*, und im Haupthaus brannte noch Licht, ja, mehr als nur Licht, viele Autos auf dem Parkplatz, Pick-ups vor allem. Als wir näher heranfuhren, hörten wir sogar Musik. Die Wirtin führte uns in eine Holzhütte, die mit dem elektrischen Ofen rasch beheizt war. Die Kinder schliefen fest, meine Frau legte sich ebenfalls hin, da ging ich ins Haupthaus zurück in der Hoffnung, daß noch das Konzert lief. Leider bekam ich nur den Schlußapplaus mit.

Ich setzte mich an die Theke, bestellte einen Drink und sah, wenn ich mich auf dem Hocker umdrehte, der Band zu, die das Equipment abbaute und ins Auto trug. Es war eine junge Band, keine alte, so altmodisch ihre Holzfällerhemden anmuteten. Als alle Instrumente verstaut waren, trat die Band an die Theke, um vor der Heimfahrt ein letztes Bier zu trinken. Irgendwie kamen wir ins Gespräch, Bob Dylan, Neil Young, *o my god*, was für eine großartige Musik. Ich war von so weit hergekommen, aus Iran, log ich halb, um mich noch ein bißchen interessanter zu machen, war den ganzen Tag gefahren und hatte nun leider so knapp das Konzert verpaßt – da sagte der Sänger: warte, ging nach draußen und kam mit der Gitarre zurück. Als er wieder auf dem Barhocker saß, gab er der Wirtin ein Zeichen, daß sie den Fernseher auf lautlos stellte, und sang für mich, für den Fremden kein anderes Lied als vom *north country fair / Where the winds hit heavy on the borderline.* Egal, wen es diesmal gewählt hat und ob überhaupt, es kann kein dunkles Amerika sein.

[Einspielung Bob Dylan, «Girl From The North Country», erste veröffentlichte Version aus dem Jahr 1963 vom Album *The Freewheelin' Bob Dylan*, 3:18 Min]

Ich danke Ihnen für Ihre Aufmerksamkeit, ich danke für die Auszeichnung mit dem Marion-Dönhoff-Preis, und ich verneige mich vor Bob Dylan, der diese Woche ebenfalls einen Preis erhält.

Zum Tod von Jaki Liebezeit

Köln, Friedhof Melaten, 6. Februar 2017

Liebe Birgit Berger, lieber Marlon Geuer, verehrte Trauergemeinde,

mehr als zwanzig Jahre wohnte ich drei Stockwerke über Jaki Liebezeit. Wir sahen uns nicht oft, und es dauerte, bis mir aufging, daß er jener Jaki Liebezeit war, jener Schlagzeuger aus jener Band, deren Platten bereits bei meinen älteren Brüdern liefen. Aber wir sahen uns regelmäßig, niemals morgens, niemals abends, fast immer nur nachmittags ab vier, wenn ich mit der ersten, später mit der zweiten Tochter vom Kindergarten oder der Schule heimkehrte, oder auch gegen sechs, wenn ich noch einmal ins Büro ging oder im Jogginganzug aus dem Haus trat, dann traf ich ihn, ja, im Innenhof, im Durchgang, wo die Fahrräder stehen, oder auf dem Bürgersteig vor der Hoftür. Mein signalgelbes Shirt und erst recht die kurze Hose fühlten sich jedesmal noch lächerlicher an, wenn Jakis Blick mich traf, auch wenn er deswegen niemals eine Miene verzog. Mit Mienen hielt er sich generell zurück, und mit Worten sowieso.

Dennoch redeten wir, wann immer wir uns trafen, wir begrüßten uns und fragten mindestens, wie es geht, wechselten ein paar Sätze, die zwanzig Jahre freundlich waren. Und das Erstaunliche, ja Unfaßbare war, daß er wenig sagte und ich dennoch viel verstand. Genau dies: Das Verhältnis von Worten, Gesten, mimischen Andeutungen, klanglichen Varianten, Stimme heben, Stimme senken, dieses bei ihm unglaublich reduzierte, regelrecht karge Instrumentarium von Ausdrucksweisen stand in diametralem Verhältnis zur Fülle an Bedeutungen. Ich glaube, jeder der ihn trommeln gehört hat, zumal in den letzten Jahren, stimmt mir zu, daß es bei seiner Musik genauso war, die Mittel so wenig, die Bedeutungen so viel.

Ich weiß schon, daß er mich mochte, sonst wäre er nicht jedesmal stehengeblieben und hätte mich angeschaut, das spürte ich tief. Zugleich war da immer ein Staunen, ein milder Spott im Blick, weil ich zwar ebenfalls fleißig arbeitete, wie Jaki der bloßen Anzahl meiner Bücher entnahm, aber zugleich so vielen anderen Beschäftigungen nachging. Allein schon das Joggen oder die häufigen Besucher, die vor seinem Fenster die Tür zu unserem Hinterhaus suchten, die Urlaube oder wenn er mich mit dem Rollkoffer zum Bahnhof eilen sah. Jaki verreiste zwar auch gelegentlich für Konzerte oder Aufnahmen, aber das war anders, das waren Zwischenspiele oder vielleicht eher Zugaben, in denen für eine Session oder eine kurze Tournee lediglich öffentlich wurde, was er ohnehin Tag für Tag tat. Wenn ich verreise, so mußte es auf ihn wirken, dann unterbreche ich ja meine Arbeit, dann bin ich nicht am Schreibtisch, jedenfalls nicht, wenn ich nur mit dem Rollkoffer zum Bahnhof eile, dann sind es Auftritte, Lesungen, nichts, was für mein Schreiben wesentlich wäre. Wenn er verreiste, und das war viel seltener, dann setzte er seine Arbeit nur an anderen Orten fort. Das muß, so stellte ich mir vor, eine Bereicherung gewesen sein.

Haben wir jemals darüber gesprochen? Nein. Ich erwähnte bereits, daß wir nicht viel sprachen. Dennoch habe ich mir ein Bild von ihm gemacht, und er sich vermutlich auch von mir. Und diese Bilder, mit wenigen, immer gleichen Strichen über die Jahre vom Nachbarn gemalt, die waren genauer, als wenn wir viele Worte gewechselt oder uns in der Kneipe getroffen hätten. Man konnte sich ohnehin nicht mit ihm treffen, in zwanzig Jahren hat er mich nicht einmal besucht oder ich ihn, schon gar nicht abends, denn abends hat er immer getrommelt, jeden Abend mit denselben Freunden, mehr als zwanzig Jahre lang, bis morgens in der Früh. Und das muß schon vor meinem Einzug zwanzig Jahre lang oder länger so gegangen sein, jeden Abend bis morgens in der Früh. Das war auch etwas, was ich nach und nach an ihm verstand, ohne daß er etwas sagen mußte: diese Regelmäßigkeit oder, wie es in den Kritiken immer hieß: die Wiederholung.

Dreimal habe ich ihn live trommeln hören, das erste Mal vor Jahren im Rhenania, das zweite Mal bei einem, man höre und staune, «Gesprächskonzert» in unserem Literarischen Salon, und bei seinem allerletzten Auftritt am 8. Dezember 2016 im Museum Kolumba. Ich bin kein Musiker, aber ich bin ein Reisender, und ich brauchte keine Kritiken zu kennen, um sofort die Herkunft seines Trommelns zu hören: das religiöse Ritual, bei dem sich das Bewußtsein durch das Wechselspiel von immergleichen Folgen und minimalen, nach und nach größeren Abweichungen wie eine Schraube langsam aus der Fassung dreht. Jaki hat darüber gesprochen, das einzige Mal, als ich ihn länger sprechen hörte, bei dem Gesprächskonzert. Außer Jaki waren noch meine beiden anderen Musikernachbarn zu Gast, Pi-hsien Chen und Manos Tsangaris, es war also ein richtiges Hauskonzert und eine irre Besetzung, zwei Trommler und eine Konzertpianistin, die zunächst abwechselnd und dann tatsächlich gemeinsam improvisiert, später sogar Scarlatti gespielt haben. Dazwischen fragten wir nach der Musik, und was wunderte sich die Hausgemeinschaft, die auch im Publikum versammelt war, daß kein anderer als ausgerechnet Jaki am längsten und dabei nicht nur klug, sondern geradezu wissenschaftlich Auskunft gab.

Auch wenn ich ihn nicht mehr zitieren kann, erinnere ich mich, daß er von der Beschäftigung mit der orientalischen und afrikanischen Musik sprach, die für seine Rhythmik ungleich wichtiger gewesen sei als Jazz und Rock 'n' Roll. Er benutzte auch einen Fachbegriff, additive Rhythmik oder so ähnlich, weil sie auf der Wiederholung festgelegter Muster beruht. Gleichwohl betonte er selbst, der angeblich wie eine Maschine getrommelt hat, daß nicht einmal eine Maschine etwas völlig exakt wiederholen kann. Warum? fragte ich verblüfft. Weil schon kleine klimatische Unterschiede im Raum oder physikalische Abläufe im Gehirn das Klangbild veränderten. Deshalb sei die Wiederholung gar keine Wiederholung, sie klinge für das Ohr nur so. Die Trance, in die er gerate, die erreichten andere, indem sie hundertzwanzig Rosenkränze beten, das sei im Grunde dasselbe Prinzip des immergleichen Jedesmalanderen.

Ach, denke ich heute, wie lang hätten wir sprechen können, wenn wir uns vier-, fünfmal die Woche im Innenhof oder vor der Haustür begegneten, so viele Themen hatten wir eigentlich gemein, die Wiederholung und die Verzückung, das Ritual und meine Reisen. Sogar über die Rockmusik hatte ich ein ganzes Buch geschrieben, ohne daß ich je den Mut besaß, es in seinen Briefkasten zu werfen. Aber dann denke ich, nein, wir haben ja gesprochen oder jedenfalls er zu mir, anders als mit Worten, anders auch als durch Gesten, einfach durch seine immer gleiche jedesmal andere Gegenwart. Er war da, tagein tagaus, mein guter Nachbar, zog nach Mittag die Vorhänge zum Innenhof beiseite, machte den Nachmittag über Besorgungen oder war die ersten Jahre mit seinem Sohn zusammen, ging abends zum Trommeln mit seinen Freunden und kam morgens früh zurück. De Eintönigkeit seines Tagesablaufs malte ich mir in den aufregendsten Farben aus. Jaki gab für mich, der viel zu viel anderes macht, so etwas wie den Idealtypus eines Künstlers ab, jemand, der ausschließlich für die Kunst lebt. Praktisch wird es anders gewesen sein, er hatte eine Frau, er hatte einen Sohn (die freilich nicht bei ihm lebten), er wird essen gegangen sein oder sich etwas gekocht haben – Jaki am Herd war auch so eine unmögliche Vorstellung und dennoch vermutlich real –, Einkaufen, Behördengänge, Arztbesuche, irgendwo hatte er vermutlich auch eine Familie, Geschwister, Cousins und Cousinen, Nichten und Neffen, Familienfeste vielleicht sogar. Ich könnte nicht einmal ausschließen, daß Jaki Urlaub gemacht hat, Urlaub wie bürgerliche Existenzen. Das weiß ich alles nicht und habe ich nie gefragt. Aber etwas spöttisch hat er schon geschaut, zugleich milde lächelnd, wenn wir jeden Sommer vor der Haustür unseren Kombi vollpackten und einige Wochen späten dieselben viel zu vielen Koffer ächzend ins dritte Stockwerk trugen.

Er selbst, und das bilde ich mir nicht nur ein, er selbst lebte mehr als nur genügsam. Er lebte im Wortsinn radikal, das heißt, auf den Grund oder an die Wurzel gehend. Nicht wie man sich das in Jugendkulturen oder politischen Bewegungen vorstellt, radikal nicht im Sinne einer extremen Lebensweise, extremen Kleidung oder extremen Ansicht, sondern radikal in dem Sinne, daß er sich auf das Wesentliche, eben die Wurzeln konzentrierte, radikal damit im Sinne einer auch materiellen Beschränkung. Wir ahnten, daß Jaki nicht arm sein konnte mit den Tantiemen einer legendären Band, deren Stücke immer neue Generationen inspirieren, und den Studiosessions in New York, London oder Istanbul; ehrlich gesagt vermute ich sogar, daß er mit Abstand der reichste in unserer Hausgemeinschaft war. Aber jedenfalls dem Augenschein nach lebte niemand unter uns bescheidener als er, eine winzige Parterrewohnung, die unauffälligste Bekleidung, über zwanzig Jahre der gleiche Haarschnitt, den er selbst vorm Spiegel besorgte, ein Kleinwagen, der gegenüber in der Autowerkstatt geparkt war. Nicht einmal eine Krankenversicherung besaß Jaki, da er Absicherung nur für Ballast hielt, keine Hobbys, Weine oder Zigarren. Wenn er, wie er einmal erwähnte, alle paar Jahre ein Kölsch trank, wird das gleich ein Fest gewesen sein. Jaki brauchte all das nicht, das sah ich ihm jedesmal an, wenn sein erstaunter, angenehm spöttischer und zugleich milder Blick mich traf. Nicht einmal Worte brauchte er, um mir vier-, fünfmal die Woche viel zu sagen. Jaki Liebezeit brauchte nur die Musik.

Zum zwanzigsten Jahrestag des Bestehens des Lehrstuhls für Jüdische Geschichte und Kultur

München, Große Aula der Ludwig-Maximilians-Universität,
6. Juli 2017*

Sehr geehrter Herr Professor Huber, lieber Michael,
sehr geehrte Frau Knobloch, sehr geehrter Herr Doktor Schuster,
verehrte Kollegen und Studenten, meine Damen und Herren,

mit einer Beobachtung möchte ich beginnen, die ich im vergangenen Sommer nach einer Reise durch Osteuropa aufgeschrieben habe. Um Auschwitz zu besuchen, mußte ich mich online anmelden und für eine Sprache entscheiden, Englisch, Polnisch, Deutsch et cetera. Die Prozedur war nicht viel anders als auf einem Flughafen: Die Besucher, die meisten mit Backpacks, kurzen Hosen oder anderen Signalen, auf der Durchreise zu sein, hielten den Barcode hin, um einzuchecken, nahmen einen Aufkleber für ihre Sprache in Empfang und passierten eine Viertelstunde vor Beginn der Führung eine Sicherheitsschleuse. In einer engen Halle verteilten sie sich auf zu wenige Sitzbänke, bis ihre Gruppe aufgerufen wurde. Nachdem ich das Ticket unter einen weiteren Scanner gehalten hatte, stand ich von einem Schritt auf den anderen im ehemaligen Konzentrationslager, vor mir die Baracken, die Wachtürme, die Zäune, die jeder von Photos, Dokumentationen, Filmen kennt.

Die Gruppen hatten sich bereits gesammelt und warteten darauf, von ihren Führern abgeholt zu werden. Während die israelischen Jugendlichen – oder bildete ich mir das nur ein? – etwas lauter und

---

* Einige Passagen dieser und der nachfolgenden Rede sind in das Buch «Entlang den Gräben. Eine Reise durch das östliche Europa bis nach Isfahan» (München 2018, C.H.Beck) eingegangen, 3. und 45. Tag.

selbstbewußter waren, drückten sich die Deutschen – nein, das bildete ich mir nicht nur ein – stumm an die Mauer des Besucherzentrums. Plötzlich wog der Aufkleber schwer, den ich in der Hand hielt, eigentlich doch nur ein kleines Stück Plastikfolie. Er wog schwer. Instinktiv holte ich Luft, bevor ich den Aufkleber an die Brust heftete, auf dem schwarz auf weiß ein einziges Wort stand: deutsch. Das war es, diese Handlung, von da an wie ein Geständnis der Schriftzug auf meiner Brust: deutsch. Ja, ich gehörte dazu, nicht durch die Herkunft, durch blonde Haare, arisches Blut oder so einen Mist, sondern schlicht durch die Sprache, damit die Kultur. Wenn es einen einzelnen Moment gibt, an dem ich ohne Wenn und Aber zum Deutschen wurde, dann war es nicht meine Geburt in Deutschland, es war nicht meine Einbürgerung, es war nicht das erste Mal, als ich wählen gegangen bin. Schon gar nicht war es ein Sommermärchen. Es war letzten Sommer, als ich den Aufkleber an die Brust heftete, vor mir die Baracken, hinter mir das Besucherzentrum: deutsch. Ich ging zu meiner Gruppe und wartete ebenfalls stumm auf unsere Führerin. Im Tor, über dem «Arbeit macht frei» steht, stellten sich nacheinander alle Gruppen zu einem bizarren Photo auf. Nur wir schämten uns.

Meine Damen und Herren, seit sich die Bundesrepublik Deutschland an den Nationalsozialismus, den Angriffskrieg, den Völkermord an den Juden sowie die Vergasung, die Erschießung, das Aushungern und die Deportation weiterer Millionen Menschen erinnert, seitdem wird die Erinnerung auch für schandbar, ungesund oder jedenfalls übertrieben erklärt. Die Dialektik von Gedenkkultur und Gedenkkritik zieht sich in Gestalt wiederkehrender, immer ähnlich verlaufender Debatten durch die Geschichte des immer noch jungen Staates, der seit 1990 allein in der Nachfolge des Deutschen Reichs steht. Sie hat nicht erst mit dem Historikerstreit 1986 eingesetzt und nicht mit der Friedenspreisrede von Martin Walser 1998 aufgehört. Schon das Ausführungsgesetz zu Artikel 131 des Grundgesetzes, das sämtlichen Nazibeamten, also auch Angehörigen von Polizei, Strafverfolgungsbehörden und Gerichten, ohne weitere Prüfung die Wiedereingliederung ermöglichte, wurde 1951 mit der Notwendigkeit eines «Schlußstrichs» begründet, der Frankfurter NS-Prozeß 1963 als «Nestbeschmutzung» oder «Brunnenvergiftung» bezeichnet, auch der Kniefall von Willy Brandt 1970 von weiten Teilen der Presse und des Bundestags als «Vaterlandsverrat» kritisiert, 1979 die Ausstrahlung der Serie «Holocaust» mit Bombenanschlägen zu verhindern versucht, 1983 die Gnade der späten Geburt gefeiert und anläßlich der Aufführung eines Faßbinder-Stücks 1986 gegenüber Juden das «Ende der Schonfrist» gefordert.

Und wenn der diesjährige Vorstoß, die Vergangenheit ein für allemal für bewältigt zu erklären, der Vortrag des thüringischen AfD-Vorsitzenden Björn Höcke in Dresden, keine Kontroverse, sondern eine konsensuale Empörung zur Folge hatte, dann nicht aufgrund seiner Schlüsselsätze, sondern wegen des offen völkischen Zusammenhangs, der Person des Redners und seiner Parteizugehörigkeit. Inhaltlich war mit Höckes «Mahnmal der Schande» nichts anderes gemeint als mit Walsers «Dauerpräsentation unserer Schande», so empört diejenigen das zurückweisen werden, die seinerzeit in der Paulskirche stehend applaudierten. Im Kern geht es in allen öffentlichen Auseinandersetzungen über den Umgang mit dem nationalsozialistischen Erbe um die Frage: Wann endlich wird aus Deutschland wieder ein normales Land?

Die Auseinandersetzung wird vermutlich in den nächsten Jahren und Jahrzehnten in eher kürzeren Abständen wiederkehren, und sie wird an Schärfe, oder vielleicht nicht an Schärfe, sondern folgenreicher: an Arglosigkeit noch gewinnen. Nicht mehr die ewig Gestrigen werden leugnen, sondern ganz normale, sogar weltoffene junge Leute nicht mehr verstehen, was Hitler mit ihnen zu tun haben soll. Denn, meine Damen und Herren, wir stehen an einer Zäsur, die bei allem Bemühen der Gelehrten, der Verbände und der Kulturpolitik noch nicht genügend ins öffentliche Bewußtsein gedrungen ist: Sehr bald werden die letzten Überlebenden von Auschwitz gestorben sein. Und nicht nur die Überlebenden verstummen, sondern überhaupt alle Zeitzeugen, Opfer, Verbrecher, Mitläufer, Unbeteiligten, Widerständler. Am Niedergang der Europäischen Union konnten wir bereits verfolgen, was es bedeutet, wenn eine Generation die politische Verantwortung übernimmt, die die Größe und Notwendigkeit der europäischen Einigung nicht mehr selbst biographisch erfahren hat. Und inzwischen sind wir noch einmal eine Generation weiter: Wer heute in Deutschland aufwächst, hat in der Regel nicht einmal mehr Großeltern, die noch erzählen oder sei es auch verschweigen – gerade das Schweigen kann schließlich zum Nachfragen anstiften, wie an einer anderen Generation, den Achtundsechzigern, zu verfolgen war.

Wer künftig aufwächst, wird niemals mehr die Übertragung einer Festrede aus dem Bundestag hören, in der aus eigener Anschauung gesprochen wird, er wird in der politischen Bildung niemandem begegnen, dem die Leiden, die Schuld, aber auch die Kraft zur Versöhnung in die Augen geschrieben, in die Stimme gedrungen oder eben in die Haut tätowiert sind. Er wird im benachbarten Ausland – paradoxe Folge erfolgreicher deutscher Reintegration – kaum mehr als Nazi beschimpft oder veralbert werden, wie es meinen Mitschülern noch geschah. Wohl wird er auf der Klassenfahrt nach Berlin von seinen Lehrern zum Denkmal für die ermordeten Juden Europas geführt, aber er wird in den Gängen Verstecken spielen, auf einer der Stelen sein Butterbrot auspacken und das Selfie nicht vergessen. Im besten Fall wird er sich in Erinnerung an diesen oder jenen Film oder eine besonders engagierte Unterrichtsstunde um etwas Betroffenheit bemühen. Aber eine Begegnung, ein einschneidendes Erlebnis, gar eine Zäsur in der eigenen politischen Sozialisation kann das Denkmal für die ermordeten Juden keinem Jugendlichen bescheren. Hier liegt ein berechtigter oder jedenfalls nachvollziehbarer Grund für das Unbehagen, das an der offiziellen Erinnerungskultur artikuliert wird.

Das kulturelle Gedächtnis braucht Rituale, Mahnmale, Jahrestage, wiederkehrende Bilder und, ja, auch sprachliche Floskeln, um sich zu bilden, zu bewahren und zu entwickeln. Seiner Natur nach tendiert das zeremonielle Gedenken zur Wiederholung und Formelhaftigkeit. Es ruft durch Zeichen eine Erinnerung wach. Das ist in religiösen Vergegenwärtigungsritualen nicht anders. Wenn jemand nicht mit dem Evangelium aufgewachsen ist, zu wessen Archiv nicht die Weihnachtsgeschichte, die Bergpredigt, die Kreuzigung, die Auferstehung und die Erinnerung an die eigene Kommunion gehören, für den bleibt die Eucharistie ein äußerlicher Vorgang, der allenfalls von einem kuriosen ästhetischen Reiz ist. Wem die Geschichte des Judentums, diese dreitausendjährige, so reiche und zärtliche, aber auch leidvolle und gewalttätige Liebesgeschichte zwischen dem Schöpfergott und seinem Volk, nicht in die individuelle

Lebensgeschichte eingewoben ist, an dem wird der Moment vorübergehen, da der Vorbeter die Thorarolle in die Höhe hält.

Es gab die Erwartung, daß der Holocaust für die Bundesrepublik Deutschland so etwas wie ein fundierender Mythos sei, der durch Vergegenwärtigungsriten und -orte über die beteiligten Generationen hinweg stetig im Bewußtsein erneuert würde. Das Denkmal für die ermordeten Juden in Berlin ist gerade nicht auf Einfühlung ausgerichtet – es geht nicht darum, daß die Besucher zwischen den Stelen tatsächlich eine Beklommenheit nachempfinden sollen, die der Todesangst der Opfer entspräche. Das Denkmal fängt das Eingepferchtsein in den Ghettos, Güterwaggons, Konzentrationslagern und Gaskammern, das Verlassensein und die Auswegslosigkeit symbolisch als ein angedeutetes Labyrinth aus Grabsteinen ein. Aber an eben diesem Mahnmal läßt sich Tag für Tag beobachten, wie schwierig dieser Übergang ist. Es überträgt eine reale Situation, statt sie etwa wie in einem Spielfilm oder einem Schauspiel möglichst originalgetreu nachzubilden, ins Zeichenhafte. Die Besucher jedoch, zumal die jüngeren, laufen zwischen den Stelen, als wären sie in einem Mitmachtheater, das schockieren soll. Aber es schockiert natürlich nicht. Also packen sie ihr Butterbrot aus. Wenn in der eigenen Biographie die Referenzpunkte fehlen, auf die sich das kulturelle Gedächtnis in Formeln, Gesten und Symbolen bezieht, dann werden diese Formeln, Gesten und Symbole als leer empfunden.

Ich möchte noch auf eine weitere Schwierigkeit der sogenannten Gedenkkultur aufmerksam machen: Wer in Deutschland geboren ist, nach Deutschland einwandert, durch Deutschland reist, für den sind die Dimensionen des Völkermords an den Juden kaum zu fassen. In Deutschland waren die Juden eine winzige Minderheit, ein Prozent, als Hitler Reichskanzler wurde, ein Viertelprozent zu Beginn des Zweiten Weltkriegs. Man wohnt als Deutscher vergleichsweise selten in Häusern, in denen Juden gewohnt haben, geht nicht durch Straßen, in denen jedes Geschäft und jeder Handwerksbetrieb einen jüdischen Besitzer hatte, ist nicht in Vierteln zu Hause, in denen alle Straßenzüge einmal ihre Mikwe, ihren Chedar oder ihre Synagoge hatten, lebt nicht in Städten, die mehrheitlich jiddisch sprachen. Die goldenen «Stolpersteine», die hier und dort in den Bürgersteig eingelassen sind, verstärken mindestens im naiven, im kindlichen, unwissenden oder gehässigen Gemüt den Eindruck, daß es so viele gar nicht waren. Nein, waren es auch nicht: Hundertfünfundsechzigtausend jüdische Opfer unter fast achtzig Millionen Deutschen sind nicht «viel», wenn allein im litauischen Vilnius siebzigtausend Juden ermordet worden sind – von hundertfünfzigtausend Bewohnern insgesamt. Die Westbindung der jungen Bundesrepublik, so zukunftsweisend sie war, hat den Holocaust aus dem topographischen Bewußtsein getilgt. Der eigentliche Völkermord an den Juden fand dort statt, wo man nicht hinblickte, wenn man im Westen Deutschlands geboren und aufgewachsen war: im Osten, in Belzec, Sobibor und Treblinka, in Auschwitz-Birkenau, Majdanek und Chelmno, in Maly Trostenez, Bronnaja Gora, Babi Jar und an vielen anderen Orten. Gewiß lernt man als junger Deutscher die Zahlen. Aber es ist noch einmal etwas anderes, wenn man auf Schritt und Tritt den Geistern der Ermordeten begegnet. Würde man in Vilnius Stolpersteine in den Asphalt einlassen, oder in Minsk, Lemberg, Odessa, Brest, Riga, dann wären nicht einzelne Flecken, sondern halbe Städte aus Gold – golden wie das himmlische Jerusalem.

Daß der Holocaust in die Ferne rückt, ist allerdings nicht nur den Jahren geschuldet, die vorüberziehen, oder den Kilometern, die zwischen dem heutigen Deutschland und den zentralen Stätten des Völkermords liegen. Es kommt eine demographische Entwicklung hinzu. Immer mehr Menschen leben in Deutschland, die nicht einmal mehr einen familiengeschichtlichen Bezug zum Nationalsozialismus haben. Sie tragen keine Namen, wie sie die Täter getragen haben, sie gehören schon physiognomisch nicht der Volksgemeinschaft an, die Hitler zusammengeschweißt hat, sie stoßen bei der Entrümpelung nicht auf alte Abzeichen oder Feldpostbriefe – oder wenn, dann aus ganz anderen, ihren eigenen Kriegen. Nicht wenige stammen aus einem Land, der Türkei, das zahlreiche Verfolgte Hitlerdeutschlands aufgenommen hat. Andere sind Bürger eines Staates, der Islamischen Republik Iran, in dem der Holocaust mit Karikaturwettbewerben verulkt wird. Oder sie sind in Staaten aufgewachsen, in Syrien etwa, die seit Jahrzehnten in Feindschaft mit dem Staat Israel stehen. Manche gehören demjenigen Volk an, das selbst unter israelischer Besatzung lebt. Wieder andere haben sich in Deutschland oder in ihren Herkunftsländern an Predigten gewöhnt, in denen Juden als «Schweine» bezeichnet werden. Sie besuchen Schulen, auf deren Höfen das Wort «Jude» wieder zum Schimpfwort geworden ist. Man braucht Einwanderer oder ihre Kinder und Kindeskinder nicht als erinnerungspolitischen Störfall zu behandeln. Die Frage, wie eine Vergangenheit gegenwärtig bleibt, wenn die biographischen Bezüge fehlen, stellt sich ebenso, wenn diese Bezüge sich allmählich auflösen, als ob es sie nie gegeben hätte. Sie stellt sich nur ein, zwei, vielleicht auch drei Generationen früher, und sie stellt sich auf andere Weise, wenn nicht einmal in groben Zügen bekannt ist, was zwischen 1933 und 1945 von deutschem Boden aus geschah. Insofern sollte etwa den jungen Menschen, die in den letzten zwei Jahren in hoher Zahl als Flüchtlinge nach Deutschland gekommen sind, durchaus ein besonderes Augenmerk gelten. Aber das Wissen allein, das ließe sich auch nachholend vermitteln, durch Lehrinhalte, Integrationskurse, Museumsbesuche, Klassenausflüge und letztlich durch Prüfungsaufgaben, die zu lösen sind. Schwieriger zu vermitteln wird es künftigen Deutschen sein, Auschwitz nicht nur als Menschheitsverbrechen, sondern als eigene Geschichte zu begreifen, nicht nur als Vergangenheit, sondern als Verantwortung Deutschlands.

Auschwitz ist kein Mythos, den zu vergegenwärtigen Zeichen, Gesten, Rituale, Denkmäler genügen. Ein Mythos setzt, damit er für wahr gehalten und von Generation zu Generation weitergetragen wird, Wunschdenken voraus: Man möchte ihn für wahr halten. Das heißt, die Vergegenwärtigung beruht, säkular gefaßt, auf einer kollektiven Autosuggestion. Aber kein Deutscher *möchte* Auschwitz für wahr halten. Zwar können auch Katastrophen zu fundierenden Mythen einer Gemeinschaft werden – es sind sogar häufiger Katastrophen als triumphale Ereignisse, die über Jahrhunderte und Jahrtausende als Erinnerungsfiguren bewahrt werden, die Vertreibung aus Jerusalem, die Kreuzigung Christi oder für Schiiten die Ermordung des Imam Hussein bei Kerbela. Aber stets gilt die Identifikation, die rituell eingeübt und erneuert wird, den Opfern, nicht den Tätern.

Daß Auschwitz aus dem kulturellen Gedächtnis des Judentums getilgt werden könnte, ist kaum denkbar. Hingegen wurde in Deutschland seit Beginn der Bundesrepublik nicht nur gedacht, sondern öffentlich gefordert, mit dieser schuldbehafteten Vergangenheit abzuschließen und sich wieder mehr oder ausschließlich mit den positiven Ereignissen und Personen der Geschichte zu identifizieren, welche immer das auch gewesen sein mögen. Wie gut das identitäre Wunschdenken funktioniert, läßt sich daran ablesen, daß sogar Goethe und Heine, um diese beiden Dichter stellvertretend für das glorifizierte Erbe zu nehmen, für den Nationalstolz in Anspruch genommen werden, obwohl beider Werk beispielhaft für die Sprengung nationaler Kategorien steht und sie Deutschland zeit ihres Lebens mit beißender Kritik überzogen haben. Je ferner Auschwitz rückt, desto leichter wird es Deutschen wieder fallen, sich an ihrer Geschichte zu erbauen. Und sie werden übersehen, daß gerade in der Gebrochenheit Deutschlands bundesdeutsche Identität und, ja, Stärke und Vitalität liegt. Es gibt nichts Ganzeres als ein gebrochenes Herz, lehrte der Rabbi Nachman von Berditschev.

Der Satz ist einer meiner Lieblingssätze, Motto auch eines Buches von mir. Natürlich bezieht er sich auf die Liebe, die Liebe zu den Mitmenschen oder zu Gott, in jedem Fall auf eine individuelle Situation. Aber er läßt sich auch auf ein Gemeinwesen beziehen: Es gibt nichts Ganzeres als ein gebrochenes Herz. Wenn etwas spezifisch wäre an der deutschen Leitkultur, die dieser Tage wieder eingefordert wird, wären es nicht Menschenrechte, Gleichberechtigung, Säkularismus und so weiter, denn diese Werte sind durchweg europäisch, wenn nicht universal; es wäre das Bewußtsein seiner Schuld, das Deutschland nach und nach gelernt und auch rituell eingeübt hat – aber just diese eine Errungenschaft, die nicht Frankreich oder die Vereinigten Staaten, sondern die Bundesrepublik für sich reklamieren darf neben guten Autos und Mülltrennung, möchte das nationale Denken abschaffen. Umgekehrt gilt allerdings auch: Wer sich gegen ein völkisches Verständnis der Nation wendet, kann die historische Verantwortung nicht ethnisch engführen. Wer sich in Deutschland einbürgert, wird auch die Last tragen müssen, Deutscher zu sein. Spätestens in Auschwitz wird er sie spüren, wenn er den Aufkleber an die Brust heftet.

Welche anderen Verbrechen es auch gegeben haben mag, die man zur Relativierung heranzieht, ob von den Mongolen, während der Reconquista, bei der Eroberung Amerikas, im europäischen Kolonialismus, unter Stalin, in Ruanda oder heute im sogenannten Islamischen Staat – das Verbrechen, für das Auschwitz steht, bleibt nicht nur in seinem Ausmaß und seiner industriellen Ausführung einzigartig. Nein, anders: Ausmaß und Ausführung des Holocausts sind nicht einmal der eigentliche Grund, warum unsere Gruppe unter dem Tor kein fröhliches Gruppenphoto machen konnte. Wären wir etwa gelöster gewesen, wenn es irgendwo auf der Welt einen noch größeren, sagen wir atomaren Genozid gegeben hätte? Nein, der Grund ist ein anderer, er steht über dem Tor: Auschwitz ist das Böse, das nun einmal auf deutsch propagiert und geglaubt, angeordnet und vollzogen worden ist. Bei Primo Levi las ich, daß es selbst für die Häftlinge existentiell gewesen sei, Deutsch zu sprechen, damit sie die Vorschriften, herausgebrüllten Befehle und sonderbaren Anordnungen auf Anhieb verstanden. «Es ist keine Übertreibung, wenn ich sage, daß die sehr hohe Sterblichkeitsrate unter Griechen, Franzosen und Italienern in Konzentrationslagern auf deren Mangel an Sprachkenntnissen zurückzuführen ist», schreibt Levi. «So war es zum Beispiel nicht leicht zu erraten, daß der Hagel von Fausthieben und Tritten, der einen plötzlich zu Boden streckte, auf die Tatsache zurückzuführen war, daß man vier oder sechs Knöpfe an der Jacke hatte statt fünf, oder daß man mitten im Winter mit der Mütze auf dem Kopf im Bett erwischt wurde.» Noch wer heute das ehemalige Konzentrationslager besucht, dem sticht ins Auge, daß alle Befehle, die an die Wände geschrieben worden, und alle Dienstpläne, die in den Vitrinen ausgestellt sind, selbst die Gebrauchsanweisungen auf den Chemikalien, die vor den Gaskammern stehen, deutsch sind. Wer diese Sprache spricht, und erst recht, wer als Schriftsteller von ihr, mit ihr, dank ihr lebt, verstummt instinktiv, wenn er die Aushänge der damaligen Lagerleitung – «Ihr seid hier in einem deutschen Konzentrationslager» – liest. Und er begreift, warum keiner der heutigen Hinweise auf deutsch ausgeschildert ist. Man wird als Deutscher in Auschwitz niemals ein bloßer Besucher sein.

Von Auschwitz fuhr ich weiter nach Warschau, um das Denkmal des Ghetto-Aufstands zu besichtigen. Als ich den Platz betrat, auf dem ein deutscher Bundeskanzler instinktiv auf die Knie fiel, fragte ich mich, wo wohl das Haus gestanden hat, in dem Marcel Reich-Ranicki nach seiner Ausweisung aus Berlin untergekommen war, und wo das Bett, in dem er seiner Tosia Stunde um Stunde deutsche Gedichte vortrug? Am häufigsten waren es Gedichte von, natürlich, Goethe und Heine, «die uns vergessen ließen, was uns täglich bedrohte, was uns inmitten der grausamsten Barbarei stündlich bevorstehen konnte», heißt es in Reich-Ranickis Autobiographie, deren Titel *Mein Leben* man erst im Laufe der Lektüre auf dem richtigen Wort betont: Mein *Leben*. Und wo stand der Hof, in dem nachmittags Mitglieder des Ghettoorchesters Beethovens Streichquartett opus 59, Nr. 3 C-Dur einstudierten, dessen erste Takte vierzig Jahre später die Anfangs- und Schlußmusik des *Literarischen Quartetts* wurden? «Es läßt sich kaum vorstellen, mit welcher Hingabe [im Ghetto] geprobt, mit welcher Begeisterung musiziert wurde. Man spielte Haydn und Mozart, Beethoven und Schubert, Weber und Mendelssohn-Bartholdy, Schumann und Brahms, also, wie überall in der Welt, vornehmlich deutsche Musik».

Vielleicht weil auf den Bildern vom Kniefall kaum etwas von der Umgebung zu sehen war, stets nur der Platz sowie im Hintergrund die Soldaten und Funktionäre, hatte ich mir immer vorgestellt, daß es tatsächlich noch ein Ghetto geben müsse, irgend etwas aus dieser Zeit. Aber natürlich gibt es kein einziges historisches Gebäude, nicht einmal eine Mauer, ich hätte es wissen müssen. «Auf jeden Fall muß erreicht werden, daß der für fünfhunderttausend Untermenschen bisher vorhandene Wohnraum, der für Deutsche niemals geeignet ist, von der Bildfläche verschwindet», ordnete Himmler an, nachdem in Berlin die Endlösung beschlossen worden war. Es gibt kein Ghetto mehr. Der Platz ist leer, auf dem Marcel und Tosia sich Gedichte zuflüsterten und nachmittags das Ghetto-Orchester auftrat. Aber wer Marcel Reich-Ranickis *Mein Leben* gelesen hat, der vergißt nie, daß dort, genau dort, wo heute das Denkmal des Warschauer Ghetto-Aufstands steht, im Frühjahr 1942 üblicherweise ein etwas gelangweilter junger Mann mit einer offenbar nagelneuen Reitpeitsche entschied, wer nach links und wer nach rechts gehen mußte, links zum «Umschlagplatz», zu den Waggons in die Gaskammern, rechts zurück vorerst ins Leben.

Meine Eltern hatten schon wegen ihres Alters – meine Mutter war 58 Jahre alt, mein Vater 62 – keine Chance, eine ‹Lebensnummer› zu bekommen. Ich sagte ihnen, wo sie sich anstellen mußten. Mein Vater blickte mich ratlos an, meine Mutter erstaunlich ruhig. Sie war sorgfältig gekleidet: Sie trug einen hellen Regenmantel, den sie aus Berlin mitgebracht hatte. Ich wußte, daß ich sie zum letzten Mal sah. Und so sehe ich sie immer noch: meinen hilflosen Vater und meine Mutter in dem schönen Trenchcoat aus einem Warenhaus unweit der Berliner Gedächtniskirche. Die letzten Worte, die Tosia von meiner Mutter gehört hat, lauten: ‹Kümmere dich um Marcel.›

Als sich die Gruppe, in der sie standen, dem Mann mit der Reitpeitsche näherte, war er offenbar ungeduldig geworden: Er trieb die nicht mehr jungen Leute an, doch schneller nach links zu gehen. Er wollte schon von seiner schmucken Peitsche Gebrauch machen, aber es war nicht mehr nötig: Mein Vater und meine Mutter – ich konnte es von weitem sehen – begannen in ihrer Angst vor dem strammen Deutschen zu laufen, so schnell sie konnten.

Meine Damen und Herren, ich gestehe, daß ich Marcel Reich-Ranickis Rezensionen nicht ausstehen konnte, daß ich seine Art und Weise, ausschließlich rabiat oder überschwenglich über Literatur zu urteilen, Daumen hoch, Daumen runter bis hin zum physischen Zerreißen von Büchern vor der Kamera, unmöglich fand und froh bin, mit meinem eigenen Werk nicht mehr in die Hände solcher «Großkritik» geraten zu sein (was wirklich mal eine Gnade der späten Geburt ist). Deshalb, letztlich aus Ressentiment, hatte ich auch seine Autobiographie nicht gelesen, obwohl sie weithin als Ereignis in der deutschen Literaturgeschichte besprochen worden war. Aber nun reiste ich nach Auschwitz, ich reiste nach Warschau, ich wollte mit eigenen Augen den leeren Platz sehen, und so besorgte ich mir *Mein Leben*, besorgte mir alles, was Marcel Reich-Ranicki über Juden in der deutschen Literatur geschrieben hatte, die «Ruhestörer», wie er sie gern nannte, und staunte nicht nur über den Reichtum an Erfahrung, Wissen und Weisheit; ich war mehr noch von der Zärtlichkeit von Marcel Reich-Ranickis Prosa bewegt.

Die Aufsätze über deutsch-jüdische Literatur gehören zum Vorsichtigsten, ja Skrupulösesten, was zu diesem Thema je geschrieben worden ist, und seine Schilderungen des Warschauer Ghettos rühren in ihrer dezidierten Anti-Sentimentalität noch den hartgesottensten Leser zu Tränen. Und ich fragte mich: Was ist es, was ich, was Millionen

Leser – fast drei Jahre stand das Buch ununterbrochen auf der Spiegel Bestsellerliste – was also praktisch die gesamte lesende Bevölkerung Deutschlands bei der Lektüre empfunden hat – ist es Schuld? Ja, Schuld, denn die Geschichte zu tragen, von ihrer Last auf die Knie zu sinken, ist keine Frage der persönlichen Täterschaft – Brandt hat gegen Hitler gekämpft –, sondern der Verantwortung für den Ort, an dem man nun einmal lebt. Scham? Gewiß ist es auch Scham: Scham, eben das gute, sichere und bequeme Leben zu führen, das Deutschland den Juden vorenthalten hat. Aber ist das alles? Sind Schuld und Scham die einzigen oder auch nur die vorherrschenden Gefühle, mit denen heutige Leser auf Marcel Reich-Ranickis Schilderungen aus dem Warschauer Ghetto reagieren? Ich glaube nicht. Mich jedenfalls überkam bei der Lektüre von *Mein Leben* mehr noch der Eindruck eines immensen, eines nicht mehr gutzumachenden Verlusts – eines Verlusts für uns, die wir heute Deutsche sind. Reich-Ranicki hat beschrieben, wie er als polnischer Jude mit deutscher Kultur aufwuchs, mit welcher Leidenschaft Lessing und Schiller, Beethoven und Bach in seiner jüdischen Umgebung geliebt und noch im Ghetto von Warschau deutsche Literatur und Musik fast wie etwas Heiliges verehrt wurden. Wenn das Deutschland von Goethe und Heine, diese geistige Welt, in der Begriffe wie Weltliteratur, Aufklärung, Europa und Kosmopolit geläufiger waren als Patriotismus, Vaterland oder Stolz, wenn es Anfang der vierziger Jahre irgendwo zu Hause war, dann sicher nicht in Berlin oder München, sondern im Ghetto von Warschau, in den Baracken von Auschwitz. Daher ist der Holocaust für Deutschland nicht allein eine Schuldgeschichte. Er ist zugleich eine Verlustgeschichte.

Als Rechtsgemeinschaft, die sie auch ist, wird die Bundesrepublik immer der Nachfolgestaat des Deutschen Reichs sein; das prägt ihre Politik, ihre internationalen Beziehungen, ihre Verpflichtungen. Aber Schuld, wenn sie nicht in Kategorien des Bluts und der Volksgemeinschaft gefaßt ist, Schuld vererbt sich nicht beliebig über die Generationen hinweg; man hat ein persönliches Verhältnis zu dem, was die Eltern, was die Großeltern taten, aber spätestens als Urenkel wird Schuld zu einem abstrakten Begriff, geht im besten Fall in politische Verantwortung und Einsicht über. Hingegen Verlust ist etwas, das man aus der

Ferne, mit dem Abstand der Generationen noch deutlicher erkennt. Verlust ist etwas, das Hunderte oder sogar dreitausend Jahre später noch vergegenwärtigt werden kann.

Ich kehre noch einmal nach Auschwitz zurück: Wir hatten bereits eine dreistündige Führung hinter uns, in der sich der Schrecken kontinuierlich gesteigert hatte, von den Wohntrakten über die verschiedenen Hinrichtungsstätten, Folterkammern, Labors für die Menschenversuche bis in die Gaskammern hinein, an deren Wänden sich bis heute die Kratzer von den Fingernägeln abzeichnen. Wenn nach zwanzig Minuten die Gaskammer wieder geöffnet wurde, seien die Leichen häufig ineinander verkeilt gewesen, erklärte die Führerin im Kopfhörer, den jeder Besucher trug – als hätten sich die Lebenden zum Schluß noch einmal umarmt, dachte ich. Tatsächlich dürfte selbst im Gedränge nichts einsamer als der Todeskampf sein und hatten die Körper wohl in Schmerz, Panik und Trauer unkontrolliert in alle Richtungen ausgeschlagen. Aber auch das ist nur eine Vermutung, denn wer immer Auschwitz überlebte, hat das tiefste Schwarz nicht selbst geschaut. Auschwitz konnte nur deshalb zum Synonym des Holocaust werden, weil es nicht allein eine Todesfabrik, sondern gleichzeitig ein Arbeitslager war – Auschwitz wurde von hunderttausend Häftlingen überlebt. In Treblinka, wo siebenhunderttausend Juden vergast wurden, gab es nur fünfzig Überlebende. Von Paneriai gab es noch weniger Zeugen, entsprechend ist den meisten Deutschen nicht einmal der Name des litauischen Ortes geläufig, an dem Wehrmacht und SS mehr als hunderttausend Menschen erschossen.

Mahnmale, Stolpersteine, Gedenkrituale können keine Ahnung von der Schwärze geben, in die Menschen von Ideologien gestoßen werden können. Sie können nur daran erinnern. Aber damit sich überhaupt eine Erinnerung ins Herz brennt, auf die sich die Mahnmale, Stolpersteine, Gedenkrituale beziehen, wird es für künftige Generationen noch wichtiger sein, mit eigenen Augen die Orte zu sehen, an denen Deutschland die Würde des Menschen zermalmte, jene Länder zu bereisen, die es in Blut ertränkte, die Zeugen zu hören, die in ihren Büchern überleben. Je häufiger der Paulskirchenseufzer erklingt, «die Deutschen seien jetzt ein normales Volk, eine gewöhnliche Gesellschaft», desto mehr wird es auf die Konkretion ankommen, die der Literatur, der Kunst überhaupt und natürlich der historischen Forschung aufgetragen ist. Auch wenn es unmöglich ist, muß jede Generation von neuem versuchen, das Schwarze zu schauen: Die jüdischen Arbeiter, die die Kammer nach jeder Vergasung als erstes betraten, wateten durch Blut, Kot und Urin. Sie zerrten die Leichen auseinander und legten sie auf den Rücken, um die Goldzähne zu entfernen, die das Deutsche Reich als sein Eigentum betrachtete. Die Münder zu öffnen, war harte körperliche Arbeit, bedurfte Werkzeuge sogar, so fest waren viele Kiefer zusammengepreßt – als hätten die Sterbenden mit ihrer letzten Regung zu schweigen beschlossen. Was soll der Mensch noch sagen, wo er solches Menschenwerk sieht? Ich stand da und merkte – es war eine physische Erfahrung –, wie sich auch der eigene Kiefer zusammenpreßt.

Daß nach Auschwitz kein Gedicht mehr geschrieben werden könne, ist so häufig mißverstanden, verlacht, abgetan worden; dabei hat Adorno selbst sich nach dem Krieg vehement für die avancierte Poesie eingesetzt. In der Gaskammer bekommt der Satz eine natürliche Evidenz, nicht als Bannstrahl, vielmehr als Ausdruck der unmittelbaren Empfindung – wie soll Zivilisation nach so etwas überhaupt noch weitergehen, was hat sie für einen Wert? Deutschland hat sich in Auschwitz selbst verstümmelt, es hat Grundfeste seiner Kultur abgerissen, es hat die treuesten Bewahrer seiner Sprache ermordet. Auschwitz hat die Sprache selbst verändert, es hat sie viel mehr, als sie es vor dem Krieg war, strenger auch als andere moderne Sprachen, zu einem Instrument gemacht, die Sprache auf ihre Funktion der Mitteilung reduziert. Es gibt Ausdrucksweisen, eine bestimmte Höhe des Tons, einen Gesang in der Stimme, der nach Auschwitz im Deutschen unmöglich geworden ist, der nur noch als Raunen empfunden wird.

Gewiß, es wurden auch nach dem Krieg noch deutsche Gedichte geschrieben. Aber nie mehr war die deutsche Literatur, was sie vor Auschwitz war. Nicht nur hat sie mit der Vertreibung und Vernichtung der Juden ihren Rang eingebüßt und ihren Charakter verloren. Am genauesten an den Gedichten Paul Celans wurde hörbar, daß sie nur in der Zertrümmerung, ja, der Stille, den Pausen noch lebendig sein konnte. Celan wurde unmittelbar nach dem Krieg bespöttelt, er wurde zumal bei seinem Auftritt vor der Gruppe 47 verlacht. Heute dürfte klar sein, daß in deutscher Sprache seither keine wahrhaftigeren, ergreifenderen, ja, in ihrer Zerstörtheit auch schöneren Gedichte als zuletzt in dieser Überlebenspoesie geschrieben werden konnten. Nein, die Erinnerung an Auschwitz ist kein «jederzeit einsetzbares Einschüchterungsmittel oder Moralkeule oder auch nur Pflichtübung» der Deutschen, wie Martin Walser beklagte. Sie ist ein Kaddisch auch der deutschen Kultur. Es gibt in der deutschen Nachkriegsliteratur nichts Ganzeres als Celans zerbrochenen Vers.

Es ist bezeichnend, daß Martin Walser die Revision seiner Friedenspreisrede mit einer literarischen Entdeckung eingeleitet hat: der Entdeckung der jiddischen Literatur. Hatte er, der sich in den sechziger Jahren unerschrocken wie wenige mit der jüngsten deutschen Vergangenheit auseinandergesetzt hatte, 1998 etwa die deutsche Vorkriegsliteratur übersehen? Marcel Reich-Ranicki selbst, der von Walsers Rede tief getroffen war, wies einmal darauf hin, daß die Grundlagen der modernen Literatur von Franz Kafka geschaffen worden sind; die Grundlagen der modernen Physik von Albert Einstein; die Grundlagen der modernen Musik von Gustav Mahler und Arnold Schönberg; die Grundlagen der modernen Soziologie von Karl Marx; die Grundlagen der modernen Psychologie von Sigmund Freud. Sie alle waren nicht nur Juden. Sie waren deutschsprachige Juden. Reich-Ranicki nannte das ein «Mysterium, das ich nicht erklären kann». Weder die französischsprachigen Juden haben solche Schöpfergeister hervorgebracht noch die italienischen oder die russischen. Aber in der frühen Moderne auch selten Deutsche, die nur Deutsche waren. Um im Zusammenhang mit dem Nationalsozialismus nicht nur Opferzahlen zu nennen, hundertfünfundsechzigtausend ermordete Juden in Deutschland oder sechs Millionen insgesamt, sei auch der Reichtum in eine Zahl gefaßt, den Juden Deutschland geschenkt haben: Obwohl der Anteil der jüdischen Bevölkerung Deutschlands und Österreichs ein Prozent nicht überstieg, waren unter den berühmtesten, bis heute anerkanntesten, meistübersetzten deutschsprachigen Schriftstellern in der ersten Hälfte des zwanzigsten Jahrhunderts rund die Hälfte Juden – fünfzig Prozent. Der Nationalsozialismus hat die produktivste Symbiose der deutschen Kulturgeschichte überhaupt zerstört und zugleich einen Begriff von Deutschland vergessen gemacht, der die nationalen Kategorien sprengt, eben jenes Deutschland Goethes und Heines als einer geistigen Welt. Gewiß gibt es keine stilistischen oder formalen Merkmale, die für deutsche Schriftsteller jüdischer Herkunft charakteristisch wären. Aber es gibt eine spezifische soziale Situation, als Juden innerhalb einer nicht-jüdischen und oft genug feindlichen, sie ausgrenzenden Gesellschaft zu leben, die sich in ihrem Werk niedergeschlagen hat. Die «Wunde des Ausgerissenseins aus der natürlichen Ordnung», wie Margarete Susman es genannt hat, macht die deutsche Literatur von Juden besonders und zugleich übertragbar auf andere, auch individuelle Formen der Entfremdung. Marcel Reich-Ranicki zitiert Susmans Ausdruck und fügt an: «Nur dann nämlich, wenn man die spezifische Situation und die Eigenart der deutschen Schriftsteller jüdischer Herkunft ausdrücklich betont, nur dann macht man sie verständlich und trägt zu ihrer Wiedereinbürgerung bei.»

Daß Marcel und Tosia Reich-Ranicki als zwei von wenigen Bewohnern das Ghetto überlebt haben, daß sie zurückgekehrt sind nach Deutschland, daß der junge, enthusiastische, in der Bundesrepublik zunächst so verlorene Marcel zum bekanntesten Kritiker, ja zum «Literatur-Papst» der Deutschen wurde, das ist eine jener seltsamen, in ihrer Glückhaftigkeit fast unglaubwürdigen Wendungen, die das zwanzigste Jahrhundert neben allen Katastrophen eben auch genommen hat. Und doch blieb er unversöhnt, und unversöhnt muß Auschwitz sein. Marcel Reich-Ranicki erwähnte einmal einen Mann, der ihm wiederholt ins Gesicht gesagt habe: «Sie, Herr Reich-Ranicki, waren im Warschauer Ghetto, und ich war damals Hitlers Jagdflieger. Daran werden wir bis ans Ende unserer Tage denken, und das wird uns immer trennen.» Reich-Ranicki nannte diesen Mann «ehrlicher als die professionellen Philosemiten, er steht mir näher als jene, denen die Worte ‹Versöhnung› und ‹Brüderlichkeit› immer so rasch aus der Feder fließen.» Wenn wir dankbar sind, daß Reich-Ranicki nach Deutschland zurückgekehrt ist, dankbar erst recht für die Gedichte, die Paul Celan hinterlassen hat, dankbar für Nelly Sachs, Peter Weiß, Theodor W. Adorno, Ilse Aichinger und die anderen, die nach Auschwitz die deutsche Sprache und Kultur geborgen haben, dann sollten wir auch das Deutschland ernst nehmen, wofür sie stehen: nicht die deutsche Nation, sondern eine geistige Welt. «Sie können in mir keinen Deutschen sehen», sagte Marcel Reich-Ranicki in dem Interview, aus dem ich bereits zitiert habe.

Machen Sie keinen Deutschen aus mir. Ich bin ein Bürger der Bundesrepublik Deutschland. Selbstverständlich und gern. Mir gefällt dieser Staat, trotz allem. Ich schreibe in deutscher Sprache, ich bin ein deutscher Literaturkritiker, ich gehöre zur deutschen Literatur und Kultur, aber ich bin kein Deutscher und werde es nie werden.

Heute leben viele Menschen in Deutschland, die nicht nur deutsch sind, die vielleicht auch gar nicht deutsch werden wollen im Sinne einer Identifikation mit Fahne, Küche und Brauchtum, die ihr Fremd- und Anderssein als etwas Schönes und Selbstverständliches sehen, aber genauso selbstverständlich und gern Bürger der Bundesrepublik sind. Sie schreiben in deutscher Sprache, sind vielleicht sogar Träger deutscher Kultur. Aber weder waren ihre Vorfahren im Warschauer Ghetto noch waren sie Hitlers Jagdflieger. Wenn sie Auschwitz besuchen, werden sie ebenfalls das Wort «deutsch» auf der Brust tragen. Spätestens unterm Tor werden sie Auschwitz als eigene Geschichte sehen. Vielleicht liegt darin eine Chance für Deutschland, in der Auslöschung der Juden nicht allein die Schuld anzuerkennen, sondern zugleich den Verlust zu empfinden. *Dschâ-ye schân châlist*, sagt man auf persisch, wenn jemand vermißt wird, wenn er bei einem Fest, bei einem Begräbnis oder einfach im eigenen Leben, im Alltag fehlt. Das bedeutet, wörtlich übersetzt, «ihr Platz ist leer», oder auch: «ihr Platz ist frei», im Sinne von freigehalten. *Dschâ-ye schân châlist*, sei diese Rede eines Deutschen über Auschwitz auf persisch beendet. *Dschâ-ye châli-ye Kalimihâ dar Âlmân wa hameh dschâ-ye donyâ ke koschtand-e-schân wa tard-e-schân kardand yâ in rouzhâ hatâ badnâm wa tahdid-e-schân ham mikonand har-tsche bischtar ehsâs mischawad.*

Ich danke Ihnen für Ihre Aufmerksamkeit, gratuliere dem Lehrstuhl für jüdische Geschichte und Kultur zum zwanzigjährigen Bestehen und hoffe auf eine Zukunft, in der Deutschland wieder jüdischer wird.

Zum Dank für den Staatspreis des Landes Nordrhein-Westfalen

Köln, Gürzenich, 27. November 2017

Herr Bundestagspräsident, Herr Ministerpräsident, Frau Oberbürgermeisterin, meine Damen und Herren,

auf dem Höhepunkt der Proteste gegen den Vietnamkrieg, deren bejubelter Barde er mit seinem Song über die vier erschossenen Demonstranten von Ohio geworden war, tourte Neil Young durch Amerika. Eines Abends, es war gerade Wahlkampf, lag er auf dem Bett eines Hotelzimmers im Nirgendwo und schaltete den Fernseher an. Die Nachrichten zeigten Richard Nixon, die Haßfigur der Bewegung, den Kriegstreiber, diesen machtversessenen amerikanischen Präsidenten, wie er aus einem Krankenhaus trat und ohne zu winken, mit versteinertem Gesicht, in eine Limousine stieg. Der Sprecher sagte, daß Richard Nixon seinen Vater besucht habe, der im Sterben liege. In derselben Nacht, auf dem Hotelbett, schrieb Neil Young «Campaigner», das eines seiner anrührendsten Lieder ist: ein Lied *für* Richard Nixon. «I am a lonely visitor», hebt es in der Ich-Form an, also singt Neil Young auch oder nur über sich selbst: Ich bin ein einsamer Besucher, «I came too late to cause a stir», ich bin zu spät gekommen, um etwas zu bewirken, um Aufsehen zu verursachen, Aufmerksamkeit, «Though I campaigned all my life towards that goal», obwohl ich mein ganzes Leben für dieses Ziel gekämpft, mich bemüht, wörtlich: «campaigned», habe, worin natürlich die Kampagne, die Wahlkampagne anklingt und der Präsident also doch mitgemeint ist. «I hardly slept the night you wept», ich hab kaum geschlafen in der Nacht, als du weintest, «Our secret's save and still well kept», unser Geheimnis gilt und ist gut gehütet, und dann die zwei berühmten, 1972 geradezu anstößigen Zeilen, die Neil

Young nach den folgenden Strophen als winzigen Refrain wiederholen wird: «Where even Richard Nixon has got soul», wo selbst Richard Nixon Seele hat, der Feind, der Lügner, der fürchterliche amerikanische Präsident, Seele ohne Artikel im Sinne von beseelt: «Even Richard Nixon has got soul.»

Herr Bundestagspräsident, Herr Ministerpräsident, Frau Oberbürgermeisterin, meine Damen und Herren: Wer wie ich heute seinen fünfzigsten Geburtstag feiert, darf sich vielleicht die Freiheit nehmen, allgemein zu werden, noch allgemeiner, als es in Dank- und Sonntagsreden ohnehin üblich ist. Er darf sich und damit den Zuhörern die Frage stellen: Was ist wichtig im Leben? Wirklich wichtig, meine ich. Wenn man sich für die Antwort auch nur wenige Sekunden Zeit nimmt, wird man beobachten, wie vor dem inneren Auge ein Gegenstand nach dem anderen wegfällt, der uns im Alltag umtreibt, über den wir nachdenken, über den wir uns mit Freunden oder in der Öffentlichkeit die Köpfe heißreden. Daß Fußball nicht wirklich wichtig ist, wird sogar ein Fußballer zugeben, und selbst ein Spekulant wird sich bei klarem Verstand bewußt sein, daß es Wichtigeres gibt als Geld. Mode, Freizeit, Spaß? Quatsch. Der Streit mit dem Arbeitskollegen, eine verwehrte Beförderung, bei Schriftstellern der Ärger über eine Rezension? Nein, wirklich nicht. Die Schlagzeilen vom Tag, also gerade etwa die gescheiterten Jamaika-Verhandlungen? Sicher, Politik berührt unmittelbar unser Leben, aber ob wir nun in Deutschland diese oder jene Regierung bekommen, das ist – zum Glück!, weil es keine Frage mehr von Krieg oder Frieden ist, keine Frage des nackten Überlebens wie in anderen Ländern der Welt, von Freiheit oder Unfreiheit – das ist nicht unseres Glückes Unterpfand.

Ich bin ja frech und habe immer so meine komischen Gedanken, wenn die Nachrichten wichtige Leute zeigen. Dann interessieren mich zum Beispiel die müden, abgespannten Gesichter nach stunden- und nächtelangen Verhandlungen und wie die Münder jedes Wort vor den Mikrophonen abwägen. Ich denke, Gott, die Armen, nun haben sie sich bis zur physischen Erschöpfung, wahrscheinlich über Wutanfälle und Nervenzusammenbrüche hinweg, von denen wir Fernsehzuschauer nie erfahren, über Wochen um eine Verhandlungslösung bemüht, und am Ende treten sie doch mit leeren Händen vors Volk. Ich stelle mir vor, wie jeder der Politiker nach seiner letzten Erklärung in eine Limousine steigt, und da ist es schon Montagmorgen um drei. Und zu Hause schlafen die beiden Töchter, an deren Bett der Politiker vor den wenigen Stunden eigenen Schlafs tritt, um ihnen einen Kuß auf die Stirn zu drücken, oder es schwelt ein Ehestreit, der aus welchem Grund auch immer ausgerechnet in der letzten Sondierungsnacht ausbricht, sagen wir: die Frau verkündet, sie ziehe aus – und von einer auf die andere Sekunde ist der Politiker in eine Situation katapultiert, die natürlich viel wichtiger ist, das Ende einer langen Liebe, die Auflösung der Familie, die Frage, nicht wie es mit Deutschland, sondern ganz konkret mit seinem Leben und dem Leben seiner Kinder weitergeht. Vielleicht hat der Politiker auf der Rückbank seines Dienstwagens unter den vielen Mails auch die Nachricht seiner Schwester vorgefunden, die andere Daten enthält als die aktuelle Meinungsumfrage, nämlich Kreislauf, Sauerstoff, Quickwert, Kohlendioxid, HB, Herzfrequenz, und am Morgen besucht der Politiker den Vater noch in aller Früh, *I am a lonely visitor*, desinfiziert vor einer Tür aus Milchglas seine Hände, zieht sich einen grünen Kittel, Plastikhandschuhe, Maske, Haube über und tritt ins wahre, das intensive Leben ein, *I came too late to cause a stir*, bevor er in die Parteizentrale weitergefahren wird, wo er wieder vor die Kameras tritt: *Our secret's save and still well kept*.

Jeder würde verstehen, der ein Herz in der Brust trägt und keinen Klumpen Erde, die Parteifreunde, die Vertreter der anderen Parteien, auch die meisten Journalisten, daß so etwas: der sterbende Vater, eine Scheidung oder auch nur der ruhige Schlaf der Kinder einen Menschen mehr bewegt, tiefer erschüttert als alles, worüber den ganzen Tag geredet wird. Man würde nicht aufhören zu streiten, für seine politischen Anliegen oder persönlichen Ziele zu kämpfen, selbstverständlich würde man fortfahren, warum denn auch nicht?, aber selbst dem politischen Gegner würde für einen Augenblick oder vielleicht ein paar Stunden klarwerden, daß dies, was hier ist, jetzt im Sitzungssaal, gleich vor den Kameras genausowenig wie an diesem Rednerpult, an dem ich selbst vor Ihnen stehe, daß dies nicht das Wichtigste im Leben ist. Was ist es dann, nein, nicht für Deutschland, nicht für Europa, sondern für jeden einzelnen von uns?

Die Antwort ist so banal, zugleich so evident, daß man sie kaum aussprechen mag: Denn sie läuft auf die üblichen Wünsche hinaus, Gesundheit, Familie, Arbeit, einen Partner, der verläßlich ist und einen zurückliebt, Geld nicht, aber doch ein Auskommen, von dem man in Würde leben kann, Freunde. In manchen Ländern ist das Wichtigste noch schlichter: sauberes Wasser, genügend Nahrung, ein Dach überm Kopf und Heizung im Winter, Frieden, ein Staat, der einen, wenn schon nicht schützt, dann wenigstens in Ruhe läßt. Manche würden noch Gott anführen, der ihnen näher als die eigene Herzschlagader sei, die jenseitige Existenz; andere oder dieselben Menschen auch Musik oder Literatur. Aber Glauben oder Kunst sind schon nicht mehr von allgemeiner Dringlichkeit – wie ein Laib Brot, Sterben oder eine Ehe, die zerbricht –, sondern nur für manche von uns wesentlich. Das Allgemeine ist stets das Einfache, das Konkrete, das physisch Erfahrbare, das, was sich von selbst zu verstehen scheint. In Predigten gerät es deshalb leicht zum Sermon, aber im Grunde handelt die große Literatur seit jeher von nichts anderem, von Geburt und Tod, Liebe und Verrat, Schmerz und Hunger, oder führt vor, wie nebensächlich das meiste andere ist. Und gerade in den Ländern und den Zeiten, in denen bereits die elementaren Bedürfnisse durch Krieg, Terror und wirtschaftliche Not verwehrt bleiben, erinnert sie daran, daß nichts an unserem Dasein, nicht einmal der eigene Atem, selbstverständlich ist. «Nichtsahnend ging ich aus dem Haus, als …» ist das Urmotiv mindestens der romantischen, wenn nicht aller Literatur. Literatur ist stets der Einbruch einer Wirklichkeit in unseren traumwandlerischen Alltag.

Wie Sie vielleicht wissen, bin ich viel auf Reisen und komme dann oft in Gebiete, in denen Krieg, Terror und Not herrschen. Gerade erst bin ich für den *Spiegel* durch den Osten Europas bis nach Iran gefahren und stand nacheinander an drei Fronten, in der Ostukraine, im Norden Georgiens und in Bergkarabach. Man trägt dann auch als Berichterstatter, der noch nie eine Waffe in der Hand gehalten hat, einen Helm und eine schwere Schutzweste und sieht damit, nun, nicht martialisch, aber doch ziemlich unentspannt aus. Dabei passiert in so einem Schützengraben nicht viel, wenn nicht gerade eine Schlacht tobt oder wieder mal ein Scharmützel. Man hockt neben den Soldaten, die zusätzlich zu

Schutzweste und Helm auch ein Sturmgewehr tragen, gibt acht, daß man nicht aus der Deckung der Sandsäcke und Erdhügel gerät, und hat eigentlich Zeit. Ja, man hat Zeit. Die Soldaten langweilen sich ja besonders häufig ausgerechnet im Krieg. Man fängt an zu plaudern, nein, nicht nur über die Gefechtslage, sondern über alles Mögliche, übers Wetter, über die gekaufte Weltmeisterschaft in Qatar, über Led Zeppelin. Und warum auch immer habe ich mir angewöhnt, in einem Schützengraben zu fragen, was den Soldaten – fast überall junge Leute, achtzehn, zwanzig, fünfundzwanzig Jahre alt – am wichtigsten ist im Leben: Was sind eigentlich eure Ziele, eure Wünsche, eure Pläne, wenn der Krieg vorbei ist? Und ungelogen, egal in welchem Krieg ich gerade bin, höre ich auf beiden Seiten der Front das gleiche, das Übliche, das Einfachste: Gesundheit, Familie, eine gute Arbeit, Freunde. Dann frage ich die Rekruten – an vorderster Front dienen meist Rekruten, denen keine Wahl blieb –, ob sie denn ernsthaft glaubten, daß die Rekruten im gegenüberliegenden Schützengraben, dreihundert oder achthundert Meter entfernt und genauso jung wie sie, andere Wünsche haben als sie. Und zu meiner Verblüffung antworten die Rekruten im Krieg oft mit ja. Ja, die anderen, die Feinde seien verblendet, seien haßerfüllt und wünschten sich nichts sehnlicher, als unser Land zu zerstören. Sie seien nicht wie wir. Wenn das Gespräch verebbt, murmele ich im Stillen dann jedesmal ein Lied.

Hospitals have made him cry
But there's always a freeway in his eye
Though his beach got too crowded for a stroll.
Roads stretch out like healthy veins
And wild gift horses strain the reins
Where even Richard Nixon has got soul,
Even Richard Nixon has got soul.

Ich habe auch einen kranken Vater, der heute nicht hier sein kann, und spreche das einfach mal aus. Und das ist nicht einmal alles, was gerade wichtiger im Leben ist als Erfolg. Und vor mir in der ersten Reihe – auch daran möchte ich erinnern, worüber sonst in Dank- und Sonntagsreden verschämt hinweggegangen wird –, vor mir sitzen die Oberbürgermeisterin meiner Heimatstadt und der Präsident des Deutschen Bundestags, die um ein Haar ermordet worden wären und ihre Gesundheit verloren haben im öffentlichen Dienst. Nicht nur im Krieg, nicht nur in Diktaturen, auch im so gut behüteten Deutschland kann Politik eine Frage von Leben und Tod sein und müssen wir dankbar sein für Volksvertreter, die keine Sekunde lang mehr vergessen werden, was wichtig ist. Es ist keine kleine Sache, sondern heroisch, daß sie nicht verzagt haben, sondern ohne zu klagen weitergemacht haben mit ihrem Amt.

Als junger Mensch habe ich den Staat, der mich heute auszeichnet, nun, nicht bekämpft, aber auf Demonstrationen gegen die atomare Aufrüstung als etwas Feindseliges wahrgenommen, mindestens als einen Gegner, der mir in Gestalt von ziemlich unentspannten Polizisten gegenübertrat. Schon damals, kaum zu fassen, mehr als mein halbes Leben ist es her, übte mein heutiger Laudator politische Verantwortung aus. Und nicht nur das, er gehörte und gehört einer Partei an, die ich in meiner jugendlichen Maßlosigkeit für das Gottstehmirbei hielt. Sicher hat sich die Christdemokratie seither verändert, seit Alfred Dregger und Friedrich Zimmermann, mögen ihre Seelen in Frieden ruhen; und eine Bundesrepublik Deutschland, die auch Einwanderer als Staatsbürger kennt, aus der Atomkraft aussteigt, bei allem Streit über das Wie und Wieviel Flüchtlinge aufnimmt und Homosexuelle nicht mehr diskriminiert, macht es leichter, mich mit ihr zu identifizieren. Aber ein anderer geworden ist natürlich nicht der Staat; ein anderer geworden bin über die Jahre ich selbst, spätestens mit dem heutigen Tag ein irgendwie dann doch wohl Erwachsener mit differenzierten, manchmal sicher zu abwägenden Ansichten, ausgerechnet in der Erziehung empörend konservativen, wenn nicht sogar – ich sage nur Internet, ich sage nur: Ichkult – reaktionären Vorstellungen, Gott stehe meinen Töchtern bei, und einer tiefen Wertschätzung für unser Gemeinwesen. Nur leider ist es in der Politik nicht anders als in der Liebe: Erst wenn man erfährt, daß man sie verlieren könnte, beginnt man, um sie zu kämpfen. Und dann ist es häufig schon zu spät.

Die Mehrheit der Briten und insbesondere die jungen Briten haben den Wert Europas erst erkannt, als das Referendum über den Brexit aufgrund ihres Desinteresses verloren war. Der Unmut in den ländlichen Regionen Amerikas und den verarmten Industriezentren wurde ernstgenommen erst, nachdem er Donald Trump ins Präsidentenamt getragen hatte. Als die Welt sich ums Klima zu sorgen begann, waren die notwendigen Klimaschutzziele bereits unrealistisch geworden. Der Krieg vor Europas Haustür, in Syrien und im Irak, wurde fünf Jahre ignoriert, bis seine Bomben auch in Berlin oder Brüssel explodierten und seine Flüchtlinge auf der Autobahn nach Deutschland marschierten. Und was Europa angeht, ist es jedenfalls allerhöchste Zeit, die Lähmung, die nationalen Egoismen zu überwinden, daher ist es schon auch ein Desaster, um das an dieser Stelle zu erwähnen, daß Deutschland keine Antwort auf die Vorschläge Emmanuel Macrons gegeben hat und aufgrund der gescheiterten Sondierungsverhandlungen bis auf weiteres nicht geben wird. Sowenig Deutschland ohne Finanzausgleich funktionieren würde oder die Wiedervereinigung ohne Solidaritätszuschlag, so wenig kann Europa ohne eine gemeinsame Finanzpolitik, ohne die Angleichung der Lebensverhältnisse und ohne demokratische Legitimation funktionieren. Und die Vereinigten Staaten von Europa jedenfalls im Blick zu haben, ist keine spinnerte Vision, vielmehr – ist das eigentlich vergessen? – der Auftrag unseres Grundgesetzes.

Unser Gemeinwesen ist weit davon entfernt, perfekt zu sein, das gilt für die Europäische Union genauso wie für die Bundesrepublik und erst recht für mein geliebtes Köln, dessen Desaster schon Legion sind, ob Brücken oder Bühnen, ob Archiveinsturz oder Silvesternacht, Kulturhauptstadt oder Messehallen. Und dennoch lohnt es sich, für ein funktionierendes Europa, ein europäisches Deutschland und ein blühendes Köln zu streiten, zu demonstrieren und, ja, sich aufzuopfern. Womöglich wird die Demokratie in Zeiten des islamistischen Terrors, der Verächtlichmachung des Staates von rechts und dramatischer Konflikte an den südlichen und östlichen Grenzen Europas wieder vermehrt auf Menschen angewiesen sein, die Opfer bringen oder gar Zeugen werden mit ihrem Blut. Aber selbst und gerade dann, wenn Gegnerschaft in Feindschaft umzuschlagen droht, gilt das Lied: *Even Richard Nixon has got soul.*

Wenn etwas einen demokratischen Rechtsstaat ausmacht, dann dies, daß er selbst denjenigen, die ihn bekämpfen, Rechte zubilligt, das

Recht auf Unversehrtheit, das Recht auf juristischen Beistand, das Recht auf Eigentum, freie Meinungsäußerung, Privatsphäre, das Recht auf einen fairen und öffentlichen Prozeß. Vor wenigen Tagen erst hat der Internationale Strafgerichtshof nach 523 Prozeßtagen und der Vernehmung von sechshundert Zeugen sein gut begründetes Urteil über den Kriegsverbrecher Ratko Mladiç gefällt – genau das ist Recht, und nicht ein geheimes Schnellgericht, die Hinrichtung während einer Militäraktion oder ein Drohnenangriff. Der Rechtsstaat gewährt sogar den Fremden dauerhaften oder vorübergehenden Schutz, denen ihre elementaren Rechte in ihrer Heimat verwehrt sind. Hinter diesem Universalismus – *keines* Menschen Würde ist antastbar – steht eine Idee, die erst mit den Propheten Israels in die Welt fand: die Gleichheit aller Menschen vor Gott. Das ist eine Besonderheit der monotheistischen Religionen, die sich auch in der griechischen Antike nicht findet, obwohl diese als Wiege der Demokratie gilt. In der Polis beruht die Freiheit der männlichen Bürger gerade auf der Unfreiheit der Sklaven, indem diese jenen die Arbeit abnehmen.

Säkularisiert ist die Gleichheit der Menschen der Kerngedanke der europäischen Aufklärung, mochte es in ihren Kernländern auch hundert, zweihundert Jahre dauern, bis die Sklaverei tatsächlich abgeschafft, der Kolonialismus überwunden war – und mag zumal die soziale Gleichheit im Sinne einer Chancengerechtigkeit bis heute allzuoft nur ein Ideal sein. Dennoch gilt es in Zeiten des Terrors, des Rechtspopulismus und der Kriege im Süden und Osten Europas daran zu erinnern, daß auch der Gegner oder einfach nur der Fremde aus einem Krankenhaus treten könnte, in dem sein Vater im Sterben liegt. Speziell der Auftrag der Literatur ist es nicht, den anderen zu verurteilen, und sei es der titulierte Extremist oder Barbar. Der Auftrag ist zu verstehen, das heißt zu versuchen, die Welt einmal mit seinen Augen zu sehen. Und im besten Falle verändert sich dadurch auch der eigene Blick. Die Einfühlung gelingt nicht immer, oder wenn sie gelingt, ist sie womöglich moralisch zweifelhaft, sagen wir bei Massenmördern, Folterern oder Sadisten. Aber es liegt darin nichts Geringeres als das Ideal, daß Jesus über den Gleichheitsgedanken hinaus vertreten hat: Liebe deinen Feind.

In einem der Kriege auf meiner Reise, in Bergkarabach, traf ich einen Pater, der an der Front gedient hatte. Es gelang mir nicht, ihm ein Wort des Mitgefühls zu entlocken für die Menschen, die ihre Heimat verloren hatten, einfache Hirten und Bauern, die zufällig die falsche Sprache hatten, das falsche Blut. Heimat?, fragte der Pater. Ja, Heimat, sagte ich, für den einzelnen sei es doch Heimat, wenn man an einem Ort geboren und aufgewachsen ist, egal, wer vor zweihundert oder zweitausend Jahren hier gelebt hat. Der Pater jedoch mochte nicht auf einzelne eingehen, er sprach von den Vertriebenen nur als Kollektiv, das sein Volk vertrieben und massakriert habe. Ich versuchte es über die Feindesliebe, die das eigentlich Spezifische am Christentum sei: Was bedeute sie an der Front? Wie auf einer Kanzel erhob der Pater die Stimme und erklärte feierlich, daß man als Christ niemals einen Krieg anfangen dürfe.

«Gut», sagte ich, «aber wenn man nun einmal im Krieg ist – hat die Feindesliebe dann irgendeine Bedeutung?»

«Wir mußten unser Land verteidigen gegen den Feind.»

«Aber liebten Sie den Feind?»

«Es gibt eine Regel», sagte der Pater langsam und lehnte im Stehen den Oberkörper zurück, als verschaffe er sich damit Luft: «Der Feind muß wenigstens eine Chance bieten, damit man ihn liebt. Aber das tun die Türken nicht. Sie sind dazu erzogen worden, uns zu hassen, uns zu töten. Sie geben uns keine Chance, sie zu lieben.»

«Dann wäre es ja einfach!», entfuhr es mir nicht sehr ehrfurchtsvoll: «Wenn der Feind Ihnen eine Chance böte, ihn zu lieben, dann wäre er kein Feind mehr. Das Besondere an Christus ist doch, daß er sagt, du sollst nicht nur deinen Nächsten lieben, sondern deinen Feind. Also den, der dich haßt oder dir schaden will oder dich jedenfalls ablehnt. Den sollst du lieben. Ist das möglich?»

«Ja, wenn wir friedlich mit ihnen zusammenleben würden, also die verschiedenen Religionen, dann könnten wir sie auch lieben. Aber im Krieg geht das nicht.»

«Warum nicht?»

«Du kannst keinen Menschen töten, den du liebst.»

«Und wie war das dann für Sie, als Sie an der Front waren?»

«Wenn du dir in dem Augenblick, wo du auf jemanden zielst, sagst, daß du ihn liebst, dann kannst du nicht abdrücken, das geht einfach nicht. So war das für mich. So ist das im Krieg.»

Mag sein, daß das Schicksal uns oder dann wahrscheinlich unsere Kinder oder Enkel wieder in Schützengräben führt, nicht nur mit Schutzweste und Helm, sondern auch mit einem Gewehr in der Hand: Nichtsahnend gehen sie aus dem Haus, als ... Ich hoffe es nicht und sehe gegenwärtig keine Anzeichen, aber nun gehört auch das zum Älterwerden eines jungen Friedensdemonstranten, daß er Kriege nicht mehr in jedem Fall und zu allen Zeiten für falsch hält. Der Faschismus hätte ohne Krieg nicht besiegt werden können, und der «Islamische Staat» im Irak auch nicht. Und hätten sich, um einen der Kriege zu nehmen, die ich auf meiner letzten Reise besucht habe, die Ukrainer einfach damit abfinden sollen, daß Rußland faktisch Teile ihres Landes besetzt? Welches Land wäre das nächste gewesen? Falsch war in allen drei Fällen die Politik, nicht zuletzt auch die westliche Politik, die den Krieg überhaupt erst notwendig gemacht hat. Mögen unsere Kinder oder Enkel, sollte die Politik sie mit in den Abgrund reißen, sich dennoch bewußt sein – die Großväter und Urgroßväter waren es selten genug –, daß die Rekruten im gegenüberliegenden Schützengraben, dreihundert oder achthundert Meter entfernt und genauso jung, die gleichen Wünsche haben wie sie, das Übliche, das Einfachste.

Aber es muß gar kein Krieg, kein Anschlag sein, damit man zu begreifen lernt, was im Leben wichtig ist. Die Wirklichkeit kann auch auf andere Weise über den Menschen hereinbrechen, Krankheit, Eltern, Liebesschmerz, die Geburt der Kinder; jedem von uns geschieht das, und für jeden ist es existentiell, auch wenn der Schicksalsschlag von außen betrachtet nur die gewöhnlichste Not ist. Dann verfolgt man, was ringsherum geschieht, am Arbeitsplatz, auf der Straße, in den Nachrichten, natürlich verfolgt man es. Man ist nicht über Wochen und Monate in Schockstarre. Auch das ist etwas, was ich im Krieg gelernt habe, eigentlich ist es sogar das, was mich in Kriegen interessiert: wenn der Ausnahmezustand zur Normalität wird. Dagegen anzuschreiben, daß der Leser ihn für normal hält. Der Vater, die Mutter soll nicht sterben, die Familie, die soll halten. Aber irgendwann sterben die

Eltern, manche Familien gehen auseinander. Das geschieht. Manchmal stirbt sogar der Sohn vor der Mutter, das ist das Schlimmste, wie das Evangelium weiß. Der gesunde Menschenverstand sagt einem, daß man es nicht ändern kann. Die Religionen sagen, daß man es akzeptieren muß, daß es so sein soll, daß nicht der eigene, sondern ein höherer Wille geschieht. Daß auch das, was wir für schlecht halten, für ungerecht und grausam, im Grunde gut ist – daß es sein soll. Aber die Literatur, wenn sie sich schon nicht auflehnt, was ihr selten bekommt, will den Verlust wenigstens markieren und fühlt noch den Verlust des Feindes mit. *Even … has got soul.*

Ich danke meinem Bundesland für den Staatspreis und Ihnen, meine Damen und Herren, für Ihre Aufmerksamkeit.

Zum Tod von Djavad Kermani

Köln, Friedhof Melaten, 8. Dezember 2017

Mâdar-e aziz, liebe Familie, verehrte Trauergemeinde,

die Geschichte, die mich als Kind von unserem Vater am meisten beeindruckt hat, handelt von einer Ohnmacht. Unser Vater war ein starker Mensch, jeder weiß das, der ihn jeden Tag erlebte, am besten, manchmal auch am schmerzhaftesten meine Mutter; er definierte sich gleichsam durch seine Kraft, durch den Willen, das zu bekommen, das durchzusetzen, das zu erreichen, was er sich in den Kopf gesetzt hatte, oft für sich selbst, häufiger jedoch für das Wohl anderer, seiner Familie, das Wohl der Bedürftigen. Diese enorme Kraft habe ich als Kind immer auch als etwas Physisches erlebt, ja, warum es verleugnen?, als etwas Männliches. Sein Gesicht, das sich in tausend Falten auflöste und rot anlief, die Zähne gebleckt, wenn er ein ewig gelagertes Marmeladenglas der Mutter zu öffnen versuchte, an dem sich meine großen, ja schon volljährigen Brüder die Zähne ausgebissen hatten, und nach ein paar Sekunden, während derer ich ihm atemlos zusah, legte er lässig den Deckel auf den Küchentisch, als habe er nur einen Klettverschluß aufgerissen. Oder im Garten, wenn er triefend vor Schweiß noch eine selbstgestellte Aufgabe bewältigen wollte, irgendeine Pumpe reparieren oder noch den letzten Fensterladen streichen, obwohl ihn unsere Mutter mit schriller Stimme ein ums andere Mal zum Mittagessen rief, *Djavaaaad*, und wir Söhne ungerührt unsere Teller leeraßen, um zurück in unsere Zimmer zu stürmen – da kämpfte unser Vater immer noch mit einer schweren Holztür, die warum auch immer nicht auf die Angel paßte.

Versteht sich, daß die Tür ordentlich im Rahmen hing, als wir am Nachmittag im Garten Fußball spielten, allenfalls daß noch die Holzsplitter auf dem Boden lagen, die einer von uns aufkehren sollte. Versteht sich ebenso, daß *einer von uns* immer genau der andere der Brüder war, was unseren Vater zuverlässig zur Weißglut trieb. Ja, er konnte wütend werden, richtig jähzornig, das haben die Enkel nicht mehr an ihm erlebt, und die Urenkel sahen nur den gütigen Greis; unser Vater konnte schreien, daß alle Wände erzitterten, da hat mir seine Kraft auch Angst gemacht. Aber er konnte auch unglaublich zärtlich sein zu mir, er konnte weinen, er konnte vor Mitgefühl vergehen.

Allein, die Geschichte unseres Vaters, die sich mir am stärksten eingeprägt und die er vermutlich noch den Urenkeln auf den Weg gegeben hat, diese Geschichte handelt von etwas ganz anderem, denn da war er selbst noch ein Kind gewesen. Daß der Vater zugleich ein Sohn ist, das kann der Sohn erst ermessen, wenn er den Vater selbst bedürftig sieht vor dem Tod und ihm die Zärtlichkeit zurückgibt. Das Kind, das unser Vater werden sollte, lebte mit seinen Eltern, den vier Schwestern und weiteren Verwandten in dem Haus nahe dem Schah-Platz an der Kermani-Kreuzung, *tschâhârrâh-ye Kermâni*, so benannt nach dem Vorfahren, der Isfahans höchster Geistlicher gewesen war, und besaß ein Lamm. Ja, ein Lamm. Damals hatten die Häuser in Iran noch alle Innenhöfe, die wie kleine Paradiesgärten waren, mit einem Brunnen in der Mitte, in dem sich der Himmel spiegelte, und Obstbäumen, die kühlen Schatten spendeten, Quitten, Granatäpfel, die besten Kirschen auf der Welt. Bei den kleineren Leuten, zu denen die Großeltern inzwischen gehörten, also dort, wo sich mehrere Familien auf die vier Gebäudeflügel verteilten, da war der Hof zugleich Gemüsebeet, Hühnerstall und was nicht alles mehr. Und unser Vater, dieser nachgeborene, von allen verhätschelte Junge unter den vielen Mädchen und Frauen, hatte sich in das Lamm verliebt, das ebenfalls in dem Innenhof lebte, und das Lamm offenbar in ihn. Denn überall, wohin unser Vater ging, auf den Platz, durch den Basar, selbst ins Klassenzimmer, wenn man unsrem Vater glauben durfte, der neben allem anderen auch ein Geschichtenerzähler war, selbst ins Klassenzimmer folgte ihm das Lamm.

Gut, überall konnte unser Vater es doch nicht mitnehmen, das Lamm, offenbar doch nicht ins Klassenzimmer oder jedenfalls nicht jeden Morgen, denn eines Mittags kam er aus der Schule, und das

Lamm war nicht mehr da. Jemand hatte es zum Schlächter geführt. Unser Vater behauptete – wie gesagt, ein Geschichtenerzähler vor dem Herrn –, unser Vater behauptete, daß er quer über den Platz, in den Basar, durch halb Isfahan gerannt sei, heulend und schluchzend, um das Lamm zu retten, das sein Freund geworden war. Natürlich fand er es nicht, und kein Erwachsener begriff seine Tränen, als er in den Hof zurückkehrte, begriff den Rotz, der ihm aus der Nase lief, hörte sein Herzklopfen, achtete auf seinen anklagenden Blick. Es war doch nur ein Lamm, winkten die Erwachsenen ab, ein Lamm, wie man es jeden Festtag ißt. Niemand dachte daran, daß für ein Kind das Lamm mehr als nur ein Tier sein kann, nämlich ein Freund, ein Kind Gottes wie jedes andere Geschöpf, ein Sohn wie unser Vater selbst.

Ich sollte nicht zu viel in diese Episode hineinpsychologisieren, und doch ist es auffällig, daß ausgerechnet sie die prägende, die am häufigsten erzählte, gewiß auch ausgeschmückte Kindheitserinnerung eines Mannes war, der die Mitmenschen durch seinen unbändigen Willen, seinen durchaus auch rücksichtslosen Eigensinn, seine Durchsetzungskraft Staunen machte. Unser Vater, der Berge versetzen konnte, wußte genau – tief in der Seele hatte sich die Erfahrung ihm eingebrannt –, daß der Mensch eigentlich ohnmächtig ist, daß er nichts in der Hand hat. Diese Einsicht trat in geradezu heiliger Manier in seinen letzten Lebensmonaten zutage, nur daß anstelle der Anklage längst, seit vielen Jahren die Dankbarkeit gerückt war – seit so vielen Jahren und Jahrzehnten, daß kein Enkel uns Söhnen glaubt, daß ihr Großvater auch wütend werden konnte, richtig jähzornig. Denn die Weltenlenker, das waren für unseren Vater nicht mehr die anderen Erwachsenen, die Eltern, Onkel, Klassenlehrer und Staatsführer, der Weltenlenker, das war für ihn allein Gott, sein Wille geschehe, der selbst dort Gerechtigkeit walten läßt, wo sie den Menschen verborgen bleibt.

Dieses Vertrauen: Es ist gut, was geschieht, Gott sei gepriesen in egal welchem Augenblick, das war es, was wir alle und vermutlich selbst die Urenkel, die kleinen Kinder an ihm bewunderten oder jedenfalls erspürten, als wir seit Anfang August an ein Krankenbett nach dem anderen traten. In vier Monaten des Elends, des Leidens, auch der Entblößung, die eine solche Hinfälligkeit nun einmal mit sich bringt, der ein ums andere Mal enttäuschten Hoffnung, in vier Monaten hat er sich trotz Hiobsqualen nicht ein einziges Mal beschwert, nicht bei den Pflegern, nicht bei den Ärzten, nicht bei den Söhnen, Schwiegertöchtern und Enkeln, nur manchmal, heimlich, vor Hilflosigkeit aufstöhnend bei seiner Frau. Immer, bei jedem Willkommen und jedem Abschied, an ungelogen jedem Tag, an dem er bei Bewußtsein war, hat er dankbar gelächelt, friedlich wie ein gesegneter Mann. Was für ein langer Weg seit dem Kind, das Rotz und Wasser heulend, mit anklagendem Blick in den Hof seines Elternhauses trat, wieviel Jahre, Erfahrungen, Einsichten, Glücksmomente, Schicksalsschläge, Erfolge und Mißerfolge von Isfahan nach Köln.

Wie gesagt, unser Vater war aus kleinen Verhältnissen, die Familie der geistlichen Vorfahren wegen zwar angesehen, aber wohl ein bißchen verarmt, und so sehr er seine Eltern liebte, die gutmütige, sanfte Menschen gewesen sein müssen, wollte er doch so schnell als möglich aus diesen Verhältnissen heraus. Er schaffte es, zum Medizinstudium zugelassen zu werden, was für ein Kind der Altstadt keine kleine Sache war, und angelte sich – da besaß er nicht einmal einen Abschluß, sondern behauptete es nur – die schöne, ein bißchen freche Tochter aus großbürgerlichem Haus. Zufall oder nicht, war er mit dem Brautvater an einen ausgesprochen republikanischen Bourgeois geraten, der mehr auf die Frömmigkeit, den Anstand und auch den beruflichen Ehrgeiz des Bräutigams achtete als auf den sozialen Rang.

Daß unser Vater dennoch aufschneiden mußte fast wie ein Filou, mit geborgtem Anzug, geliehenem Auto, vorgetäuschtem Abschluß und einem Neubau, der bis auf den letzten Rial auf Pump gekauft war, um auch die Schwiegermutter für sich einzunehmen, die flotten Schwägerinnen und natürlich die Braut selbst, das hat unsere Mutter herrlich in ihren Erinnerungen beschrieben, am lustigsten vielleicht die Episode vom gebrauchten Cadillac Cabriolet, super günstig, das unser Vater vom ersten Gehalt in Ratenzahlung erwarb, nur um festzustellen, daß die Karosse zu lang für den kleinen Innenhof war – egal, wie er einparkte, das knallrote Heck lugte immer auf die Straße heraus. Und auf der Straße abstellen konnte unser Vater das Cabrio auch nicht, denn das Cabrio hatte überhaupt kein Dach, nicht einmal ein Verdeck. Ach, deshalb das Sonderangebot, ging unsrem Vater leider zu spät auf.

Ja, ein Aufschneider war unser Vater, ein Streber, einer, der es unbedingt nach oben schaffen wollte, allerdings nicht nur für sich selbst. Kaum hatte sich unsere Mutter an die neuen, für ihre Verhältnisse zwar bescheidenen, aber doch ordentlichen und für eine junge Frau auch aufregenden Lebensverhältnisse in der Neubausiedlung gewöhnt, nahm er sie ohne viel Federlesens mit aufs Land. Sicher, er wollte etwas Sinnvolles tun, wollte die Ärmsten behandeln. Aber vielleicht hatte er insgeheim auch keine Lust mehr auf die hochnäsigen Verwandten seiner Frau. Daß unsere Mutter bestürzt war, als er sie in das neue Zuhause führte, das an einer staubigen Dorfstraße im Nirgendwo lag, daß sie ihn vermutlich sogar verfluchte, als er sie gleich am ersten Morgen im schäbigen Zimmer zurückließ, um mit dem Jeep über die Berge zu fahren – vermutlich nahm er es in seiner Euphorie nicht einmal wahr. Aber als er am Abend bis zur Bewußtlosigkeit erschöpft zurückkehrte, und am nächsten Abend auch, und als dann erst die Nachbarn und dann die übrigen Dorfbewohner und schließlich Menschen aus der ganzen Umgebung vor der Tür standen, um die jungen Städter mit Geschenken zu überhäufen, weil unser Vater selten genug Geld annahm, mit Hühnern, mit Reis, mit Mehl, mit Zucker und Obst, da gewann unsere Mutter diesen Aufschneider doch von Herzen lieb. Und als sie selbst Zeuge wurde, wie er einem Nachbarsjungen, der sich an einer Nuß verschluckte hatte, ohne viel Federlesens, aber schweißtriefend vor Angst die Kehle aufschnitt, umringt von dessen kreischenden Eltern, den schreckerfüllten Geschwistern, den leichenblassen Nachbarn, als unsere Mutter im Chor mit allen Dorfbewohnern jubelte, weil die Nuß aus dem Hals sprang und die Wunde so klein war, daß unser Vater das Blut stillen konnte, so daß das Kind, ein einfaches Bauernkind mit löchriger Hose, ohne Schuhe, bald schon wieder lächeln und am nächsten Tag auf der Dorfstraße herumtollen konnte – da wußte unsere Mutter, daß es etwas Besonderes auf sich hatte mit diesem Mann, und sie ihm, so oft sie sich auch über ihn ärgerte, so laut sie mit ihm schimpfte, am Ende immer verzieh, denn er hat selten etwas getan für sich selbst und sehr viel für diese Welt.

Natürlich, auf Dauer war ihm das Dorf nicht genug, Isfahan war nicht genug, auch Teheran genügte als Aussicht nicht, und so zog er ins Land der Franken, *farangestân*, wie Europa in Iran hieß, nur um festzustellen, daß sein Abschluß bei den gestrengen Deutschen nichts galt – nicht, daß er sich wegen eines neuerlichen Studiums von seinen Plänen abhalten ließ. Unserer Mutter, die er vermißte, erzählte er dennoch, daß alles in Deutschland wunderbar sei, große Wohnung und viel Geld, damit sie allen Besitz verkaufte und sich gegen den Willen ihrer Eltern mit den Kindern ins Flugzeug setzte. Und so begann unsere Geschichte in Deutschland, mit einem jungen Iraner, der sein Studium durch Nachtwachen finanzierte und von dem wenigen Verdienst noch die Eltern in der Heimat versorgte, der Deutsch mit dem Wörterbuch lernte, angefangen mit dem Wort Aal, und, im vollbesetzten Hörsaal nach dem Zustand der Leiche befragt, mangels Sprachkenntnissen nur stammeln konnte: «Guten Tag», mit einer hübschen Iranerin aus wohlhabendem Haus, die sich wieder betrogen wähnte wie zuvor auf dem Dorf, mit bald schon drei kleinen Kindern auf achtzehn Quadratmetern eines Hochhauses in Erlangen. So begann die Geschichte, die heute in dieser Trauerhalle versammelt ist, die Geschichte einer Arztkarriere, einer Liebe, die über alle Stürme hinweg hielt, von vier Söhnen, die alle Doktoren wurden, wenn auch der Jüngste lediglich ein Doktor phil., und nicht nur die Söhne, wie man auf der Traueranzeige sah, die sich wie das Teilnehmerverzeichnis eines akademisches Kongresses las, mit Schwiegertöchtern, Enkeln und sogar Urenkeln, inzwischen neunundzwanzig Familienmitglieder an der Zahl. Es ist auch die Geschichte von großen Geschäftsabschlüssen, weil unsrem Vater auch der Arztberuf nicht genug war, von kostbaren Teppichen, von Handel mit fernen Kontinenten, von einer politischen Irrung nach der Revolution in Iran und einem Hilfswerk, das Schulen und Wohnheime in Isfahan baute, das *Nachsch ol-balâghe* ins Deutsche übersetzte, das für Schiiten zweitwichtigste Buch nach dem Koran, Erdbebenopfer versorgte, Flüchtlingen half und heute vom ältesten Sohn und der Schwiegertochter weitergeführt wird. Es ist unsere Geschichte, die wir dem Mann neben mir und der Frau vor mir verdanken, unseren Eltern, die 1957 nach Deutschland gekommen sind, sechzig Jahre ist das nun her. «Nicht zu fassen», murmelte unsere Mutter an einem dieser Tage, als wir noch in Barcelona oder bereits in Köln aus dem Krankenzimmer traten, «nicht zu fassen, *bâwarkardani nist*», und klang beinah empört: «Euer Vater hat alles im Leben erreicht, was er sich vorgenommen hat, einfach alles.»

Ich bin der jüngste Sohn unseres Vaters, mit einigem Abstand zu den anderen dreien, fast acht Jahren zu Omid, zwölf zu Khalil. Nicht nur der kürzeren Lebenszeit wegen habe ich unter den Söhnen wohl am wenigsten von ihm gesehen, am wenigsten mit ihm erlebt. Als ich klein war, war unser Vater bereits Oberarzt, später Geschäftsmann, und arbeitete von früh bis spät. Wenn ich heute überlege, was mir mein Vater damals vor allem mitgegeben hat, dann war es, ja, die religiöse Erziehung. Das war nicht leicht, denn ich war natürlich genauso eigensinnig wie er, und wenn er etwas für wichtig hielt, dann blickte ich schon mal aus Prinzip gleichgültig an ihm vorbei. Mit den Ritualen, dem Beten, dem Koranlesen, hatte er keinen beziehungsweise erst Jahrzehnte später Erfolg. Aber er hat mich, und zwar schon als Kind, die religiöse Haltung gelehrt: Barmherzigkeit gegenüber anderen und Gottvertrauen für sich selbst. Es ist gut, was geschieht, Gott sei gepriesen in egal welchem Augenblick.

Jeder, der ihn in den letzten Monaten besuchte, konnte beobachten, daß er selbst in der äußersten Bedürftigkeit und Not, ja, bis in die allerletzte Nacht seines Lebens hinein die Handflächen zum Himmel wendete und sagte, murmelte, flüsterte: *Chodâyâ schokr.* «Gott sei Dank.» Und wenn er zu schwach zum Sprechen war, dann formte er die Lippen immer noch zu einem einzigen, lautlosen Wort: *Schokr.* Dank. Zuckte mit den Achseln und lächelte uns müde an.

Mâdar-e aziz, liebe Familie, verehrte Trauergemeinde, dieses *schokr* ist kein beliebiges Wort. Es ist arabisch, also die Sprache des Islams. Die Ungläubigen werden im Koran *koffâr* genannt. Wißt ihr, was das wörtlich bedeutet? Es bedeutet: «Die Undankbaren». Glaube im Islam ist im Kern: Dankbarkeit. *Schokr.* Die Ungläubigen sind die, die vor den Zeichen Gottes stehen, den *âyât*, vor Sonne und Mond, vor den Menschen töpfergleich aus Lehmen, vor den Offenbarungen der Propheten seit Abraham, vorm Glück der Liebe, übrigens auch der Lust, und erst recht vor den Schönheiten der Natur, aber taub, blind und stumm sind, genau gesagt taub, blind und stumm tun, denn es liegt ja am Menschen selbst, ob er hinsieht, hinhört und sich zu seinem Schöpfer bekennt: *Fa-bi-ayyi alâ'i rabbikumâ tukazzibân* – «Welche Gnad' eures Herrn wollt ihr verkennen?»

In den letzten Monaten – darf ich das sagen, auch wenn es anmaßend ist? – kam ausgerechnet ich ihm am nächsten, der jüngste, der fernste der Söhne, der als einziger auch einen ganz anderen Lebensweg gegangen ist als von unserem Vater gewünscht und vorgesehen. Das lag schlicht auch daran, daß beide Krankenhäuser, in denen unser Vater lag, zufällig oder nicht zufällig in meiner unmittelbaren Nachbarschaft waren. Ich sagte bereits, meine Brüder haben mehr von unserem Vater gesehen, die prägenderen Erlebnisse mit ihm gehabt, und damit meine ich nicht nur Kindheitserlebnisse, sondern auch spätere Situationen bis hin zu Krankheit und Not. Jeder von ihnen hat unsren Vater behandelt und ihm mindestens einmal, mein Bruder Hamid sogar mehrfach das Leben gerettet. Das ist schließlich auch etwas, worum sich bereits zu Lebzeiten Legenden rankten und worüber die Ärzte von Mal zu Mal ungläubiger den Kopf schüttelten: Wie oft unser Vater dem Tod von der Schippe gesprungen ist. Herzinfarkt, zwei dramatische Herzoperationen, über Wochen künstliche Beatmung, später chronische Lungeninsuffizienz, nach dem Prostatakrebs auch noch Blasenkarzinom, und jedesmal kehrte unser Vater zurück, aus jeder Intensivstation wurde er wie durch ein Wunder lebend herausgefahren, aus jedem Koma ist er erwacht, gebrechlicher zwar, ja, das Atemvolumen geringer, die Knochen müder, aber noch einmal dankbarer, als er es ohnehin war. *Schokr.*

Zum Schluß war ich es, zum ersten Mal ich, der am häufigsten an seinem Krankenbett stand. Wieder foppte er die Ärzte, die allein in diesen vier Monaten dreimal die Hoffnung aufgegeben hatten, stand mit seinen neunzig Jahren noch die sechste Lungenentzündung hintereinander durch, kehrte viermal von Intensiv auf die normale Station zurück. Er liebte das Leben, das ihm ein Geschenk war, eine Gnade. Er wollte nicht sterben. Bereits in der ersten Nacht, als ich mit Hamid in Barcelona eintraf und die Ärzte pessimistisch den Kopf schüttelten, beobachtete ich, wie er sich unter der Maske auf jeden Atemzug konzentrierte, so mühsam das Atmen auch war, so wenig Sauerstoff es der Lunge brachte. Der Atem setzte dennoch nie aus, nicht in dieser Nacht, nicht in den vielen Nächten danach. Er wollte leben. Er foppte die Ärzte, seine Kollegen, er besiegte sie durch seine Zähigkeit und seinen unbändigen Willen, aber er wußte bei jedem Atemzug genau, daß er niemals Gott besiegen kann. Am Ende ist der Mensch, ist selbst unser großer, starker Vater ohnmächtig und hat nichts in der Hand.

Und doch hatte er noch einen letzten Wunsch, den er mit gesundem Selbstbewußtsein vor seinem Herrn vertrat. Er sagte: Gott, mach mich gerade so viel gesund, daß ich noch einmal auf die Beine komme, nach Hause zurückkehren und allein über die Straße zum Rhein gehen kann, nur zum Ufer, nicht mehr am Ufer entlang, das wäre schon zu viel, das brauche ich gar nicht, nur wenigstens einmal noch die paar Meter zum Ufer auf eigenen Füßen, und sei es mit einem dämlichen Rollator, damit ich nicht vergesse, wie schön die Welt ist. Oder Gott, laß mich sterben, nimm mich zurück zu dir. Aber bitte, Gott, laß mich nicht auf halbem Weg stehen. Ich möchte nicht meiner Frau zur Last fallen, mehr als schon bisher, und ich möchte auch nicht ins Heim. Das hat sich unser Vater gewünscht und hat es mir und anderen gesagt. Er war kein kriecherischer Diener Gottes, sondern bis zum letzten Atemzug auch seiner eigenen Würde als *chalifeh*, als Stellvertreter Gottes auf Erden, bewußt. Nicht nur Gott hat im Islam Rechte, auch der Mensch hat sie.

Als sich heute vor drei Wochen abzuzeichnen begann, daß, egal wie stark sein Wille war, er niemals mehr auf eigenen Füßen stehen wird, daß der Körper ausgelaugt war, Lunge, Herz, Niere von Sekreten zersetzt, die Widerstandskraft aufgebraucht, auch die Seele erschöpft, die so standhafte Seele bis auf den Grund erschöpft, da planten wir alles Mögliche für ihn, Übergangsheim, Umbau der Wohnung, Caritas, Pflege mehrfach am Tag, Unterstützung durch ein afghanisches Ehepaar. Er aber, unser Vater, hatte mit seinem Schöpfer einen ganz anderen Plan. Als sich Gottes Wille zum letzten Mal an ihm erfüllte, da war der Tod längst auch sein eigener Wille geworden. Beider Wille geschah. In der Nacht zum Sonntag wendete er wieder die Hände zum Himmel, und dann winkte er uns, das ist mein letztes Bild von ihm: wie er müde, freundlich zum Abschied winkt.

Als ich am frühen Morgen ins Zimmer zurückkehrte, war sein Körper noch warm; die Hände lagen friedlich auf dem Bauch, die Lider breiteten sich gleich einer Decke gütig über den Augen aus. Sein Gesicht, das noch Farbe hatte, war fast faltenlos und auf wundersame Weise um Jahrzehnte verjüngt. Und er, unser Stammvater, war das Lamm geworden, das unschuldige, das im Land der Franken Gottes Sohn ist, Gottes Lamm, dem der Tod die ewige Auferstehung bringt. *Schokr.*

Zum Tod von Karl Schlamminger

München, Nordfriedhof, 21. Dezember 2017

Liebe Turan, lieber Saam,
sehr geehrte Verwandte, Freunde und Kollegen von Karl,

ich sehe von Karl ein Bild, vielleicht sollte ich sagen: einen Traum, denn ich sehe ihn in der Bewegung, an unterschiedlichen Schauplätzen, ich sehe von Karl das Traumbild eines Lebens, das von einzigartiger Stimmigkeit ist. Dabei paßt nach herkömmlichen Mustern nichts an diesem Leben zueinander: ein kräftiger, breitschultriger Mann mit wuscheligem Bart, der Deutsch mit Allgäuer Färbung spricht, und nicht nur mit der Färbung, sondern auch mit der Geruhsamkeit des Hinterlandes, wo man jedes Wort mit Bedacht plaziert und sich zwischen den Wörtern alle Zeit für Pausen nimmt – so ein richtiger Kerl, ein Mannsbild von einem Bayer, wenn ich das so sagen darf, im vorrevolutionären Teheran in einem alten Herrenhaus mit Obstbäumen und dem obligatorischen Wasserbecken im Garten, an seiner Seite eine vornehme Iranerin, schön und selbstbewußt wie eine junge Königin, Direktorin eines Museums für kostbare Vasen und Gefäße, und zwischen den beiden Liebenden die zwei anmutigsten Kinder der Welt. In dem Traumbild tauchen auch Bedienstete auf, aber die scheinen fast zur Familie zu gehören, so freundlich ist der Umgang, und es gibt Freunde, zahllos offenbar, die ein- und ausgehen, Künstler, Literaten, Musiker, Gelehrte, Iraner unter ihnen, aber auch Deutsche, Franzosen, Japaner, eine ganz und gar kosmopolitische Welt des Geistes und der Kunst mitten in Iran. Und dieser Bayer spricht auf sensibelste Weise, mit tiefem Wissen, über die iranische Kultur und die ästhetische Tradition des Islams, preist die Klugheit der alten Bauweisen und weist die Logik der nur scheinbar zufälligen Ornamente auf.

Er hat auch Studenten, dieser Bayer, Kunststudenten an der Akademie, die ihn sichtlich verehren und staunend aufnehmen, was er ihnen über die außereuropäischen Strukturen der modernen Malerei und die Modernität der persischen Architektur erklärt. Und nicht nur mit Studenten diskutiert er – oft fährt der Bayer aus Teheran heraus, übers Land, durch die Wüste und ins Gebirge, bis ins hinterste iranische Dorf, um selber zu staunen, wenn ihm die Menschen, einfache Leute, wie seine Eltern in Kempten selber welche gewesen waren, von ihren reichen Sitten und Gebräuchen erzählen. Er lacht mit den Dorfbewohnern, stellt spitzbübische oder gelehrte Fragen, verwickelt jedermann in ein Gespräch. Dabei hat sein Persisch, das ist das lustigste, auch sein Persisch hat natürlich die Färbung und die Geruhsamkeit des fernen Allgäu. Nichts paßt zusammen in diesem Leben, nicht das Wort Orient zum Namen Schlamminger, nicht der kraftstrotzende Kerl zur mandeläugigen Orientalin, nicht die Gelehrten von allen Kontinenten nach Teheran, nicht der Kunstprofessor zum Dorf, nicht der bayrische Duktus zur persischen Sprache, und doch soll alles genau so sein, ist alles an seinem einzig richtigen Ort, eine Fügung von einem Schicksal, die kein Mensch sich verwegener ausdenken kann. Es ist kein Traumbild, wie ich von vielen Augenzeugen, Photos, Filmen und vor allem seinem eigenen Erzählen weiß, es ist das Leben, das Karl in den siebziger Jahren mit seiner Familie in Iran geführt hat.

Als ich Karl und Nasrin vor beinah zwanzig Jahren kennenlernte, hatten sie ihre Welt des Geistes und der Kunst längst von Teheran nach München überführt. Sie besaßen immer noch ein elegantes, großzügiges Haus, einen Neubau allerdings nun, die Kinder waren selbst Künstler geworden, es gingen weiter Literaten, Musiker, Gelehrte ein und aus, und es wurde auch ohne Bedienstete wunderbar gekocht, aufwendig und erlesen von Nasrin, ganz schlicht, aber ebenfalls mit den besten Zutaten von Karl. Es war ein Haus, in dem nicht nur gelebt, sondern das Leben betrachtet und vor allem wertgeschätzt wurde, jedes schöne Detail so kostbar wie eine alte Vase, jede Besonderheit wert, bewahrt und besprochen zu werden. «Sehr gut», sagte Karl, wenn er etwas aß, das ihm schmeckte, und auch, wenn er ein Buch zuklappte, das er gern gelesen hatte, oder ein Kunstwerk betrachtete, das gelungen war, und dieses «sehr gut», dem stets ein kurzes oder langes Innehalten voranging, ein Wägen mit zugekniffenen Augen, bevor es um so entschiedener, gleichsam als Siegel mit anerkennendem Nicken ausgesprochen wurde, dieses «sehr gut» war viel mehr als nur ein ästhetisches Urteil, es war ein Urteil übers Leben selbst, das bei allen Schmerzen und allem Mißlingen selbst im Kleinsten so viel Freude und Segen enthält: nicht nur gut, sondern *sehr* gut.

Aus einer Medizinerfamilie stammend, bin ich der einzige in meiner größeren Verwandtschaft, der sich für die Welt des Geistes und der Kunst als seinen Lebensweg entschieden hat. Unsers war kein Haus, in dem man auf die kleinen, die flüchtigen Dinge achtete, sich mehr Zeit als nötig für Gespräche, für Betrachtungen oder gar Müßiggang nahm; in unserem Haus waren alle immer mit irgendwas beschäftigt. Wohl auch deshalb fühlte ich mich bei den Schlammingers wohl wie in einem zweiten Zuhause, sie waren bald schon Freunde, meine ersten Leser und fast so etwas wie Paralleleltern für mich, Nasrin gütig und rasch begeistert, Karl oft kritisch über die Schmerzgrenze hinaus.

Ich sage das keineswegs entspannt, weil Karls Kritik sich oft genug auf meine eigenen Bücher und erst recht auf meine öffentlichen Auftritte bezog, auf mein schnelles Reden, das ihm, dem Langsamredner, der jedes Wort mit Bedacht aussprach, ein Graus war, völlig unverständlich und damit die Zuhörer geradezu mißachtend, also beleidigend, schlichtweg eine Unverschämtheit, wie Karl mir mehr als einmal ohne Erbarmen unter die Nase gerieben hat. Aber als Betroffener weiß ich auch am besten, daß Karls Kritik, sein stetes Granteln, wie man in Bayern wohl sagt, immer als Ansporn gemeint war, sich noch mehr Mühe zu geben, damit ein Kunstwerk, ein Gericht oder eben ein Text noch besser wird, nicht nur gut, sondern sehr gut. Das muß immer schon so gewesen sein, auch im Traumbild eines Lebens, und hatte er, wie er berichtete, von seinen eigenen Lehrern gelernt, dem Benediktinerpater Gregor in der Schule, dem Maler Johannes Itten und dem Philosophen Ernesto Grassi. Außerhalb Teherans, in Schahrud, einem kleinen Städtchen, wo Karl oft zu Besuch war, gab es unter den Handwerkern im Basar sogar den feststehenden Begriff des *Eschlâmmingeri*, wenn ein Krug oder eine Messingplatte mit besonders viel Liebe und

Achtung hergestellt worden war. *Eschlâmmingeri*, gleichsam als Siegel mit anerkennendem Nicken ausgesprochen, so stelle ich's mir vor, muß wohl die persische Übersetzung von Karls «*sehr* gut» gewesen sein: *Esch-lâmmingeri*.

Allein, da war noch etwas anderes, das mich zu den Schlammingers zog, nicht nur die Lebenskunst: Da war auch eine Liebe, ja, nach drei, nach vier Jahrzehnten noch eine Verliebtheit, die ich von keiner anderen Ehe kannte. Ringsum die Lieben, die langen Lieben, auch meine eigene, waren leidenschaftlich oder fad, sie waren abgelebt oder mal wieder erblüht, sie hatten Krisen, die zu Trennungen oder immer neuen Anläufen führten. So gut die Liebenden zueinander paßten – gleiche Herkunft, ähnlicher sozialer Rang, verwandte Interessen –, stets gab es etwas, das nicht aufging, mindestens eine und sei es noch so winzige Dissonanz der Erwartungen, die sich zu Brüchen, zu tragischen oder gerade noch überwindbaren Verwerfungen ausweitete. Nasrin und Karl hingegen, so verschiedenen ihre Elternhäuser, Kulturen, aber auch Charaktere waren, sie aufnehmend, deutend und stets besänftigend, er schöpferisch, ruhelos, herausfordernd, um nur diese beiden Pole zu umschreiben – Nasrin und Karl wirkten auf mich eben in ihrer Unterschiedlichkeit füreinander geschaffen, wie ich es von keinen anderen Eheleuten sagen könnte. Das Äußerliche war verschieden, Herkunft, Eigenschaften, sozialer Stand. In ihrer Seele waren sie sich gleich, nein, waren sie eins geworden, so habe ich es, so haben es wohl viele unter uns empfunden. Nasrin und Karl waren in einem exemplarischen, auch auf ihre Mitmenschen ausstrahlenden, die Mitmenschen anziehenden Sinne *hamdam*. Das war ein Lieblingswort von Karl, das auch meines wurde; es bezeichnet im Persischen Eheleute oder überhaupt Menschen, die sich lange lieben und ihren Alltag miteinander teilen. Wörtlich bedeutet *hamdam* so etwas wie «Gleichatmende». Zwei sind verschieden, sie sollen es sein, aber die Luft, die sie einatmen, die ist dieselbe: *hamdam*. Und im Wort *dam*, das im Persischen «Atem», «Odem» bedeutet, aber auch «Hauch» oder «Seufzer», ist wie im Indischen *âtmâ* immer das Wort «Seele» mitgesagt. Wie ein Hauch in zwei verschiedenen Gefäßen ging die eine Seele in dem einen wie dem anderen ein und wieder aus, gleichzeitig ein und wieder aus.

Aus Iran mitgebracht nach Deutschland hatte Karl die Grundform seines Schaffens als Bildhauer: das Muqarnas. Sie liegt dem Bau von Kuppeln zugrunde und erlaubt es, einen Quader durch die eigene innere Bewegung zu einem Bogen zu formen, zum ganz anderen, dem Entgegengesetzten, das Rechteck zu einem Kreis. In einer seiner bedeutendsten Arbeiten hat Karl sogar ein christliches Kreuz aus dem Muqarnas geschaffen: Statt aus zwei Balken, der längere vertikal, der kürzere horizontal, nahm Karl einen einzigen Quader und versetze ihn in eine solche Schwingung, daß sich das Eckige zu einer Rundung emporschwang, und nicht nur zu einer Rundung, sondern auch zu zwei Extremitäten, die so organisch aus dem gerundeten Quader herauswuchsen wie die ausgebreiteten Arme eines Menschen aus dem Leib. In Karls Kreuz sah ich zum ersten Mal im Symbol der Dreiheit die Idee der Einheit, in der Trinität den Monotheismus, und es gehört zu den erstaunlichen, erst zum Schluß vollendeten Bögen in seinem Leben, daß seine letzte öffentlich aufgestellte, zwanzig, dreißig Meter hohe Skulptur ein urislamisches Formprinzip auf das eigene, das christliche Kreuz überträgt. ·

Und so ist es ja auch mit dem Leben gewesen, dem Leben von Nasrin und Karl, daß sich alle Vielheit aus einer symbiotischen Einheit ergab, der Einheit ihrer Seelen, die in Schwingung gesetzt ward. Viele von euch werden die Geschichte ihrer ersten Berührung kennen, Karl hat sie nach Nasrins Tod oft erzählt. Es war in den sechziger Jahren an der Kunstakademie in München, da trafen sie sich oft, sie gingen zusammen spazieren, aber nie wagte er es, sie zu berühren, nicht nach Wochen, nicht nach Monaten, nicht einmal ihre Hand. Dann wurde es Winter, sie standen irgendwo draußen, ganz grau alles, diesig, vielleicht auch schon Abend, das weiß ich nicht mehr, sie wollten sich verabschieden, aber konnten sich nicht trennen, schauten sich immerfort in die Augen. Da fing es an zu schneien, der erste Schnee des Jahres. Sie blieben stehen und schauten sich weiter an, während ringsum alles weiß wurde, der Bürgersteig, die stille Straße, auch ihre Schultern, ihre Haare. Endlich nahm eine Schneeflocke auf Nasrins Auge Platz, genau gesagt auf der Wimper. Karl hob die Hand und führte den Finger an die Wimper, um die Flocke fortzunehmen oder zu verflüssigen, schließlich sah Nasrin nur noch halb. Als er sie berührte, brach Nasrin in Tränen aus und klagte, er habe alles zerstört. Aber das stimmte gar nicht, zum Glück hatte sich Nasrin vertan, die Vorsichtige; Karl hatte in seinem Übermut keineswegs alles zerstört. Er, der Schöpferische, der Ruhelose, der Herausfordernde, hatte mit einer einzigen Handbewegung sein Siegel auf ihr Herz gesetzt und sein Siegel auf ihren Arm, wie es im Hohelied heißt: «Denn Liebe ist stark wie der Tod, und ihr Eifer ist fest wie die Hölle. Ihre Glut ist feurig und eine Flamme des Herrn, daß auch viele Wasser nicht mögen die Liebe auslöschen noch die Ströme sie ertränken.» Es war diese Berührung, der Schnee, der zwischen zwei Fingerkuppen zerfloß, aus der sich alles andere emporschwang, diese Fügung eines Schicksals, nicht nur die Liebe und die Familie, nicht nur die Beziehung zum Orient, sondern auch seine Kunst, in der die außereuropäischen Strukturen der Moderne und die Modernität der persischen Architektur zu einer Einheit ward.

Nach Nasrins Tod vor zehn Jahren war Karls Leben nicht mehr vollständig. Niemand erkannte das klarer, illusionsloser, als er selbst. Von einer auf die andere Atemwende hauchte er die gemeinsame Seele nur noch allein ein und wieder aus. Er hatte zu seiner halbierten Existenz fast ein mathematisches Verhältnis, das ihn vor dem Selbstmitleid bewahrte: Wem eine solche Liebe zuteil geworden war wie ihm, eine so außerordentliche Symbiose, der zahlt für ihren Verlust einen um so höheren Preis. Und wer so sehr aus dem Vollen geschöpft hat im Leben, der empfindet es um so stärker, wenn alles Lebenswerte nach und nach verlischt. Das ist nun einmal so, Karl hat den Lauf der Dinge vor seinen Freunden nie beklagt, für die er weiter seine schlichten Gerichte mit den besten Zutaten zubereitete, so lang es eben noch ging. «Sehr gut», sagte er dann, immer noch «sehr gut» nach einem kurzen oder langen Innehalten, einem Wägen mit zugekniffenen Augen, sehr gut, und das war ein Urteil nicht nur über eine Speise, ein Buch oder ein Kunstwerk, das blieb stets ein Urteil auch übers Leben selbst, das bei allen Verlusten, allen Seelennöten und den zunehmenden Leiden des Alters solche Freuden bereitet, nicht nur die kleinen Segnungen, sondern bis zum Schluß auch noch die großen, eine vollendete Arbeit, die Freude über die Kinder und Enkel, die freundschaftliche Gemeinschaft: *sehr* gut.

Und als das nicht mehr möglich war, weil die körperlichen Leiden und Einschränkungen ihm noch die letzten Freuden zu nehmen drohten, da machte Karl sich nach und nach bereit für den Tod.

Ich soll nicht herumreden, das wäre Karl nicht gemäß: Alle Jahre seit Nasrins Tod waren schwer, seine letzten Monate eine Qual und die zwei Wochen nach der Operation eine Schlacht, die man keinem Feind wünscht, erst recht nicht einem Vater und Großvater, einem Bildhauer, einem Freund, der so viel Gutes, nein, sehr Gutes geschaffen hat auf der Welt. Aber, und das ist wichtig vielleicht für seinen und bestimmt für unseren Frieden, ganz am Ende, als Stunde um Stunde nur noch Saam und Turan in seinem Zimmer waren, am Ende ist Karl aus freien Stükken, mit dem warmen Abglanz der jenseitigen Welt aus dem Leben getreten. *Dâram miram?* fragte er anfangs noch: «Gehe ich jetzt?», und dann, einige Zeit später als beinah schon letztes Wort: «Ich will jetzt endlich wissen, wie es weitergeht.» Bis zum letzten Atemzug ist Karl Schlamminger der Schöpferische, der Ruhelose, der Herausfordernde geblieben.

Und Gott sah, daß es gut war, heißt es bekanntlich in der Bibel, am Abend des dritten, vierten, fünften Tags. Am Abend des sechsten Tags jedoch, nachdem Gott die Schöpfung vollendet hat, die den Menschen zur Liebe, zum Erkennen und zum guten Werk herausfordert, nach dem sechsten Tag heißt es nicht mehr nur gut, hebräisch *tow*. Es heißt *we'hiné tow me'od*, «Siehe, es war sehr gut». Die rabbinischen Gelehrten haben viel darüber nachgedacht, warum das Wort *tow*, «gut», am sechsten und nur am sechsten Tag durch das Wort *me'od* gesteigert wird, «*sehr* gut». Bei einem Gelehrten des zwölften Jahrhunderts aus Narbonne, Rav David ben Yosef Kimchi, gibt es eine Deutung, die auf den Gleichklang von *me'od*, «sehr», und *m'ôt*, «Tod», abhebt. Demnach bezieht sich das «gut» auf die Schöpfung, den dritten, vierten, fünften Tag. Mit dem «sehr gut» aber, *tow me'od*, habe der Schöpfer, der endlich Ruhe findet, den Tod gemeint, das Sterben, ohne den das Leben nicht vollständig wäre. So stelle ich's mir vor, so haben es Turan und Saam angedeutet: Nicht nur gut, sondern nach einem kurzen oder langen Innehalten, einem Wägen mit zugekniffenen Augen: sehr gut.

Laudatio auf Norbert Lammert bei der Verleihung des Leo-Baeck-Preises

Berlin, Jüdisches Museum, 1. Februar 2018

Herr Doktor Schuster, Herr Professor Lammert,
meine Damen und Herren,

lassen Sie mich ungeniert mit einer Frage beginnen, über die nun bereits zweimal in Deutschland öffentlich diskutiert worden ist: Warum möchte Norbert Lammert partout nicht Bundespräsident werden? Private Beweggründe einmal beiseite gelassen, die es geben mag oder bei einem so pflichtbewußten Staatsdiener eher nicht, glaube ich, daß die Antwort in der politischen Tradition liegt, in die sich Lammert leise zwar, aber in seinen Reden doch immer wieder eingereiht hat. In dieser Tradition bildet unter allen Verfassungsorganen der Bundestag das Zentrum der politischen Auseinandersetzung, nicht die Regierung oder die Justiz. Erst recht das repräsentative Amt des Bundespräsidenten wirkt bei allem Glanz geradezu unbedeutend oder jedenfalls reizlos im Vergleich zur Präsidentschaft des Parlaments.

Besser noch als an Festreden läßt sich die überragende Bedeutung, die der Versammlung von Volksvertretern in Norbert Lammerts politischem Denken zukommt, an seinem Alltag als Bundestagspräsident illustrieren. Die erste Ansprache, die ich selbst von ihm gehört habe, ist weder sonderlich beachtet noch in den Band mit Reden aufgenommen worden, der soeben im Suhrkamp Verlag erschienen ist. Gut, es war keine ganz gewöhnliche Ansprache, kurz zwar, gerade mal zehn Minuten lang, aber immerhin eröffnete sie eine Bundesversammlung, die noch dazu kurzfristig anberaumt werden mußte nach dem überraschenden Rücktritt des Bundespräsidenten mit sofortiger Wirkung – «ein in der Geschichte der Bundesrepublik, ja in der Demokratiegeschichte unseres Landes einmaliger Vorgang», wie Norbert Lammert ob solcher Pflichtvergessenheit bemerkte, um wie so oft eine heutige Situation in den Kontext und Vergleich der deutschen Vergangenheit zu stellen. Allein, dieser also zugegeben einmalige, den Bundestag und die Öffentlichkeit alterierende Vorgang war eben auch weit davon entfernt, Ausdruck einer «Staatskrise» zu sein. Das parlamentarische System hatte sich trotz der unvorhersehbaren Herausforderung als handlungsfähig erwiesen, betonte Lammert und nannte es «eine gute und wichtige Erfahrung, daß die Verfassungsorgane zu gemeinsamer Verantwortung bereit und in der Lage sind». So weit, so besonnen im politischen Diskurs. Das Ergebnis der Bundesversammlung stand schließlich schon fest, die Mehrheitsverhältnisse schienen klar.

Aber dann hatte selbst diese kurze Begrüßungsansprache einige der typischen Lammert-Pfeile, unvorhergesehen und wie aus dem Handgelenk geworfen, die die Abgeordneten, die Fraktionsführungen und die Regierung, die nun einmal aufs Funktionieren ausgerichtet ist, zwölf Jahre lang ein ums andere Mal aufschreckten, zu besseren Erklärungen anstachelten, aus ihrer Bequemlichkeit weckten. Im Vorfeld hatten Abgeordnete der Mehrheitsfraktion vernehmbar gemurrt, weil sie den Kandidaten der Opposition für den geeigneteren Bundespräsidenten hielten; eben deshalb hatte die Opposition eben diesen Kandidaten schließlich nominiert: weil sie hoffte, Stimmen aus dem Regierungslager auf ihn zu ziehen. Um so offensiver waren die Führer der Mehrheit auf ihre Abgeordneten eingedrungen, nur ja die Fraktionsdisziplin zu wahren. So weit, so üblich im parlamentarischen Betrieb.

Und was macht der Bundestagspräsident, der dem Parteibuch nach ebenfalls dem Mehrheitslager angehört? Er hebt zunächst hervor, daß die Bundesversammlung «durch ihre verfassungsmäßige Zusammensetzung die politischen Kräfteverhältnisse im Bund wie in den Ländern so aktuell und verläßlich wie möglich wiedergibt». Ostentatives Nikken in den ersten Reihen der Mehrheit: verfassungsmäßige Zusammensetzung der politischen Kräfteverhältnisse, aktuell und verläßlich – wer sagt's denn? Aber dann, einen Satz später, weist Norbert Lammert wie aus dem Handgelenk auf das «freie Mandat für die Mitglieder des Bundestages wie für die durch die Landtage gewählten Wahlmänner und

Wahlfrauen» hin, «die an Aufträge und Weisungen nicht gebunden sind». Stille im Reichstag, selbst die Abgeordneten der Opposition sind verblüfft. Mit einem einzigen Satz hatte Lammert das Selbstverständliche genau in dem Augenblick ausgesprochen, als die Mehrheit nun wirklich nicht daran erinnert werden wollte. Der weitere Verlauf ist bekannt: Drei Wahlgänge benötigte die Mehrheitsfraktion, um ihren Kandidaten doch noch durchzubringen, die Sitzung dauerte bis in die Nacht. Kalt wurde zwar das Buffet, aber das Parlament bescherte Deutschland eine Sternstunde der Demokratie, die schließlich nicht aus Absprachen und Abnicken besteht, vielmehr aus dem harten, unberechenbaren Wettbewerb von Programmen und Kandidaten.

Das freie Mandat der Abgeordneten – wer sich mit seiner politischen Sozialisierung beschäftigt, stößt rasch darauf, daß für Norbert Lammert darin mehr als eine Selbstverständlichkeit, nämlich der Wesenskern der parlamentarischen Demokratie liegt. Es ist bemerkt, oft bewundert, gelegentlich belächelt und insbesondere von Abgeordneten auf der Regierungsbank auch mit Befremden zur Kenntnis genommen worden, wie selbstbewußt Norbert Lammert sein Amt ausgeübt hat. Nun ist unser ehemaliger Bundestagspräsident gewiß nicht übermäßig von Selbstzweifeln geplagt, doch die Souveränität, wenn er einem Abweichler gegen den Willen seiner Fraktionsführung das Rederecht erteilte oder die Bundeskanzlerin maßregelte, da sie während einer Sitzung allzu ostentativ mit ihrem Handy beschäftigt war, rührte aus mehr als nur persönlichen Charaktereigenschaften. Sie rührte aus seinem Amtsverständnis. So fällt auf, daß sich Lammert unter allen Vorgängern am häufigsten auf Eugen Gerstenmaier bezog, der als Kandidat der CDU 1954 erst im dritten Wahlgang und auch dann nur mit vierzehn Stimmen Mehrheit gewählt wurde, sich bald jedoch schon den Respekt aller Fraktionen verdiente, so daß er bis 1969 dreimal die überwältigende Mehrheit aller Abgeordneten erhielt. Den üblich gewordenen überparteilichen Konsens bei der Wahl des Parlamentspräsidenten hat Gerstenmaier durch seine Amtsführung überhaupt erst etabliert, erinnerte Norbert Lammert in seiner Rede zum hundertsten Geburtstag seines Amtsvorgängers.

Was Lammert zu diesem Anlaß über Gerstenmaiers Selbstverständnis als Parlamentspräsident gesagt hat, das war in den zwölf Jahren seiner Amtszeit auch sein eigenes Programm, nämlich: «Dem demokratisch gewählten Parlament die zentrale Stellung zu sichern, die ihm als einzigem direkt vom Volk gewählten Verfassungsorgan zukommt.» Deshalb wachte Eugen Gerstenmaier zum regelmäßigen Unmut Adenauers konsequent über die Rechte der Opposition, schwor die Abgeordneten stets auf ihre Gewissensfreiheit ein, verlangte nach leidenschaftlichen statt pflichtschuldigen Debatten im Plenum und ließ es an jeder Botmäßigkeit gegenüber der Regierung fehlen. Wie Lammert hervorhob, drückte Gerstenmaier das Selbstbewußtsein des Parlaments als des zentralen Verfassungsorgans auch durch formale Neuerungen aus, etwa mit der Einführung der Aktuellen Stunde, aber auch durch den Frack als Bekleidung für die Saaldiener oder das noch heute gültige Zeremoniell, daß Abgeordnete sich beim Eintritt des Präsidenten in den Plenarsaal erheben und erst Platz nehmen, nachdem der Präsident seinen Platz eingenommen hat. Das hatte nichts mit Eitelkeit zu tun, Gerstenmaier war im persönlichen Umgang von ausgeprägter Bescheidenheit und als christlicher Theologe, der sich stets als «unter Gott stehend» begriff – eine häufig von ihm benutzte Formel – , sich seiner eigenen Hinfälligkeit und Schwäche jederzeit bewußt. Vielmehr demonstrierte Gerstenmaier damit, daß das «Herz des freiheitlichen Rechtsstaates eben nicht nur in der Kraft seiner Regierung und der Integrität seiner Gerichte und Verwaltung» schlägt, «sondern vor allem in der Lebendigkeit und Kraft seines Parlaments». So hat es Eugen Gerstenmaier 1957 gesagt, mit diesen Worten hat ihn an seinem hundertsten Geburtstag Norbert Lammert zitiert. Und Lammert wies darauf hin, daß Gerstenmaiers Einsatz, dem Parlament eine hohe, ja, die höchste Stellung innerhalb der Demokratie zu sichern, «seiner Erinnerung an die Parlamentsverachtung breiter Bevölkerungsschichten in der Weimarer Republik» sowie den «Erfahrungen und Diskussionen im Widerstand gegen Hitler» geschuldet war.

Eugen Gerstenmaier war das einzig überlebende Mitglied des Kreisauer Kreises, das in der Bundesrepublik eine politische Rolle spielte, – und mindestens bis dorthin, bis zu den Kreisauern, führt die Traditionslinie zurück, die dem Amtsverständnis Norbert Lammerts als Bundestagspräsident zugrunde lag. Wie wichtig dieses Erbe für ihn ist, hat er häufig formuliert, so 2011 in seiner Rede zum 67. Jahrestag des Attentats vom 20. Juli. «Daß wir in unsere Verfassung ausdrücklich ein Recht auf Widerstand aufgenommen haben, um sie gegen ihre mutwillige Zerstörung zu schützen, ist das Vermächtnis des trotz seines Scheiterns maßstabsetzenden deutschen Widerstands.» Dabei erinnerte Lammert nicht nur an die Attentäter um Graf Stauffenberg, die für das kollektive Gedächtnis der Deutschen prägender geworden sind, sondern mit besonderer Wärme an den Kreis, der sich konspirativ auf dem Gut der Familie Moltke in Kreisau traf, um Pläne für ein Deutschland nach Hitler zu schmieden – dieser Kreis von jüngeren, teils christlichen, ökumenisch gesinnten, teils auch sozialdemokratischen und gewerkschaftlich verwurzelten Männern und Frauen scheint mir mehr noch als die Attentäter des 20. Juli, die Geschwister Scholl oder Exilanten wie Willy Brandt oder Thomas Mann das Quellgebiet für Norbert Lammerts politisches Denken zu sein.

Sein Eintreten für die Freiheit des Gewissens und die Autonomie des Parlaments, sein Zorn über Absprachen im Hinterzimmer und die Verlagerung der politischen Auseinandersetzung in die Talkshows, sein christliches Politikverständnis und das besondere Engagement für die Ökumene, bei allem Patriotismus die Einsicht in die Gefahr des Nationalismus und die Leidenschaft, mit der er für ein vereintes Europa wirbt, aber auch seine Mahnung, daß die Brüsseler Beschlüsse demokratisch legitimiert sein müssen durch ein Parlament, schließlich die Westbindung und die Versöhnung mit Polen – all das sind Kontinuitäten im politischen Leben Lammerts, die er selbst auf die Diskussionen und Programme des Kreisauer Kreises zurückgeführt hat. Auch Lammerts Idee einer Leitkultur, die über die Gesetze hinaus verbindlich für alle Bürger ist, läßt sich aus dem Konservatismus der Kreisauer als dem beständigen Versuch herleiten, sich, wie Eugen Gerstenmaier gesagt und Norbert Lammert zitiert hat, «dem geschichtlichen Zusammenhang zu stellen und sich hinzuordnen auf das, was immer gültig bleibt, also auf innere Werte, die auch im Wandel der Geschichte unbedingte Gültigkeit beanspruchen dürfen». Und bereits Lammerts Dissertation über die «Bedeutung regionaler und nichtregionaler Organisationsstrukturen im Willensbildungsprozeß politischer Parteien auf unterer Organisationsebene» erinnert nicht nur zufällig an das Programm der «Kleinen Gemeinschaften» beziehungsweise der Subsidiarität, das im Kreisauer Kreis entwickelt worden ist. Aber vor allem verdankt Norbert Lammert den Kreisauern sein Mißtrauen gegen jedweden Autoritarismus – und mag er von einer Mehrheit gebilligt und bejubelt werden. «Hier im Deutschen Bundestag schlägt das Herz der Demokratie», sagte Norbert Lammert in seiner Abschiedsrede als Parlamentspräsident: «Verläßlich kann und muß es in dem gemeinsamen, aber nicht immer präsenten Bewußtsein schlagen, daß eine vitale Demokratie nicht daran zu erkennen ist, daß am Ende Mehrheiten entscheiden, sondern daran, daß auf dem Weg bis zur Entscheidung Minderheiten ihre Rechte wahrnehmen können.» Und er fügte an: «Dafür zu sorgen, ist die nicht immer einfache, aber nach meinem Verständnis vornehmste Aufgabe des Parlamentspräsidenten.»

Nicht nur die Abkehr, sondern die militante Auflehnung gegen den Nationalsozialismus sowie damit untrennbar verbunden die beständige Auseinandersetzung mit der Schuld, die Deutschland mit den Verbrechen der beiden Weltkriege und dem beispiellosen Völkermord an den Juden auf sich geladen hat –, dieses doppelte Erbe des Widerstands und der Scham als identitätsstiftend für die Bundesrepublik Deutschland zu begreifen, wurde im Bundestag lange Zeit mit den Fraktionen verbunden, die links vom Parlamentspräsidenten sitzen. Das Stichwort hierfür ist der Kniefall des Widerstandskämpfers Willy Brandt, der seinerzeit von der CDU bis hin zum Vorwurf des Vaterlandsverrats kritisiert worden ist. Das Beispiel Moltkes zeigt, daß es für den Widerstand gegen Nationalismus und Rassenwahn auch eine christlich-bürgerliche, politisch konservative Ahnenreihe gibt. «Ich habe mein ganzes Leben lang, schon in der Schule, gegen einen Geist der Enge und der Gewalt, der Überheblichkeit und der mangelnden Ehrfurcht vor Anderen, der Intoleranz und des Absoluten, erbarmungslos Konsequenten angekämpft, der in den Deutschen steckt und der seinen Ausdruck in dem nationalsozialistischen Staat gefunden hat.» Das schrieb Helmuth James von Moltke am 11. Oktober 1944 aus dem Gefängnis Tegel den beiden Söhnen. Und er fuhr fort: «Ich habe mich auch dafür eingesetzt, daß dieser Geist mit seinen schlimmen Folgeerscheinungen wie Nationalismus im Exzeß, Rassenverfolgung, Glaubenslosigkeit, Materialismus überwunden werde. Insofern werde ich vom nationalsozialistischen Standpunkt zu Recht umgebracht.»

Zunächst Eugen Gerstenmaier, heute sein Nachfolger Norbert Lammert stehen dafür, daß jenes doppelte Erbe von Widerstand und Scham in der Bundesrepublik von Anfang an auch von Christdemokraten vertreten und heute vom gesamten Parlament anerkannt wird – mit der Einschränkung freilich, daß mit der Konstituierung des neunzehnten Bundestags eine Fraktion am rechten Rand des Plenums hinzugekommen ist, die mit der bundesdeutschen Erinnerungskultur nichts zu tun haben will. Deutschland soll, so heißt es dort, aber auch immer öfter in der Mitte der Gesellschaft, Deutschland soll endlich ein normales Land werden. Allein, es kann kein normales Land sein, das sechs Millionen Juden umgebracht hat. Wer die Verantwortung aufkündigt, die sich aus der Vergangenheit für jeden Staatsbürger ergibt, gleich welchen Alters und welcher Herkunft, verkennt das eigentlich Spezifische an der Bundesrepublik im Vergleich zu anderen Demokratien und erst recht zur untergangenen Demokratischen Republik. Wenn etwas die Bundesrepublik in den letzten sechzig Jahren stark gemacht hat, lebendig und lebenswert, wenn etwas die Deutschen in die Gemeinschaft der Völker zurückgeführt hat und auf Anerkennung, sogar Bewunderung gestoßen ist, dann gerade, daß auf diesem Boden niemals mehr vergessen wird.

Ich fragte Norbert Lammert einmal, auf welche Leistung als Bundestagspräsident er besonders stolz sei. Auf den Birkenau-Zyklus, antwortete Lammert ohne zu zögern und meinte damit die vier großflächigen Bilder, die Gerhard Richter dem Bundestag geschenkt hat. Sie hängen in der Eingangshalle gegenüber dem einundzwanzig Meter hohen Bild Richters *Schwarz Rot Gold*. Jeder Abgeordnete, jeder Besucher, der das Parlament betritt, schreitet somit zwischen den Nationalfarben und dem Sinnbild für das größte, unauslöschliche Verbrechen der Deutschen hindurch. In der Gegenüberstellung von beiden, so sagte Lammert, drücke sich ein künstlerisches Selbstverständnis unserer Republik aus, wie er sie sieht. «Dies ist das doppelte Vermächtnis des 20. Juli 1944», formulierte er es in seiner Rede über den gescheiterten Widerstand gegen Hitler: «Die Scham über eine beispiellose Verirrung und das Selbstbewußtsein für ein neues demokratisches Deutschland, das sich dem heldenhaften Einsatz derer verdankt, die im Scheitern erfolgreich gewesen sind.» Selbstbewußtsein und zugleich Scham, wie es sich heute im Eingangsportal des Bundestags künstlerisch manifestiert: über zwanzig Meter hoch *Schwarz Rot Gold* und gegenüber *Birkenau* – nicht zuletzt dieses Verständnis der Bundesrepublik Deutschland zeichnet den Christdemokraten Norbert Lammert als würdigen Träger des Leo-Baeck-Preises aus.

Meine Damen und Herren, es gibt eine weitere Linie, die vom Gründer des Kreisauer Kreises, dem 1945 hingerichteten Helmuth James von Moltke, zu Norbert Lammert führt, eine unscheinbare, aber doch wichtige Linie in der Politik, die, so ist zu befürchten, in künftigen Bundestagen sehr viel weniger ausgeprägt sein wird: der Humor. Aus Moltkes Briefen wissen wir, daß er noch vor dem Volksgerichtshof und selbst in der Todeszelle Witze riß, etwa darüber, daß sein Zellennachbar ausgerechnet der Jesuit Alfred Delp war: «Ich zittere schon vor dem väterlichen Zorn von Papi, der doch so antikatholisch war», notierte der Protestant Moltke wenige Tage vor seiner Hinrichtung: «Das andere wird er billigen, aber das? Auch Mami wird wohl nicht ganz einverstanden sein.»

Wie glücklich kann ein Staat sein, der das Wort Galgenhumor nur noch im übertragenen Sinne kennt. Die Scherze, die sich Norbert Lammert als Parlamentspräsident erlaubte, konnten, durften harmloser sein. Aber lustig waren sie schon. Ich kehre noch einmal zu der ersten, knappen Ansprache zurück, der ich beiwohnen durfte: Unmittelbar nach der Bemerkung über das freie Mandat und vielleicht auch, um etwas von der Anspannung im Saal zu nehmen, relativierte Lammert die Alternativlosigkeit des eigenen politischen Systems durch den Hinweis, daß in einigen westlichen Demokratien – «Demokratien!», wiederholte der Bundestagspräsident, um klar zu machen, daß Deutschland keineswegs der Nabel der freien Welt ist –, daß in einigen westlichen Demokratien die staatliche Spitze durch eine erbliche Monarchie besetzt sei, und zwar «mit dem durchaus beachtlichen Argument mancher Staatsrechtler, es sei klug, auch und gerade in einer Demokratie das Amt des

Staatsoberhauptes dem Ehrgeiz der Parteien und gesellschaftlichen Gruppen zu entziehen und nicht der sonst unverzichtbaren Mehrheitsregel zu unterwerfen». Das Parlamentsprotokoll verzeichnet an dieser Stelle vereinzelt Beifall und den Zwischenruf der Abgeordneten Roth aus Augsburg: «Sehr gut!», worauf der Abgeordnete Gabriel aus Goslar gegenruft, ich zitiere: «Claudia, jetzt hast du dich geoutet! Jetzt wirst du Prinzessin! Wir haben es immer geahnt!» Und was macht der Präsident? Statt dem hochstaatlichen Akt einer Bundesversammlung entsprechend zur Ordnung zu rufen oder den Klamauk stillschweigend zu übergehen, wendet er die Augen vom Manuskript, beugt sich zu den Stenographen, die eine Reihe unter ihm sitzen, und bemerkt trocken, wenn auch mit einem schalkhaften Anheben der Mundwinkel: «Ich bin nicht sicher, ob die Stenografen jetzt alle begeisterten Anhänger einer Erbmonarchie namentlich erfaßt haben.»

Das Protokoll vermerkt an dieser Stelle «Heiterkeit und Beifall», wo sich in Wirklichkeit alle Fraktionen für zwei, drei Sekunden in lautem Gekicher vereinten, was mehr als nur lustig war. Denn mehr, als es jede Mahnung vermocht hätte, demonstrierte das Parlament damit, daß sich darin nicht Feinde gegenübersitzen, sondern Mitbürger, die bei aller Härte des Wettbewerbs von Programm und Kandidaten auch über sich lachen können. Und ich dachte, Donnerwetter, dieser Parlamentspräsident hat nicht nur Mumm und kann nicht nur wunderbar formulieren – nein, er hat auch richtig Witz. Es macht Spaß, ihm zuzuhören, er ist schlagfertig und führt vor, daß die parlamentarische Arbeit keine müde Veranstaltung ist, sondern unterhaltsamer sein kann als die politischen Unterhaltungsformate des Fernsehens, denen sich Norbert Lammert – auch dafür sei er gelobt! – bis heute verweigert. Und einmal in Fahrt gekommen, setzte er wie gewohnt einen drauf und ordnete die gerade stattgefundenen Landtagswahlen spöttisch ein: «Bei Ihnen, Frau Löhrmann, ist es mir jedenfalls aufgefallen, was mit Blick auf die Bildung einer neuen Staatsspitze in Nordrhein-Westfalen zu den schönsten Spekulationen Anlaß gibt.» Und wieder verzeichnet das Protokoll «Heiterkeit und Beifall».

Heiterkeit und Beifall, meine Damen und Herren – wie oft hat Norbert Lammert für diesen Eintrag im Protokoll gesorgt. Eben die Heiterkeit verleiht die Kraft und Geduld, selbst in ausweglos scheinenden Lagen dennoch nach Auswegen zu suchen. Und der Beifall, mithin gerade die Zustimmung und die Dankbarkeit sind es, die zur Anstrengung verpflichten, und zwar nicht nur zum Erhalt des eigenen Wohlstands, sondern für eine gerechte, friedliche Welt, so unmöglich sie erscheint. «Die Erkenntnis, daß das, was ich tue, sinnlos ist», notierte Helmuth James von Moltke in der Todeszelle, «hindert mich nicht, es zu tun, weil ich viel fester als früher davon überzeugt bin, daß nur das, was man in der Erkenntnis der Sinnlosigkeit allen Handelns tut, überhaupt einen Sinn hat.»

Heiterkeit und Beifall – so möchte man doch eigentlich zu Grabe getragen werden. Aber noch schöner, wenn man bereits zu Lebzeiten damit bedacht wird: Herzlichen Glückwunsch zum Leo-Baeck-Preis, lieber Herr Lammert!

Zum Dank für den deutsch-polnischen Samuel-Bogumił-Linde-Literaturpreis

Göttingen, Deutsches Theater, 3. Juni 2018

Sehr geehrte Herren Oberbürgermeister, verehrte Laudatoren, liebe Mitpreisträgerin, meine Damen und Herren,

es ist dies ein deutsch-polnischer Literaturpreis, den Małgorzata Szejnert und ich heute erhalten, gewidmet der europäischen Einigung, und so möchte ich mein Dankwort nutzen, um auf einen wichtigen Tag für Europa hinzuweisen, der diesen Monat ansteht: Denn für Juni hat die Bundesregierung angekündigt, endlich offiziell auf die Vorschläge zu reagieren, die der französische Staatspräsident Emmanuel Macron im vergangenen Sommer an der Sorbonne vorgelegt hat. Ich habe bisher nicht den Eindruck, daß die Öffentlichkeit die Bedeutung erkennt, die angesichts der existentiellen Krise Europas der deutschen Antwort auf Frankreich zukommt – weder der Bundestag noch die Medien erzeugen irgendeine Art von Erwartungsdruck, ein Intellektueller nach dem anderen tritt plötzlich mit Apologien des Nationalstaats hervor, und selbst Bürgerbewegungen wie *Pulse of Europe* scheint die Luft ausgegangen zu sein. Offenbar haben wir uns bereits damit abgefunden, daß die Bundesregierung nach fast einem Jahr, das für Europa verlorengegangen ist, immer noch nichts Substantielles vorlegen wird und den jungen französischen Präsidenten freundlich lächelnd abkocht, bis er nicht mehr mit seinem Mut, mit seinen Visionen, mit seinem Enthusiasmus stört.

Hier und dort wird Deutschland seinem Nachbarn mit Zugeständnissen entgegenkommen, es wäre gar zu peinlich, bei allem nur nein zu sagen, aber nicht einmal zu länderübergreifenden Listen für die Europawahl sind unsere Parteien bisher bereit gewesen, geschweige denn zu Maßnahmen, die tatsächlich die nationale Souveränität weiter einschränkten als bisher. Von einer Neugründung Europas, wie sie Macron gefordert hat, dürfte spätestens nach diesem Juni niemand mehr sprechen. Lieber fahren wir weiter auf Sicht, obwohl spätestens nach dieser Woche – Strafzölle der USA, ein Regierungsbündnis von europakritischen Linken und Rechtsextremen im europäischen Gründungsland Italien – selbst den Besonnensten klar wird, daß der Boden unter uns wegbricht und Europa noch einmal Flügel wachsen müßten, damit es nicht untergeht.

Es wäre nicht das erste Mal, daß sich das Projekt der europäischen Einigung gegen alle realpolitische Wahrscheinlichkeit behauptet: Als sich im neunzehnten Jahrhundert der Gedanke eines Vereinten Europas herausbildete, schien das angesichts des um sich greifenden Nationalismus noch eine spinnerte Idee, und als sich Mitte des zwanzigsten Jahrhunderts Europa institutionell gründete, lag es nicht nur materiell in Trümmern. Verglichen damit sind die Umstände zu Beginn des einundzwanzigsten Jahrhunderts noch kommod, und doch braucht es auch heute Menschen, speziell Politiker, die sich gegen den Nationalismus aufbäumen, statt seine Wiederkehr nur zu bedauern – oder gar wie der irrlichternde Horst Seehofer, unser Verfassungsminister immerhin, Viktor Orbán zu huldigen, dem Vorkämpfer der autoritären Demokratie und antisemitischen Agitator. Es gibt viele Beispiele dafür, den Brexit ebenso wie zuvor die Referenden über eine europäische Verfassung, daß man Europa verliert, wenn man selbst nicht daran glaubt, wenn man es auf den eigenen wirtschaftlichen Nutzen reduziert, mit den Märkten, mit der Währung argumentiert, statt die Einigung als das große, das zentrale politische Projekt der europäischen Aufklärung zu begreifen. Umgekehrt haben die Präsidentschaftswahlen nicht nur in Frankreich, sondern ebenso in Rumänien oder Österreich gezeigt, daß man auch heute für Europa begeistern kann, wenn man selbst begeistert ist.

Die Mehrheiten innerhalb der Europäischen Union sind nicht gegen Europa – sie sind gegen ein Europa, das die spezifischen historischen Erfahrungen der Völker ignoriert und deren kulturelle Eigenarten nivelliert, gegen ein Europa, in dem einige wenige national gewählte

Führer in bilateralen Vorgesprächen die Entscheidungen für die gesamte Union treffen und die sozialen Unterschiede zwischen den Mitgliedsländern immer weiter zunehmen. Die deutsche Wirtschaft boomt, aber ein paar hundert Kilometer weiter südlich oder östlich ist jeder zweite Jugendliche arbeitslos, das kann in einem gemeinsamen Wirtschaftsraum nicht funktionieren und darf es auch nicht. Mit der deutschen Antwort auf Frankreich muß zumindest in Umrissen erkennbar werden, wie ein demokratisches, solidarisches und funktionierendes Europa aussehen könnte, ein Europa, das den berechtigten Wunsch nach Kontrolle und das wachsende Bedürfnis nicht zuletzt auch regionaler Eigenständigkeit aufnimmt, indem es das Prinzip der Subsidiarität als ein ureuropäisches begreift. Anders als es heute oft wahrgenommen wird – als Folge allerdings weniger von Brüsseler Verordnungen als des globalisierten ökonomischen Systems –, will Europa als zivilisatorisches Projekt nicht alles gleichmachen; es begreift Unterschiede bis hin zu den vierundzwanzig Amts- und Arbeitssprachen als Reichtum, aber entschärft ihre politische Sprengkraft durch Kooperation und verbindliche Regeln, damit sie nie wieder zu Konflikten und Kriegen führen. Und Europa will auch nicht alles leisten, aber es muß in die Lage versetzt werden, das, was es leisten soll, auch leisten zu können.

Vermutlich würden nicht alle Mitgliedsstaaten einer französisch-deutschen Initiative zustimmen, die die Union tatsächlich tiefgreifend verändern würde. Dann sollten diejenigen vorangehen, die am Ziel eines Vereinten Europas festhalten und bereit sind, ihren Völkern einen veränderten, einen besseren Vertrag zur Abstimmung zu stellen und für deren Zustimmung zu kämpfen. Eine solche Gemeinschaft würde wieder eine enorme Anziehungskraft ausüben, nicht zuletzt auf die jüngeren Generationen – auch und gerade in den Ländern, deren Regierungen sich heute gegen Europa profilieren, denn die Nationalisten werden ihre Versprechen nicht einhalten können und als Verlierer dastehen. Statt der Prügelknabe zu sein, dem jede Regierung ihr eigenes Versagen zuschiebt, muß Europa wieder eine Verheißung werden.

Um Mehrheiten für Europa zu gewinnen, genügt es allerdings nicht, in Sonntagsreden seine großartige Geschichte zu beschwören; nicht einmal die Gegner der europäischen Einigung bestreiten rundweg, daß sie dem Kontinent eine beispiellose Periode des Friedens, des wachsenden Wohlstands und der Freundschaft zwischen den Völkern beschert hat. Es geht nicht um die Vergangenheit, es geht um die Zukunft. Es geht darum, auf die Krise Europas eine überzeugendere Antwort zu finden als die Rückkehr zum Vaterland. Statt sich über die Wähler in Italien und anderswo zu beschweren, müßte Europa die Defizite beheben, die zu den Wahlerfolgen der Populisten führen. Angeführt seien nur die drei wesentlichen: die groteske Ungleichheit der Lebensverhältnisse innerhalb desselben politischen Gemeinwesens; die Selbstblockade der europäischen Institutionen in wesentlichen Politikfeldern, von der Außen- über die Flüchtlings- bis hin zur Finanzpolitik, die in den unzureichenden Lissaboner Verträgen strukturell angelegt ist; schließlich die mangelhafte demokratische Legitimation und Transparenz europäischer Beschlüsse.

Nicht für alles hat Emmanuel Macron in seiner Rede an der Sorbonne eine überzeugende Lösung gefunden. Aber zumindest hat er die Defizite einmal in der gebotenen Klarheit benannt und das Ausmaß schon der dringlichsten Reformen umrissen, als er von einer Neugründung der Europäischen Union sprach. Wir Deutschen hingegen, und zwar selbst in seriösen Tageszeitungen, tun so, als ginge es dem französischen Präsidenten nur darum, unsere Ersparnisse zu plündern. Wir beschweren uns über den Nationalismus der anderen und merken nicht, wie nationalistisch unsere eigene Argumentation auf die übrigen Europäer wirkt.

Sollte die deutsche Antwort auf die Vorschläge Frankreichs zu schwach, zu ängstlich, zu egoistisch ausfallen, werden die wesentlichen Defizite der Europäischen Union nicht nur nach dem Sommer weiter bestehenbleiben – es wird mit der deutschen Antwort auch die Hoffnung gestorben sein, daß Europa die Kraft findet, diese Defizite jemals ernsthaft anzugehen. In diesem Fall könnten wir Wetten abschließen, bei welcher Wahl sich rechte und linke Populisten als nächstes zusammenschließen, um Europa zu besiegen – spätestens bei der nächsten Präsidentschaftswahl in Frankreich, wenn Macron gescheitert sein wird, aber vermutlich bereits bei der Europawahl im nächsten Jahr.

Sollte im Straßburger Parlament das pro-europäische Lager keine

Mehrheit mehr haben – und das ist bei einer geringen Wahlbeteiligung inzwischen denkbar –, wären die europäischen Institutionen praktisch arbeitsunfähig, von der Brüsseler Kommission bis hin zum Europäischen Gerichtshof. Wenn dann auch noch der Euro aufgrund der absehbaren, noch viel dramatischeren Schuldenkrise in Italien scheitert, wird die Europäische Union in ihrer bestehenden Form nicht mehr zu retten sein und am Ende, weil die nationalen Partikularinteressen sich als unvereinbar herausstellen werden, auseinanderbrechen. Unsere Generation mitsamt der Bundeskanzlerin Angela Merkel hätte das politisch Wertvollste zerstört, was sich auf diesem Kontinent durch Kriege und Völkermorde hindurch herausgebildet hat: das Projekt der europäischen Einigung. Und spätestens dann wird noch der stolzeste Nationalist merken, was es bedeutet, in seinem europäischen Kleinstaat auf sich gestellt zu sein: wenn im Westen das atlantische Bündnis zerfällt, im Osten ein mafiöses Rußland Großmacht spielt, im Orient ein Land nach dem anderen in Krieg und Chaos versinkt, aus Afrika der Migrationsdruck auf zwanzig Millionen Menschen pro Jahr wächst, wie es Wissenschaftler für die nächsten Jahrzehnte prognostizieren, in Asien ein autoritäres China zur führenden Weltmacht aufsteigt und im Himmel der Klimawandel erst richtig Fahrt aufnimmt –, spätestens dann werden wir uns in unserer beschaulichen Heimat, die wir neuerdings wieder so sehr schätzen, ziemlich verloren vorkommen. Man muß den politischen Horizont nur ein wenig über die nächsten Wahlen oder die nächste Steuererklärung hinaus erweitern, um zu sehen, daß nichts so sehr die eigenen nationalen Partikularinteressen bedroht wie gerade der Nationalismus. Und es ist, ja, es ist schon unfaßbar, daß man zu Beginn des einundzwanzigsten Jahrhunderts an diese Grundlehre des zwanzigsten Jahrhunderts erinnern muß: Wo jeder der erste sein will, werden am Ende alle verlieren. Deutschland darf die Chance nicht ungenutzt lassen, die sich mit der überraschenden Wahl Emmanuel Macrons in Frankreich ergeben hat – viele weitere werden für Europa nicht mehr kommen.

Ich danke den Städten Göttingen und Toruń für den Samuel-Bogumił-Linde-Literaturpreis und Ihnen, meine Damen und Herren, für Ihre Aufmerksamkeit.

Zum siebzigsten Geburtstag des 1. FC Köln

Köln, MTC-Hallen, 17. November 2018

Herr Präsident, meine Damen und Herren, liebe Sportfreunde,

gestatten Sie mir, mit einer Frage zu beginnen, die über den 1. FC Köln hinausgeht: Warum lieben wir den Fußball? Mehr als jeder anderen Institution gelingt es dem Fußball heute noch – vergleichbar am ehesten dem Theater in der Antike oder über viele Jahrhunderte der Religion –, einen öffentlichen Raum zu schaffen für ergreifende Erfahrungen: atemlose Spannung, Trauer, Zorn, Häme, Bangnis, Verzückung, Scham, Zusammenhalt, Dankbarkeit, Stolz. Wo sonst in der modernen Gesellschaft würden sich erwachsene Menschen jubelnd in die Arme fallen oder kreischend auf ihren Sitz springen, die unflätigsten Flüche herausschreien, hemmungslos weinen wie Kinder, vor Angst in Schweiß ausbrechen, vor Freude zittern, vor Glück oder Verzweiflung nur noch blöd stammeln? Wo sonst als auf dem Platz beziehungsweise im Stadion durchlaufen wir noch kollektiv und nicht nur als einzelne alle Höhen und Tiefen des Lebens, Sieg und Niederlage, Aufstieg und Abstieg?

Der 1. FC Köln ist entgegen seinem Selbstbild nicht der größte Fußballverein der Welt neben allenfalls noch Real Madrid. Wir haben nicht die meisten Titel errungen, haben schon lange nicht mehr das meiste Geld, kein Kind in Mali oder in China trägt die Raubkopie unseres Trikots. Höchstens bei der Anzahl unserer Abstiege spielen wir noch um die Spitze mit. Aber der 1. FC Köln hat in den siebzig Jahren seines Bestehens wie kein anderer Fußballclub jedenfalls im Rheinland, liebe Gladbacher, Düsseldorfer und erst recht ihr paar Claqueure eines Chemiewerks im Schatten Kölns, und wahrscheinlich auch, um es mit der Bescheidenheit zu sagen, die man an uns schätzt, also natürlich wie kein anderer Verein auf der Welt uns mit dem beschenkt, was den Fußball ausmacht, weshalb wir den Fußball lieben: mit gemeinsamen – und seien es gemeinsam durchlittenen – Emotionen. Mit unerhörten Dramen, mit phantastischen Charakteren, mit Geniestreichen, allerdings ebenso mit fürchterlichen Niederlagen und ja, auch mit schon pathologischem Wahnsinn. Mit Aufstiegen und Abstiegen so hoch und tief wie in jedem Menschenleben. Und sogar, wie in den Religionen, mit Geburt, Tod und Auferstehung. All das hat uns der 1. FC Köln in den siebzig Jahren seines Bestehens beschert, Verdammnis und Erlösung, Hölle und Paradies.

Als ich dem FC verfiel, 1972 in Südwestfalen im Alter von vier Jahren, im Tor Welz, hinten Kapellmann, Cullmann, Weber und Konopka, das Mittelfeld mit Overath, Simmet und bereits mit dem viel zu früh verkauften, so früh kaputtgetretenen, viel zu früh verstorbenen Heinz Flohe, vorne Löhr, ich habe die Namen noch von den Radioübertragungen im Ohr und ebenso von der Sportschau das rote Trikot vor Augen, wunderschön mit den weißen Ärmeln – als ich nicht wie die Erwachsenen zu Dortmund oder Schalke hielt, auch nicht wie die anderen Jungs im Kindergarten zu den erfolgreicheren Bayern oder Gladbachern überlief, da hatte unser Verein seine glorreichste Zeit schon hinter sich. Aber wenn ich heute überlege, was mir als Kind von dieser sagenumwobenen Vorzeit wirklich imponiert hat, waren es nicht die Meistertitel in Serie gewesen, ungefährdet, leichtfüßig und souverän. Eingeprägt, als vorgeburtlicher Mythos in die eigene Erinnerung eingegangen ist mir natürlich – und Ihnen, liebe Sportfreunde, wird es vermutlich genauso gehen – das Drama von Rotterdam.

Es war ja nicht der Münzwurf allein. Es war bereits die vierte angesetzte Partie nach zwei Unentschieden und einer Spielabsage fünfzehn Minuten vor Beginn, Wolfgang Weber hatte trotz Beinbruch weitergespielt und der FC trotzdem einen 0:2 Rückstand aufgeholt, Hannes Löhr war mit einem Faustschlag des Liverpooler Kapitäns ungeahndet niedergestreckt worden, kurz vor Schluß hatte Hornig ein einwandfreies Tor geschossen, das der Schiedsrichter aus bis heute unerfindlichen Gründen nicht gab, der Dauerregen, der den Rasen in Morast verwandelt hatte, die gänzliche Erschöpfung selbst in den Gesichtern der Zuschauer, der Funktionäre, der Schiedsrichter, und dann war die

Münze – kein Autor hätte eine solche Geschichte schreiben können, solche Tragödien schreibt nur der Fußball –, dann war die Münze auch noch beim ersten Wurf des Schiedsrichters senkrecht im Schlamm stekkengeblieben, neigte sich allerdings heftig zur Kölner Seite, worauf der Liverpooler Kapitän – ja, eben jener Schurke! – den Schiedsrichter rasch zu einem neuerlichen Wurf drängte, so daß uns das Schicksal erst mit dem zweiten Schlag traf. Ist doch klar, zu wem ein Kind hält, wenn es eine solche Geschichte hört, die echten Helden können auch in der Literatur nur tragisch sein. Sieg oder Niederlage sind schon mit dem nächsten Spiel, spätestens der nächsten Meisterschaft vergessen, aber dies hier, die Tapferkeit von Bulle Weber und die Unerbittlichkeit des Zufalls, die brennen sich lebenslang ins Gemüt ein, selbst wenn sie für uns Jüngere nur eine Erzählung sind. Im übrigen hatte der FC den Geißbock, und gegen Hennes kommt in keinem Kinderherzen ein Stofftier an, in dem nur ein Mensch steckt.

Den Rest der Erzählung bis heute habe ich dann selbst erlebt, das Endspiel gegen den zugegeben ebenfalls grandiosen Günter Netzer, das Double, die Pokalsiege und die Pleite im Rückspiel gegen Nottingham, die Duelle mit den Bayern in den achtziger Jahren, Christoph Daum, der Uli Hoeneß leider nur im Sportstudio, aber nicht in der Tabelle besiegte, die verlorenen Häßler-Millionen, Mach et, Otze, und der unaufhaltsame Niedergang in den neunziger Jahren, die schändlichen Pfiffe gegen Pezzoni, der Stadionsturm beim letzten, dem bittersten Abstieg, Poldi, der unter Tränen in die Kabine flieht, und siehe da, plötzlich werden wir doch seriös, steigen auf, qualifizieren uns sogar für Europa, nur um gleich in der nächsten Saison die allerschwärzeste Serie der Vereinsgeschichte hinzulegen und den unnötigsten Abstieg, seit die Kugel rollt. Also fangen wir mal wieder von vorne an, träumen zuletzt gegen Schalke noch in der neunzigsten Minute vom Endspiel in Berlin, nur leider träumt unsere Abwehr genau eine Minute zu viel. Dafür gewinnen wir anschließend zu Fastelovend mal eben acht zu eins. Wir sind eben doch nur ein Karnevalsverein, und das ist, wenn man nicht gerade Präsident, Manager oder Trainer ist, ja auch wirklich wunderschön.

Und wieder: Wenn ich überlege, was diese tiefe Verbundenheit gestiftet hat, daß ich selbst während einer Kriegsreportage in Afghanistan samstags ein Internetcafé aufsuche, um zwischen zwei mutmaßlichen Taliban den Newsticker des *Stadtanzeigers* zu verfolgen, diese nicht nur kindliche, sondern oft genug auch kindische Liebe zum gar nicht immer so sympathischen FC –, dann waren das nicht nur oder zum kleineren Teil die Siege. Die Meisterschaft 78 zum Beispiel wäre nur halb so schön gewesen, wenn wir nicht zuvor Jahr für Jahr auf den Plätzen gelandet wären – und Dortmund mit seiner unverschämten 0:12 Niederlage gegen Gladbach den schon sicher geglaubten Titel nicht doch zu einer Zitterpartie gemacht hätte. Und die Jahre danach, als wir tatsächlich wieder zu den Besten gehörten – ich kann mich an meine ersten Stadionbesuche erinnern, als zwölftausend, zehntausend, manchmal nur achttausend Zuschauer in der alten Betonschüssel von Müngersdorf verärgert abwinkten, wenn wir gegen Mannschaften wie Stuttgart oder Berlin lediglich 1:0 gewannen. Auch wenn wir das aus unserer Erinnerung getilgt haben, das war trotz guter Ergebnisse oft ziemlich trist.

So ist es zwar einerseits paradox, aber andererseits auch nicht widersprüchlicher als die menschlichen Gefühle selbst, daß der Publikumszuspruch und die Mitgliederzahl ausgerechnet in den Jahren rasant anwuchsen, nachdem mit dem ersten Abstieg das schlechthin Unvorstellbare geschehen war. Unabsteigbarkeit, genau wie Unverwundbarkeit bei einem Menschen, ist ja auch etwas sehr Langweiliges, und jetzt plötzlich merkten wir, merkte die ganze Stadt, daß der FC keine Selbstverständlichkeit ist und uns braucht. Die Feier, als wir uns endlich wieder für Europa qualifiziert hatten, diese unvergleichliche, spontane, nirgendwo anders in Deutschland vorstellbare, so fröhliche wie friedliche Massenhysterie –, da haben wir auch unsere eigene Treue gefeiert, daß wir über alle Niederlagen hinweg jestonn han zo dir, FC Kölle.

Für wen macht man das, für wen erträgt man all die Klatschen, Schmähungen, so viel Tristesse – ansonsten doch nur für die ganz wenigen Menschen, die wir aus tiefster Seele lieben. Und wenn wir überlegen, was uns mit der eigenen Frau verbindet, dem eigenen Mann, vielleicht noch mit den Geschwistern oder einem besten Freund, dann sind es schließlich auch nicht nur oder weniger die Flitterwochen, das bestandene Examen, viel Geld auf dem Konto oder die runden Geburtstage, sondern daß wir einen Alltag zusammen bestritten haben, der oft genug fad war, daß wir Krisen hatten, aus denen wir herausgefunden haben, daß wir Ekstasen geteilt haben wie bei der Geburt des Kindes, aber auch in der Trauer uns gegenseitig stützten, wenn etwa nacheinander die Eltern starben, daß wir miteinander alt geworden sind und immer noch füreinander brennen wie am ersten Tag, daß wir stolz aufeinander waren, aber auch nicht weggerannt sind, als der andere verlacht wurde oder sich daneben benahm. All das haben wir mit dir erlebt, unser erster und einziger Fußballclub auf der ganzen Welt, Tränen des Glücks und Tränen der Schmach, alle Gemeinheiten des Zufalls und alle Gnaden des Schicksals, Leidenschaft und Treue, Verrat und Tapferkeit, die ganz großen Dramen des Lebens und dabei doch immer nur ein Spiel. Wir danken dir, FC, für dies Jeföhl, dat verbingk.

Zum Gedenken an Egon Ammann

Berlin, Literarisches Colloquium, 5. Juli 2019

Liebe Marie-Luise, liebe Verwandte, Freunde, Kollegen und Autoren von Egon Ammann,

die letzte Mail, die ich von Egon erhielt, ist vom 1. Februar 2017, ein halbes Jahr vor seinem Tod. Das Herz war schon so lange krank, und jetzt wog auch noch das Blut in den Adern schwer, das hörten wir seiner dennoch immer freundlichen, immer warmherzigen Stimme an. Die Tage verbrachte er meist vorm Fernseher, hatte sich von den Büchern verabschiedet, für die er nach dem Umzug nach Berlin eigens eine Fabrikhalle angemietet, hatte sich verabschiedet vom Leben selbst, also seinem bisherigen Leben, das aus Büchern bestand, und erwartete geduldig, keineswegs schlecht gelaunt, was nun passiert. Ich hörte, daß das Leben mit Marie-Luise besonders innig war, das glaubte ich gern, aber schwer fiel es, mir Egon bereits am Vormittag vorm Fernseher vorzustellen. Es fiel schwer anzunehmen, daß Egon seine Tage anders als mit Büchern verbringt, doch er selbst bestätigte mir am Telefon, daß, obwohl die Augen noch könnten, die Kraft nicht mehr reichte. So sehr hätten ihn Bücher beschenkt, so reich sei er durchs Lesen geworden, und jetzt sei es auch gut. Nur noch in seinem Pessoa las er täglich ein bißchen, in seinem Isaak Babel oder in seinem Josef Roth; neue Bücher nahm er allenfalls zur Kenntnis, er vertiefte sich nicht mehr in sie. Ein schlechtes Gewissen hatte er deswegen nicht. Egon war genau der Typ Leser aus Begeisterung, von dem Montaigne und Borges sprechen, das Wort Pflichtlektüre war ihm ein Widerspruch in sich. «Genausogut könnte man von Pflichtglück sprechen», spottet Borges, und Montaigne gesteht vierhundert Jahre früher, daß er sich in der Auswahl seiner Lektüren allein von Lust und Laune leiten lasse: «Ohne solch muntres

Drauflosgehn schaffe ich nichts, denn zu langes Bemühen und übertriebene Anstrengung machen mir den Verstand trübe, müde und matt.»

Aber auch für die Begeisterung muß man sich, nein, nicht anstrengen, aber man muß geduldig sein und sich bemühen durchaus, aufnehmen und reagieren, fühlen und selbst auch berühren. Und erst, wenn man sich gegenseitig gibt, entsteht jene Verbundenheit, die sich auch zwischen Büchern und Menschen Liebe nennt, wenn jeder am anderen wächst. Es ist nicht wie Fernsehen, wo man nur aufnimmt, aber nichts von sich selbst hinzutut. Ein Buch gelingt nur in der Beziehung, und es gibt keine Beziehung, oder jedenfalls ist sie sehr öde, wenn nur einer von beiden spricht. Und so, wie ein Autor verstummen kann, so kann es auch ein Leser; er hat dann nichts mehr, was er einem Buch antworten kann. Egon kannte als Leser so viele Autoren, die sich erschöpft hatten, als Verleger hatte er einige vermutlich selbst begleitet; es war kein zwingender, aber ein natürlicher und jedenfalls nicht weiter tragischer Verlauf, sofern der Autor ihn akzeptiert, statt sich mit seiner Routine zu quälen und anderen die Zeit zu stehlen mit Büchern, die nicht notwendig sind. Nun hatte er selbst sich als Leser erschöpft, so kam es mir vor.

Ein solcher Leser war Egon gewesen, daß ich ihm meine Manuskripte weiterhin schickte, als er schon lange nicht mehr Verleger war, mein letztes, *Sozusagen Paris*. Je nachdem, wie kurz oder lang er für die Antwort brauchte, erahnte ich schon sein Urteil, das immer ermunternd, liebevoll, aber mindestens zwischen den Zeilen hinreichend deutlich war. Nun würde Egon keine Manuskripte mehr prüfen wollen, das war klar, nicht meine, nicht die von anderen, und den Verlust, so kam es mir vor, den Verlust hatte nicht er, der mehr als genug gelesen hatte für ein Leben; den Verlust hatten wir, die keinen zweiten Leser finden würden wie ihn. Das machte mich traurig, viel trauriger, so schien mir, als er selbst über seinen Zustand war. Sicher, die Schmerzen und die Atemnot, über die ächzte er schon; ansonsten jedoch klang er am Telefon so zugewandt und fröhlich wie immer, machte sich Sorgen wie seit jeher nur um die Welt, die mit Trump und Brexit, Flüchtlingskrise und Terroranschlägen aus den Fugen geraten zu sein schien, wie es überall hieß. Natürlich spürte ich, daß Egon, da er kaum noch las, sich bereitmachte für den Tod, aber auch hier schien er sich kaum um sich zu sorgen, sondern mehr um andere, vor allem um Marie-Luise, die allein zurückbliebe. Auch ein Buch kann nicht endlos dauern, und wenn man es aufschlägt, weiß man schon, daß es auf ein Ende zuläuft. Warum sollte es im Leben anders gehen? Erst alle Bücher zusammen ergeben eine Art Ewigkeit, so wie der Mensch nur als Menschheit überdauert, genau gesagt als eine Zelle, die mit einer anderen Zelle verbunden ist und dadurch eine dritte Zelle schafft, die Trinität als das Urprinzip. Als einzelne ist unsere Existenz so flüchtig, daß allenfalls ein Gott sie unter seinem mikroskopischen Blick erkennt, aber alle Existenz zusammen ist so groß wie das All selbst. Was für das Buch die lange Dauer einer Lektüre ist, wenn ein liebender Leser es wachküßt, ist für den Menschen die kurze Atemwende, nachdem Gott in uns ausgeatmet hat und bevor Er die Seele zurück in seine Brust zieht. Seinen Josef Roth las Egon bis zum Ende, seinen Isaak Babel und am liebsten seinen Fernando Pessoa, den er den Deutschen aufgetan hatte, bestimmt auch dieses von Inés Koebel übersetzte Gedicht:

Ich habe in mir gleich einem Nebel,
Der nichts ist und nichts enthält,
Eine Sehnsucht nach nichts,
Ein Verlangen nach vagem Wohl.

Ich bin umhüllt von ihm
Wie von einem dichten Schleier,
Und sehe den letzten Stern über
Den Rand meines Aschenbechers leuchten.

Ich habe das Leben geraucht. Wie ungewiß
Alles, was ich sah und las!
Und die ganze Welt ist ein großes offenes Buch,
Das mir in einer unbekannten Sprache zulächelt.

Liebe Marie-Luise, liebe Verwandte, Freunde, Kollegen und Autoren von Egon Ammann, wir haben uns nicht zu einer Trauerfeier versammelt, und so möchte ich auch nicht auf ein Leben zurückblicken, das Vergangenheit ist. Die Grabrede hat Thomas Hürlimann gehalten, wunderbar, während ich aus dem einzig vertretbaren Grund fehlte, daß ich an einem Krankenbett stand, denn die Lebenden gehen immer vor. Nun sind beide Trauerjahre lange vorbei, wir alle sind weiter, sind im Alltag zurück, der hoffentlich viele frohe Stunden enthält, anders wäre es den Verstorbenen nicht recht. Die Autorinnen und Autoren unter uns haben, soweit ich es sehe, alle einen neuen Verlag gefunden, das Siegel Ammann bürgte offenbar für Qualität. Aber viele von uns spüren, sonst wären sie vermutlich nicht hier, wir spüren, daß Egon nicht aufgehört hat, uns zu begleiten. In meinem Fall, im Falle vielleicht auch anderer Autoren, ist das ganz konkret: Egon liest weiterhin alle meine Manuskripte mit. Nicht eines gibt es, bei dem ich mir nicht die Frage stelle, was er davon hielte. Und so möchte ich heute nicht seiner gedenken wie an einem Sarg, sondern nachdenken, was Egon für uns bleibt: das Wunschbild eines Lesers.

Und die ganze Welt ist ein großes offenes Buch,
Das mir in einer unbekannten Sprache zulächelt.

Jeden Morgen, wenn ich in Köln bin und nichts dazwischenkommt, gehe ich in mein Büro, dessen Wände bis unter die Decke mit Büchern vollgestellt sind; manchmal übernachte ich auch dort. Viele von uns, die mit Egon verwandt, befreundet oder bekannt waren, dürften ebenfalls einen solchen Raum haben, denn wer mit Büchern gelebt hat wie er, der war auch von Menschen umgeben, die mit Büchern leben – so viel gibt es unter Lesern zu besprechen! Egon selbst mietete nach der Schließung des Verlags diese Fabrikhalle an, von der er vermutlich Ihnen allen so begeistert berichtet hat wie mir, irgendwo außerhalb oder am Rande Berlins, an einem See oder sogar auf einer Insel, so meine ich mich zu erinnern. Manchmal, so sagte er mir zwei oder drei Jahre vor seinem Tod, manchmal fahre er zu der Halle, obwohl er dort gar nichts Bestimmtes zu tun habe, auch kein spezielles Buch brauche. Er wolle nur dort sein, zwischen all den Büchern. Ich stelle mir vor, wie Egon dann zwischen den Regalen stand, in denen seine Bücher aufgereiht waren, er stumm, sie stumm, völlige Stille in dieser vermutlich doch wohl hohen, fensterlosen Halle, allenfalls Oberlicht, und von draußen die Vögel zu hören oder vom See ein Schiffshorn. Es gab dann nicht ein einzelnes Buch, es waren die Bücher an sich, die er aufsuchte, von A wie Aischylos bis Z wie Zwetajewa nichts Geringeres als eine arbiträre, weder regional noch zeitlich ausgewogene, aber um so wahrhaftigere Menschheitsgeschichte, die er im Laufe von sechzig, siebzig Jahren zusammengetragen hatte. Sammelt nicht jeder Leser Geschichten, die alle zusammen seine eigene Menschheit ergeben?

Menschheit, ach, nun schon zum zweiten Mal dieses viel zu große Wort. Es gibt so etwas wie eine Menschheit ja gar nicht, denn wo sollte sie wohnen, wovon sollte sie träumen, hat sie genug Brot, was flüstert sie ihrem sterbenden Vater ins Ohr, und muß sie auch gemeinschaftlich aufs Klo? Es gibt immer nur einzelne Menschen, mit denen man ein Stückchen seines Lebens teilt oder eben nicht. Auch Bücher haben als Kollektivum keine Bedeutung, und deshalb strahlen Bibliotheken, zumal wenn man allein in ihnen ist, in ihrer Erhabenheit auch etwas Trauriges aus. Denn all diese Bücher reden ja nicht von selbst, sie sind nur Papier, wenn niemand sie liest, lebendig begraben die Autoren darin, so kommt es mir vor, wenn ich an meinen eigenen Regalen entlanggehe, in denen so viele Bücher aufgereiht sind, die ich seit Jahren nicht mehr oder noch gar nicht zur Hand genommen habe, so daß ich mich nicht mehr erinnere oder, schlimmer noch, nie erfahren werde, wovon sie erzählen und wie. Dann verwandeln sich die Buchrücken in lauter Grabsteine, und ich stehe vor der Grabwand als der einzige Mensch, der die Toten dahinter, die lebendig Begrabenen, wiedererwecken könnte. Und ich denke jedesmal, ich müsse sie alle lesen oder wiederlesen, jedes einzelne Buch, so viel Mühe hat sich ein Autor damit gemacht, so viele Qualen, Zweifel, Entbehrungen ausgestanden, einen solchen Reichtum an Gedanken, Erfahrungen, Phantasien auf hundert oder zweihundert oder tausend Seiten gebannt.

Und so stelle ich mir vor, daß sich auch Egon wie in einer Gruft vorkam manchmal, wenn er in der Fabrikhalle stand. Aber dann nahm er ein Buch aus dem Regal, um blind eine Seite aufzuschlagen oder eine Stelle wiederzufinden, die er vor vielen Jahren mit einem Bleistift markiert hatte. Und wenn es ein gutes Buch war – und ich bin sicher, daß in Egons Bibliothek alle Bücher das Lesen lohnten –, hatte er sofort ein ganzes Schicksal vor Augen, ein Junge, der ohne Eltern hinter den Ural deportiert wird, eine Nacht in Buenos Aires im Sommer 73 oder zwei Liebende mit all ihren Illusionen. Ob Poesie oder Prosa, schon mit den ersten zufälligen Zeilen kroch eine Stimmung in ihm hoch, Erinnerungen kehrten zurück an die erste Lektüre oder an etwas, was man selbst so ähnlich oder ganz genauso erlebt hatte oder gern erleben wollte oder hoffte, nie erleben zu müssen. So aufmerksam, wie Egon las, fiel ihm sofort auch eine Eigentümlichkeit auf, die er von keinem anderen Autor kannte, und wäre es nur eine Abweichung von der gewohnten Wortstellung, eine originelle oder bisweilen auch eine gewollt schiefe Metapher, ein Vers, der viel zu bedeuten schien, ohne daß der Leser auf Anhieb verstand, ein Satz, der auch auf der nächsten Seite nicht enden wollte. Und in manchen Büchern blätterte er eine weitere Seite um und noch eine und noch eine, im Stehen ja noch, trotz des wehen Herzens, auf das schon in Zürich kein Verlaß gewesen war, sprach zu sich selbst, selbst wenn er das Buch längst kannte, daß dieser Satz nun wirklich unglaublich oder jene Beschreibung ganz besonders eindringlich sei, murmelte es vielleicht sogar laut vor sich hin in seiner Schweizer Sprachmelodie, die in jedem Wort genau einen Vokal keck in die Höhe hebt, aber als Deutscher weiß man nie, welcher Vokal es sein wird und warum. Über die Geliebte, die er nicht betrachtet, um sie zu analysieren, sondern um in ihr zu verschwinden, dichtete Pessoa wie über ein Buch:

Die Vorstellung von deinem Wesen, die mir kommt,
Wenn ich dich betrachte, ist so abstrakt, daß, beschäftigen sich
Meine Augen mit den deinen, ich sie aus den Augen verliere
Und nichts meinem Blick bleibt und dein Körper sich
Meinem Sehen so weit entzieht
Und die Vorstellung von deinem Wesen meiner denkenden Betrachtung
So nahe kommt, daß ich mich im Wissen
Zu wissen, wer du bist, einzig weil ich vermag
Mir deiner bewußt zu sein, nicht einmal selbst mehr fühle.
Und so belüge ich, mich verleugnend, wenn ich dich sehe,
Die trügerische Wahrnehmung und träume,
Daß ich dich, nicht sehend, nicht sehe noch weiß,

Daß ich dich sehe oder gar, daß ich bin, lächelnd
Über diese trübselige innere Dämmerung,
In der ich mir träume, was ich fühle zu sein.

Er nahm das Buch mit in den Lesesessel, an den Schreibtisch oder nach draußen auf die Bank, von wo der See zu sehen war und die Vögel und das Schiff, dessen Horn die beiden begrüßte, Egon und sein Buch, das er nun vorne aufschlug, und wenn es spät wurde über die Lektüre, steckte er das Buch ein, um nach Berlin zu fahren, wo Marie-Luise wartete, aber vielleicht war Marie-Luise unterwegs oder schon im Bett, und in seiner Bibliothek hatte er eine Matratze wie ich und einen Kühlschrank mit ein bißchen Käse darin, dazu Brot und Wein, die einen wie ihn stets an Hölderlins Gedicht denken ließen, «wozu Dichter in dürftiger Zeit?», und er blieb einfach über Nacht, um zu Ende zu lesen.

Drum, so wandle nur wehrlos
Fort durchs Leben, und fürchte nichts!

Wenn er am nächsten Tag endlich heimkehrte, schwärmte er bei Marie-Luise von dem Buch, das er entdeckt oder wiedergefunden hatte, und bestimmt las er ihr die wundersamsten Stellen vor. Dabei war das eigentliche Wunder er selbst, er als Leser, denn er hatte mit einer einzigen Lektüre das Kontinuum wiederhergestellt, das alle Bücher zusammen sind. Wenn es in Thora und Koran beinah wortgleich heißt, daß, wer einem Menschen das Leben rettet, die ganze Menschheit rettet, dann gilt das für die Literatur erst recht: Wer ein Buch liest, wer es beseelt liest und also seine eigene Existenz beigibt, um sich im anderen selbst zu erkennen, bringt zum Leuchten die gesamte Bibliothek.

Ja, das ist alles mehr ein Traum, ich weiß schon, als es die Wirklichkeit sein konnte; ich zweifle sogar, ob die Fabrikhalle tatsächlich auf einer Insel stand, wie ich es im Ohr habe, denn wie wäre er mit dem geliebten Auto dorthin gekommen? Mag es in Wirklichkeit auch anders gewesen sein mit den täglichen Fahrten zu seiner Bibliothek, immer stelle ich mir Egon als jemanden vor, der Bücher aus ihrem bloß materiellen Sein befreit. Unter seinen Augen, unter den Augen jeden

Lesers, für den Egon ein Beispiel ist, verwandeln sich einige Bogen bedruckten, damit wertlos gewordenen Papiers in eine Fülle des Lebens, wie sie draußen hinterm Oberlicht, auf dem Festland, nirgends so dicht und geistvoll zu finden ist, schmerzhaft und schön. Und wer mich gleich aufklären will, daß die Halle in Wirklichkeit in einem Gewerbegebiet stand, dem halte ich jetzt schon entgegen, daß, wenn Egon über seine Bibliothek sprach, es eben so klang, als läge sie auf einer Insel, und das Vogelgezwitscher und das Schiffshorn gab's meinetwegen nur – was heißt «nur»? – in der Phantasie.

Viele von uns haben einen solchen Raum für ihre Bücher, wenn es auch keine ganze Fabrikhalle ist. Zumal die Autorinnen und Autoren unter uns lesen sicher nicht weniger intensiv. Wir alle stehen vor unserer Wand mit Beziehungen, die möglich sind, und kennen den Impuls, auf der Stelle alles von Aischylos bis Zwetajewa lesen zu wollen, was es Großartiges bereits gibt oder neu ins Regal gestellt werden kann. Aber dann nehmen wir in der Regel eben nicht ein Buch aus dem Regal wie Egon und noch eins und lesen ungestüm drauflos, bis uns die Augen zufallen, und fahren früh am nächsten Morgen fort. Schon gar nicht füllen wir unsere Tage mit Manuskripten, die erst noch in Bücher zu verwandeln sind, denn wir hätten keine Zeit mehr zu schreiben selbst. Und was wir lesen, wirkt direkt oder indirekt stets an dem eigenen Buch mit. So zwingend das Lesen für den Autor ist, so notwendig beschränkt und bestimmt sein Schreiben das Lesen auch. «Nach einigen Minuten schrieb stets ich das Buch, und was geschrieben stand, stand nirgendwo», erklärte Fernando Pessoa, was ihm beim Lesen passierte. Anders ein Verleger, wie Egon einer war: Für ihn ist das Lesen sein eigener Zweck. Er selbst hat das so gesagt, schon 1981 zu Thomas Hürlimann, dem er nach der Gründung des Verlages die folgende und so schlichte Erklärung schickte: «Ich habe einfach eine Liebe zu Büchern gehabt, und ich habe diese Liebe immer gelebt als Leser, und dann wollte ich meiner Umgebung erzählen, was ich gelesen hatte.»

Was für eine glückliche Entscheidung! Nicht nur für seine Autorinnen und Autoren, die lebenden oder wiederentdeckten, eine glückliche Entscheidung bis zuletzt auch für ihn selbst; oder mindestens, solange er noch mit dem Auto übers Wasser fuhr. Für eine der Formen der

Glückseligkeit hielt Jorge Luis Borges das Lesen. Im Vergleich sei das Schreiben beziehungsweise die dichterische Schöpfung eine weit mindere Form der Glückseligkeit. Wobei das, was wir Schöpfung nennen, im Grunde auch nur aus Lektüren bestehe: «eine Mischung aus Vergessen und Erinnern dessen, was wir gelesen haben». Der Autor, so könnte man Borges verstehen, ist ein Leser zweiten Ranges oder auch ein degenerierter Leser, insofern er auf ein eigenes Buch hin liest, statt sich hinzugeben, ohne etwas zu wollen. Egon dagegen muß ein glücklicher Mensch gewesen sein.

Sicher, Egon Ammann war auch ein Sohn, er war Cousin, er war Freund, Geliebter, Ehemann und Vater, er war ein politischer Kopf und ein Vorgesetzter und Vertreter seiner Branche, er liebte nicht nur die Literatur, sondern auch das Autofahren, er liebte Geselligkeit, Wein und gutes Essen. Aber für seine Autoren war Egon nun einmal zuerst und zuletzt ihr Verleger. Und was ist ein Verleger, ein Verleger als eine Idealvorstellung, die der Wirklichkeit nur selten so nahe kommt wie bei ihm, also zugleich Lektor und Förderer, Freund und Berater, Propagandist und Kritiker, Bewunderer und Lehrmeister, Finanzier und Abzocker? Verlage gibt's noch nicht so lange, fünfhundert Jahre vielleicht. Unter dem Berufsbild des Verlegers jedoch, das also für die Geschichte der Literatur noch recht neu ist und mit der zunehmenden Konzentration der Branche auch wieder verschwinden wird, darunter schimmert etwas anderes, etwas viel Älteres und Elementares hervor. Der Verleger verkörpert für den Autor den Leser schlechthin, der seit dem ersten Buch notwendig existiert und noch die Schließung des letzten eigenständigen Verlags überleben wird. Der Verleger steht für alle Leser, die ein Buch finden mag oder nicht, er liest mit der Hingabe des Liebenden und urteilt zugleich so neutral wie ein Richter, ist in seinen Neigungen maximal subjektiv und vertritt gleichzeitig die Leserschaft an sich.

Es gibt niemanden, der für den Autor mysteriöser wäre als der Leser. Der Verleger ist eine konkrete Person, erfolgreich oder nicht, großzügig, geschickt, gerissen, warmherzig, was auch immer, es gibt nicht den Verleger an sich. Der Leser hingegen ist niemals ein einziger. Er ist dem Autor nicht einmal bekannt, selbst wenn er ihn auf Lesungen trifft oder von ihm Briefe erhält. In der Einsamkeit, die für das Schreiben Voraussetzung ist, kennt der Autor keine Leser, sondern nur eine notwendig abstrakte und weitgehend ja auch anonyme Leserschaft. Um so mehr fragt er sich, wer dieser Unsichtbare ist. Denn warum sollte es jemanden interessieren, was der Autor tagaus, tagein aus sich hervorholt? Als ob sein Geist etwas Besonderes wäre, daß es solcher Mitteilung lohnte, die jeden praktischen Zwecks und selbst der Logik entbehrt. Man muß sein kümmerliches Ich schon gewaltig aufpumpen, um allein am Schreibtisch gegen die Anfechtungen des gesunden Menschenverstandes zu bestehen. Ja, der Narzißmus muß zum Berufsbild gehören, wenn einer Stunde um Stunde, über Wochen und Jahre alle vernünftigen Maßstäbe der Selbstbescheidung sprengt. Da ist ja niemand, nur links und rechts in den Regalen die großen Vorgänger als stumme Zeugen, die mit den Augen rollen, der Autor ruft in den leeren Raum. Wenn er sich nach einer bestimmten Person richten würde, verfehlte er den Leser an sich. Im besten Fall beruhigen ihn nach und nach Verkaufszahlen, Rezensionen, Preise oder Einladungen, daß es da draußen tatsächlich jemanden gibt oder sogar viele, denen er offenbar etwas zu sagen hat, sonst würden sie ihm nicht seinen Lebensunterhalt bescheren. Aber bis zum Ende kommt er nicht dahinter, für wen er schreibt.

Mag sein, daß manche Autoren behaupten, es kümmere sie nicht, wer ihre Texte liest und ob überhaupt. Er schreibe nur, um sich vom Leben abzulenken, und er veröffentliche nur, weil dies zur Spielregel gehöre, notierte selbst Pessoa, der bestimmt kein Prahler war; wenn morgen seine gesamten Aufzeichnungen verlorengingen, so daß niemand je läse, was er schreibt, würde ihn dies weniger heftig und wahnsinnig schmerzen, als man das vielleicht annehme. Aber das glaube ich den Autoren nicht, ich glaube es nicht einmal Fernando Pessoa, und als Beleg kann ich ihn selbst anführen: Denn schon im folgenden Satz widerspricht Pessoa sich selbst, wenn er behauptet: «Es ist nicht anders als mit einer Mutter, die ihr Kind verloren hat: Nach einigen Monaten ist sie wieder dieselbe wie zuvor.» Was für ein Unsinn! Keine Mutter, die ihr Kind verloren hat, wird je wieder dieselbe sein, die sie zuvor war. Zumal das Christentum existiert aus nichts anderem als dem Schmerz über den ermordeten Sohn. Auch in anderen Religionen kann der Gläubige alles erdulden und lehnt sich erst auf, wenn sein Kind vor ihm stirbt, es ist dann, als ob er wie Christus am Kreuz von Gott verlassen wär'. Wenn Pessoa den Verlust seiner Aufzeichnungen mit dem Verlust eines Kindes vergleicht, heiligt er den Leser, statt seine Bedeutung zu relativieren.

Abgesehen davon, daß meine Sachbücher einen eigenen Verlag haben, der mich ebenfalls mit einem ersten Leser beschenkt, mag es vorgekommen oder sogar die Regel gewesen sein, daß andere ein Manuskript bereits gelesen hatten, bevor ich es Egon schickte, meine Frau oder ein guter Freund, doch waren sie für mich keine Leser im eigentlichen Sinne, sie gehörten noch zu mir, die Frau, der beste Freund, waren und sind eine Erweiterung des eigenen Bewußtseins. Für sie schreibe ich nicht; als Schriftsteller schreibt man für niemand bestimmten, schon gar nicht für eine Zielgruppe oder auch nur für seine eigene Zeit. Mit dem Verleger – dem Verleger als einem Ideal, für andere Schriftsteller wird ein Lektor diese Funktion haben oder sein Professor am Literaturinstitut oder seine Autorengruppe, wenn es so etwas tatsächlich geben kann – mit dem Verleger, wie Egon einer war, bekommt *der Leser* das erste und eigentlich auch einzige Mal ein Gesicht, eine Stimme, einen Charakter, er bekommt Launen, Prägungen und natürlich auch Schwächen, die der Autor ihm jedesmal zuschreibt, wenn er sich nicht wertgeschätzt fühlt. Denn der Verleger ist nicht nur Anwalt des Autors, er ist zugleich Anwalt des Lesers, er steht genau an der Schwelle, an der ein Buch in die Öffentlichkeit tritt oder eben nicht. Deshalb liest er nicht nur für sich selbst, sondern denkt von der ersten Seite an immer auch all die anderen, unbekannten Leser mit. Er ist der Türsteher, der ein Manuskript dieser anonymen Leserschaft übergibt oder nicht.

Es ist eine existentielle Beziehung, nichts weniger, wenn Schreiben die eine, Verlegen die andere Existenz ist, und sie hat im Falle von Egon und mir alle Insignien einer langen Liebe getragen, von der Verliebtheit am Anfang zum ehelichen Alltag, aber auch den Verrat, die Abwendung und die rechtzeitige Versöhnung, bevor man endgültig zusammen alt wird. Das erste Mal seine Stimme gehört habe ich ungefähr 2001 auf meinem Anrufbeantworter, und während das Band noch lief, auf dem er von meinem *Buch der von Neil Young Getöteten* schwärmte, hatte er sich in Zürich bereits ins Auto gesetzt, um mich in Köln aufzusuchen. Man wird sich ausmalen können, wie erhoben sich ein junger Autor fühlt, der noch kein Werk, jedenfalls kein literarisches Werk, veröffentlicht hat, wenn sich ein renommierter Verleger nach der Lektüre sofort auf den Weg macht, um ihn unter Vertrag zu nehmen. Dieses Gefühl – so lächerlich es sich anhört, wenn man es selbst formuliert – dieses Gefühl, daß das eigene Manuskript, und sei es nur für die Dauer einer Atemwende, das Wichtigste werden kann, was es für einen Leser gibt, das braucht man, das brauche jedenfalls ich, um Stunde um Stunde, über Wochen und Jahre in der Einsamkeit meines Büros den Selbstzweifeln zu widerstehen. Egon hat mir dieses Gefühl seit der ersten Nachricht auf dem Anrufbeantworter gegeben, wenn er auch verschwieg, daß ein Verleger mehr als nur einen Geliebten hat und das Schwärmen zu seinem Berufsbild gehört wie der Narzißmus zu unserem.

Im Verlagskatalog nach hinten zu rutschen oder mitanzusehen, daß der Verlag mit anderen Autoren wirbt, ist nicht nur ein Signal, daß man in der Mischkalkulation nunmehr zu den Verlustgeschäften zählt; bei einem wie Egon, der den Verlag mit seinem Enthusiasmus bestritt, fühlte es sich immer auch an, als würde man den Liebhaber beobachten, wie er nachts an der Bar mit einer anderen knutscht. Zugleich konnte ich mich darauf verlassen – und das macht eine Liebe eben auch aus –, daß er meine Bücher selbst dann noch verlegen würde, wenn niemand sie kauft, aus Treue vermutlich sogar, wenn sie nicht mehr notwendig sind. So bedeutend seine Briefe für mich waren, sosehr schockierte es mich deshalb, daß während der Arbeit an *Dein Name*, auf dessen Proben er anfangs noch voller Zuspruch reagiert hatte, danach über Jahre die Antwort ausblieb. Ich kann mich an einen Besuch in Zürich erinnern, als ich um den Verlag in der Neptunstraße herumschlich wie Hölderlin um Suzettes Haus in Frankfurt. Und warum? In der irren Hoffnung, daß er, der wissen mußte, daß ich in der Stadt war, während das Manuskript bei ihm lag, mich heranwinken würde, um zu rufen, ja, um mich zu umarmen: Das Manuskript sei großartig! Schließlich kam die Antwort doch, so warmherzig wie eh, aber da hatte er schon keinen

Verlag mehr. Als der Liebende, der er in seiner Treulosigkeit blieb, hatte Egon vielleicht gespürt, daß ich mich nicht mehr über die Zweifel beruhigen durfte, wenn ich weiter kommen wollte als bisher. Allerdings bin ich ebenfalls ein Liebender und rede mir seine Untreue vielleicht nur schön.

Die letzte Mail, die er mir schickte, vom 1. Februar 2017, betraf gar kein Buch mehr. Ich hatte mich in der Nacht, als Donald Trump gewählt wurde, zu einer Reihe von politischen Veranstaltungen in Theatern und Schulen entschlossen, aus einem pathetischen Impuls heraus, daß der Vormarsch des Nationalismus, das Ende Europas, die Herrschaft des IS in weiten Teilen Syriens und des Irak und der nächste Krieg, als dessen Schlachtfeld sich bereits Iran abzeichnete, doch aufzuhalten sein müsse, wenn jeder sich mit seinen Mitteln endlich wehrt. Und ich dachte, das Mittel, zu dem ich jetzt greifen müsse, wenn alle Bücher nichts geholfen haben, wäre dann wohl das öffentliche Gespräch. Als das Programm feststand, fünfzehn Veranstaltungen in acht Tagen, kam ich mir längst schon lächerlich vor und bereute es, nicht am Schreibtisch geblieben oder, statt von Podium zu Podium zu jetten, auf eine wirkliche Reise gegangen zu sein, von der Welt zu berichten, statt ebenfalls Meinungen zu produzieren. Egon las keine Bücher mehr, aber er erhielt weiterhin Post, und so auch die Ankündigung der Diskussionsreihe. So gut, wie er mich kannte, ahnte er offenbar, daß mich der Mut schon wieder verlassen hatte, denn er gratulierte mir um so enthusiastischer zu dem «ganz großartigen und in dieser Zeit wichtigen Unternehmen, zu dessen Gelingen ich Dir mit all meiner Kraft Glück wünsche». Er hatte keine Kraft mehr, das wußte ich, und dennoch gab er sie mir. Er selbst schaffe es leider nicht zu kommen, nicht einmal zu der Veranstaltung in Berlin. Aber er könne mein Tun ja sicher in der Presse verfolgen, das sei auch etwas. Und weil das schon ziemlich resigniert klang, rief er mir am Ende zur Sicherheit zu: «Einmal mehr: Chapeau!», und unterzeichnete als «Stets Dein Partisan, Egon». Und da war er wieder, bis in die letzte Mail mit seinem ganz eigenen, schwärmerischen Ton, der uns noch über seinen Tod hinaus über die Verzagtheit hinweghilft.

Der Tod ist die Kurve in der Straße,
Sterben ist nur dem Blick entzogen sein.
Lausch ich, höre ich deine Schritte
Sein, so wie ich bin.

Die Erde ist aus Himmel.
Die Lüge hat keine Bleibe.
Keiner ging je verloren.
Alles ist Wahrheit und Weg.

Danke, Egon, auch im Namen der anderen Autorinnen und Autoren,
deine Partisanen stets: *Tudo é verdade e caminho.*

Zur Eröffnung des XXI. Weltkongresses der Internationalen Gesellschaft für Analytische Psychologie (IAAP) sowie zum fünfundzwanzigjährigen Bestehen der C. G. Jung-Gesellschaft Köln

Wien, Audimax der Universität, 26. August 2019,
und Köln, Wallraff-Richartz-Museum, 4. Oktober 2019

Sehr geehrte Analytikerinnen und Analytiker, meine Damen und Herren,

als Muhyi d-Din Ibn Arabi im Juli oder August des Jahres 1202 Mekka erreichte, war er siebenunddreißig Jahre alt und bereits einer der großen mystischen Führer des Islams. Er war selbstbewußt genug, sich für einen der vier «Ecksteine» zu halten, «auf denen der Aufbau des Universums und des Menschen ruht», und so angesehen, daß man es ihm abnahm. Ein halbes Kind noch, hatte ihn Averroes empfangen, der berühmteste Philosoph der damaligen Welt, und Averroes war bleich geworden, er hatte gezittert, ihm war buchstäblich der Schweiß ausgebrochen, so kühn waren die Antworten des jungen Besuchers gewesen, so selbstsicher dessen Auftreten. Bereits als junger Mann hatte Ibn Arabi sich alles verfügbare Wissen der Zeit angeeignet, einen guten Teil des islamischen Schrifttums mitsamt dem Koran auswendig gelernt und vor allem Tage, Wochen, Monate in der Versenkung verbracht. Nachdem ihn die drei großen geistigen Lehrer des Sufismus, Mose, Jesus und Mohammed, gemeinsam im Traum initiiert hatten, was noch nie vorgekommen war, hatte er seine Heimat Andalusien verlassen, wo die Reconquista in vollem Gange war, und in verschiedenen Städten des Maghreb gepredigt. Er hatte bei allen wichtigen Mystikern des islamischen Westens gelernt und sie als deren Meister wieder verlassen. Ihm waren Visionen zuteil geworden, so klar und spektakulär wie niemandem seit dem Propheten Mohammed selbst, so daß die professionellen Traumdeuter voraussagten, er werde «die höchsten Geheimnisse» enthüllen, «die besonderen Eigenschaften der Sterne und der Buchstaben, die zu seinen Lebzeiten niemand anderem gegeben werden». Auf dem Weg nach Mekka, der «Mutter aller Städte», hatte er in Hebron Station gemacht, wo Abraham und die anderen Patriarchen begraben sind, er hatte in Jerusalem gebetet, der Stadt Davids und der späteren Propheten, hatte in Medina meditiert, wo die letzte Ruhestätte Mohammeds liegt, und so die Himmelsreise des Propheten physisch nachvollzogen, die er aus der inneren Schau bereits kannte. Am Ziel angekommen, umkreiste Ibn Arabi nächtens das «Herz der Welt»: die Kaaba.

Ich empfand einen tiefen Frieden, ein ganz zärtliches Gefühl, dessen ich mir zugleich vollkommen bewußt war. Ich verließ den Bereich direkt am Stein, der mit Fliesen ausgelegt ist, weil das Gedränge dort zu groß war, und setzte die Umkreisung weiter außen auf dem Sand fort. Plötzlich kamen mir einige Verse in den Sinn, die ich gerade so laut aufsagte, daß jemand anders sie hätte hören können, wenn er unmittelbar hinter mir gestanden hätte:

Ach, wüßt ich nur, ob sie wissen, welches Herz sie besitzen.
Und wüßte mein Herz, auf welchem Pfad sie den Berg bestiegen.
Darfst du sie in Sicherheit wähnen oder mußt du an ihre Vernichtung
glauben?
Die Liebenden verirren sich in der Liebe und sind ausgesetzt jeder
Gefahr.

Kaum hatte ich die Verse rezitiert, spürte ich auf meiner Schulter die Berührung einer Hand, weicher als Seide. Ich wandte mich um und erblickte eine junge Frau, eine der Prinzessinnen von Byzanz. Niemals hatte ich ein schöneres Gesicht gesehen, niemals eine sanftere Stimme gehört, niemals ein zärtlicheres Herz gespürt, niemals tiefere Gedanken geteilt, niemals feinsinnigere Gleichnisse vernommen. Alle Menschen unserer Zeit übertraf sie an Geist und Bildung, an Schönheit und Erkenntnis.

Die Begegnung an der Kaaba mit der sinnlich ebenso wie intellektuell anziehenden Nizam bint Makin ad-Din ist der entscheidende Wendepunkt in Ibn Arabis Leben und auch in seinem Werk. Mit dem *Dol-metsch der Sehnsucht, Tardschumân al-awschâq,* widmete er ihr des-halb dreizehn Jahre später einen Band mit Liebeslyrik, der für ihn selbst ganz ungewöhnlich war, auch offen erotisch, und heute zu den berühm-testen Gedichtzyklen der arabischen Literatur gehört. «Wann immer ich einen Namen nenne, ist sie es, die ich rufe», schrieb er im Vorwort über die Adressatin seiner Gedichte. «Welches Haus ich auch erwähne, es ist ihr Haus, das ich meine.» Jeder Muslim denkt bei den Namen, die angerufen werden, an die Namen Gottes, bei dem Haus an das Haus Gottes, die Kaaba. In der jungen Frau erfuhr Ibn Arabi nichts Geringe-res als die Wirklichkeit Gottes selbst. So ist es alles andere als Zufall, daß er bald nach seiner Begegnung mit Nizam mit der Niederschrift seiner vielbändigen *Mekkanischen Offenbarungen* begann, *Al-Futûḥât al-makkîya,* des wichtigsten und jedenfalls einflußreichsten Werks der mystischen, wenn nicht gar der gesamten religiösen Literatur innerhalb des islamischen Kulturkreises. Sie enthalten die Summe der sufischen Erkenntnis und entfalten zugleich einen grundlegend neuen, aufsehen-erregenden Zugang zur göttlichen Wahrheit, die im Islam als gegen-standslos, damit absolut abstrakt gilt, aber im Sufismus vollkommen konkret, an jedem Ort, für jeden Menschen anschaulich werden soll. Nizam, die in Wirklichkeit keine Byzantinerin, sondern Perserin war, Tochter zweier hochgebildeter und vornehmer Mekkapilger aus Isfa-han, – Nizam bint Makin ad-Din war Ibn Arabis Beatrice.

Wir sind es nicht mehr gewohnt, die mystischen Bezüge ernst zu neh-men, die Dante Alighieri seiner Begegnung mit Beatrice zuschrieb. Doch gibt es keinen Grund, daran zu zweifeln, daß er in der verzehren-den Liebe ebenfalls eine tiefe religiöse Erfahrung machte. Für Dante spiegelte Beatrice die Inkarnation Gottes in Jesus Christus wider, mehr noch: Ihre Schönheit wurde für ihn zum Medium, um Gott selbst zu sehen. Nicht anders als Nizam für Ibn Arabi war auch Beatrice für Dante irdische Liebe und zugleich göttliche Offenbarung, Hauptquelle der Inspiration und zugleich Sehnsuchtsobjekt, Muse und zugleich Adressatin. Bedenkt man, daß Dante sehr wahrscheinlich Übersetzun-gen islamischer Himmelsreisen vorlagen, als er *Die Göttliche Komödie* begann, womöglich auch Auszüge eben jenes Berichts, den Ibn Arabi über seine Traumvision verfaßt hatte, wirft die Entsprechung Fragen zum Verhältnis von Orient und Okzident auf, die in unseren Tagen, angesichts der zunehmenden, oft sogar kriegerischen Dichotomie, neu gestellt werden sollten. Noch interessanter als die Gemeinsamkeiten sind allerdings die Unterschiede. Denn, ja: Dante war zuvörderst ein Dichter, kein christlicher Gelehrter; Ibn Arabi hingegen drückte sich zwar wie viele islamische Gelehrte immer wieder auch in Versen aus, galt aber als religiöse Autorität, als ein überragender Kenner des Korans und als *scheich al-akbar*, als der unbestritten «Größte Meister» des Sufismus. Allein der Titel seines Hauptwerks weist auf dessen eminent religiöse Ausrichtung hin, denn weder die Ortsangabe noch die Gattungsbezeichnung sind allegorisch gemeint: Grundlage des Textes sind religiöse Visionen, die vom Autor selbst wie von den meisten seiner Leser als «Offenbarungen» wahrgenommen wurden und an keinem anderen Ort als Mekka geschahen. Innerhalb des Christentums müßte man Ibn Arabi eher mit Meister Eckhart oder Jacob Böhme vergleichen als mit Dante oder Hölderlin, nur daß die Mystik zu keiner Zeit im Zentrum des lateinischen Christentums stand, während der Sufismus bis ins zwanzigste Jahrhundert hinein die breiteste religiöse Bewegung innerhalb des Islams bildete. Er durchdrang nicht nur die Hochkultur, die Literatur, Musik, Architektur und Kunst, sondern ebenso tief die Volksreligiosität. Den sogenannten einfachen Menschen standen die sufischen Lehrer meist näher als die Dogmatiker und Rechtsgelehrten, auf die sich die westliche Erforschung des Islams konzentrierte, und noch in unseren Tagen beten jeden Tag Tausende Menschen am Grab Ibn Arabis in Damaskus; während des Krieges soll der Andrang sogar noch größer gewesen sein, obwohl der Schrein ein logisches Angriffsziel des «Islamischen Staates» war.

Nun bezieht sich die Differenz zwischen Dante und Ibn Arabi auf die Stellung innerhalb ihrer eigenen Religion, also auf die Rezeption. Vielfach beschrieben worden ist die Nähe zueinander, die alle mystischen Traditionen und besonders die christliche und islamische Mystik strukturell aufweisen, so der Verlauf der religiösen Erfahrung und ihre Ausdrucksformen, die Universalität der Heilsbotschaft oder der Typus des närrischen Heiligen. Aber wiederum erscheinen mir die Unterschiede interessanter als die Gemeinsamkeiten, und hier vor allem das Verhältnis zur materiellen Welt. Keiner der bekannten christlichen Mystiker hatte eine Nizam, eine Beatrice. So erotisch ihre Texte oft anmuten – insbesondere die von Mystikerinnen wie Teresa von Avila oder Hildegard von Bingen –, ist das Verhältnis von irdischer zu göttlicher Liebe das einer Analogie, nicht das einer Identität. Zumal die körperliche Vereinigung gilt der christlichen Mystik nicht als Schauplatz, sondern als Bild des mystischen Entwerdens; weder von Teresa noch von Hildegard ist anzunehmen, daß sie einen wirklichen Geliebten hatten, der für sie ein Medium der göttlichen Offenbarung war. Nizam hingegen ist eine reale historische Person, und so, wie Ibn Arabis Liebe zu ihr konstitutiv war für seine religiöse Erfahrung, so hatten auch andere Mystiker des Islams ganz und gar irdische Geliebte, manche von ihnen Frauen, manche von ihnen Männer, die für sie im wahrsten Sinne des Wortes Gott verkörperten. «Denn der religiös Liebende ist Geist ohne Körper und der naturhaft Liebende Körper ohne Geist», heißt es in den *Mekkanischen Offenbarungen*: «Die spirituelle Liebe jedoch umfaßt beides, den Körper *und* den Geist.» Ibn Arabi geht sogar so weit zu schreiben, daß die Unkenntnis der Sexualität geradezu ein religiöser Defekt sei.

Als ich diesen Pfad zuerst betrat, war ich in Gottes ganzer Schöpfung einer der größten Verächter der Frauen und des Geschlechtsverkehrs. In dieser Verfassung blieb ich etwa achtzehn Jahre lang. Diese Ablehnung verließ mich, als ich das überlieferte prophetische Wort kennenlernte, daß Gott die Frauen der Liebe Seines Propheten würdig gemacht habe.

Da Ibn Arabi den mystischen Pfad 1184 betrat und achtzehn Jahre später in Mekka eintraf, wird klar, daß ihm die Bedeutung der körperlichen Liebe tatsächlich erst während der Pilgerschaft aufging. Allerdings ist es unwahrscheinlich, daß er mit der jungen Nizam ein sexuelles Verhältnis hatte, immerhin war sie die religiös hochgebildete Tochter zweier vornehmer und frommer Pilger aus Isfahan, in deren Gasthof Ibn Arabi ein- und ausging. Abgesehen davon, daß Ibn Arabi später selbst bestritt, jemals Nizams Liebhaber gewesen zu sein, erscheint ein heimliches Stelldichein während der Pilgerschaft auch praktisch kaum vorstellbar. Vor allem aber ist bekannt, daß Ibn Arabi just während des ersten Aufenthaltes in Mekka eine andere Frau heiratete, Fatima bint Yunus Amir al-Haramayn. Ihrem Namen nach gehörte sie einer der ehrwürdigsten arabischen Familien an – ihr Vater war Vorsteher der heiligen Stätten in Mekka und Medina, der *ḥaramayn* –, die vermutlich nicht einmal den Verdacht einer Zweitbeziehung zugelassen hätte. Und doch wurde nicht Fatima, sondern Nizam zur exemplarischen Geliebten in Ibn Arabis Werk. Das hängt sicher damit zusammen, daß Liebe in den vormodernen Literaturen mit Symptomen verbunden wurde, die wir heute eher der Verliebtheit zuordnen, Herzrasen, Appetitlosigkeit, Narretei und peinliche Selbstentblößung, während die Ehe eine pragmatische, kaum je besungene Partnerschaft blieb. Erst in der Neuzeit wurde die Liebesheirat zu einem Ideal. So erklärt sich, warum Ibn Arabi in Nizam die göttliche Schönheit sehen, aber Fatima heiraten konnte, die er in seinen Schriften stets liebevoll, aber eher als seine Gefährtin auf dem mystischen Weg erwähnt.

Im Vorwort zum *Dolmetsch der Sehnsucht*, das er nachträglich hinzugefügt hat, betont Ibn Arabi selbst, daß die Liebe zu Nizam eine rein geistige war und entsprechend die körperlichen Ausdrücke nicht wörtlich zu verstehen seien. Vielmehr verkörpere Nizam «eine erhabene und göttliche, wesentliche und heilige Weisheit [im Sinne der griechischen *sophía*], die sich dem Autor dieser Gedichte sichtbar manifestiert hat, und zwar mit solcher Süße, daß ihn Verzückung und Glück überwältigten, Zärtlichkeit und Freude». Das wurde oft defensiv gedeutet, als Folge von Vorwürfen, pornographische Gedichte verfaßt zu haben. Aber deswegen muß die Erklärung nicht falsch sein. In seinen «Offenbarungen» erklärt Ibn Arabi, inwiefern sich Gott zunächst und zumal in der Sexualität offenbare, «der vollkommensten Vereinigung innerhalb der Liebe»; im Laufe des mystischen Pfads aber vollziehe sich die Erkenntnis zunehmend innerhalb der Einbildungskraft, transzendiere mithin die materielle Erfahrung. Es entspräche der eigenen Lehre, daß Ibn Arabi mit Nizam eine Liebesbeziehung geführt hat, ohne sie je zu berühren, nicht weil er die Körperlichkeit abgelehnt hätte – sie bleibt eine Stufe auf dem mystischen Weg, die in seinen theoretischen Schriften detailliert erörtert wird –, sondern weil er ihrer auf dem höchsten Stand seiner geistigen Entwicklung nicht mehr bedurfte.

Man geht gewiß nicht fehl, wenn man hier – den Hinweis verdanke ich meiner guten Freundin, der Philosophin Almut Shulamit Bruckstein – an jüdische Vorstellungen von der Braut denkt, die das sexuelle Begehren ihres irdischen Geliebten ins Unendliche steigert, indem sie die Erfüllung messianisch überhöht. Die Erfüllung der Liebe wäre zugleich *Tikkun Olam* – die Heilung der Welt. Die Braut, mit der die größte Vertraulichkeit ausgesprochen ist, die indes die tatsächliche Vereinigung auf den Moment von *Tikkun Olam* zu verzögern weiß, einen Moment, der zugleich die Heilung der Seele wäre, – das ist Nizam, die im Hohenlied auch Schulamit genannt wird, die Schönste unter den Frauen, deren Brüste wie Trauben am Weinstock sind und deren Nase Duft wie Äpfel ist und deren Gaumen wie guter Wein der Schläfer Lippen reden macht: «Meine Schwester, liebe Braut, du bist ein verschlossener [!] Garten, eine verschlossene [!] Quelle, ein versiegelter [!) Born.» (4,12).

Das Hohelied wird heute in Hörbüchern inszeniert, auf Kirchentagen gefeiert und in Radioandachten aktualisiert, seine freizügige Erotik entspricht eher dem Zeitgeist als, sagen wir, das Verbot der Verhütung. Dabei wird oft übersehen, daß Salomo das Begehren beschwört, jedoch nicht den Vollzug: «Es gibt keinen Geschlechtsverkehr», um es mit dem Psychiater Jacques Lacan zu sagen, dessen Denken gar nicht so rätselhaft ist, wie es immer heißt, wenn man die mystischen Traditionen kennt, in denen er steht: «Die Liebe sublimiert die Abwesenheit des Geschlechtsverkehrs.»

Schon daß Ibn Arabi von Nizam als einer Byzantinerin spricht, einer Christin also, weist auf die religiöse Bedeutung hin, die er der Begegnung an der Kaaba zuschrieb. Denn daß Gott in einem Menschen erscheint, wird in der islamischen Mystik grundsätzlich mit dem Vorbild Jesu Christi in Verbindung gebracht, alle Theophanie wird der «christlichen Sophia» beziehungsweise Weisheit zugeordnet, *al-ḥikma al-ʿisawîya*. Nizam selbst unterstreicht den Vorrang der mystischen, also erfahrenen Wahrheit vor der rationalen Überlegung, als sie vorwurfsvoll Ibn Arabi anspricht:

Mein Herr, wie kommst du nur darauf, zu dichten: «Ach, wüßt ich nur, ob sie wissen, welches Herz sie besitzen.» Ich bin erstaunt, so etwas von dir zu hören, dem großen Mystiker unserer Zeit. Ist nicht alles, was man besitzt, damit auch etwas, was man erkennt? Kann man überhaupt von Besitz sprechen ohne Erkenntnis? Was ich wünsche, ist das tiefere Bewußtsein, das durch Nicht-Sein kundgegeben wird, und der Weg, der aus wahrhaftiger Rede besteht. Wie kann jemand wie du solche Gedanken zulassen?

So, wie die junge Nizam den großen Ibn Arabi für die erste Zeile tadelt, tadelt sie ihn für jede weitere Zeile seines Gedichts. Denn die Fragen, die ihn umtreiben, sind noch Fragen, die sein Verstand stellt. Mystische Erkenntnis hingegen folgt nicht den Gesetzen der Logik, sondern der Liebe. Erst wenn ihm gleichgültig wird, ob er vernichtet oder in Sicherheit sein wird, weil das eine auf das andere hinausläuft, Nichts und Vollkommenheit konvergieren, nähert sich der Mystiker Gott an. Durch die Begegnung mit einem jungen Mädchen lernt Ibn Arabi, daß er sein angelerntes Wissen hinter sich lassen muß, will er die göttliche Wahrheit verstehen. Als er sie beschämt nach ihrem Namen fragt, antwortet sie mit einem weiteren Rätselwort: «Frische der Augen» (*qurrat al-ᶜayn*). Damit spielt sie auf einen Satz des Propheten an, «daß die Frische der Augen im Gebet gegeben wird», meint aber wohl zugleich ihre eigene Schönheit, der sie sich bewußt zu sein scheint. Dann verabschiedet sich die junge Frau und läßt den großen Mystiker seiner Zeit und vielleicht aller Zeiten staunend wie ein Kind zurück. Dreizehn Jahre später dichtet Ibn Arabi im *Dolmetsch der Sehnsucht*:

dreifältig ist die geliebte und gleich
zeitig eins wie die wesenheiten
gottes nur eine sind

Nizam war eine Frau, und sie war für Ibn Arabi mit dem Christentum verbunden, das den dreifaltigen Gott lehrt. Beides ist von tieferer Bedeutung: So patriarchalisch die Verhältnisse waren, in die Ibn Arabi geboren wurde, spielten Frauen – Lehrerinnen, die geliebte Nizam, beide Ehefrauen, die Tochter, seine Schüler, die mehrheitlich Schülerinnen waren – eine prägende Rolle für sein Werk. Gegen den orthodoxen

Mainstream hat er Frauen auch dezidiert für gleichberechtigt in der Religion erklärt und ihnen die Befähigung zugesprochen, den Koran zu deuten, das Gemeinschaftsgebet zu leiten oder von Gott erleuchtet zu sein. Zugleich hat ihn kein anderer Prophet angeleitet und inspiriert wie Jesus Christus. Und beides hängt zusammen: Denn mit der Barmherzigkeit, mit der Schönheit und mit der Befähigung, Tote zu erwekken, also Leben zu schenken, repräsentiert Jesus das weibliche Prinzip Gottes, das Ibn Arabi wie kein anderer islamischer Mystiker betont hat. So heißt es im *Dolmetsch der Sehnsucht* über Nizam:

mag sie mit ihren blicken töten
schenkt doch wie Jesus sie
mit ihren worten das leben

die tafel ihrer schenkel sie
schimmern ist ihre thora
ich studier rezitier sie
als wäre ich Mose

unter den töchtern
Roms ist bischöfin sie
ihres rufes lichter
sähst du sie nackt
funkeln auf ihr

scheu ist sie ohne gefährte
zur andacht in ihrer klause
dient ihr ein sarkophag

sie entthront die gelehrten
unseres glaubens die Davids
kirchenväter und priester

läßt auf den wink
die bibel sie bringen
hältst du für diakonin
patriarchin geistliche sie

Sehr geehrte Analytikerinnen und Analytiker, als Kenner, wenn nicht Anhänger der Lehren C. G. Jungs werden ihnen längst die Ohren klingen: hier das weibliche Prinzip, das Jung Anima nannte und grundlegend für jede seelische Regung hielt, dort die Menschwerdung Gottes als ein Paradigma, das in der menschlichen Psyche als Beziehung zwischen dem Selbst und dem Ich angelegt sei. Bei Ibn Arabi verbinden sich Anima und Christussymbol: Gott erschien ihm an der Kaaba nicht allgemein in Gestalt eines Menschen, sondern in Gestalt einer Frau und Christin. Die Verschränkung beider Typen ist dem Christentum keineswegs fremd, wie frühe Darstellungen bezeugen, auf denen der Erlöser verstörend weibliche Züge trägt, und gerade C. G. Jung hat auf die Androgynie Christi hingewiesen: Sie sei «die äußerste Konzession der Kirche an die Gegensatzproblematik». Daß religiöse wie übrigens auch ästhetische Erkenntnis sich, da sie nun einmal nicht diskursiv ist, jeder direkten Benennung entzieht und daher nur verschleiert ausgedrückt werden kann, in Bildern, in Gleichnissen, als Paradox oder durch die Negation, läßt sich in allen religiösen und speziell den mystischen Traditionen der Welt beobachten, am bekanntesten wohl in taoistischen Formeln wie: «Der Weg, der begangen werden kann, ist nicht der wahre Weg.» Die sufische Literatur ist voll von paradoxen Ausdrücken wie dem schwarzen Licht oder der Farbe des Wassers, und Ibn Arabi selbst spricht von Gott als der «Totalität der Namen, die einander widersprechen». Folgerichtig besingt er im *Dolmetsch der Sehnsucht* die schöne, gottgleiche Nizam ein ums andere Mal als Vereinigung der Gegensätze:

die sonne hat von ihr die blässe
die nacht von ihr das haar
sonne und nacht in einem
der herrlichste anblick

mitten in der nacht
macht sie uns hellichten tag
mitten am mittag
herrscht ihre nacht aus haar.

«Die Zusammenführung von Gegenteilen ist rational unmöglich», kommentiert Ibn Arabi selbst das Bild der helldunklen Nizam und zitiert den frühislamischen Mystiker Abu Saíd al-Charraz, der gefragt wurde, wie er Gott erkannt habe.

So wie Gott die Gegensätze zusammenführte in Seiner erhabenen Aussage: «Er ist der Erste und Letzte, der Offenkundige und Verborgene», und zwar stets gleichzeitig und zu gleichen Teilen, nicht abwechselnd oder unter verschiedenen Gesichtspunkten, wie es der Scholastiker behaupten würde, der mit seinem Begriffsvermögen beschäftigt ist und das Wahre in Kategorien aufteilt.

Weil der Eine und Ewige sich notwendig in der Mannigfaltigkeit, Zeitlichkeit und eben auch Widersprüchlichkeit der menschlichen Erfahrung offenbart, täuschen sich diejenigen, so schreibt Ibn Arabi in den *Mekkanischen Offenbarungen*, die Gott nur in einer bestimmten Form, in ihrer eigenen Wahrheit, in einer beschränkten Zeit oder nur in einem einzigen Glauben anerkennen. Vielmehr gelte es, die göttliche Wahrheit in den verschiedenen Religionen, ja in allen Erscheinungen, der Sexualität, der Zivilisation, selbst in den alltäglichen Erfahrungen, den gewöhnlichsten Gegenständen und noch in der Häresie anzunehmen, wie es in einem weiteren, dem wohl berühmtesten Gedicht des *Dolmetsch* heißt:

mein herz ist fähig alle formen
anzunehmen weide
für gazellen für mönche ein kloster

ein tempel für heiden für pilger
die kaaba der tora tafeln
und blätter aus dem koran

ich bekenne die religion der liebe gleich
wohin ihre karawane mich führt die liebe
ist mein glaube meine religion

Man wundert sich, daß C. G. Jung Ibn Arabi nicht kannte, als er die Frage stellte, ob nicht auch das eine Entscheidung sein könnte, zu glauben, «daß Gott sich in vielen Sprachen und vielen Erscheinungsweisen ausgedrückt habe und daß all diese Aussagen *wahr* sind». Aber dann wundert man sich auch wiederum nicht, denn Jung formuliert eine Erkenntnis, die allen Religionen zugrunde liegt, selbst dem Christentum, ob es auch Exklusivität beansprucht wie keine andere Religion. Ich zitiere aus seinem Buch über *Psychologie und Alchemie*:

Der namentlich von christlicher Seite erhobene Einwand, daß doch unmöglich die allerwidersprechendsten Aussagen wahr sein können, muß sich die höfliche Anfrage gefallen lassen: Ist eins = drei? Wie kann drei eins sein? Kann eine Mutter Jungfrau sein? Und so weiter. Hat man denn noch nicht bemerkt, daß alle religiösen Aussagen logische Widersprüche und prinzipiell unmögliche Behauptungen enthalten, ja, daß das sogar das Wesen der religiösen Behauptung ausmacht? Dafür haben wir das Bekenntnis Tertullians: «Und gestorben ist Gottes Sohn, was geradezu glaubhaft ist, weil es ungereimt ist. Und begraben ist er auferstanden; das ist gewiß, weil es unmöglich ist.» Wenn das Christentum zum Glauben an solche Widersprüche auffordert, so kann es doch, wie mir scheint, den nicht verwerfen, der noch ein paar weitere Paradoxien gelten läßt. Die Paradoxie gehört sonderbarerweise zum höchsten geistigen Gut; die Eindeutigkeit aber ist ein Zeichen von Schwäche. Darum verarmt eine Religion innerlich, wenn sie ihre Paradoxien verliert oder vermindert; deren Vermehrung bereichert, denn nur das Paradoxe vermag die Fülle des Lebens annähernd zu fassen, die Eindeutigkeit und das Widerspruchslose aber sind einseitig und darum ungeeignet, das Unerfaßliche auszudrücken.

Auch an dieser Stelle übergehe ich die Schlüsse, die sich aus dem religionswissenschaftlichen Befund für heutige Debatten ergeben: daß nicht nur die Religionen, sondern ebenso die Gesellschaften verarmen, die Kulturen, Literaturen und Identitäten, die auf Eindeutigkeit aus sind. Aber erinnern möchte man diejenigen doch, die den Islam öffentlich vertreten oder über ihn urteilen, daß für einen der größten, vielleicht den größten Gelehrten der islamischen Geistesgeschichte in Übereinstimmung mit der Tradition und gestützt auf viele Verse des Korans Gott sich just in der Vielfalt und Widersprüchlichkeit offenbart. Heißt es nicht in einem Hadith qudsi, einem außerkoranischen Gotteswort des Islams: «Ich stimme der Ansicht zu, die mein Gläubiger von mir hat»? Und sagte der Prophet nicht, daß die Wege zu Gott so zahlreich seien wie die Atemzüge eines Menschen? Für Ibn Arabi ist die rationale Unvereinbarkeit der Gotteserfahrungen und Gottesbilder in ihrer Ganzheit eben Gott, dessen Wirklichkeit den menschlichen Verstand übersteigt:

> Dies erklärt, warum uns in unserer allumfassenden Religion abverlangt wird, Glauben an die Wahrheit aller Religionen zu haben. Sie werden nicht durch Aufhebung zunichte gemacht – dies wäre die Meinung der Unwissenden.

Indem er gerade die Unterschiedlichkeit der Glaubensformen in Beziehung zur Einheit Gottes setzt, löst Ibn Arabi nicht allein die Unvereinbarkeit von Monotheismus und Polytheismus auf und erkennt auch jene Religionen an, die der orthodoxe Islam für heidnisch hält; er geht so weit zu lehren, daß der Glaube eines jeden einzelnen Menschen eine einzigartige Anordnung von unbegrenzten Bewußtseinsmöglichkeiten sei, die in ihrer Gesamtheit auf Gott zurückgehen.

> Jeder Gottsucher unterliegt der beherrschenden Eigenschaft von einem von Gottes Namen. Dieser Name enthüllt sich für ihn und macht die göttliche Selbstenthüllung zu einem eigenen, individuellen Glauben.

Paradigmatisch für diese Selbstenthüllung und zugleich für das ultimative Paradox ist in Ibn Arabis religiöser Anschauung Jesus Christus: Gott als das Abstrakte, Allumfassende, Einzige wird nur in der Konkretion, Besonderheit und damit Verschiedenheit erfahrbar und beschreibbar – Gott, Mensch und ihre Vereinigung. Noch Hegels Phänomenologie und der Marxismus haben diese Trinität als Dialektik aufgenommen, die ebenfalls von einem Weltgeist vorangetrieben werden muß oder, säkularisiert, von der List der Vernunft. Aus den Brüdern im Chor von Beethovens neunter Symphonie, die noch die gemeinsame Genealogie aller Menschen, damit das monotheistische

Erbe der Aufklärung aufnahmen, wurden in der sozialistischen Rhetorik Genossen, die durch ihre Parteimitgliedschaft, damit durch einen Willensakt, verbunden sind. Demnächst werden dann die Mensch*innen der Sprache vollends die Schönheit austreiben, indem sie sie für den immer schon guten Zweck instrumentalisieren. Die Trinität ist aber auch die grundlegende Struktur nicht nur menschlicher, sondern jedweder Entwicklung auf Erden: Mann, Frau und ihre Liebe, die sie zu Schöpfern macht. Nicht nur zwei Zellen, sondern auch ihr Drang, sich zu befruchten. So schreibt Ibn Arabi:

> Nichts entsteht aus einem allein. Die erste wirkliche Zahl ist deshalb die zwei. Und nichts entsteht aus zweien, wenn es nicht etwas Drittes gibt, das sie vereinigt und aufeinander bezieht.

Insofern Gott sich in Jesus inkarniert, muß dieser wiederum in sich alle Gegensätze vereinen, ein Mann sein, der weibliche Züge trägt, ein Kind sein mit allen Insignien des Herrn, anziehend schön sein und zugleich abweisend streng – in seiner Vollkommenheit ein Paradigma für alle Menschen, die Gottes Ebenbilder sind. Er ist Mariens Sohn, aber in seiner Göttlichkeit zugleich ihr Schöpfer, so wie auch der heilige Bernhard im letzten Gesang der *Göttlichen Komödie* die Gottesmutter als «Tochter deines Sohnes» anbetet und auf vielen alten Darstellungen Maria jünger als ihr Sohn gemalt ist. Bereits in der Offenbarung des Johannes ist Jesus Christus eine *complexio oppositorum*, etwa im paradoxen Bild des zornigen Lammes. C. G. Jung hat Christus in eben diesem umfassenden Sinne gedeutet, der nur noch wenigen Christen bewußt ist, als das neben der Gestalt des Buddha am höchsten entwickelte und differenzierte Symbol des Selbst. Das Symbol setzt das Bewußtsein des einzelnen Menschen in einen sinnvollen Zusammenhang mit der Außenwelt, ohne dieser das Rätselhafte, Willkürliche zu nehmen: Der Gläubige hört das göttliche Wort «Siehe, es war gut», er hält es für wahr, obwohl es seiner Erfahrung widerspricht, daß die Welt eingerichtet sei ohne auch nur die Spur eines Makels. Auf der höchsten Stufe klagt er wie Hiob Gott an und hält dennoch an Ihm fest. Die Steigerung kann nur noch Gott selbst sein, der ein leidender Mensch wird.

Man müßte schon blind sein, bemerkt C. G. Jung in der *Antwort auf Hiob*, einer der tiefsinnigsten religiösen Studien des zwanzigsten Jahrhunderts, – man müßte blind sein, wenn man das grelle Licht nicht sähe, das vom Berg Golgatha auf den göttlichen Charakter fällt. Daß ein Vater seinen eigenen Sohn opfert – eine grauenhafte Vorstellung für jeden von uns, die uns auch in der Geschichte Abrahams zutiefst verstört – widerlege das Gerede von Gott als Summum Bonum. So, wie der Mensch die Welt in ihrem Schrecken *und* ihrer Schönheit erlebt, ohne daß das eine das andere aufhebt, als Gnade in der Verzückung, als Strafe in der Bedrängnis, so vervollständigt die Furchtbarkeit Christi in der Apokalypse die Liebe des Bergpredigers. Das heißt, gerade in der Widersprüchlichkeit des Gottesbildes entspricht die Bibel der Wirklichkeit. Überhaupt werden die Heiligen Schriften nicht als göttlich wahrgenommen, weil sie Übersinnliches beschwören, also Dinge außerhalb der Realität, sondern gerade umgekehrt: weil sie die sinnliche Erfahrung in ihrer Totalität erfassen. Göttlich, so könnte man es mit einem weiteren Paradox formulieren, göttlich ist die Bibel im Extrem, in dem sie menschlich ist. Denn Hiobs Drama und Jesu Vollendung spielen sich nicht allein in der Geschichte ab, der wirklichen oder der Heilsgeschichte. Sie spielen sich in jedem von uns selbst ab.

Erlauben Sie mir, sehr geehrte Analytikerinnen und Analytiker, meine Damen und Herren, an dieser Stelle einen weiteren guten Freund anzuführen, den Philosophen Carl Hegemann, der viele Jahre Chefdramaturg an der Berliner Volksbühne war. In seinem Buch über *Identität und Selbst-Zerstörung* definiert Hegemann das Drama im Theater grundsätzlich als Folge paradoxaler Bedingungen, denen der Mensch notwendig ausgesetzt sei. Die folgenden Sätze, wiewohl aufs Bewußtsein gemünzt, lassen sich ebensogut theologisch auf Hiob beziehen, der sich gegen den Gott auflehnt, an den er glaubt:

> Das Bewußtsein erfährt sich selbst im Unterschied zur Welt nur, wenn diese Welt bestimmenden Einfluß auf es hat und wenn es sich diesem Einfluß nicht unterwirft, sondern sich dagegen sträubt oder auflehnt. Wenn es gegen die Unterdrückung angeht, ohne deren Notwendigkeit in Frage stellen zu können. In dem Moment, wo solches passiert, regt sich Selbst-

bewußtsein als Druckschmerz oder als eine Reibung am Fremden, das dem Eigenen widersteht. Dieses Gefühl des Widerstands von außen ist konstitutiv für das Subjekt und kann nicht abgeschafft werden – obwohl wir die ganze Zeit an der Beseitigung dieses Widerstands arbeiten, und zwar notwendig; im Theater genauso wie in der Welt. Wir müssen das, was uns entgegensteht, auch akzeptieren, denn ohne es gäbe es uns nicht als unserer selbst bewußte Wesen.

Wenn das Evangelium etwas völlig Neues, Unerhörtes gewesen wäre, dann hätte es sich kaum so schnell ausgebreitet. Tatsächlich korrespondierte es mit den psychischen Bedingungen des antiken Menschen; es machte den jenseitigen und verborgenen Gott, der im Judentum bereits bekannt war, in der menschlichen Gestalt Christi anschaubar. Hierfür ging das Christentum noch über die paganen Religionen hinaus, in denen sich Gott lediglich in Tier- oder Menschengestalt manifestiert, und ebenso über das Judentum, das zwar in Gestalten wie dem Menschensohn eine Gottwerdung von Menschen kennt, aber keine Menschwerdung Gottes. Erst die Inkarnation machte die Aussage möglich, daß Christus in dem Menschen wohnt, der an ihn glaubt. Es handelt sich dabei, wie C. G. Jung bemerkt, psychologisch um das gleiche Verhältnis, das in der indischen Anschauung zwischen dem Atman und dem einzelnen Bewußtsein besteht, hier das Selbst als Totalität der Psyche, die das Unbewußte bis hin zu kollektiven, vorgeburtlichen und mythischen Bindungen einschließt, dort das Ich, das lediglich das individuelle Bewußtsein und dessen vorübergehende Inhalte repräsentiert. Und es ist keineswegs wahrscheinlich, so fährt Jung fort, daß diese Verbindung zwischen dem allgemeinen Seinsgrund und dem Individuum, die in der psychischen Struktur angelegt sei, mit dem Christentum abreißt. Christus selbst versichert seinen Jüngern, immer gegenwärtig, ja, in ihnen zu sein; und als würde das nicht genügen, verspricht er ihnen, an seiner Statt einen Parakleten, also Anwalt oder Rechtsbeistand, zu senden. Die Juden wiederum, die ihm vorwerfen, er mache sich zu einem Gott, erinnert Jesus an Psalm 82,6, in dem Gott ihnen gesagt habe: «Ihr seid Götter.»

In der islamischen Mystik steht Jesus deshalb nicht so sehr für den einmaligen Vorgang der Menschwerdung Gottes, sondern umgekehrt für das Potential des Menschen – eines jeden Menschen! –, die Göttlichkeit zu entfalten, die in seiner Natur liegt. Jesus ist das Vorbild eines Heiligen, der so vollständig von Gott erfüllt ist, daß er wie der Mystiker al-Halladsch in der Ekstase ausruft: «Ich bin Gott!» Aber Jesus ist nicht nur das einmalige Vorbild der Heiligen – als «Stirb und werde!» wird die Inkarnation zum Modell für die Erkenntnis schlechthin. Ibn Arabi erweitert den Gedanken einer fortlaufenden, mit dem Kreuzestod nicht abgeschlossenen Offenbarung, indem er ihn auf jeden einzelnen Augenblick des Lebens bezieht und die Schöpfung mit jedem Atemzuge erneuert sieht. Schließlich ist im arabischen Wort *rûh*, das für «Geist» steht, wie im indischen *atman* das Wort «Atem» mitgesagt, und so hat jeder Mensch einen heiligen Geist, der ihn mit Gott verbindet. Jeder Mensch atmet mit jedem Zug «den Atem des Barmherzigen», *an-nafas ar-rahmâni*, ein und wieder aus. Ibn Arabi schreibt:

> Der Mensch gibt sich nicht Rechenschaft darüber, daß er bei jedem Atemzuge nicht ist und alsdann wieder ist. Und wenn ich «alsdann» sage, so meine ich damit keinen zeitlichen Abstand, sondern eine rein logische Abfolge. Bei der «Neuerschaffung in jedem Atemzuge» fällt der Augenblick der Entwerdung mit dem Augenblicke der Erschaffung eines Ebenbildes zusammen.

Denn nach biblischer wie koranischer Lehre offenbart sich Gott nicht nur in den Propheten; er ist sichtbar in allen Geschöpfen und Naturerscheinungen. Ibn Arabi erinnert in diesem Zusammenhang an die Angewohnheit des Propheten Mohammed, sich barhäuptig ins Freie zu stellen, sobald es regnete, und der Prophet soll vom Regen gesagt haben, dieser komme taufrisch von seinem Herrn. «Gibt es etwas Lichtvolleres, Erhabeneres und Klareres?» fragt Ibn Arabi. «So hat den edelsten der Menschen der Regen mit seiner Nachbarschaft zu seinem Herrn verzaubert; der Regen war gleichsam der himmlische Bote, der ihm göttliche Eingebung überbrachte.»

Man könnte einwenden, daß Gott auf die Ebene der Menschen und Dinge herabgezogen wird, wenn man ihn in jeder Seele, im Regentropfen oder eben im Geschlechtsakt sieht. Aber aus Sicht des Mystikers ist es genau umgekehrt: Die Menschen und Dinge gehen in Gott auf, sobald der Gläubige, um die berühmte Formulierung Hölderlins aus dem *Hyperion* aufzunehmen, eins ist mit allem, was lebt. Die Einheit des Seins, *waḥdat al-woğûd*, die aller Existenz zugrundeliegt, ist ein Kernbegriff der Lehre Ibn Arabis. Oder um es mit C. G. Jung zu sagen:

> Man hat mir «Vergottung der Seele» vorgeworfen. Nicht ich – Gott selbst hat sie vergottet.

Wohlgemerkt ging es C. G. Jung nicht darum, Gott zu beweisen. Schon gar nicht ging es ihm darum, die eine über die andere Religion zu stellen. Vielmehr deckte er die religiöse Struktur der Psyche auf, die unabhängig von bestimmten Glaubensformen existiert, auch unabhängig davon, ob der einzelne Mensch glaubt. Auch der Atheist ist allein schon durch Geburt und Tod mit Situationen konfrontiert, die über seine irdische Existenz hinausweisen. Selbst wenn er das Schicksalhafte mit Begriffen wie «Zufall» oder «Nichts» rational erklärt, verhält er sich dazu. «Die Kompetenz der Psychologie als Erfahrungswissenschaft geht nur so weit, festzustellen, ob der in der Seele gefundene Typus aufgrund vergleichender Forschung billigerweise zum Beispiel als ein ‹Gottesbild› bezeichnet werden darf oder nicht», schreibt Jung in *Psychologie und Religion*: «Über eine mögliche Existenz Gottes ist damit weder positiv oder negativ etwas ausgesagt, sowenig als der Archetypus des ‹Helden› das Vorhandensein eines solchen setzt.»

Gleichwohl verändert sich natürlich der Bezug zur Welt wie zu den Mitmenschen, wenn man sie in ihrer Beziehung zu Gott sieht. Die religiöse Einstellung, so Jung, könne zwar nicht die Existenz Gottes beweisen, aber aus psychotherapeutischer Sicht helfe sie dem Menschen, das Leben zu bejahen, und trage bei vielen seiner Patienten zur Gesundung bei. Ibn Arabi berichtet in den *Mekkanischen Offenbarungen*, wie er als junger, bereits angesehener Gelehrter einmal einen Korb voller verwesender, schrecklich stinkender Fische über den Markt trug. Seine Gefährten glaubten, er trage den Korb aus Buße oder weil er seine Seele läutern wolle durch einen unangenehmen und zudem peinlichen Dienst, der seinem sozialen Status nicht entsprach. «Nein», widersprach Ibn Arabi, «das war nicht meine Absicht. Es war einfach so, daß ich Gott sah, der sich trotz Seiner Größe nicht zu schade war, diese Wesen zu erschaffen. Wie sollte ich mir dann zu schade sein, sie zu tragen?»

Das Christentum hat den Gedanken, daß die göttliche Einwohnung sich fortlaufend erneuert, im Pfingstwunder institutionalisiert: Es ist die Kirche, welcher der Heilige Geist einwohnt, es müssen zwei oder drei in Christi Namen versammelt sind, da ist Er mitten unter ihnen. Mit der Etablierung der Kirche ist die Einwohnung der persönlichen Glaubenserfahrung weitgehend entzogen, und das konnte vielleicht gar nicht anders sein: Denn die Kirche mußte, um Gestalt anzunehmen, die Einmaligkeit der Offenbarung Gottes in Jesus Christus betonen, um das Monopol auf das Erlösungswerk zu behaupten, sonst hätte sich Jesu Botschaft vermutlich in vielerlei Sekten aufgelöst. Erhalten hat sich die Vorstellung, daß der göttliche Geist unmittelbar in jedem Menschen wirken kann, in der Gnosis, in den asiatischen und paganen Glaubenstraditionen natürlich, in der jüdischen Mystik und mit dezidiert christlicher Konnotation auch im Sufismus. Und es haben, wie man weiß, durchaus auch Impulse aus dem Islam dazu beigetragen, daß sich innerhalb des Christentums ebenfalls eine Mystik herausbilden konnte – Meister Eckhart knüpfte an die arabische Philosophie an, Mechthild von Magdeburg hätte kaum eine Erotik des Betens entwickelt, wenn die erotische Gottesliebe der Sufis und überhaupt das Motiv der romantischen Liebe sich nicht im 11. Jahrhundert von Andalus aus mit den Troubadouren in Europa verbreitet hätte. In den späten Christus-Hymnen Friedrich Hölderlins, der ebenfalls stark von der christlichen Mystik geprägt war, kehrt denn auch Jesus als ein Halbgott wieder, der in einer Reihe mit den menschgewordenen Göttern der Antike, aber auch mit dem Dichter Empedokles steht:

Ich allein
War Gott, und sprachs im frechen Stolz heraus.

So ist die Inkarnation als zentrales Ereignis dem Christentum einerseits eigentümlich und bringt das Kreuz die Einmaligkeit des Heilsgeschehens zum Ausdruck; zugleich aber liegt just in der Universalität seines Kernmotivs die Stärke und Geltungskraft des Christentums, denn die

Menschwerdung Gottes in ihrem Verlauf von der jungfräulichen Geburt bis hin zum Kreuzestod vermag eine allgemein menschliche Erfahrung in ihrer Widersprüchlichkeit zu erfassen wie keine Theorie. Es ist die Erfahrung eines jeden Kindes, das aus dem Mutterbauch gepreßt worden ist. Es trennt seine jetzige noch nicht von der vorherigen Welt. Es kennt kein Ich, solange es noch kein Du kennt. Es erlebt sich noch nicht als Junge oder Mädchen. Es erlebt seine Eltern und vor allem die Mutter zunächst als unbestimmte, allmächtige, dabei wohltuende Kraft. Es schreit, wenn es hungert, wenn es Schmerzen hat oder sich ängstigt, weil es allein ist. Bald schon lächelt es, wenn es in den Arm genommen und liebkost wird. Es fürchtet sich, wenn es ausgeschimpft oder bestraft wird. Es lernt die Namen erst. Es wächst heran und wird selbst die Mutter, der Vater, die es für Gott hielt. Es wird alt, es zerfällt und wird spätestens mit dem Tod so hilflos, aber auch so einsam wie als neugeborenes Kind. Gott hat im Christentum eine sehr menschliche Biographie. C. G. Jung erinnert daran, daß Religion vor allem im Westen im Widerspruch mit der Wissenschaft steht. In den meisten anderen Kulturen wird sie als Weisheit verstanden, die die Empirie deutet und im Einklang mit ihr ist. Tatsächlich sei aus psychologischer Sicht die Annahme unsichtbarer Götter oder Dämonen, die unvermittelt ins Leben eingreifen, die viel überzeugendere Formulierung für das Unbewußte, als es nur passiv mit der Abwesenheit des Bewußten zu erklären. Jung schreibt:

Die Theorie muß die gefühlsmäßigen Werte der Erfahrung vernachlässigen. Das Dogma ist im Gegenteil höchst ausdrucksvoll gerade in dieser Hinsicht. Eine wissenschaftliche Theorie wird bald von einer anderen überholt. Das Dogma dauert ungezählte Jahrhunderte. Der leidende Gott-Mensch dürfte mindestens fünftausend Jahre alt sein, und die Trinität ist wahrscheinlich sogar noch älter.

Das Dogma drückt die Seele vollständiger aus als eine wissenschaftliche Theorie, denn lediglich das Bewußtsein formuliert eine solche. Überdies kann eine Theorie nichts weiter, als etwas Lebendiges durch abstrakte Begriffe darstellen. Das Dogma dagegen drückt den lebendigen Prozeß des Unbewußten passend aus in der Form des Dramas von Sünde, Buße, Opfer und Erlösung.

Das Christentum hat der Menschwerdung Gottes, die jedem individuellen Bewußtsein umgekehrt als Gotterfahrung und auch dem Atheisten als Erleben eines nicht ichhaften Elements zugänglich ist, als jenes ozeanische Gefühl, das selbst Freud dem menschlichen Bewußtsein in der Verzückung zugesteht – das Christentum hat einer anthropologischen Erfahrung von Leiden, Liebe und Transzendenz mit dem Kreuz einen so gültigen, einnehmenden, unwiderstehlichen und überzeugenden Ausdruck gegeben, daß er sich bis heute gegen jede rationale Plausibilität behauptet und der Gottmensch selbst innerhalb des Islams mit Jesus in Verbindung gebracht wird. Allerdings assoziiert Ibn Arabi die geliebte Nizam, in der sich eine höhere Wirklichkeit offenbart, nicht nur mit dem Christentum. Sie ist eben auch eine höchst anziehende junge Frau, wie der *Dolmetsch der Sehnsucht* bezeugt, den ich hier übrigens in der Übersetzung eines weiteren Freundes, des Orientalisten Stefan Weidner, zitiere.

sanft reicht sie ihre hand
wie rohe seide mit düften
von moschus darüber zerstäubt

und schaut sie
so schaut sie mit rehkitz
augen der schminke schwarz
verdankt sich ihren augen

geschminkt mit flirt
und tötungszauber
geschmückt mit irrsal
irrer schönheit

die schlanke liebt nicht was ich lieb
und sie gab das ehren
wort das hält sie nicht

ihr haar kroch ihr
wie eine schwarze schlange nach
jeden zu schrecken
der dieser schwärze folgt

ich fürchte nicht den tod
bei gott ich fürchte nur
am tag danach sie dann
nicht mehr zu sehen.

Für Ibn Arabi, der mehr weibliche als männliche Lehrmeister hatte,
ist die Anschauung Gottes, die sich für den Menschen notwendig in
konkreten irdischen Erfahrungen vermittele – der Natur, der Liebe,
des Traumgesichts und am stärksten in der Sexualität –, in der Frau
die vollkommenste. Denn in der Frau verkörpern sich beide Aspekte
des Göttlichen, das Passive und das Schöpferische, Empfängnis und
Gebären, *patiens* und *agens*, *anima* und *animus*. Hingegen der Mann
werde geboren, gebäre jedoch nicht. Das bedeutet, daß Ibn Arabi
Gott ausdrücklich auch das Passive, Weibliche, Rezeptive zuspricht
und dessen Verhältnis zum Menschen als ein wechselseitiges begreift,
bei dem wir auf Ihn, aber Er ebenso auf unsre Liebe angewiesen ist.
«Tadle mich nicht, wenn ich Gott Braut nenne», weiß Ibn Arabi
selbst um das Provokante seiner Lehre innerhalb des Islams und besteht entgegen der gewöhnlichen Sprechweise auch im Arabischen
darauf, daß Gott beide Geschlechter vereinigt oder umgekehrt ge-
schlechtslos ist.

Sehr geehrte Analytikerinnen und Analytiker, meine Damen und Herren, bekanntlich entzündete sich das Zerwürfnis zwischen C. G. Jung
und seinem Lehrmeister Sigmund Freud nicht zuletzt an der Frage der
Libido. Bei dem Schweizer Pfarrerssohn – und ich glaube durchaus,
daß die unterschiedliche religiöse und kulturelle Herkunft in den Dissens hineinspielte – ist das erotische Begehren im Vergleich zu Freud
eine ausgesprochene Leerstelle, und so gut Ibn Arabi ein Bürge wäre
für Jungs ganzheitliche Sicht auf die Seele, so sehr bestätigt der arabische Mystiker andererseits auch Freud, der das Moment der Sexualität
das «Schibboleth» seiner Schule nannte, also ihr Erkennungszeichen
oder Losungswort. Es ist gewiß kein Zufall, daß Freud hier ein hebrä-
isches Wort verwendet, nicht nur weil er ebenso wie fast alle seiner
Schüler außer Jung Jude war.

Almut Bruckstein, die ich bereits anführte, verdanke ich in diesem

Zusammenhang noch einen weiteren bemerkenswerten Gedanken: Sie sieht das Motiv der göttlich Geliebten bei Freud bis in die Form der analytischen Sitzung weitergeführt. Shulamit beziehungsweise Nizam wären dann die Figur des Analytikers selbst, der außerhalb des Blickfelds des Patienten sitzt – der Unsichtbare, auf den sich das Verlangen richtet. Das sexuelle Begehren fließt ein in den analytischen Prozeß. Und wo Ibn Arabi im *Dolmetsch der Sehnsucht* nicht trotz, sondern gerade wegen der Intensität der Liebe bei der Vorstellung von der Vereinigung bleibt, behält Freud in gewisser Weise doch recht. Er denkt jüdisch: Das Messianische ist ein Aufschub der Erfüllung. Und er hat es, wenn ich dem Gedanken Almut Brucksteins weiter folge, mitten in den psychoanalytischen Raum gestellt: Die Couch des Patienten ist das Lager des Liebhabers im Hohenlied, das Bett Ibn Arabis, der Nizam körperlos begehrt, ist der Ort, an dem das Begehren in der Sprache sublimiert wird, weil die Erfüllung aussteht. «Es scheint mir durchaus kein Widerspruch zu sein, daß ich Gott in den Geschöpfen liebe, denn damit verbinden sich die beiden gegensätzlichen Wirklichkeiten», heißt es in den *Mekkanischen Offenbarungen*:

Wo sich Gott enthüllt, sieht der Betrachter [der Betrachter!] sich im Gegenüber. Er sieht in der Frau sich selbst, und seine Liebe und ihre Anziehung steigern sich um so mehr, als sein eigenes Selbst in ihr Gestalt annimmt. Wir haben dir bereits erklärt, daß dies die Gestalt des Wahrhaftigen ist, durch die Gott ins Dasein gelangt. Also sieht der Liebende nichts als das wahrhaftige Sein, aber mit einer brennenden, unbezwingbaren Sehnsucht und mit dem Genuß der körperlichen Ekstase. Er geht in der Geliebten auf in höchster Verzückung. Nicht nur ihre Körper, ihre Wesen begegnen sich in vollständiger Harmonie. Er verschwindet in ihr. Es gibt nichts an ihm, was nicht sie wäre. Er ist von oben bis unten von Liebe durchflutet, sein ganzes Sein ist verbunden mit ihr. So löst er sich schließlich vollständig in ihr auf, wie es nicht möglich wäre in einer Liebe zu etwas, das nicht er selbst ist. Er wird eins mit der Geliebten, so daß er sagt: «Ich bin die, die ich begehre, und wer mich begehrt, bin ich selbst.» Am höchsten Punkt ruft er aus: «Ich bin Gott!»

Nun folgte Sigmund Freud einem ausgesprochen patriarchalischen Konzept des Gottvaters, und sein Widerstand gegen religiöse Überzeugungen speiste sich aus seiner generellen Ablehnung von Abhängigkeit und Passivität, die er geradezu klischeehaft mit Weiblichkeit assoziierte. In seiner Abwertung des Weiblichen fiel er noch hinter die Religionen zurück, die er für überholt hielt. So kennt auch das Judentum ein weibliches Gottesbild, von der «Weisheit» in biblischen Texten bis zur «Schechina» in der Kabbalah, die als Frau, Braut und Tochter der männlichen Kraft beschrieben wird. Das Christentum hat die weibliche Dimension Gottes zunächst in den frühen Darstellungen Jesu als schönem Hirten aufgenommen, der auffallend feminine Züge trägt. Auch in der islamischen Mystik wird Jesus nicht nur mit Barmherzigkeit, sondern zugleich mit Schönheit assoziiert. Erst die Verbindung von Barmherzigkeit und Schönheit hat aus dem Nichts ein Sein werden lassen, heißt es in den *Mekkanischen Offenbarungen*; Gottes Barmherzigkeit allein hätte nicht die Sehnsucht nach einem Gegenüber hervorgerufen. Gott sehnte sich danach, in Seiner Schönheit erkannt zu werden, Er liebt nicht nur, sondern wollte auch geliebt werden, deshalb erschuf Er die Welt. So ist der Schöpfungsakt für Ibn Arabi ein Ausdruck von Gottes kreativer Weiblichkeit. Hier tritt im sufischen Islam die Figur Mariens auf, die als Mutter und gleichzeitig Braut Christi psychologisch die Jung'sche Anima vertritt, während Jesus selbst männliche und weibliche Züge vereint. Maria repräsentiert die Weiblichkeit Gottes, wohingegen in Jesus sich Gott in seiner Ganzheit und Gegensätzlichkeit verkörpert. Maria ist es aber auch, in der das Christentum die weiblichen Züge bewahrt hat, nachdem die Androgynität Christi auf den frühen Darstellungen – über die Mosaiken von Ravenna habe ich im *Ungläubigen Staunen* geschrieben – längst von dem rein männlichen Salvator mundi verdrängt worden war.

Dabei ist es nach C. G. Jung eine schon prähistorische Erkenntnis, daß das göttliche Urwesen Männliches und Weibliches umfaßt, und daß Gott durch eine menschliche Mutter Mensch werden will, war lange vor dem Christentum bereits aus der altägyptischen Königstheologie bekannt. Einer der überraschendsten Aspekte seiner *Antwort auf Hiob* von 1952 ist die Ehrenrettung der Madonna, einer Figur, die von

Freud vollständig ignoriert wird. Aber auch seine Mitprotestanten mußte es schockieren, daß Jung ausgerechnet das kurz zuvor, 1950, von Pius XII. verkündete Assumptionsdogma als «das wichtigste religiöse Ereignis der Welt seit der Reformation» bezeichnete: Die leibliche Aufnahme der Jungfrau in den Himmel, die das Dogma verkündet, versteht Jung als Bild dafür, daß Maria als die Braut mit dem Sohne und als Sophia mit der Gottheit im himmlischen Brautgemach vereint sei. Das möge dem unpsychologischen Verstand lächerlich vorkommen, räumt Jung ein; dem Psychologen jedoch leuchte die päpstliche Beweisführung durchaus ein, zumal sie sich auf eine mehr als tausendjährige Aussagetradition stütze: «Die Gleichberechtigung verlangt nämlich ihre metaphysische Verankerung in der Gestalt einer ‹göttlichen› Frau, der Braut Christi.» Insofern sei das Dogma sehr wohl zeitgemäß und überlasse Jungs eigenen, also protestantischen Standpunkt «dem Odium einer bloßen Männerreligion, die keine metaphysische Repräsentation der Frau kennt».

Wiederum übergehe ich die gesellschaftspolitischen Folgerungen, die nicht nur für den Protestantismus bedenkenswert wären, sondern ebenso für den männerbündischen Katholizismus und erst recht für den Islam, der Frauen fast nirgends gleiches Recht gewährt. Ich ignoriere aber auch die Schwierigkeiten, die jener Feminismus mit C. G. Jung und erst recht mit Ibn Arabi haben müßte, der Männlichkeit und Weiblichkeit für soziale Konstrukte hält statt für Realitäten, die in jedem von uns, ob Mann oder Frau, auf gegensätzliche Weise wirken. Denn lieber zitiere ich zum Schluß meiner Rede noch einmal aus dem *Dolmetsch der Sehnsucht*, in dem «der größte Scheich» des Islams eine Christin so herrlich als Gottmensch begehrt, wie es jedenfalls in Berlin an keiner Häuserwand mehr erlaubt wäre:

wer legt für mich ein wort ein
bei den hennafingern
wer legt für mich ein wort ein
bei der honigzunge

unter denen mit den prallen brüsten
in den zelten schon der frauen
unter denen die so sanft sind
mädchen noch und doch voll schön

runde monde an den zweigen
frei von angst hinwegzuschrumpeln

in den gärten meines leibes
sitzt auf einem von des scheide
baumes zweigen eine taube

die vor sehnsucht stirbt
und schmilzt vor liebe
weil es sie erwischt hat
wies auch mich erwischt

sie trauert um den freund
und tadelt das geschick
das so gezielt wie mich
sie selber traf

vom nächsten getrennt
vom haus entfernt
o meine zeit die wider
meine zeit sich wendet

wer legt für mich ein wort ein
bei dem der meine qualen schätzt
ich trag zu dem was er so schätzt
nicht das geringste bei.

Sehr geehrte Analytikerinnen und Analytiker, meine Damen und Herren, bevor Sie nun mit ihren wissenschaftlichen Diskussionen beginnen, gestatten Sie mir noch ein Postscriptum. Ich habe in meinem Vortrag mehrfach gesellschaftspolitische Schlüsse angedeutet, aber nicht ausgeführt. Aber einen Schwenk in die Gegenwart möchte ich doch wagen, wenn auch nicht aufs Feld der Politik. Nämlich möchte ich Sie auf mein eigenes Arbeitsgebiet führen, die Literatur. Womöglich haben Sie sich bereits gewundert, daß ich so viele Freunde habe – das habe ich nicht, es sind nur nicht so viele Autoren in Deutschland, die sich in unserer Zeit mit den geistigen Dingen beschäftigen. In dem riesigen Raum zwischen Himmel und Erde können wir uns schon deshalb nicht aus den Augen verlieren, weil er so leer geworden ist in der Literatur.

Oft, wenn ich Bücher von heute lese, gute Bücher, wichtige Bücher, Bücher, auf die ich nur neidisch sein kann, weil sie mir nicht so glänzend gelingen, habe ich dennoch den Eindruck, daß etwas Wesentliches fehlt, mir fehlt, meine ich, aber niemand liest im Namen von irgendwem. Ich habe den Eindruck, daß die Literatur und besonders die deutschsprachige Literatur, deren Ruhm und Größe einst gerade auch in ihren metaphysischen Bezügen bestand, ob Gryphius oder Goethe, ob Jean Paul oder Hölderlin, ob Kafka oder Thomas Mann, – daß die meisten unserer heutigen Romane den Blick stur auf den Boden heften, auf unsere soziale Existenz. Daß sie nur aus Zeitgenossenschaft bestehen. So empfinde ich das, zugegeben subjektiv, aber seit wann sind Gefühle gerecht?, wenn ich einen deutschen Gegenwartsroman lese, den alle anderen brillant finden, oder gar nicht erst lese, weil es den Rezensionen zufolge nur ums Hier und Jetzt geht – das Hier und Jetzt ist doch so winzig!

Schließlich bedeutet Transzendenz, auf Kunst und Kultur bezogen, nicht unbedingt Gott oder dessen Abwesenheit, die schon die frühesten Dichter beklagten. Für einen Künstler bedeutet Transzendenz zunächst die Zugehörigkeit zu einer Tradition, die alt genug ist, daß wir uns an ihre Anfänge nicht mehr erinnern. Transzendenz bedeutet, die eigene, unmittelbarere Erfahrungswelt zu überschreiten. Das kann auch in der bewußten Abkehr von einer Tradition geschehen. Aber kennen sollte man sie schon bis hin zu ihren Ursprüngen im Mythos. Denn was C. G. Jung allgemein über das Bewußtsein schreibt, gilt um so mehr für den Schriftsteller, nur daß sein Haus das Buch ist, an dem er arbeitet, und die Fenster und Türen sind all die gelesenen und selbst die ungelesenen Bücher seiner Bibliothek:

Wir gehen ja naiverweise stets von der Annahme aus, daß wir in unserem eigenen Haus allein Meister seien. Unser Begreifen muß sich daher zuerst an den Gedanken gewöhnen, daß wir auch in unserem intimsten Seelenleben in einer Art von Haus wohnen, das zum mindesten Türen und Fenster hat, deren Gegenstände oder Inhalte zwar auf uns wirken, aber nicht zu uns gehören.

Sicher, es gibt historische Romane – zu denen ich ohnehin selten greife, dann lieber eine Monographie zur Geschichte – oder solche, die in fernen Ländern spielen – dann lieber eine Reportage –, aber meist haben sie die Vergangenheit oder die Ferne lediglich als Schauplatz, sie stammen nicht von ihr ab. Viele Romane, die heute als welthaltig gepriesen werden, sind ja nicht anders geschrieben als all die anderen, nehmen nicht das fremde Denken, die Motive, die Sprache in die eigene Struktur auf wie Kafka das jüdische Denken oder Goethe die orientalische Literatur. Und die Tradition, in die sich die Bücher stellen, die heute im deutschsprachigen Raum geschrieben, besprochen und gelobt werden, reicht selten über zwanzig, dreißig Jahre hinaus, manchmal noch bis in die Sechzigerjahre, die Anfänge des Pop (der inzwischen schon etwas wie ein Ahnherr ist für einen großen Teil der heutigen Kultur, was eine eigene Ironie hat). Die klassische Moderne oder gar die Literatur des achtzehnten, neunzehnten Jahrhunderts wird bestenfalls noch gelesen, es wird sich kaum mit ihr auseinandergesetzt, und wenn es doch Bezüge gibt, darf der Autor nicht damit rechnen, daß sie von der Kritik erkannt werden, eher schon von den klassisch Gebildeten unter seinen Lesern, die er in den Briefen oder bei den Lesungen auch an anderen Marotten häufig erkennt, der Kleidung, dem Briefpapier. Schon gar keine Rolle spielt die Religion, es sei denn als politisches Problem.

Aber wenn ein Buch weder Vergangenheit noch Jenseits kennt, ferne Vergangenheit, meine ich, die über das individuelle Gedächtnis hinausreicht, und Jenseits in dem allgemeinen Sinne, daß es mehr gibt, als was der Mensch auf Erden sieht, wenn ein Buch sich weder in eine Tradition fügt noch sich unter den Himmel stellt, sondern einzig das Ringsherum zählt, fehlt etwas oder sogar das Entscheidende, für mich jedenfalls, der als Leser sicher einer Minderheit angehört und mit meiner Gläubigkeit sowieso. Um es mit dem schönen Bild der Sufis zu sagen:

Es fehlt, daß die Gegenwart schwarz, nämlich von innen, vom Dunkeln her, leuchtet, weil man in all dem Verschiedenen und Vereinzelten nicht den gemeinsamen Ursprung wirken sieht. Genau hier ist das Ungenügen, das ich empfinde, bei aller Bewunderung und auch dem Neid, wenn jemand besser schreibt als ich, und meine Einsamkeit als Leser in der heutigen Zeit. Um so schöner ist es, bei Ihnen zu sein, sehr geehrte Analytikerinnen und Analytiker, Kenner, wenn nicht Anhänger Carl Gustav Jungs. «Wir tragen unsere Vergangenheit mit uns, nämlich den primitiven und inferioren Menschen mit seinen Begehrlichkeiten und Emotionen, und wir können uns von dieser Last nur durch eine beträchtliche Anstrengung befreien», schreibt er in den *Beziehungen zwischen dem Ich und dem Unbewußten*:

> Wenn es zu einer Neurose kommt, haben wir es immer mit einem erheblich verstärkten Schatten zu tun. Und wenn ein solcher Fall geheilt werden soll, so muß ein Weg gefunden werden, auf welchem die bewußte Persönlichkeit und der Schatten zusammenleben können.

Auch die Literatur ist ein Weg, mit dem Schatten zu leben, der aus der Vergangenheit oder dem Jenseits auf uns fällt.

Ich danke für Ihre Aufmerksamkeit und wünsche Ihnen eine erfolgreiche Tagung.

Dinner-Speak auf der Investment-Konferenz
der Flossbach von Storch AG

Königswinter, Grandhotel Petersberg, 11. September 2019

Sehr geehrte Vorstände der Flossbach von Storch AG,
sehr geehrte Anlegerinnen und Anleger, meine Damen und Herren,

gestatten Sie mir, mit einer Geschichte zu beginnen, einer Geschichte
aus alter Zeit und von fernem Ort. Es soll sich in der zweiten Hälfte des
zwölften Jahrhunderts in Nischapur zugetragen haben, einer Stadt im
Nordosten des heutigen Irans, daß ein zerlumpter, närrischer alter
Mann in eine Drogerie trat. Wenn ich sage Drogerie, meine Damen und
Herren, dürfen Sie sich natürlich keinen dm oder Roßmann vorstellen
mit Shampoos und Spülmitteln. Drogerien in jener Zeit und zumal entlang der Seidenstraße, das waren Schatzkammern voll von wohlrie-
chenden Essenzen, sündhaft teuren Elixieren, lebenswichtigen Medika-
menten, seltenen Mineralien und sorgsam gemischten Kräutern aus
aller Welt. Und so waren die Drogisten auch keine bloßen Händler,
sondern zugleich Apotheker, Ärzte, Alchemisten und Parfümeure, alles
in einem, und sie waren angesehene und sehr vermögende Bürger ihrer
Stadt. Und in eine dieser Schatzkammern, die Drogerie von Nischapur,
trat nun ein Bettler, ein Verrückter, ein Vagabund, das war auf den ersten Blick nicht klar, mit langen verfilzten Haaren jedenfalls, einem
strähnigen weißen Bart und einem bloßen Lumpen um den Leib. Er
stellte sich mitten in den Laden, in dem gerade kein anderer Kunde war,
und schaute sich lange um, ohne ein Wort zu sagen. Allmählich wurde
der Drogist hinter seiner Ladentheke unruhig, ein noch recht junger,
bei aller Bildung doch auch zielstrebiger Geschäftsmann, der fürchtete,
daß der närrische Alte die Kundschaft verstören würde, die jeden
Augenblick eintreten konnte. Suchst du etwas Bestimmtes? sprach er

den Alten an. Aber der Alte blickte nur weiterhin mit großen Augen auf die vollgefüllten Regale und blieb stumm. Endlich forderte ihn der Drogist auf zu gehen.

– Das ist leicht getan, mein Herr, brach der Alte sein Schweigen: Mein Gepäck ist leicht, denn es besteht nur aus dem Lumpen, den ich trage. Aber ihr, was tut ihr mit den Säcken voller Kostbarkeiten, wenn die Zeit gekommen ist für euch zu gehen? Wie wollt ihr all das mitnehmen? Ich kann rasch und ohne Mühe aus dem Basar dieser vergänglichen Welt verschwinden; ihr aber solltet euch Gedanken machen, was ihr mit den Gütern anstellt und wie ihr sie tragen wollt.

Der Drogist nahm an, der Alte mache sich über ihn lustig, und fragte deshalb höhnisch zurück:

– Und du? Was mußt du tun, um diesen Basar zu verlassen?

Dies, sprach der Alte, legte sich auf den Boden der Drogerie und war tot.

Der Drogist, dem dies widerfahren sein soll, heißt Faridoddin Attar. Nach dem Freitod des närrischen Alten verschenkte er seinen Besitz, übte sich in Askese und widmete sich der Meditation sowie dem Studium der mystischen Literatur. Er ging auf Wanderschaft bis nach Indien, bis nach Zentralasien, bis nach Ägypten und lernte die bedeutendsten spirituellen Lehrer seiner Zeit kennen. Bereits ein reifer Mann, begann er, Versepen zu verfassen, die heute zu den bedeutendsten Werken der persischen Literatur gehören. Längst sind sie in alle westlichen Sprachen übersetzt, sein berühmtestes Werk, *Die Konferenz der Vögel*, wurde immer wieder auch fürs Theater adaptiert, unter anderem in einer berühmten Aufführung von Peter Brook in Paris. Das Investment des närrischen Alten, so könnte man sagen, hat sich gelohnt. Während er selbst ohnehin nur noch wenige Jahre zu leben gehabt hätte, brachte er durch seinen Tod einen begabten jungen Mann auf den Weg, dessen Name noch achthundert Jahre später jeder Iraner kennt und dessen Dichtungen unzählige Generationen von Lesern auf der Welt und inzwischen sogar Theatergänger inspiriert haben. Und Attar selbst hätte kaum etwas Besseres tun können als das Unvernünftige schlechthin, nämlich vom einem auf den anderen Tag sein gutgehendes Geschäft zu schließen und sich mittellos auf Wanderschaft zu begeben. Wäre er hinter seiner Ladentheke geblieben, hätte Attar sicherlich seinen Reichtum vermehrt, vielleicht hätte er auch die eine oder andere Filiale eröffnet und wäre im besten Falle zum reichsten Drogisten Persiens geworden oder sogar zum reichsten Menschen der Welt. Aber geblieben wäre selbst von einem Magnaten Attar nicht einmal der bloße Name. Attar hätte sich aufgelöst in nichts. Was macht also eine lohnende Anlage aus?

Sehr geehrte Vorstände der Flossbach von Storch AG, keine Sorge, ich möchte den Anlegerinnen und Anlegern nicht empfehlen, ihren Besitz zu verschenken, statt dessen Vermehrung Ihrem Institut anzuvertrauen. Vergeistigung, Askese und Altruismus können bei einem einzelnen Menschen Wunder wirken, als gesamtgesellschaftliche Maxime jedoch wären sie fatal: Allein mit Vergeistigung, Askese und Altruismus wäre die Menschheit längst ausgestorben, schon weil der Überlebenstrieb verkümmert wäre in einer Welt von Heiligen und Dichtern und der Fortpflanzungstrieb wahrscheinlich auch, zu schweigen vom Innovationsgeist und der praktischen Vernunft. Nicht einmal das Feuer hätte ein Attar erfunden, ein Franz von Assisi oder ein Homer! Ich selbst bin jemand, der – von den Freuden, Nöten und Verpflichtungen eines bürgerlichen Alltags abgesehen – sich den ganzen Tag mit geistigen Dingen beschäftigt, jedenfalls in seiner Bürozeit ausschließlich mit Literatur, mit Religion, gelegentlich noch mit Philosophie, lauter unnützem Zeug. Aber ich kann das nur deshalb tun, weil rings um mich die Menschen, ja, fast die gesamte übrige Menschheit, überaus nützlichen Beschäftigungen nachgeht. Sie backt das Brot, das mich nährt, sie baut die Wände, zwischen denen ich Schutz vor der Kälte finde, sie forscht nach der Medizin, die mich heilt, sie fällt die Bäume, aus denen die Bücher in meiner Bibliothek gemacht sind, gibt mir den Stift an die Hand, mit dem ich schreibe – und so weiter und so fort. Ja, manche dieser Menschen um mich herum kaufen sogar meine Bücher oder laden mich zu Lesungen, zu Vorträgen ein und finanzieren dergestalt mein Leben, das den geistigen, also fast schon per definitionem abkömmlichen Dingen gewidmet ist. Mithin kann ich niemandem abraten, seinen Besitz zu vermehren, profitiere ich doch indirekt davon in Form von Verkaufserlösen, Honoraren, Preisen und nicht zuletzt dem staatlichen, also gesamtgesellschaftlichen Zuschuß zur Künstlersozialkasse. Kunst überhaupt, genauso wie Religion und jede Form von Spiel, setzen als Absage an das Nützlichkeitsprinzip eben dieses Prinzip voraus.

Aber umgekehrt, ein sinnentleerter Utilitarismus, das bloße Streben nach materiellem Gewinn, hätte die Menschheit erst recht ums Überleben gebracht – schon weil der Fortpflanzungstrieb allein auf Dauer nicht zu den Mühen, Anstrengungen, Qualen bewogen hätte, die es braucht, um Generation für Generation ein Wesen ohne schützendes Fell, ohne scharfe Krallen, ohne starke Muskeln, mit labiler Psyche und einem im Vergleich zu Tieren ausgesprochen schlechten Immunsystem großzuziehen. Dafür braucht es auch die Liebe, die mindestens so närrisch ist wie die Kunst, genauso wie es die Liebe ist, die zwei Menschen so eng zusammenführt, daß sie durchaus auch im pragmatischen Sinne der Evolution gute Eltern sind. Was also, noch einmal gefragt, macht eine gute Anlage aus? Der rein materielle Profit wird es kaum sein.

Meine Damen und Herren, heute vor achtzehn Jahren haben sich neunzehn junge Männer ebenfalls aufgeopfert für einen Lohn, den sie allenfalls für himmlisch halten konnten: die Attentäter des 11. September. Aber während manche von uns den Alten in die Nähe des Heiligen rücken würden, halten wir alle die Attentäter für Verbrecher. Aus ihrer eigenen Sicht waren sie das keineswegs; subjektiv und für ihre ideologischen Genossen haben die neunzehn jungen Araber im Himmel über Amerika eine Heldentat vollbracht, als sie, ausgestattet mit nichts als Teppichmessern und Pfefferspray, der imperialistischen Supermacht die wohl schmerzhafteste Niederlage ihrer Geschichte bereiteten, demütigender noch als Pearl Harbor, weil am denkbar zentralsten Ort. Der Unterschied zum Freitod in Nischapur ist dennoch offensichtlich: Während der Alte lediglich sein eigenes Leben hingab, rissen die Attentäter von New York und Washington dreitausend Menschen mit in den Tod. Bedenkt man die Kriege, die in der Folge ausgebrochen sind, den Afghanistankrieg, den Irakkrieg, letztlich auch die Kriege in Libyen, in Syrien und den lange unaufhaltsam scheinenden Vormarsch des sogenannten «Islamischen Staates» – bedenkt man, daß Amerikas Gegenschläge eben jenen Flächenbrand entzündet haben, den die Terroristen offensichtlich herbeiführen wollten, haben die Attentate vom 11. September mittelbar sogar Hunderttausende, wenn nicht Millionen Menschen das Leben gekostet. Die gewaltsamen Regimewechsel im Nahen Osten haben riesige rechtsfreie Zonen unmittelbar an der Grenze Europas geschaffen, in denen sich Terrororganisationen ungehindert festsetzen konnten; deren Vormarsch wiederum hat zu einer Flüchtlingswelle nach Europa geführt, aber auch den dschihadistischen Terror in unsere Städte gebracht, und mit den Flüchtlingen und mit dem Terror wurde in Europa – genauso wie zuvor in den USA – auch der Nationalismus gestärkt, der wiederum das europäische Projekt der Einigung bekämpft. Bis hin zum Brexit und zu Donald Trump reichen die Nachwirkungen des 11. September, und so könnte man schließen, daß Osama bin Laden dank einer einzelnen Terrorattacke und mit nur neunzehn todesmutigen jungen Männern auf gespenstische Weise seinem strategischen Ziel nahegekommen ist, nämlich daß das transatlantische Bündnis reißt und der Westen auch als eine Wertegemeinschaft auseinanderfällt. Jedenfalls ist es kein Zufall, daß in den beiden Ländern, die sich 2003 dezidiert gegen den Irakkrieg und seine Lügen gestellt haben, Deutschland und Frankreich, zumindest vorläufig weiter die politische Mitte regiert, während die beiden Länder, die unter falschem Vorwand, unter Verletzung des Völkerrechts den Irak besetzt haben, die Vereinigten Staaten und Großbritannien, heute von rechten Populisten geführt werden, die mit der Wahrheit einen mehr als kreativen Umgang pflegen und das parlamentarische System verachten. Haben sich die Anschläge vom 11. September also gelohnt?

Politisch läßt sich die Frage noch nicht und schon gar nicht eindeutig beantworten: Zum einen hat in der Folge auch der radikale Islam durch seine stetig zunehmende Brutalisierung gewaltig an Ansehen unter den Muslimen verloren und militärisch zuletzt schwere Niederlagen eingesteckt, bis hin zur Tötung Osama bin Ladens und der Vertreibung des «Islamischen Staates» zumindest aus allen Städten Syriens und des Iraks. Zum anderen ist noch längst nicht ausgemacht, wie der Westen aus seiner jetzigen Krise herausfindet: Werden die Selbstheilungskräfte der liberalen Demokratie wirken und die Europäische Union wie auch das transatlantische Bündnis sich konsolidieren? Oder wird ein Land nach dem anderen einen autoritären Nationalismus wählen, der die Gewaltenteilung aufhebt, die Medien gefügig macht und so nach und nach die Demokratie auf demokratischem Wege beseitigt – wie in Ungarn und Polen, in Rußland und der Türkei, auf den Philippinen und in Brasilien, oder wie es ohne den Umweg über die Demokratie das ökonomisch sehr erfolgreiche China zum Vorbild gibt.

Moralisch hingegen, ich bleibe dabei, und Sie, meine Damen und Herren, hoffentlich mit mir, moralisch fällt die Antwort auf die Frage eindeutig aus, welches Opfer – und jedes Investment ist ein Opfer, man gibt etwas von seinem Gut, um etwas Größeres zurückzuerhalten –, welches Opfer ein lohnendes war. Es war gewiß nicht der Massenmord. Allein, warum kann ich mir, warum können wir uns so sicher sein, daß der 11. September ein Verbrechen war und kein legitimer Akt des Widerstands? Es heißt doch oft, daß die Terroristen der einen die Partisanen der anderen seien. Der Mensch neigt grundsätzlich dazu, die Gewalt der eigenen Sippe, Nation oder Religion als Reaktion zu rechtfertigen, deren Ursache stets die Bedrohung durch den anderen, den Fremden ist, wie ja auch eine Ehekrise so gut wie nie von einem selbst, sondern stets vom anderen ausgeht, und sei es, daß der andere mich durch seine Lieblosigkeit leider, leider in die Untreue getrieben hat. Aus gutem Grund gibt es mindestens in Deutschland keine Richter mehr, die bei einer Scheidung über Schuld und Unschuld entscheiden. Was die internationale Politik betrifft, ließe sich Den Haag als neutrale Instanz anführen, die Recht spricht, nur wird der Internationale Gerichtshof nicht einmal von den Vereinigten Staaten und schon gar nicht von Dschihadisten anerkannt. Warum also können wir so sicher sein, daß das Opfer des närrischen Alten wertvoll, das der Attentäter des 11. September hingegen verwerflich ist?

Für gläubige Menschen wäre Gott der Richter, dessen Urteile sie aus den Heiligen Schriften ableiten, wenngleich mit sehr widersprüchlichen Ergebnissen. Aber Gott hat in der Bibel und seinen anderen Offenbarungen auch den ungläubigen Menschen einen Hinweis gegeben, wer auf Erden das Gute intuitiv vom Bösen zu unterscheiden vermag, also ohne die göttlichen Gebote zu studieren: unsere Kinder. Ihnen gehört das Himmelreich, heißt es in Matthäus 19,14. Jesus hat Kinder nicht glorifiziert, er hat ihnen die Befähigung zum Bösen zugeschrieben und war selbst, zumindest wenn wir dem apokryphen Kindheitsevangelium nach Thomas folgen, alles andere als ein lieber Sohn. Aber wie andere Religionsstifter, Propheten, Heilige, und wie wir es als Eltern in gewisser Weise auch tun, wenn wir in die geheimnisvollen Augen unseres Neugeborenen blicken – allerdings in deutlichem Kontrast zur späteren christlichen Lehre der Erbsünde –, hat Jesus Kindern eine Reinheit und Unbefangenheit zugeschrieben, die ihnen einen unverstellten, nicht rationalen Zugang zur Erkenntnis ermöglicht. Der Talmud berichtet wiederholt davon, daß ein Weiser, dem etwas unklar ist, ein Kind fragt, welchen Vers es gerade im Lehrhaus gelernt hat. Obwohl das Kind so viel unwissender als der Weise ist, gibt es ihm durch seine spontane Antwort dennoch jedesmal den entscheidenden Wink. Und wenn wir uns nun vorstellen, wir würden Ihrem oder meinem oder überhaupt irgendeinem Kind auf Erden, ihm darf nur nicht gerade das Gehirn gewaschen worden sein, beide Erträge nebeneinanderstellen, den des närrischen Alten und den der Selbstmordattentäter vom 11. September, hier eines der phantastischen Werke der Weltliteratur mit Erzählungen von Sperlingen und Wiedehopfen, von Königen und Bettlern, von Liebenden und Narren, die über die Teehäuser und Marktplätze auch in die Volks- und Kindermärchen eingegangen sind, nicht nur des Orients, sondern bis nach Indien, bis nach Zentralasien und über Andalusien bis in unsere eigenen Gute-Nacht-Geschichten. Und dort? Eine Serie von Kriegen, von Massakern, von Anschlägen, die noch achtzehn Jahre später unaufhörlich zu sein scheint, von wem und aus welchem Grund auch immer, das interessiert ein Kind anders als einen Politologen erst einmal nicht, wenn es im Fernsehen hungernde Babys, verzweifelte Mütter, von Bomben zerfetzte Leiber gleich welcher Hautfarbe sieht. Sein Herz bangt nicht mit den gutgenährten Amtsträgern hinter den Mikrophonen, sondern mit den Familien, die bei bitterer Kälte in Zelten hausen oder auf kleinen Kähnen übers Mittelmeer fliehen. Denn ein Kind nimmt Not, und zwar auch die Not von anderen, von Fremden, genauer wahr als wir Erwachsenen, weil es sich die Bilder nicht mit rationalen Erklärungen – gerechter Krieg, Probleme vor Ort lösen, wir können nicht alle Mühseligen und Beladenen aufnehmen et cetera – von der eigenen Seele fernhält.

Es ist gewiß, daß ein Kind Dichtung für den größeren Ertrag hält als Gewalt, und deshalb können gewiß sein auch wir und brauchen dafür weder Gott noch Philosophie; es genügt der natürliche, dem Menschen eingeborene Sinn für richtig und falsch. Dieser Maßstab – wie nimmt sich ein Werk in den Augen eines unschuldigen Kindes aus? – kommt dem Jüngsten Gericht vermutlich am nächsten, das es geben mag oder nicht. Und dieser Maßstab, meine Damen und Herren: Können wir, wenn wir sterben, unsere Werke vor unseren Kindern vertreten, den eigenen und den Kindern und Kindeskindern dieser Welt? – dieser Maßstab wäre besser als jeder Index und jedes Rating geeignet zu entscheiden, was eine lohnende Anlage ist.

Ich gestand eingangs zu, daß allein mit Vergeistigung, Askese und Altruismus die Menschheit nicht überlebt hätte. Der Kapitalismus hat sich auch deshalb gegenüber dem Kommunismus als überlegen erwiesen, weil er auf den Eigennutz baut, der im Menschen ausgeprägter als der Gemeinsinn ist. Aber der Utilitarismus allein, auch das sagte ich bereits, hätte uns erst recht um alles gebracht, was auf Erden lebenswert ist. Es hätte nicht Karl Marx gebraucht, um die Behauptung von Adam Smith als falsch und naiv zu durchschauen, das im Kapitalismus geförderte individuelle Gewinnstreben würde wie «von einer unsichtbaren Hand» zum Wohl der Gesellschaft gelenkt. Bereits 2500 Jahre zuvor hatte einer der Sieben Weisen des Altertums, Pittakos, in einem seiner lakonischen Sprüche, genau gesagt in nur drei Worten, alles Wesentliche über die Geldwirtschaft zusammengefaßt: «Gewinn [und Pittakos meinte damit Geldgewinn] ist unersättlich.» Aber die Ressourcen der Welt sind nicht unendlich, und das ist ganz offensichtlich das Problem, vor dem heute die Menschheit steht: Dem Gewinnstreben, das der Kapitalismus entfesselt und sogar geheiligt hat, steht eine Erde gegenüber, deren Umfang ganze 40 000 Kilometer beträgt. Marx, den zu kennen noch jedem Kapitalisten gut getan hat, hat das übrigens visionär erkannt, also nicht nur die Ausbeutung der Arbeitskraft in der Geldwirtschaft, sondern ebenso die unausweichliche Zerstörung der Umwelt: «Die kapitalistische Produktion», so schrieb er gegen Ende des dreizehnten Kapitels im *Kapital*, «entwickelt daher nur die Technik und Kombination des gesellschaftlichen Produktionsprozesses, indem sie zugleich die Springquellen alles Reichtums untergräbt: die Erde und den Arbeiter.» Mit anderen Worten: Der Reichtum wird im Kapitalismus produziert, indem er gleichzeitig seine eigenen Voraussetzungen vernichtet, die stets gefügige Arbeitskraft und die auszubeutende Natur. Indem er tendenziell alle Lebensäußerungen bis hin zur Liebe, zum Spiel und zur Natur als Ware behandelt, die zu verwerten ist, deformiert der Kapitalismus die menschliche Persönlichkeit, für deren Sinngebung Gewinn und Konsum noch nie genügt haben. Und zugleich zerstört der Kapitalismus die Erde, die bei Marx in diesem Zusammenhang ausdrücklich auch für Wasser und Luft steht.

Der Widerspruch zwischen der Unersättlichkeit des Gewinnstrebens und der Endlichkeit der Ressourcen hat seit jeher Völker in Bewegung gesetzt, aber sich ebenso in Kriegen und Eroberungen entladen, mögen sie nominell um Nation, Rasse oder Religion geführt worden sein. Wenn aber die Menschheit erst buchstäblich am eigenen Leib erfährt, daß ihr das Wasser zum Trinken, das Korn zum Essen, das Öl zum Heizen, der Schatten zum Kühlen und die Luft zum Atmen ausgehen, werden die Migrationsströme dramatisch anschwellen und die Ressourcenkriege eskalieren. Vom Krieg für Öl haben wir bereits gehört und auch, daß die Versteppung fruchtbaren Bodens auf der südlichen Hemisphäre, deren Ursachen wesentlich auf der nördlichen Hemisphäre zu finden sind, Jahr für Jahr Millionen Menschen zur Flucht zwingt. Aber wem ist schon bewußt, daß selbst der inzwischen bereits vierzigjährige Krieg in Afghanistan ein Krieg auch ums knapper werdende Wasser des Hindukusch ist? Daß der Revolution in Syrien eine epochale Dürre vorausgegangen war, durch die sich die Not der größtenteils sunnitischen Landbevölkerung verschärft hatte? Oder daß südlich der Sahara ein mörderischer Wettbewerb zwischen China, Europa und den Vereinigten Staaten tobt um den Zugriff auf Mineralien, Seltene Erden, Diamanten und andere Bodenschätze, die wir für die modernen Industriegüter benötigen?

Die reine Geldwirtschaft, gegen die Karl Marx anschrieb, wäre innerhalb weniger Jahrzehnte an ihren eigenen Widersprüchen gescheitert. Behaupten konnte sich der Kapitalismus und letztlich sich durchsetzen gegen die marxistische Lehre, indem er ein ums andere Mal von seiner Logik des Wettbewerbs absah und die Argumente seiner Gegner übernahm, von der Bismarck'schen Sozialgesetzgebung über den New Deal bis hin zur Sozialen Marktwirtschaft und seiner besonders erfolgreichen Spielart des Rheinischen Kapitalismus, der den Westdeutschen enormen Wohlstand und gleichzeitig ein nie dagewesenes Maß an sozialer Sicherheit beschert hat. Allerdings schien der Triumph, den das kapitalistische Modell mit dem Fall des Eisernen Vorhangs 1989 über den Sozialismus feierte, auch seine Entfesselung durch Thatcher und Reagan zu bestätigen, die an seine Anfänge erinnert und mit dem ungenauen Stichwort Neoliberalismus verbunden wird. Denn freier, wie es der Liberalismus will, freier wird der Mensch durch die Privatisierung von staatlichen Aufgaben oder die Deregulierung der Finanzwirtschaft sicher nicht; marktwirtschaftliche Reformen, berechtigt oder nicht, sind nicht mit einem Gewinn individueller Freiheit zu verwechseln, schon gar nicht, wenn sie mit einer dramatisch zunehmenden Ungleichheit in der Verteilung des Reichtums einhergehen – bis zu dem Punkt, daß allein die acht reichsten Menschen der Welt heute so viel besitzen wie die knapp vier Milliarden Ärmsten.

Hinzu kommt, daß wir in den wohlhabenden Industrienationen Privatisierung vielleicht mit günstigeren Telefontarifen oder einen kundenfreundlichen Service verbinden; in ärmeren Ländern bedeutet Privatisierung allzu oft, daß Millionen Menschen den Zugang zu elementaren Dienstleistungen wie Wasser, Strom oder Gesundheit verlieren. Die freie Marktwirtschaft und mit ihr die liberalen Demokratien und nicht zuletzt die Europäische Union werden sich nur behaupten können, wenn sie den sozialen Ausgleich bewahren oder dort wiederherstellen, wo etwa die Jugendarbeitslosigkeit wie im Süden Europas bis zu fünfzig Prozent beträgt. Ansonsten werden unsere Länder eines nach dem anderen vom linken oder rechten Populismus umgepflügt, der – wie im 19. Jahrhundert die ausgebeutete Arbeiterschaft – heute die vermeintlich bodenständige Bevölkerung in Stellung gegen die kosmopolitischen Eliten bringt.

Und das, meine Damen und Herren, ist nicht die einzige und nicht einmal die größte Herausforderung, vor welcher die marktwirtschaftliche Ordnung steht: Sie muß nicht nur sozialer werden, sondern zugleich ökologischer, und leider steht die eine Aufgabe im Widerspruch zur anderen, wie sich exemplarisch am Protest der Gelbwesten in Frankreich gegen die Einführung der Ökosteuer gezeigt hat. Daran hatte Karl Marx dann doch nicht gedacht: daß Arbeiter und Erde, Mensch und Umwelt nicht nur gemeinsam ausgebeutet werden, sondern auch miteinander in Konflikt stehen. Gleichwohl hat der Kapitalismus und mit ihm die liberale Demokratie und womöglich sogar die Menschheit als Ganze nur eine Zukunft, wenn es der Geldwirtschaft ein weiteres Mal gelingt, ihre eigene Logik des freien Marktes zu überlisten und die natürlichen Ressourcen der Welt als ein Gut zu behandeln, das allen Menschen gehört und seinen entsprechenden Preis hat. Schließlich existieren derzeit nur zwei realistische Modelle, wie dem Klimawandel und überhaupt der Zerstörung der Umwelt noch Einhalt geboten werden kann. Der Öko-Autoritarismus, auf den China zusteuern könnte, oder ein Kapitalismus, der sich bis ins Mark grün einfärbt. Und mit einiger Wahrscheinlichkeit würde sich im Wettbewerb der Systeme die Marktwirtschaft ein weiteres Mal durchsetzen, wenn sie nicht mehr nur von sozialen, sondern radikal auch von ökologischen Steuerungselementen durchsetzt wird. Denn um die Erde zu bewahren, ist es zu spät, um lediglich an das Gewissen zu appellieren. Und die Verbote, die aus Sicht der Wissenschaft notwendig wären, sind zu drastisch und sozial zu wenig verträglich, als daß sie in freien Wahlen Mehrheiten gewinnen könnten. Effektiver als nur auf Einsicht oder Zwang zu setzen, wäre es daher für den ökologischen Umbau der Gesellschaften, eben jenes Gewinnstreben nutzbar zu machen, das Pittakos bereits vor zweitausendfünfhundert Jahren für unersättlich hielt. Allerdings würde der Kapitalismus seine eigene Logik, die er schon oft und aus gutem Grund verletzt hat, spätestens dann womöglich endgültig preisgeben. Denn belohnt würde nicht länger nur das Wachstum, sondern, wo nötig, auch der Verzicht.

Meine Damen und Herren, würde ich mein Geld, wenn ich genügend davon hätte, um als Anleger genommen zu werden, der Flossbach von Storch AG anvertrauen? Eine heikle Frage, ich weiß, schließlich möchte ein Gast nicht unhöflich gegenüber seinen Gastgebern sein. Andererseits hat mir Herr von Storch die Kapitalmarktberichte der vergangenen Jahre mit dem ausdrücklichen Hinweis schicken lassen, ich möge sie kritischen Auges studieren. Das habe ich also getan und bin für ein paar Stunden eingetaucht in eine für mich wirklich fremde Welt. Was ich gefunden habe? Nun, ich war zuerst einmal überrascht, daß die Autoren der Berichte nicht bloße Marktbeobachter und Aktiengutachter sind, sondern politisch denkende Menschen, die klare, durchaus auch streitbare Meinungen vertreten und bis in die Sprache hinein ihren Eigensinn bewahren, also einfach auch – das Kriterium ist für einen Schriftsteller ja nicht unwichtig – gute Autoren sind. Das kenne ich von den Berichten meiner eigenen Bank nicht, die Halbjahr für Halbjahr sofort im Altpapier landen, weil sie nur aus wohlklingenden Floskeln, unverständlichen Zahlen und kaum zu überprüfenden Grafiken bestehen. Und beeindruckt hat mich auch, daß die Flossbach von Storch AG tatsächlich Mitarbeiter in die Länder schickt, in denen sie investiert, also Marktforschung nicht nur am Bildschirm betreibt, sondern in Gesprächen und auf den Straßen. Ich kenne mich nicht aus, aber ich kann mir nicht vorstellen, daß sich das für Geldinstitute noch von selbst versteht, wenn sogar die Zeitungen ihr Korrespondentennetz abbauen und damit ihr wichtigstes Gut.

Nicht selten schimmert in den Kapitalmarktberichten der Flossbach von Storch AG eine Sympathie für wirtschaftsliberale Positionen durch, die bis zu deren Austritt 2015 von den Gründern der AfD vertreten wurden, also gegen staatliche Interventionen, gegen die Nullzinspolitik und gegen einen vermeintlich übertriebenen Wohlfahrtsstaat. Bei allem ökonomischem Unverstand, den ich zugebe, scheint mir ein solcher Ludwig Erhardianismus nicht die angemessene Antwort zu sein für den gemeinsamen europäischen Markt, von dem kein anderes Mitgliedsland mehr profitiert als Deutschland – wenn schon, müßte man die Europäische Union als ein Gemeinwesen verstehen, innerhalb dessen die gleichen sozialen Standards gelten und dessen Regierung sich durch allgemeine Wahlen legitimiert. Denn ohne den Länderfinanzausgleich und das verfassungsmäßige Ziel, die «Einheitlichkeit der Lebensverhältnisse» herzustellen, ohne Sozialpartnerschaft und Mehrheitsbeschlüsse im Bundestag, statt dessen mit einem Bundesrat als oberstem Organ, in dem auch noch das Einstimmigkeitsprinzip herrschen würde, hätte Ludwig Erhard Deutschland sicher nicht zu allgemeinem Wohlstand geführt. Im übrigen habe ich den Eindruck, daß sich die Autoren der Flossbach von Storch AG nicht immer zu Recht auf Ludwig Erhard berufen, der immerhin auch der Säulenheilige von Sahra Wagenknecht ist; mag die ehemalige Fraktionschefin der Linken damit zwar ebenfalls schiefliegen, zeigt es doch, daß der Architekt des Wirtschaftswunders kein reiner Marktwirtschaftler war. Gleich wie, eine dezidiert liberale Wirtschafts- und Ordnungspolitik zu vertreten ist nicht nur legitim; ich finde auch, daß eine solche, und sei es eurokritische Position in der deutschen Parteienlandschaft seit 2015 entschieden fehlt. Sie allein wäre jedenfalls kein Grund, der Flossbach von Storch AG kein gutes beziehungsweise ethisches Wirtschaften zuzutrauen, zumal sie sich in ihren Berichten scharf von der heutigen AfD abgrenzt, und das gehört zur bemerkenswerten Klarheit ihrer Kapitalmarktberichte eben auch dazu. Denn eine Partei, deren Vorgesetzter die NS-Zeit für einen Vogelschiß der deutschen Geschichte hält, ist für einen deutschen Patrioten unwählbar, meine Damen und Herren.

Es ist etwas anderes, das mir an den Berichten aufstößt, und das kann bei einem Menschen wahrscheinlich nicht anders sein, der sich den ganzen Tag mit den sogenannten geistigen Dingen beschäftigt, mit Literatur, mit Religion und gelegentlich mit Philosophie. So inhärent sie dem Genre von Marktanalysen sein mag, stößt mir die Engführung des Blicks aufs wirtschaftliche Wachstum auf. Die Autoren spotten über sogenannte Nachhaltigkeitsratings, und die Gründe, die sie für ihre Kritik an Banken und Fonds anführen, die sich einen grünen Anstrich geben, sind so einleuchtend wie ernüchternd. Aber was die Autoren dem *green labeling* entgegensetzen, bleibt allzusehr im Allgemeinen. Letztlich reduzieren sie Nachhaltigkeit auf langfristigen Erfolg, der nur möglich sei, wenn ein Unternehmen auch die ökologischen und sozialen Rahmenbedingungen berücksichtigt. So richtig es ist, das Thema Nachhaltigkeit aus der gesinnungsethischen Ecke zu befreien, wie es die Autoren der Flossbach von Storch AG fordern, so wichtig wäre es doch gerade für ein Finanzinstitut, das Wachstumsdenken als solches zu hinterfragen. Hätte sich der Kapitalismus nicht selbst immer wieder in Zweifel gezogen, wie gesagt, er hätte nicht einmal das 19. Jahrhundert überdauert.

Ich möchte ein Beispiel geben, denn ganz so vergeistigt, wie ich bis hierhin getan habe, bin ich dann doch nicht. Schließlich verlasse ich immer wieder meine Bücher und bin dann ein Reisender, ein Berichterstatter, ein Kriegsreporter. Und ich kann Ihnen deshalb mit einiger Glaubwürdigkeit versichern, daß die Kapitalmarktberichte der Flossbach von Storch AG und vermutlich der allermeisten Finanzinstitute der Welt nicht ausreichend die politischen, sozialen und ökologischen Folgen einer Politik bedenken, die auf schieres ökonomisches Wachstum setzt und sich mit den üblichen Erfolgsmeldungen der Globalisierung beruhigt – eine Milliarde Menschen aus bitterer Armut befreit in den letzten dreißig Jahren und so weiter. Es läge am nächsten, die Untiefe bloßer Marktbewertungen an den Brüsseler Rettungsmaßnahmen zu illustrieren, über die sich die Autoren vernehmbar die Haare raufen, weil sie ihrem kaufmännischen Verstand nicht einleuchten – denn ohne eine solche Rettung wäre Europa als eine politische Union und auch als zivilisatorisches Projekt der Aufklärung in jener dramatischen Situation der Finanzkrise womöglich auseinandergebrochen. Aber gestatten Sie mir ein Beispiel, das in der Öffentlichkeit weniger Beachtung findet, obwohl es für die Zukunft des Planeten relevanter sein dürfte als die Entwicklung der Europäischen Union: Indien.

Unter Premierminister Narendra Modi habe sich die größte Demokratie der Welt zu einer der am schnellsten wachsenden Volkswirtschaften entwickelt, jubelt der Kapitalmarktbericht. Auf wessen Kosten das Wachstum geht, darüber schweigt sich der Bericht aus, nämlich auf Kosten der Natur, wenn multinationale Konzerne bei der Inbesitznahme und Ausbeutung des Bodens von den letzten Fesseln befreit werden. Oder auf Kosten der Landbevölkerung, die von einer beispiellosen Suizidwelle erfaßt worden ist: Sechshundert Millionen der eine Milliarde Inder leben von der Landwirtschaft. Sechshundert Millionen Menschen sind nicht gemeint, wenn der wachsende Wohlstand Indiens gepriesen wird. Unerwähnt läßt der Kapitalmarktbericht ebenso die schweren, womöglich tödlichen Schläge der hindunationalistischen Regierung gegen den säkularen Staat, die Gleichschaltung der wichtigsten Medien, die weitreichende Diskriminierung von Muslimen, Christen und Kastenlosen. Dabei käme es für eine Analyse der makroökonomischen Verfassung auch auf Namen wie Gauri Lankesh, Narendra Dabholkar, M. M. Kalburgi oder Govind Pansare an. Wer das sind? Das sind die Regierungskritiker, die in jüngster Zeit von Profikillern ermordet wurden. Kein Wort auch darüber, daß die regierende «Indische Volkspartei», die BJP, der politische Flügel der «Nationalen Freiwilligenorganisation» ist, RSS, die sich auf Hitler und Mussolini beruft. Kein Wort darüber, daß die offizielle Atommacht Indien bis heute nicht den Atomwaffensperrvertrag unterzeichnet hat, kein Wort über die mutwillige Eskalation im Verhältnis zur Atommacht Pakistan, mithin in einem der gefährlichsten Konflikte der Welt. Alles, was der Kapitalmarktbericht einräumt, ist, daß das offizielle Bruttoinlandsprodukt die Realität nicht vollständig abbilde, da der überwiegende Teil der indischen Bevölkerung im informellen Sektor beschäftigt sei. Mit welchen Rechten, unter welchen Bedingungen? Wieder kein Wort. Statt dessen – also wohlgemerkt: statt auf die Menschen und ihre Rechte zu blicken – solle man sein Augenmerk auf die Entwicklung einzelner Unternehmen richten, und daraus ergebe sich für Indien «ein Bild strukturell positiver Trends».

Das, meine Damen und Herren, würden so gut wie alle meine indischen Schriftstellerkollegen, die schon gar nicht vergeistigt sind, sondern in ihren Romanen und Reportagen ein ungleich genaueres, umfassenderes und tiefergehendes Bild der sozialen Realität zeichnen, allerdings sehr anders sehen. Für Arundhati Roy, die berühmteste und zugegeben auch eine der kritischsten unter ihnen, steht die größte Demokratie der Welt an der Schwelle zum Faschismus. Ihrer Ansicht muß man nicht folgen, aber wer sich auf die Fahnen schreibt, die langfristige Stabilität, die politischen Rahmenbedingungen sowie die ökologischen und sozialen Folgen wirtschaftlichen Erfolgs zu berücksichtigen, kann in der Marktbewertung nicht einfach alles ignorieren, was nicht zur Erfolgsgeschichte paßt. Oder soll man sich auch noch darüber freuen, daß jeder Selbstmord eines Bauern – mehr als zwölftausend pro Jahr – die Armutsrate noch ein bißchen weiter senkt?

Ich komme noch einmal zurück zu den Anschlägen, die sich heute zum achtzehnten Mal jähren. Der 11. September hatte nicht nur verheerende Folgen, er hatte auch vermeidbare Ursachen in einer Außenpolitik, die eben nicht auf Nachhaltigkeit gesetzt hat, um das offenbar abgedroschene Wort zu bemühen. Und was ich Ihnen im folgenden in aller Kürze referiere, ist keine Verschwörungstheorie, sondern gehört in der Nahostwissenschaft inzwischen zum Allgemeinwissen wie die Geschichte der Marktwirtschaft in der Ökonomie: Seit 1979 haben die Vereinigten Staaten konsequent und gegen alle Warnungen ihrer eigenen Nahostexperten den Schulterschluß mit Saudi-Arabien gesucht und in vielen Ländern auch direkt den Wahhabismus gefördert, dessen militante Spielart der Dschihadismus ist, bis hin zur Ausbildung und Mitfinanzierung der afghanischen Taliban, bei denen Osama bin Laden Zuflucht gefunden hatte. Warum? Zum einen sollte die Sowjetunion, die 1979 Afghanistan besetzt hatte, in einen Guerillakrieg verwickelt werden; zum anderen aber – und das ist seit der Wahl Donald Trumps wieder ein strategisches Hauptinteresse der USA –, zum anderen schien der sunnitische Extremismus das probateste Mittel gegen den Extremismus der schiitischen Iraner zu sein, nachdem ebenfalls im Jahr 1979 die pro-amerikanische Monarchie in Teheran hinweggefegt und die amerikanische Botschaft besetzt worden war. Beide Strategien leuchteten in ihrer Entstehungszeit realpolitisch vollkommen ein und wurden auch in der breiten Öffentlichkeit kaum in Zweifel gezogen – im Gegenteil wurden die afghanischen Mudschahedin in den Medien fast immer als kernige Widerstandskämpfer porträtiert. Gleichwohl haben beide Strategien immensen Schaden bewirkt, nicht zuletzt auch für die Vereinigten Staaten selbst, wenn man an den 11. September denkt sowie die Kriege und Desaster, die daraus wiederum entstanden sind. Niemals in den letzten siebzig Jahren war der Einfluß Amerikas im Nahen Osten geringer als heute, während ausgerechnet die Islamische Republik Iran, die am 11. September ausnahmsweise unbeteiligt war, ihren Einfluß ausbauen konnte, siehe Irak, siehe Afghanistan, siehe Syrien, siehe Jemen, siehe Libanon, siehe den Gaza-Streifen.

Und das ist noch nicht das Ende beziehungsweise der Anfang der Geschichte: Warum eigentlich wurde 1979 die säkulare Diktatur des Schahs hinweggefegt? Die anti-amerikanische Revolution in Iran ist nicht zu verstehen und wäre vermutlich nie ausgebrochen, hätten die Vereinigten Staaten dort nicht 1953 durch einen CIA-Putsch die säkulare Demokratie abgeschafft. Deren Führer, Premierminister Mohammed Mossadegh, der übrigens ein glühender Bewunderer der Vereinigten Staaten war, hatte es nämlich nach ausgiebigem Studium der antikolonialen Reden Theodor Roosevelts gewagt, das iranische Öl zu verstaatlichen, das der *British Petroleum* gehörte, BP. Jeder Kapitalmarktbericht hätte 1953 der amerikanischen Regierung zum Sturz der Regierung Mossadegh gratuliert. Aber alle iranischen Schriftsteller, und mochten sie noch so vergeistigt sein, ahnten seinerzeit sofort, welches Unheil der Putsch nach sich ziehen würde. Zahlen, meine Damen und Herren, sagen nichts, wenn Sie nicht die Wirklichkeit dahinter sehen. Und Geld, sehr geehrte Anlegerinnen und Anleger, zerstört am Ende auch uns selbst, wenn es nicht auf anständige Weise erwirtschaftet worden ist.

Dabei haben die Vereinigten Staaten längst nicht immer nur kurzfristige Interessenpolitik betrieben, sondern stehen auch für eine der visionärsten politischen Leistungen des 20. Jahrhunderts: die Wiedereingliederung Deutschlands in die Völkergemeinschaft. Denn stellen wir uns nur einmal vor, es hätte keinen Marshallplan, keinen Wiederaufbau, keine rechtsstaatlichen Prozesse, keine politische Bildung gegeben; stellen wir uns vor, Amerika hätte statt dessen wie nach 2003 im Irak ohne Skrupel Deutschlands Ressourcen ausgebeutet, die nationalen Museen und archäologischen Stätten geplündert, Foltergefängnisse wie Abu Ghraib betrieben, auch die zivilen Behörden zerschlagen und der Bevölkerung offene Verachtung entgegengebracht – können wir im Ernst glauben, daß die Bundesrepublik sich zu einer stabilen Demokratie und zum engsten Verbündeten der USA entwickelt hätte, deren Treue hoffentlich die Amtszeit Donald Trumps übersteht? Ausgerechnet den verfemten Deutschen beizustehen, an die deutsche Demokratie zu glauben, als sie kaum jemand auf der Welt noch für möglich hielt, war unmittelbar nach dem Krieg in den Vereinigten Staaten weit weniger populär als etwa der Morgenthau-Plan, der vorsah, Deutschland dauerhaft zu deindustrialisieren. Zu unserem Glück haben sich seinerzeit in Washington Politiker durchgesetzt, die weiter blickten als bis zur nächsten Wahl oder der nächsten Steuersenkung. Richtig, allein mit Nächstenliebe kann man wohl eine Religion begründen, aber keinen

Staat. Die sogenannte Realpolitik jedoch, die Träumern und Visionären stets entgegengehalten wird, führt zuverlässig zu realen Katastrophen und könnte für die eigenen Interessen kaum schädlicher sein. Diese Einsicht läßt sich gewiß auch auf die Wirtschaft übertragen, meine Damen und Herren. Das Schielen auf den kurzfristigen Profit – und ohne die gesamtgesellschaftlichen Wirkungen zu bedenken, und zwar nicht nur im eigenen Land, sondern überall auf der Welt – führt, wenn schon nicht vor Gericht, wie zuletzt in den Banken- oder Dieselskandalen, zu einer Erosion des politischen und ökologischen Systems, in dem profitable Geschäfte überhaupt erst möglich sind.

Was also ist eine lohnende Anlage? Sehr geehrte Vorstände der Flossbach von Storch AG, sehr geehrte Anlegerinnen und Anleger, meine Damen und Herren, schauen Sie nicht nur auf Aktienindizes, Wertentwicklung und Bruttoinlandsprodukt: Schauen Sie in die Augen Ihres Kindes. Einer Bank, die Gewinn für das Lebensalter unserer Kinder und Kindeskinder berechnet statt nach der jährlichen Bilanz, würde ich mein Geld gern anvertrauen. Denn der größte Reichtum löst sich ja doch in nichts auf, spätestens wenn man den Basar dieser vergänglichen Welt verläßt. Und gläubig oder nicht, wird uns der Tod um so schwerer fallen, je mehr Sorgen wir uns um unsere Kinder machen müssen und damit um die Erde, die wir ihnen hinterlassen. Bevor Sie nun, meine Damen und Herren, mich gleich am Tisch fragen, wo ich selbst denn mein Geld anlege, gebe ich lieber gleich zu, daß ich längst nicht so konsequent bin, wie ich es Ihnen predige. Vor der Aufgabe, mein Säckchen voller Kostbarkeiten so zu nutzen, daß auf Erden Gutes bleibt, stehe ich selbst also erst recht. Allerdings habe ich nun schon so oft mit meinem ökonomischen Unverstand kokettiert, daß ich mir am Ende auch die Bitte an die Flossbach von Storch AG erlaube, umfassender als andere Geldinstitute darüber nachzudenken, was eine gute Anlage ist. Ich berate Sie ja gern, sehr geehrte Vorstände, wenn Sie nach einer Lektüre suchen, die jede Minute Lebenszeit lohnt, aber in der Verwaltung ihres Vermögens ist die Gesellschaft auf die Kompetenz, das Ethos und die Leidenschaft Ihrer Mitarbeiterinnen und Mitarbeiter angewiesen. Und wenn Sie aus überzeugenden Gründen den üblichen Nachhaltigkeitsratings mißtrauen, dann arbeiten Sie bessere und überprüfbare Kriterien aus. Es würde einen Unterschied machen.

Ich erzählte Ihnen zu Beginn die Geschichte von Faridoddin Attars Initiation. Um den Tod des großen Dichters rankt sich ebenfalls eine Legende. Hundertzehn Jahre alt soll er gewesen sein, als im Jahr 1227 die Mongolen in Nischapur einfielen. Gerade als ihn ein feindlicher Soldat köpfen wollte, tauchte ein anderer Mongole auf, dem der ehrwürdige Greis leid tat. Er bot seinem Kameraden tausend Dirham an, damit dieser ihn freiließe. Der Soldat wollte das Angebot schon annehmen, aber Attar selbst, der den Tod herbeisehnte und damit die Rückkehr zu Gott, riet dem Soldaten, auf ein besseres Angebot zu warten, vielleicht brächte sein, also des Dichters Leben mehr als nur tausend Dirham ein. Nach einiger Zeit kam ein anderer Mongole vorbei. Was er denn für diesen Greis biete, fragte ihn der Soldat.

– Einen Sack Stroh, antwortete der andere Mongole.

Attar lachte und sagte:

– Nimm es an, das Angebot. Ein Sack Stroh – das genau ist mein Wert.

Der erste Mongole, erzürnt darüber, um tausend Dirham gebracht worden zu sein, zog sein Schwert und enthauptete den Dichter, dessen Name achthundert Jahre später jeder Iraner kennt und dessen Werk unzählige Generationen von Lesern auf der Welt und inzwischen sogar Theatergänger inspiriert.

Ich danke Ihnen für die Aufmerksamkeit und wünsche Ihnen allen weiterhin einen guten Appetit!

Epilog über meinen Buchhändler Ömer Özerturgut

Ich habe nachgerechnet: Achtundzwanzig Jahre lang, seit ich in Köln-Eigelstein wohne bis zu seinem Tod, habe ich meine Bücher bei Herrn Ömer gekauft. Er hat die junge Frau gemocht, die ich eines Tages mitbrachte, hat meine Kinder aufwachsen sehen wie ich seinen Sohn, hat mein erstes Buch ins Schaufenster gestellt und fortan genau einen Stapel seiner Auslage für mein anwachsendes Werk reserviert, hat mich in achtundzwanzig Jahren niemals auch nur für eine Zeile gelobt, das war einfach nicht seine Art, aber ein Poster von mir ins Schaufenster gehängt. Immer wenn ich Besuchern unser Viertel zeigte, kam ich zum Eigelsteinplatz und sagte: Schaut her, bei uns ist sogar der deutsche Buchhändler ein Türke. Dann traten wir ein, und immer wunderten sich die Besucher über die klassische Musik, die von morgens bis abends lief, gern Vivaldi, manchmal Opern oder vormittags das Klassikforum auf WDR 3, das spätestens bei der nächsten Reform abgeschafft wird, weil die neue Hörfunkdirektorin nicht einmal Symphonien länger als drei Minuten dreißig haben will. Manchmal legte Herr Ömer auch französische Chansons auf, und noch lieber als Beethoven hörte er Cesária Évora, kapverdische Musik.

Er heißt gar nicht Ömer, also nicht Ömer mit Nachnamen, wie ich achtundzwanzig Jahre glaubte, wie ich sogar im *Börsenblatt für den Deutschen Buchhandel* schrieb, wo Schriftsteller in einer Serie ihre liebste Buchhandlung vorstellten, selbst da habe ich ihn Herr Ömer genannt und mich sogar ein bißchen lustig gemacht über sein Deutsch, weil er mir früher, als ich die Bestellungen noch nicht per Mail schickte, immer wieder mal das falsche Buch besorgt hatte, also Maier statt Meier zum Beispiel, Hegel statt Hebel oder Grün statt Greene, um es etwas plakativer zu machen, als die Verwechslungen in Wirklichkeit waren, und ich habe auch seine Art karikiert, also daß er meine Bestellungen oft kommentierte oder sogar richtig schimpfte, wenn ich etwa am neuen Pamuk interessiert war, den er für einen Modeschriftsteller hielt, nur an westlichen Bedürfnissen orientiert, solche Frotzeleien schrieb ich in mein Porträt, so daß mir etwas bang vor dem Augenblick war, wenn er den Artikel lesen würde, aber dann hat er sich dennoch gefreut, schien mir, sagte zwar nichts, aber hielt das Magazin lächelnd hoch, als ich in den Laden trat, schien ein bißchen stolz zu sein und überging stillschweigend, daß er selbst im *Börsenblatt* Herr Ömer genannt wurde, obwohl Ömer nur sein Vorname war. Es war aber auch schwierig, dahinterzukommen, weil ich achtundzwanzig Jahre lang mit der Anrede unsicher war, mal siezte er mich, dann duzte er mich wieder, so daß auch ich ihn mal duzte, mal siezte und den Eindruck gewann, daß er mich immer dann siezte, wenn ich ihn duzte und umgekehrt.

Er hatte so einen angeborenen Widerspruchsgeist, war grundsätzlich unzufrieden mit der Entwicklung, welche die Welt, die Türkei und der Eigelstein nahmen, und ließ am Islam, über den ich manche meiner Bücher schrieb, allenfalls die mystische Tradition gelten, Yussef Emre und so, und die war schon siebenhundert Jahre her. Den Istanbuler Bürgermeister, späteren Ministerpräsidenten und heutigen Präsidenten Tayyip Erdoğan hielt mein Buchhändler von Anfang an für einen Faschisten, als ich noch von Demokratisierungsfortschritten sprach, scheuchte rüde alle Kunden weg, deren Nase ihm nicht gefiel, regte sich über jeden Krimikäufer auf – lautstark, selbst wenn der Krimikäufer im Laden stand. Gut, Herr Ömer hatte mich. Zu manchen Zeiten hatte ich den Eindruck, daß ich allein den Laden finanziere. Einmal wurde mir am Bücherregal bang, als ich hörte, wie er zwei Frauen fragte, was sie hier täten. Ach, nur schauen, sagten die Frauen. Schauen Sie, und dann gehen Sie, sagte Herr Ömer, dem egal war, daß die beiden Frauen ihn für einen Macho oder gar Islamisten halten mußten –, dabei hatten sie wahrscheinlich nur nach den falschen Büchern geschaut.

So wie ich seinen Nachnamen, ignorierte er übrigens meinen Vornamen. Du, Kermani, Buch ist da, rief er über den Eigelsteinplatz, wenn ich am Laden vorbeilief oder gegenüber vor der Eisdiele saß mit den Töchtern. Deshalb vielleicht dachte ich, daß Ömer sein Nachname sei. Sagen Sie, Ömer, ist das Buch da? Oder, wenn ich ihn ärgern wollte: Sag mal, Ömer, der neue Pamuk ist doch nun wirklich nicht schlecht. Worauf Herr Ömer den Roman eines sozialkritischen oder frühmodernen türkischen Autors aus dem Regal holte, den ich lesen solle statt des billigen Zeugs. Ach, wie gern hätte ich ihm die neue Hörfunkdirektorin in den Laden geschickt, weil sie bestimmt eine Krimikäuferin ist. Dann hätte er sie als Banausin aus dem Laden geschmissen und sie sich über multikulturelle Problemviertel echauffiert.

Er konnte wirklich nicht gut Deutsch, nach achtundzwanzig Jahren als Buchhändler – als Buchhändler! –, wobei ich gar nicht weiß, wie lang er davor schon in Deutschland gewesen war und wieviel Jahre er bereits den Laden besessen hatte, als ich in den Eigelstein zog. Wenn ich die bibliographischen Angaben von Amazon *copy & paste* in die Mail fügte, kamen immer nur drei Worte zurück, in ich weiß nicht wieviel Dutzenden, nein Hunderten Mails immer nur die drei selben Worte: «Morgen ist da». Er war stramm links, das war klar, er hatte einen höflichen und sehr umgänglichen Sohn, der inzwischen Deutschlehrer ist – Deutschlehrer! –, aber jedenfalls nicht sichtbar eine Frau; öfters waren andere, irgendwie auch links aussehende Türken seines Alters da, die im Lager halfen oder mit ihm Tee tranken, ansonsten sagte er so gut wie nichts über sich selbst.

Ich ahnte zwar, daß da auch eine politische und intellektuelle Biographie war, aber selbst sein zweiter, jüngerer Sohn, von dem ich nichts geahnt hatte, sagte mir am Grab, daß er das alles selbst herausfinden mußte: Anführer der Achtundsechziger-Bewegung, Kampf gegen die Militärdiktatur, Gefängnisaufenthalt, türkische Arbeiterpartei; er würde mir die Übersetzung der Artikel schicken, die über seinen Vater jetzt in der Türkei erschienen. Sogar eine Fernsehkamera und mehrere Rundfunkmikrophone gab es bei der Beerdigung auf dem muslimischen Teil des Kölner Westfriedhofs, mehr als zweihundert Trauergäste, viele von weither angereist. Das große Photo in der Trauerhalle zeigte Herrn Ömer beinah so jung, mit melancholischem Lächeln, wie ich ihn achtundzwanzig Jahre zuvor kennengelernt hatte, ich praktisch noch ein Abiturient und er ein türkischer Intellektueller, der nach Köln ausgewandert war.

Ein französischer Nachbar aus dem Eigelstein sang mit der Gitarre ein Chanson, ein erkennbar sehr mystischer Imam, der alle Religionen gelten ließ und den wenigen deutschen Trauergästen vorschlug, das Vaterunser zu beten, während er das islamische Totengebet sprechen würde, weil es ja nicht darum ginge jetzt, daß Gott unsere Schuld vergibt, das mache Gott schon, da könnten wir auf Seine Barmherzigkeit vertrauen, unser Problem sei die Schuld an den Mitmenschen; nicht Gott, sondern die Mitmenschen sollten uns nach Möglichkeit unsere Schuld vergeben, bevor wir in die andere Welt gehen, sonst trügen wir schwer, und das drücke das christliche Vaterunser doch genauso aus wie das islamische Gebet, das er auf türkisch vortragen würde, weil der Barmherzige im Koran gesagt habe, daß ihn jeder in seiner eigenen Sprache ansprechen soll – weil der Barmherzige egal welches Gebet versteht. Zugegeben nur in meiner Einbildung sah ich, wie die Ohren der wenigen deutschen Trauergäste schlackerten ob der Offenheit und Weichheit dieses Imams, der selbst ins Grab stieg, um Herrn Ömer genau, auch im genau vorgeschriebenen Höhenwinkel gen Mekka zu betten und über ihm die Bretter in die Grabwand zu hämmern, damit die Erde nicht auf den Körper fällt. Wir Trauergäste warfen nicht dezent eine Schippe Erde ins Grab, sondern nahmen Schaufeln und füllten das Grab bis an den Rand, so will es offenbar die türkische Tradition.

Bevor das weiße Tuch mit der Leiche darin aus dem Sarg gehoben wurde, sagte der Imam noch erst türkisch, dann deutsch, daß jeder so gehen solle, wie er gelebt habe, mit dem, was er liebte, deshalb würden wir jetzt noch ein Lied hören, worauf der jüngere Sohn sein Smartphone an den Lautsprecher schloß und alle zusammen, die zweihundert türkischen, zumeist älteren, ebenfalls links aussehenden Gäste Cesária Évora auf dem muslimischen Teil des Kölner Westfriedhofs hörten, kapverdische Musik.

Ich selbst hatte in der Trauerhalle, die mit Kreuzen versehen ist, obwohl die Gläubigen aller Religionen und auch die Ungläubigen sie nutzen – es störte mich nicht, es fiel mir nur auf, die gußeiserne Rückwand mit den Kreuzen abzunehmen wäre ja auch wieder falsch –, ich hatte eine der Reden gehalten, frei allerdings, deshalb gibt es auch kein Manuskript und schließt dieser Redenband mit der Erinnerung an eine

Rede ab; der ältere Sohn, den ich bereits kannte, hatte mich erst am Tag zuvor darum gebeten, damit wenigstens einer auf deutsch zu den Trauergästen spräche und wenigstens ein Kunde zu Wort käme, und ich sei sein bester gewesen (was eindeutig stimmt). Ich pries die gute Nachbarschaft, die wir mit Herrn Ömer hatten, und gab zu, daß ich über die achtundzwanzig Jahre kaum etwas Privates von ihm erfahren hatte, wie das bei Nachbarn oft sei, ließ nicht unerwähnt, daß Herr Ömer schroff sein konnte, worauf die erste Reihe kollektiv nickte, aber ich mich blind auf ihn verließ, wußte, daß er sich sorgte, daß er ein Auge auf die Kinder hatte, wenn sie am Platz waren, er sich nach meiner Frau erkundigte, wenn er sie länger nicht gesehen hatte, geht es ihr gut?, ist sie gesund?, den Kindern immer, immer Geschenke machte, türkische Süßspeisen, Plakate, Leseexemplare von Büchern, einmal einen veritablen Thron, den Lesethron eines Verlags für eine Werbeaktion, rot und himmelblau, den ich quer über den Platz und durch die Lübecker Straße nach Hause tragen mußte, obwohl ich genau wußte, daß eigentlich kein Platz dafür war, aber die Tochter freute sich gleichwohl.

Über sein Deutsch sprach ich ebenfalls und karikierte es wieder, erzählte das mit den Verwechslungen und den Bestellungen, die ich seither *copy & paste* in die Mail gefügt hatte, und immer war einige Minuten später die Antwort gekommen: «Morgen ist da», Dutzende und Hunderte Male «Morgen ist da». Deshalb war ich sofort beunruhigt gewesen, als einmal nicht sofort zurückkam «Morgen ist da» oder meinetwegen «Samstag ist da» oder «Muß ich bei Verlag bestellen» oder was weiß ich, nichts zurückkam, auch am nächsten Tag nicht, so daß ich, weil ich schließlich sein Nachbar war, er nicht nur unsrer, einige Male vergeblich anrief und dann zu seinem Laden ging, wo andere Nachbarn bereits Blumen und Kerzen vor die Tür gelegt hatten. Ich sagte, daß ich jetzt diese drei Worte im Herzen behalten würde, da Ömer Özerturgut mir sie nicht mehr schickte, drei schöne Worte eigentlich, hoffnungsfrohe, geradezu utopische, was ja zu seiner politischen Biographie paßt, auf die ich gespannt bin: «Morgen ist da». Möge seine Seele froh sein: Ömer Özerturgut, geboren am 12. Juli 1946 in Alaşehir, gestorben am 8. März 2016 in Köln.

Editorische Notiz

Bis auf fünf Reden und das Vorwort sind alle dreißig Texte, die das vorliegende Buch versammelt, zunächst an anderen Orten erschienen, in Zeitungen und Zeitschriften, in Jahrbüchern und Festschriften, als Broschüre oder als E-Book. Sieben Reden sind außerdem in dreien meiner früheren Bücher abgedruckt worden, in *Wer ist Wir? Deutschland und seine Muslime* (München 2009), *Vergeßt Deutschland! Eine patriotische Rede* (Berlin 2012) und *Zwischen Koran und Kafka. West-östliche Erkundungen* (München 2014). Allerdings weichen die früheren Abdrucke meist von der originalen Redefassung ab, die das vorliegende Buch durchgehend bewahrt. Das gilt insbesondere für die Reden über Lessing, Goethe und Kleist, die in *Zwischen Koran und Kafka* erheblich umfangreicher und mit Endnoten für die Quellenangaben versehen sind.

Alle Reden wurden vorab von Freunden, Verwandten, Gastgebern oder Kollegen gelesen, und ihre Korrekturen, Einwände und Anmerkungen sind stets in die endgültige Fassung eingegangen. So angebracht es wäre, sie alle aufzuführen, habe ich doch nach zwanzig Jahren den Überblick verloren, wer im Einzelnen welche Rede geprüft und gegebenenfalls verbessert hat. Hervorheben möchte ich an dieser Stelle deshalb nur jene Leser, denen ich über die zwanzig Jahre fast alle Manuskripte geschickt habe mit der Frage, was sie davon halten: meinen Lektor Ulrich Nolte, meinen verstorbenen Verleger Egon Ammann, meine Freunde Carl Hegemann und Stefan Otteni sowie Katajun Amirpur.